소비자 질적 조사방법

Qualitative Consumer Research

저자 | 김재일 / 김규배 / 김동태 / 김문섭 / 김용철 / 김한구 / 안성숙 / 최민경 / 한웅희

經文社

서문

본 저서의 저자들은 지난 10여 년 동안 소비자 조사에 질적 조사방법을 적용하는 것에 대하여 큰 관심을 가지고 관련된 연구와 과목을 개발해 왔다. 질적 조사는 사회과학의 주요한 조사방법으로 많이 활용되고 있지만 실무적으로 시장과 소비자에 대한 조사는 주로 서베이를 활용한 계량적 방법을 중심으로 이루어져 왔으며, 학계에서조차 질적 조사방법은 비교적 최근에야 주목을 받고 있다. 하지만 질적 조사방법이 소비자에 대한 심층적 이해와 신제품 개발이나 브랜딩, 광고 전략 개발 등에 새로운 통찰력을 제공한다는 점에서 조사방법으로서의 중요성이 점차로 더 높아져 왔다.

그런데 아직까지 이론적 혹은 실무적으로 소비자 조사에서 질적 조사방법을 활용하여 소비자의 내면을 다차원적이며 심층적으로 이해하는 데 구체적 도움을 주는 제대로 된 지침서가 없는 실정이다. 이런 관점에서 저자들은 질적 조사방법에 대한 이해를 돕고, 질적 조사방법의 다양한 방법을 실제로 어떻게 활용할 수 있을까 하는 점에 초점을 두고 본서를 서술하고자 하였다. 또한 본 책자는 질적 조사방법을 공부하는 학부 및 대학원 학생뿐 아니라 이를 현업에서 활용해야 하는 실무자들 역시 쉽게 읽을 수 있도록 구성되었다. 그리고 인문사회과학 분야에서 다양한 질적 조사방법들이 오랜 기간 개발 및 진화되어 왔으나, 본서에서는 특히 소비자 연구에서 주로 활용되는 기법들을 중심으로 서술하였다. 저자들은 본서를 통하여 연구자들이 가급적 해당 기법을 현장에서 실제 적용할 수 있는 능력을 가질 수 있도록 하는 것에 초점을 두고 집필을 하였으며, 가능한 한 각 조사방법의 이론적 배경 및 체계를 더불어 소개하고자 하였다. 그럼에도 불구하고 각각의 기법이 각 학문 분야에서 장기간에 걸쳐 개발되어 왔기 때문에 한 책자를 통하여 이 기법들을 세부적으로 서술하는 것은 불가능하다고 할 것이다.

이런 제약을 염두에 두고 본서를 다음과 같이 구성하였다.

본서는 총 4부 15개 장과 부록으로 구성되어 있으며, 1부의 1장에서는 소비자 질적 조사를 전반적으로 조망한다. 2부에서는 소비자 질적 자료의 수집과 분석을 다룬다. 질적 자료 수집의 두 가지 주요한 방법인 관찰과 인터뷰를 각각 2장과 3장에서 다루고, 4장에서는 자료의 분석과 해석의 전반적 과정에 대한 설명과 더불어 소프트웨어를 이용한 질적 자료의 구체적 분석 및 연구 결과물의 평가 및 품질관리를 다루고 있다. 3부에서는 질적 조사의 주요한 유형인 에스노그라피(5장), FGI(6장), 투사법(7장), 사례연구(8장) 및 생애사 연구(9장)를 각 장별로 상세히 설명한다. 4부에서는 소비자 질적 조사의 기법들이 신제품 개발, 브랜딩, 커뮤니케이션 전략 등에 세부적으로 어떻게 활용될 수 있는지 제시하였다. 10장에서는 기호학에 생소한 독자들을 대상으로 기호학을 간단히 소개하고 소비자 조사에서의 활용을 중심으로 서술하였다. 11장은 기존의 책자에서 단편적으로 다루어지고 있는 래더링(laddering) 기법을 더욱 심층적으로 서술하고 있다. 12장에서는 전통적 투사법을 보다 발전시켜 하나의 조사방법으로 체계화시킨 잘트만 은유유발기법(ZMET)의 이해와 활용을 다룬다. 13장은 에스노그라피의 원리를 온라인 환경에 적용한 네트노그라피(netnography)의 이해와 활용에 관한 장이다. 14장에서는 최근 fMRI 등을 활용한 기계적 관찰을 중심으로 뉴로마케팅의 주제를 다룬다. 본서의 마지막 장인 15장에서는 다양한 질적 조사방법들이 신제품 개발에 어떻게 활용될 수 있는가를 서술한다. 그리고 부록에서는 자동차와 통신사에 질적 조사방법이 적용된 사례를 소개하였다.

본서를 구상한 후 이렇게 책자로 나올 때까지 10년 이상의 세월이 흘렀다. 이 과정에서 질적 조사를 중심으로 한 연구회 모임과 세미나들을 통해 이 책의 구성을 어떻게 할 것인지, 어떤 주제를 포함하고 제외해야 할 것인지 그리고 어떤 내용을 보다 심층적으로 다루어야 할 것인지 많은 논의들이 있었다. 이런 과정을 거쳐 현재의 모습을 갖게 되었지만 앞으로 계속 수정 보완해 나가야 할 과제로 생각하며, 본서에 대한 많은 건설적 제언을 기대한다. 저자들은 본서의 완성도를 높이기 위해 최대한 노력하였지만, 그럼에도 불구하고 본서의 어딘가에 숨어 있을 오류와 미비점에 대하여 미리 양해를 구하며 독자 제현의 지적에 따라 부족한 부분은 개정판에서 보완할 것을 약속한다.

이 책을 발간하면서 많은 분들의 도움과 격려가 있었지만, 그 중에서도 특히 공저자 이상으로 본서의 구상과 내용 전반에 걸쳐서 많은 조언과 기여를 한 뉴욕주립대의 서준용 교수를 비롯하여, 한창훈, 이상협, 강민중, 정미라, 홍수지 서울대학교 경영학석사의 도움에 감사드린다. 그리고 집필과정에서 자료 정리와 교정 등을 위해 애써준 조교들에게도 감사한다. 또한 오랜 기간 본서의 원고가 탈고될 때까지 인내심을 가지고 격려해준 경문사 한헌주 대표와 편집과정에서 헌신적으로 수고해준 길정섭 선생님께 감사드린다. 무엇보다도 그동안 질적 조사방법 세미나와 연구회 모임에 참석하였던 많은 학생들에게 깊은 감사의 마음을 전한다. 이들의 관심과 제언들이 없었다면 본서의 출간은 불가능하였을 것이다. 이제 두려움과 기대 속에서 이 책을 세상에 내놓으며 본서를 통하여 보다 많은 사람들이 질적 조사방법에 관심을 갖고 소비자 조사에 이를 적용하며 더욱 발전시키는 계기가 되기를 바란다.

2018년 2월

저자 일동

차 례

제14장 뉴로마케팅(Neuromarketing)

제15장 신제품 개발

부록 : 적용사례

PART 1

개 관

Qualitative Research

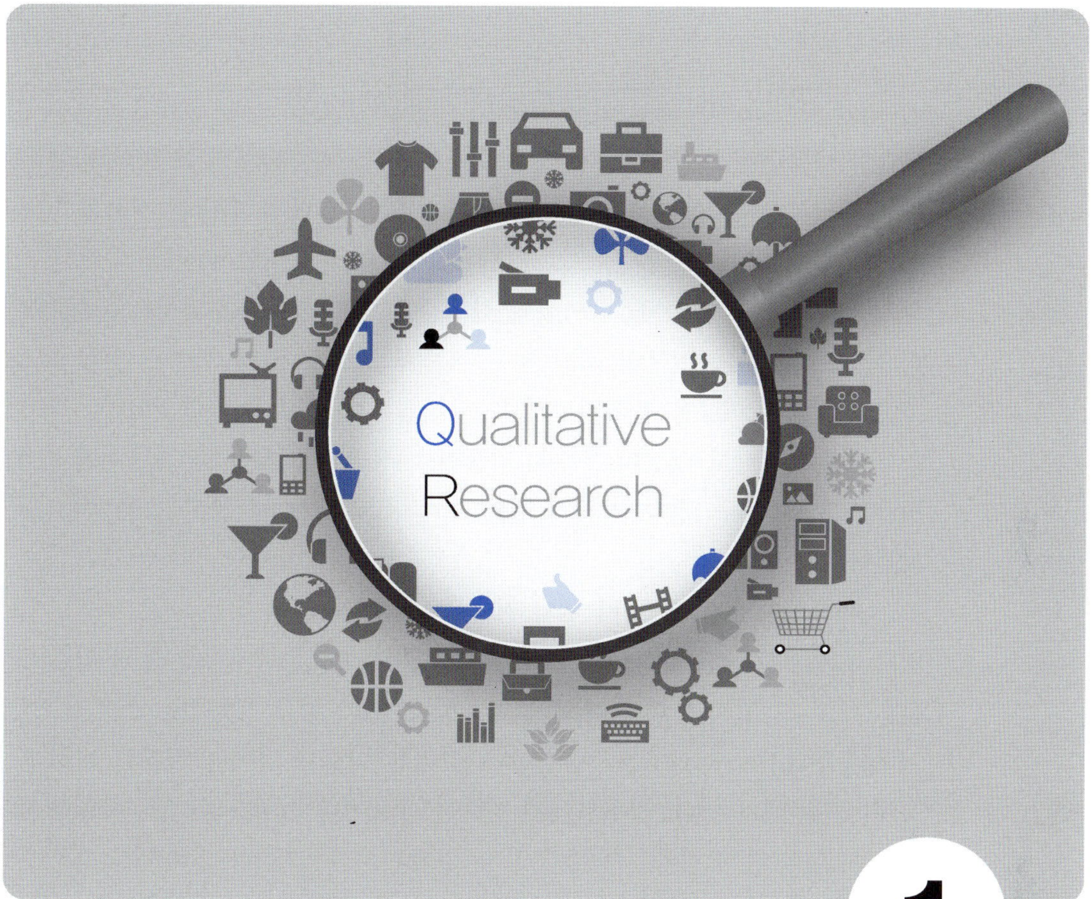

제 1 장

소비자 질적 조사의 개관

1 소비자 질적 조사의 의의

10년 뒤의 소비자들이 어떤 자동차, 어떤 가전제품, 어떤 휴대폰을 좋아할 것인지 예측하는 것은 어렵다. 애플의 스티브 잡스는 2008년 포천(*Fortune*)지와의 인터뷰에서 "애플은 시장조사를 하지 않으며 단지 위대한 제품을 만들 뿐이다"라고 말했다. 역사적으로도 많은 기업들이 막대한 비용을 들여서 시장조사를 실시한 후 이를 반영하여 신제품을 출시했지만 결과적으로 실패로 끝난 경우가 많다. 미국의 포드 자동차는 에드젤(Edsel)의 개발을 위해 시장조사에 막대한 비용을 들였지만 결과는 대실패로 끝났다. 반면 BMW는 가장 스타일이 뛰어나고 성능이 우수한 자동차를 생산하는 기업 중 하나지만 미래형 자동차의 디자인을 평가하기 위해 소비자를 대상으로 조사를 실시하지는 않는다.

소비자에게 5년 후, 10년 후의 취향을 지금 말하라고 하는 것은 무리일 수 있다. 그럼에도 불구하고 많은 기업들이 소비자 대상 서베이를 통해 이런 질문을 하고 그 결과에 따라 제품을 개발한다. 이때 주로 사용하는 소비자조사는 **실증주의**(positivism) 조사방법이다. 그런데 이렇게 얻어진 결과가 별로 도움이 못 될 때가 있다. 소비자에게 친숙한 제품이나 서비스의 개선 사항을 탐색할 때는 이런 방법을 사용하는 것이 효과적이다. 그러나 소비자가 다소 불편한 점들이 있음에도 반복적 사용으로 인해 현재 사용하는 제품에 익숙해져서 이를 느끼지 못하거나, 완전히 새로운 제품의 경우에는 자신이 무엇을 선호하는지 스스로 알지 못한다. 이 경우 서베이 등 실증주의 조사로는 신제품 개발에 대한 아이디어를 얻기 어렵다. 소비자조사를 포함한 사회과학조사에서 실증주의 접근방법만이 모든 상황에서 가장 좋은 유일한 방법이라고 할 수는 없다. 이 경우 실증주의의 대안으로서 **해석주의**(interpretivism) 관점에서 소비자조사를 실시할 수 있다.[1] 일반적으로 실증주의 조사에서는 주로 계량

---

1) 해석주의 관점은 상대주의, 인본주의, 현상학, 자연주의와 같은 다양한 철학적, 사회학적 관점들을 포괄하는 개념이다. 연구자에 따라서는 이러한 관점들을 구분하기도 하지만, 이 책에서는 실증주의 관점과 상반된 입장에 있는 다양한 관점들을 포괄적으로 해석주의 관점으로 간주하며, 소비자 질적 조사는 해석주의 관점에서의 소비자 질적 조사를 의미하고, 소비자 질적 조사 또는 연구, 해석주의(관점에 따른) 연구 또는 조사가 혼용되어 사용된다.

적(혹은 정량적) 조사방법을, 해석주의 조사에서는 주로 질적(혹은 정성적) 조사방법을 사용한다. 지금까지 소비자조사는 실증주의 관점이 대세였다. 실증주의 연구자들은 실증적 조사방법만이 유일한 수단이라고 간주했고 해석주의 연구에 크게 관심을 쏟지 않았다. 하지만 해석주의 관점의 다양한 방법론들이 소비자조사의 상황에 따라 충분히 활용될 수 있다.

일각에서는 질적 조사가 주로 초기의 탐색적인 연구에 적합하다고 본다. 그러나 질적 조사는 그 자체만으로도 현상에 대한 심층적인 이해를 도와주기 때문에 초기의 탐색적 연구에만 실시해야 하는 것은 아니다. 왜냐하면 소비자의 상표애호도(brand loyalty)나 구매의사결정 과정에 대한 조사는 그 성격상 따로 떼어내어 조사하거나 인위적인 환경에서는 적절하게 조사하기 힘들다. 따라서 소비자가 장기간에 걸쳐서 나타내는 브랜드와의 관계나 상표애호도, 구매의사결정 과정에 대한 조사에는 심층적이고, 장기적이며, 유연성이 있는 질적 조사방법이 실증주의 조사보다 더 유용하다.

질적 조사방법을 활용한 소비자 연구들은 단지 사실을 수집하거나, 어떤 현상이 얼마나 자주 일어나는가를 측정하는 것에 그치지 않고, '왜 그런 현상이 발생하는가?'라는 이해에 초점을 맞추며, 소비자들이 소비 경험에 의미를 부여하는 방식을 이해하고자 한다. 따라서 해석주의 연구의 목적은 사람들의 행동을 설명하기 위한 외적인 원인과 근본적인 법칙을 찾기보다, 왜 사람들이 서로 다른 경험을 하게 되는지 이해하고 설명하고자 한다. 소비자행동은 외적 자극에 대한 직접적인 반응의 산물일 수도 있지만, 사람들이 서로 다른 상황을 이해하는 방식에 기인하기도 한다. 따라서 소비자의 입장에 들어가 봄으로써 이 소비자들의 생생한 경험을 이해할 수 있으며 어떤 사건이나 사물이 소비자들에게 무엇을 의미하는가에 관한 주관적 현실을 파악할 수 있다.

실증주의 관점의 계량적 연구가 '무엇이? 얼마나 많이?'와 같은 질문에 대한 답을 얻는 데 적합한 반면, 해석주의 관점의 질적 연구는 심층 이해를 목적으로 하며, '왜, 어떻게 그런 일이 발생했는가?'와 같은 질문에 대한 답을 밝혀내는 데 적합하다. 즉, 질적 연구는 연구의 초점이 어떤 현상과 관련하여 '무엇이? 어떻게? 어떤 상황에서 발생했는가?'에 관한 것일 때 보다 더 적합하며, 어떤 행동이나 활동에 대한 이해도를 높이고자 하는 경우에 가장 적합하다.

예를 들면, 어떤 브랜드 상품의 매출이 급격하게 하락했을 때, 실증주의 연구는 '매출이 얼마간의 기간 동안 어느 정도 하락했는지'를 분석하여 제시해 주지만, '매출을 다시 증가시키기 위해서는 어떻게 해야 하는가?'에 대한 해답은 제시해 주지 못한다. 반면 해석주의 연구는 그러한 매출 하락의 다양한 원인, 즉 소비자들이 해당 브랜드에 대해서 어떤 생각을 갖고 있으며, 왜 더 이상 그 브랜드를 사용하지 않으려 하는지에 관한 깊이 있는 이해를 가능하게 해준다. 실증주의 연구와 해석주의 연구는 다음과 같은 점에서 차이가 난다.

2 소비자 질적 조사의 관점 : 해석주의와 실증주의

해석주의와 실증주의는 연구의 목적, 주된 접근방법, 연구자의 역할, 연구과정에서 차이가 있다. 소비자 질적 조사는 해석주의의 관점을 따르지만, 두 관점은 뒤에서 설명하는 바와 같이 상호보완적일 수 있다. 소비자조사에서 해석주의 연구의 주요 목적은 소비 현상의 의미를 탐색하고 깊이 있게 이해함으로써 현상에 대한 이론을 형성하는 것이다. 해석주의 연구자는 자료로부터 출발하여 연구를 시작하거나 이론을 형성하며, 이론의 도출은 주로 자료의 분석을 통하여 얻는 귀납적 과정을 거친다.

자료의 수집과정은 주로 반(半)구조적(semi-structured)이거나, 또는 비(非)구조적(un-structured)이다. 예를 들면, 브랜드 커뮤니티 연구에서 커뮤니티 회원과의 관계 형성이 중요하다. 그런데 관계는 다양한 과정을 거쳐 형성되기 때문에 이를 미리 예측하거나 그 과정을 구조화하기가 어렵다. 비구조화된 방법을 따르는 경우에도 일단 특정한 주제와 연구계획을 가지고 연구를 시작하지만, 연구가 진행되면서 참여자에 대한 새로운 내용을 발견함에 따라 연구의 주제나 내용, 절차 등이 그때그때의 상황에 대한 연구자의 판단에 따라 유연하게 변할 수 있다.

해석주의 연구자들은 자료 수집과정에서 어떤 식으로든 연구 참여자와 관계를 맺게 되며, 이 관계를 통하여 참여자의 주관적 관점을 탐색하고 그 결과를 제시하고자 한다. 자료 수집도 대체로 사무실이나 쇼핑센터와 같이 참여자의 일상적인 활동과 상호작용을 자연스럽게 관찰할 수 있는 장소를 배경으로 실시한다. 이때 연구자는 구조화된 설문지를 사용하지 않고 인터뷰(interview, 면담)와 관찰 등의 방법으로 연구 참여자와 직접 접촉한다. 또한 실증주의 연구에서처럼 한두 개의 독립된 변수에 초점을 맞추기보다는 폭넓은 범위에서 소비자의 상호 관련된 활동, 경험, 신념, 가치를 발견해내고자 한다. 따라서 해석주의 연구는 적은 수의 표본에 대해 심층적 분석이 가능할 수 있도록 심도 깊은 조사를 실시하고 결과도 통계 수치가 아닌 이야기 등 서술적 형태를 사용하여 현상의 의미와 이해에 초점을 두고 전체적인 관점에서 서술한다. 인터뷰 내용의 분석과정에서 어떤 주제나 행동이 드러나는 빈도를 제시하기 위해 숫자를 사용하는 경우도 있으나, 대부분의 연구과정과 결과는 숫자가 아닌 이야기 형태로 제시한다.

실증주의 연구는 이론의 검증을 목적으로 하며 주로 기존의 연구에서 입증된 근거들을 사용하여 연역적으로 접근한다. 연구자는 연구의 타당성을 위해서 연구대상으로부터 완전히 독립되어야 한다고 보며, 연구자의 객관성과 감정적 중립성을 중요시한다. 또한 이론의 검증과 측정에서 요구되는 엄격성과 타당성을 획득하기 위해 보다 구조적인 성격을 가지며, 미리 정해진 명확한 계획에 의해 연구를 순차적으로 진행한다. 연구 결과는 의미 있는 통계적 수치로 제시한다. 이상에서 논의한 바를 표로 제시하면 다음과 같다.

| 표 1-1 | 해석주의와 실증주의

구분	해석주의	실증주의
연구목적	이론 형성	이론 검증
주된 접근방법	귀납적	연역적
연구자의 역할	상호의존적	독립적
연구과정	비구조화 : 상황에 따라 신축적	구조화 : 정해진 순서에 따라 진행
연구결과	이야기 등 서술적 형태	통계적 수치로 제시

이상에서 본 것처럼 실증주의 연구와 해석주의 연구는 근본적인 철학과 가정에서 상반된 입장을 보이며, 그로 인해 연구의 성격과 접근법도 상이하다. 연구자가 해석주의 접근법을 필요로 하는 연구 문제를 갖고 있다면, 다양

한 접근법들 – 에스노그라피, 현상학적 심층인터뷰, 투사법, 사례연구 등 – 중에서 선택할 것인지 결정해야 한다. 또한 인터뷰, 관찰 등 어떤 자료수집방법을 사용할 것인지도 결정해야 한다. 결국, 연구자는 연구에 대한 자신의 철학과 관심 주제, 연구의 성격에 따라 두 가지 관점 중에서 선택해야 한다.

실증주의 연구와 해석주의 연구는 서로 상호보완적일 수 있다. 예를 들어, 리친즈(Richins)의 연구(1991)에서는 먼저 FGI(Focus Group Interview, 초점집단인터뷰 혹은 초점집단면접)를 실시한 후 실험을 실시했다. 이와 같이 해석주의 연구가 실증주의 연구를 선행할 경우, 해석주의 연구는 다음과 같은 점에서 실증주의 연구를 보완할 수 있다. 첫째, 어떤 현상이나 반응이 실제로 존재한다는 것을 확인할 수 있다. 둘째, 무엇을 측정해야 할지 확인할 수 있다. 셋째, 후속 연구에서 추정하고 비교해야 할 다양한 경우에 대한 전체 윤곽을 파악할 수 있다. 넷째, 응답의 범위 또는 대안의 범위를 확정지을 수 있다. 다섯째, 구체적 예를 통해 개념을 확립할 수 있다. 여섯째, 학문적 호기심을 자극할 수 있다. 일곱째, 연구주제에 대한 커뮤니케이션과 이해를 용이하게 할 수 있다.

반면에 맥쿼리와 믹의 연구(McQuarrie & Mick, 1999)에서는 먼저 실험을 한 후 내용분석(content analysis)을 실시했고, 다시 2차 실험을 한 후 마지막으로 현상학적 인터뷰를 실시했다. 이처럼 실증주의 연구가 해석주의 연구를 선행할 경우 해석주의 연구는 실증주의 연구를 다음과 같은 점에서 보완할 수 있다. 첫째, 결과에 대한 대안적 설명을 제시할 수 있다. 둘째, 복잡한 다차원적 맥락에서 수치로 제시된 결과에 대한 근거를 제시할 수 있다. 셋째, 측정결과를 낳은 기반이 되는 과정을 탐색할 수 있다. 넷째, 삼각검증(triangulation)을 제공한다. 다섯째, 연구주제에 대한 커뮤니케이션과 이해를 돕는다.

3 소비자 질적 조사의 전제 : 해석주의 관점

소비자 질적 조사는 해석주의 관점을 기반으로 한다. 해석주의 연구의 가장 큰 특징은 연구자가 연구하는 현상에 참여하여 그 현상 안에서 일어나는 일을 관찰하고 다른 참여자와 접촉하고 대화하며 문자, 사진, 영상 등 다양한 형태로 기록하며 자신의 개인적 지식과 경험을 최대한 활용하여 기록물을 분석하고 해석한다. 즉, 실증주의 연구에서는 가급적 연구자가 연구 현상으로부터 떨어져서 여러 가지 조건들을 인위적으로 통제하고 특정 변수를 조작하여 비자연적 상황에서 연구를 진행하지만, 해석주의 연구는 연구자가 연구 현상에 뛰어들어 연구대상이 되는 다른 소비자들과 마찬가지로 그 현상의 일부로서 참여하여 연구를 진행한다. 해석주의 관점의 소비자 연구의 전제는 다음과 같이 요약할 수 있다.

첫째, 인간에게는 어떤 현상에 있어서 하나의 현실만 존재하는 것이 아니라 다수의 현실이 존재하기 때문에 이에 대한 연구도 게쉬탈트(Gestalts)적, 전체적 관점이 필요하다. 둘째, 연구자와 연구 현상은 서로 영향을 주고받기 때문에 연구자가 직접적 참여 없이 현상으로부터 거리를 두고 현상을 파악하는 것은 불가능하다. 셋째, 연구의 목적이 특정 현상에 대해 다양한 관점에서 서술한 내용으로 구성되는 지식체계의 개발이어야 하며, 이를 위해 연구자는 소위 "**두꺼운 서술**(thick description)"을 통하여 특정 현상이 갖는 복잡성과 내적 의미를 나타낼 수 있어야 한다. 넷째, 현상은 계속적 창조와 변화의 과정을 거치기 때문에 그 중 하나를 원인으로 다른 하나를 결과로 규정하는 것은 의미가 없다. 다섯째, 연구 현상을 정하고 방법을 택해서 데이터를 수집하고 결과를 정리하는 모든 선택과정에서 연구자 자신의 가치가 영향을 미치기 때문에 연구는 결코 몰가치적일 수 없고 연구자의 가치가 본질적으로 반영될 수밖에 없다. 여섯째, 연구는 연구자의 주관과 현상 간의 접촉을 통하여 구축되어가는 사회적 산물이기 때문에 그렇게 생성된 지식은 주관적으로 얻어지고 구축되는 것이지 발견되는 것은 아니다. 이런 측면에서 해석주의 연구는 실증주의 연구와 다음과 같이 차이가 난다.

| 표 1-2 | 해석주의 연구의 전제와 실증주의 연구의 전제

해석주의 연구의 전제	실증주의 연구의 전제
인간에게는 다수의 현실이 존재한다.	단지 하나의 현실만이 존재한다.
연구자와 현상은 서로 상호작용적이다.	연구자와 현상은 독립적이다.
연구는 현상의 다양한 측면에 대한 지식 체계의 개발이다.	연구는 언제 어떤 상황에서나 일반화할 수 있는 진리의 체계를 개발할 수 있고 또한 개발해야 한다.
현상을 단순히 원인과 결과로 구분할 수 없다.	현상을 원인과 결과로 구분할 수 있다.
연구는 본질적으로 가치판단적이다.	연구자의 가치와 무관하게 객관적 지식을 발견할 수 있고 또한 발견할 수 있어야 한다.

자료 : Hirschman(1986).

4 해석주의 관점에서의 소비자 질적 조사 과정

해석주의 관점에서 소비자 질적 조사를 실시할 때 다음과 같은 과정을 거친다. 첫 번째는 조사 현상을 **개념화**하는 단계이다. 실증주의 조사에서의 개념화가 주로 현상을 몇 개의 변수로 구분하고 사전에 어떤 모형을 이용하여 진행하는 것과 달리 해석주의 조사는 어떤 현상을 인과적으로 설명하기보다 현상이 갖는 다양한 측면을 전체적으로 이해하고 해석하여 현상의 성격과 의미를 전체적으로 파악하는 것에 초점을 둔다. 예를 들어, 어떤 집단의 하위문화와 소비에 대해 연구할 경우, 실증주의 조사는 인구통계적 변수 등 외부 요인들이 이 하위집단에 어떤 영향을 미치고 이 영향이 어떻게 소비자행동에 나타나는지 단계별로 조사한다. 반면 해석주의 조사에서는 하위문화가 이 집단에 속한 구성원의 가치, 행동, 신념, 동기로 구성되기 때문에 먼저 이 하위집단의 현실을 조사한 후 소비자의 소비행동이 이 현실과 어떻게 부합하는지 조사한다.

두 번째는 현상에 대한 **탐험적 조사**단계이다. 이 단계에서 실증주의 조사는 구축된 이론의 예비 테스트 성격을 가지며 소규모 표본을 대상으로 진행한다. 반면 해석주의 연구에서는 현상을 관찰하기 위해 현장(예 : 백화점, 축제

등)을 수차 방문하여 현상을 탐색하고 기존 생각들의 오류를 수정하고 대상자의 현실을 보다 잘 이해하고자 한다. 이 과정에서 연구대상이 집과 직장, 점포에서 어떻게 생활하는지 관찰하고 필드노트를 작성하며 문서를 수집한다.

세 번째는 **담금**(immersion)단계로 조사자가 조사 현상에 본격적으로 몰입한다. 담금단계는 실증주의 조사와 해석주의 조사를 가장 뚜렷하게 구분짓는 단계로 이 단계에서 실증주의 조사는 대규모 표본을 대상으로 서베이나 실험을 진행하는 반면 해석주의 조사는 조사자가 연구 현상에 철저하게 빠져드는 단계이다. 조사자는 자신의 존재나 참여로 인해 조사하는 현상이 부자연스럽게 일어나지 않도록 최대한 노력한다. 조사자는 자료 수집과정 전반에 걸쳐 추가적 관찰에 대하여 개방적이고 수용적인 자세를 유지해서 개념적 틀이 조기에 잘못 확정되지 않도록 유의해야 한다. 이 단계에서 조사자는 관찰과 가설의 설정, 가설의 수정과 재관찰이라는 과정을 반복적으로 순환하여 진행하면서 조사를 진행하게 된다. 이때 주의할 점은 조사자가 자신의 가치관이 조사대상자에게 영향을 미치는 것을 배제하고, 참여자의 세계관, 라이프스타일을 있는 그대로 파악해야 한다. 조사자가 바른 해석에 이르기 위해서는 연구대상자의 눈으로 삶을 보고 이를 자신의 것으로 재해석할 수 있어야 한다. 이 과정에서 조사자는 이론 구축 일지(diary)와 방법론 기록대장(log)의 두 가지 유형의 비망록을 유지하는 것이 필요하다. 이론 구축 일지는 조사자가 현상을 이해하는 과정을 보여주는데 이 과정은 마치 시간이 지나면서 꽃이 만개하는 것과 같아서 수차례 반복, 탈선, 변동의 과정을 통해 어떤 현상에 대한 이론이 구축된다. 방법론 기록대장에는 조사자가 시행한 관찰, 오디오와 비디오 파일, 물건이나 기타 자료들을 포함한다. 이들 데이터로부터의 결과가 서로 수렴할수록 결과에 대해서 더 신빙성을 가질 수 있다.

네 번째는 **해석**단계이다. 해석은 조사자의 관점이 아니라 내부자적 관점에서 조사과정에서 경험한 내용을 언어적으로 표현한다. 언어적 해석이 이루어지기 전에 조사자는 전체적 현상을 대표적 은유, 주제어로 나타내는 경우가 많다.

해석주의 소비자 연구는 다음과 같은 장점이 있다. 첫째, 소비자행동 현상을 보다 폭 넓고 심도 있게 서술할 수 있다. 둘째, 자연적 상황에서 일어나는 행동에 근거한 참신한 통찰력을 얻기 위한 기회를 얻게 한다. 셋째, 조사자의 가치관이 배제된 조사가 불가능하다는 것을 인정하고 건설적으로 대응할 수 있다. 넷째, 자연스럽게 일어나는 소비자행동을 가급적 방해하지 않으며 인위적이거나 조작적 행동을 야기시키는 과제를 상대적으로 덜 부여한다. 다섯째, 소비자 자신의 통찰력에 더 개방적이다. 여섯째, 소비자가 조사과정의 여러 단계에 더 관심을 갖고 참여하게 된다. 일곱째, 조사자는 연구결과가 실제 소비자가 경험하는 소비 상황과 일치한다는 것을 보다 더 확신할 수 있다. 여덟째, 소비자의 경험에서 일부를 떼어내 조사하는 것이 아니라 소비자의 삶과 경험의 복잡성을 충분히 고려한 연구결과를 얻는다. 아홉째, 한 과제 내에서 다양한 자료 수집 및 분석 방법을 폭넓게 사용한다. 열 번째, 조사과정이 본질적으로 보다 즐겁게 진행된다.

그러나 해석주의 소비자조사는 다음과 같은 단점이 있다. 첫째, 자료 수집에 소요되는 시간이 길다. 둘째, 연구자가 팀으로 일해야 한다. 셋째, 자료 분석에 시간이 오래 걸리고 통계처리를 하지 않기 때문에 검증가능성, 일반화, 객관성의 측면에서 비판받는다. 넷째, 참여자의 동의를 얻고 정보원의 익명성을 보장하는 부분에 있어서 더 큰 주의가 필요하다.

5 소비자 연구의 역사적 전개과정

1930년대 말 사회학자인 머톤(Merton)과 라저스펠트(Lazarsfeld)는 FGI를 개발했으며 이 방법은 '마케팅 조사의 패스트푸드'라고까지 일컬을 만큼 많이 활용된다. 그러나 FGI에서 사람들이 말하는 것과 실제 행동하는 것의 괴리가 있음이 밝혀졌다. 이런 인식에 근거하여 1940년대 말에는 디히터(Dichter)가 프로이드의 심리분석적 개념에 입각하여 투사적 기법(projective method)을 중심으로 한 동기 조사를 도입했다. 이 관점에서는 소비자의 마음속에 숨겨진 욕망, 억압, 비밀들이 있고 소비자가 제품을 사는 것이 단순히 제품이 주는 물리적 가치 때문만이 아니라 다른 상징적 의미도 있다고 보았다. 그 후 대상의 의미를 지각하는 데에 동기가 어떻게 영향을 미치는지 그리고 대상의 의미가 동기에 어떻게 영향을 미치는지 등 동기 조사가 활발하게 시행되었다.

1950년 헤어(Haire)가 인스턴트 커피가 왜 소비자에게 잘 수용되지 않는지 조사하기 위해 개발한 쇼핑목록을 이용한 조사를 계기로 투사법은 소비자조사의 주요한 방법론으로 각광받게 되었다. 동기 조사의 주된 방법은 심층인터뷰로, 기존의 구조화된 설문 방식으로는 소비자의 마음속에 숨겨진 구매 이유를 밝혀낼 수도 구매 행동을 설명할 수도 없다는 자각 하에서 연구자들은 보다 자유로운 대화 형식의 인터뷰 방법을 개발했다. 심층인터뷰를 통해 연구자들은 소비자가 말하는 것과 실제 행동 간의 괴리를 좁히고자 했다. 그러나 동기 조사의 결과가 제시하는 시사점이 너무 현실과 동떨어져 있다는 비판이 제기되었다. 예를 들어, 소비자가 비누를 쓰는 것이 죄와 어떤 바람직하지 못한 성격상의 특성을 씻어내기 위한 것이라는 해석은 조사 의뢰자들이 그대로 받아들이기 곤란했다. 이에 따라 1960년대에는 계량적 방법이 다시 주된 조사방법으로 여겨졌고 컴퓨터 등 신기술과 접목되어 발전을 계속했다.

이 무렵 레비(Levy)는 Social Research, Inc.의 소장으로서 심층인터뷰의 틀 안에서 TAT, 문장완성법, 단어연상법, 그림 그리기 등 다양한 투사적 기법을 활용했다. 또한 소비자 가정을 방문하여 집과 거실의 사진을 찍는다든가 며칠을 함께 머물면서 참여자의 행동이나 말한 내용을 관찰하고 필드노트 형식으로 작성하는 등 에스노그라피, 사례연구, 생애사 등의 방법을 적용했다. 이 시기에 질적 조사는 계량적 조사에 비하여 상대적으로 위축된 반면 좀 더 정교한 방법으로 다듬어지는 과정을 거쳤다. 1960년 후반 니코시아(Nicosia, 1966), 하워드와 셰드(Howard & Sheth, 1969), 엥겔, 콜라트, 블랙웰(Engel, Kollat, Blackwell, 1968) 등이 소비자행동에 관한 모형과 이론을 제시했다. 이들의 작업을 통하여 소비자행동을 통합적 과정으로 인식하게 되었고, 소비자들의 합리적 측면뿐 아니라 제품을 소유하고 소비하는 과정에서 경험하는 감정, 무드 등 감성적 측면 또한 못지않게 중요하다고 인식하게 되었다. 1970년에는 미국소비자학회(the Association for Consumer Research)가 설립되었고 1974년에는 학회지 *Journal of Consumer Research*가 발간되기 시작했다. 그 결과 질적 조사방법이 다시금 주목을 받게 되었다. 1975년에는 콜더(Calder)가 FGI에서 3가지 주요한 접근법을 비교하고 FGI 방법을 다른 질적 조사방법과 병행하여 사용함으로써 타당성을 높일 것을 제안했다. 1977년에는 캐서전(Kassarjian)이 광고, 사진, 역사적 기록물 등의 분석을 위해 내용분석(content analysis)의 유용성과 활용방안을 제시하고 내용분석을 사용한 기존의 소비자 연구들을 검토했다. 1982년에는 허쉬먼(Hirschman)이 마케팅 조사에서 실증주의와 대비하여 **인문주의적 방법론**(humanistic inquiry)의 특성과 방법론 및 조사결과를 평가하기 위한 기준을 제시했다.

소비자 연구에 질적 조사방법 및 해석주의 연구가 활성화된 것은 1980년대 중반이다. 이 시기 가장 괄목할 만한 사건은 1986년 여름 20여 명의 소비자 연구자들이 몇 명씩 교대로 팀을 만들어 레크리에이션 차량(RV카)을 빌려 타고 미국 전역을 다니면서 현장에서 소비자를 직접 관찰한 '**소비자행동 방랑여행**(Consumer Behavior Odyssey)'이라는 프로젝트다. 이들은 각 지역의 백화점, 할인점, 시장, 축제, 레스토랑, 결혼식, 공연장을 방문하여 인터뷰와 관찰을 통해 자료를 수집하고, 이를 비디오, 사진, 필드노트, 녹음테이프 등의 형태로 정리하고 분석했다. 이 과정을 통해 수집된 자료를 중심으로 1989년 벨크(Belk) 등의 연구자들이 다수의 논문을 발표했는데, 이는 기존의 실증주의 중심 연구의 흐름에 새로운 전기를 마련하는 계기가 되었다.

'소비자행동 방랑여행' 연구자의 파머스 마켓 방문조사
자료 : Heisley 등(1991)

| 표 1-3 | 해석주의 연구의 역사적 전개과정

연도	연구자	조사방법
1930년 말	Merton, Lazarsfeld	FGI
1940년 말	Dichter	투사법
1950	Haire	쇼핑목록(투사)법
1960년대	Levy	투사법, 에스노그라피, 사례연구, 생애사
1975	Calder	FGI
1977	Kassarjian	내용분석
1982	Hirshman	인문주의적 조사법
1980년 중반	Kassarjian 등	소비자행동 방랑여행
1986	Mick	기호학
1988	Fournier	현상학적 인터뷰, 생애사
1989	Belk, Wallendorf, Sherry	에스노그라피
1989	Hirschman	해석주의 소비자조사
1994	Arnould, Wallendorf	에스노그라피
1995	Schouten, McAlexander	에스노그라피
1995	Zaltman	잘트만 은유 추출 기법(ZMET)
1997	Thompson	해석학적 방법
2002	Kozinet	온라인 에스노그라피(Netnography)
2012	Plassmann 등	신경과학적 관찰

1986년 믹(Mick)은 광고 등 커뮤니케이션과 의미를 연구하기 위한 주요한 방법으로 기호학적 접근방법을 제안했다. 1988년에는 퍼니어(Fournier)가 현상학적 인터뷰와 생애사에 바탕을 둔 질적 조사를 통해 소비자와 상표의 관계의 다양한 차원을 제시했다. 1989년에는 소비자 질적 조사 연구자들이 해석주의 소비자 연구의 기반이 되는 철학, 방법론, 활용에 대한 책자를 발간했다. 1994년에는 아놀드와 월렌도르프(Arnould & Wallendorf)가 마케팅 지향적 에스노그라피라는 주제로 에스노그라피 데이터의 해석과 관련된 논점들을 토의하고 시장 세분화, 제품 포지셔닝, 브랜드 관리에서 에스노그라피의 유용성을 주장했다.

1995년에는 샤우턴과 맥앨럭산더(Schouten & McAlexander)가 할리 데이

비슨 소유자들에 대한 하위문화를 에스노그라피를 적용하여 연구한 논문을 발표했다. 1980년대 중반 이후 다시 활용도가 높아진 투사법은 1995년 잘트만(Zaltman)이 콜라주와 은유 및 스토리텔링 등을 결합한 ZMET(Zaltman Metaphor Elicitation Technique)을 개발했다. ZMET은 조사방법으로서는 흔치 않게 특허 출원을 했고 이후 연구자와 실무자의 주목을 많이 받았다. 1997년에는 탐슨(Thompson)이 소비자로부터 통찰력을 이끌어내기 위해 질적 연구의 텍스트 데이터의 분석과 해석에 많이 적용되는 해석학적 방법(Hermeneutics)의 적용을 예시하고 수단-목적 사슬, 에스노그라피 등의 방법들과 비교했다. 1990년 말에는 믹(Mick)이 *Journal of Consumer Research*의 편집장으로 선임되어 소비자 질적 조사를 적용한 연구들이 학회지에 많이 발표되면서 질적 연구를 촉진했다. 이런 일련의 과정을 통하여 기호학, 현상학적 인터뷰, 에스노그라피 등 다양한 질적 조사방법들이 소비자 연구에 도입되었으며, 2000년에 들어서는 코지넷(Kozinet)이 온라인 에스노그라피의 기법으로서 네트노그라피(Netnography)를 개발했으며, 최근에는 신경과학을 활용하여 소비자를 관찰하는 플래스만(Plassmann)의 연구 등 인터넷과 신기술을 활용하는 질적 조사방법들이 개발되고 활용되어 왔다.

우리나라에서도 1990년 한국소비자학회가 창립되고 학술지로서 ≪소비자학 연구≫를 발간하여 많은 소비자 질적 연구가 이루어지는 데에 기여해왔다. 그러나 1990년대에는 몇 편의 연구를 제외하고는 질적 조사방법을 사용한 연구가 전무했다. 2000년 이후 비로소 소비자와 관련된 연구 중 질적 연구가 적용된 연구의 비중이 높아지면서 양적으로 성장했고, 질적 연구를 위한 방법론과 접근법도 다양해지면서 질적으로도 성장했다. 2000년대의 질적 연구는 방법론 측면에서 심층인터뷰, 참여관찰, 에스노그라피 외에도 FGI, 텍스트 분석, 현상학적 접근방법, 사례연구 등의 방법들이 사용되었다. 그러나 미국이나 유럽권의 연구에 비해서 한국의 소비자행동 연구에서 질적 연구는 아직까지 더 발전해야 할 여지가 많다.

주요 용어

해석주의(interpretivism)
실증주의(positivism)
두꺼운 서술(thick description)
담금(immersion)
소비자행동 방랑여행(consumer behavior odyssey)
인문주의적 방법론(humanistic inquiry)

요 약

1. 소비자 질적 조사는 소비자-상표 관계, 상표애호도 등 장기적, 심층적 현상의 연구나 신제품 개발의 아이디어 도출 등의 조사에 다양하게 활용된다.

2. 소비자 질적 조사는 해석주의 관점에 기반해 실시한다. 해석주의는 이론 형성, 귀납적, 상호의존적, 비구조화, 서술적 특성을 갖는다. 반면 실증주의는 이론 검증, 연역적, 독립적, 구조화, 통계적 특성을 갖는다. 해석주의와 실증주의 관점은 반드시 상충적인 것은 아니며 때로는 상호 보완적으로 활용될 수 있다.

3. 해석주의의 전제에는 다수의 현실, 조사자와 현상 간 상호작용적, 현상의 다양한 측면, 원인-결과의 구분 불가, 가치판단적 등이 있다. 반면 실증주의의 전제에는 하나의 현실, 조사자와 현상 간 독립적, 현상의 일반화, 원인-결과의 구분 가능, 가치 무관 등이 있다.

4. 소비자 질적 조사 과정은 조사 현상의 개념화, 현상에 대한 탐험적 조사, 담금, 해석의 단계를 밟는다.

5. 미국의 소비자 질적 연구는 1980년 중반의 소비자행동 방랑여행 후 비약적으로 발전했다. 주요한 방법론으로는 FGI, 투사법, 에스노그라피, 사례연구, 내용분석, 기호학, 현상학적 인터뷰, 해석학, ZMET, 네트노그라피, 신경과학적 관찰 등을 들 수 있다.

토의문제

1. 해석주의와 실증주의를 비교하시오.
2. 소비자 질적 조사 과정의 단계를 설명하시오.
3. 미국의 소비자 질적 연구의 발전과정을 '소비자행동 방랑여행' 이전과 이후로 구분하여 설명하시오.

참/고/문/헌

김재일 (2009), "소비자행동", 한국의 학술연구: 경영학, 대한민국학술원.

Arnould and Wallendorf (1994), "Market oriented ethnography," *Journal of Marketing Research.*

Belk, Russell W.(1991), *Highways and Buyways: Naturalistic Research from the Consumer Behavior Odyssey*, eds. Russell Belk, Provo, UT: Association for Consumer Research, pp. 1-12.

Belk, Russell, W. Melanie Wallendorf, and John F. Sherry (1989), "The Sacred and the Profane in Consumer Behavior: Theodicy on the Odyssey," *Journal of Consumer Research*, Vol.16, No.1, pp. 1-38.

Dichter, E. (1947), "Psychology in marketing research," *Harvard Business Review*, 25(summer), 432-443.

Engel, J. F., D. T. Kollat, and R. Blackwell (1968), *Consumer behavior*, New York: Holt, Rinehart and Winston.

Haire, M. (1950), "Projective techniques in marketing research," *Journal of Marketing*, 14(April), 649-656.

Heisley, Deborah D., Mary Ann McGrath, and John F. Sherry, Jr (1991), "To everything there is a season: a photoessay of a farmers' market," *Highways and Buyways: Naturalistic Research from the Consumer Behavior Odyssey.*

Howard, J. A., and J. Sheth (1969), *The theory of buyer behavior*, New York: Wiley

Hirschman, E. (1986), "Humanistic Inquiry in Marketing Research: Philosophy, Method, and Criteria," *Journal of Marketing Research.*

Hirschman, E. (1989), *Interpretive Consumer Research.*

Kassarjian, H. (1977), "Content Analysis in Consumer Research," *Journal of Consumer Research.*

Kassarjian, H. (1987), "How we spent our summer vacation: a preliminary report on the 1986 consumer behavior odyssey," *Advances in Consumer Research.*

Kozinets, R. V. (2002), "The field behind the screen: using netnography for marketing research in online communities," *Journal of Marketing Research*, 39, 61-72.

Levy, S. J. (1963), "Symbolism and Life Style," *Proceedings of American Marketing Association Conference*, 140-150.

McQuarrie, E., and D. Mick (1999), "Visual rhetoric in advertising: text-interpretive, experimental, and reader-response analyses," *Journal of Consumer Research*, vol. 26, pp. 37-54.

Mick, D. (1986), "Consumer research and semiotics: exploring the morphology of signs, symbols, and significance," *Journal of Consumer Research.*

Nicosia, F. M. (1966), *Consumer decision process: marketing and advertising implications*, N.J: Prentice-Hall.

Plassmann, H. T. Ramsoy, and M. Milosavljevic (2012), "Branding the brain: a critical review and outlook," *Journal of Consumer Psychology.*

Richins, M. (1991), "Social comparison and the idealized images of advertising," *Journal of*

Consumer Research, Vol. 18, No. 1, pp. 71-83.

Wallendorf, M. and R. Belk (1989) "Assessing trustworthiness in naturalistic consumer behavior," in E. Hirschman(ed.), *Interpretive Consumer Research*.

Zaltman, G. (1997), "Rethinking market research: putting people back in," *Journal of Marketing Research*.

Zaltman, G. (2003), *How Customers Think: Essential Insights into the mind of the Market*.

PART 2

소비자 질적 자료의 수집과 분석

Qualitative Research

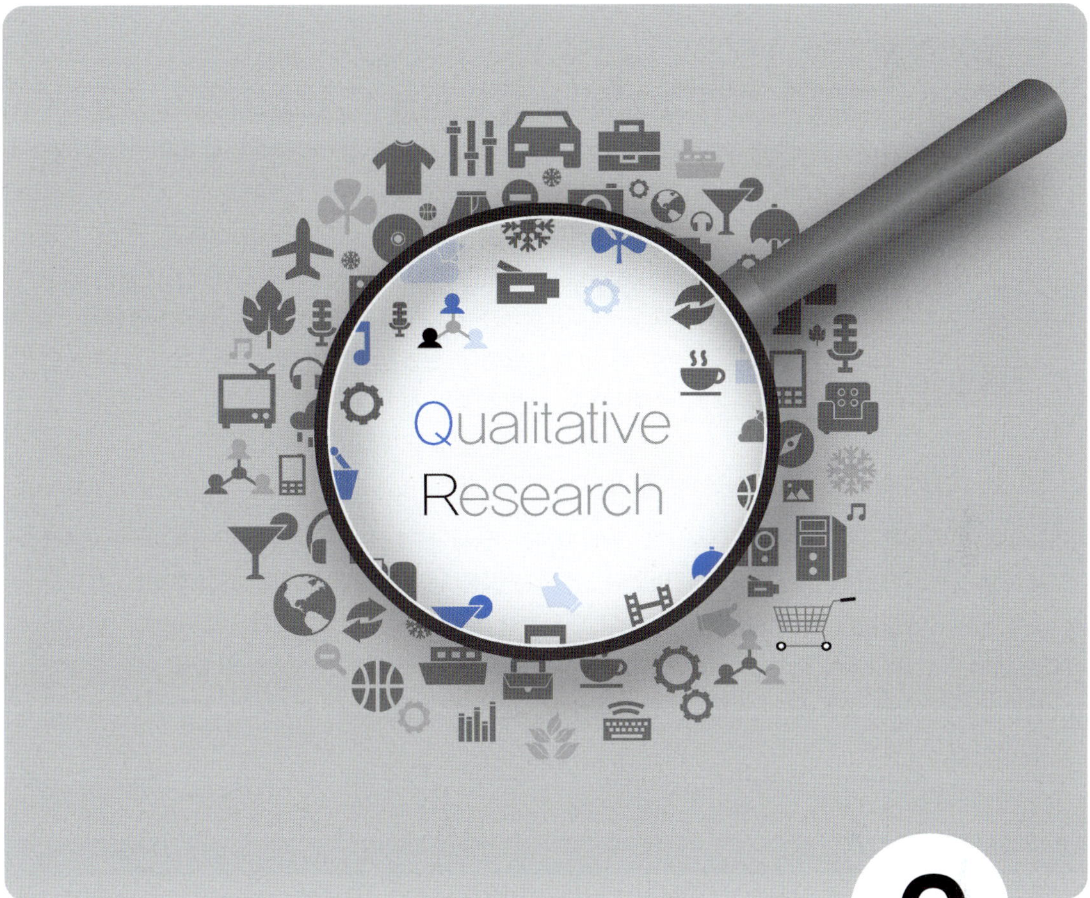

제 2 장

관 찰

도입사례 **빨래가 잘 되었나 확인하는 방법은?**

한 세제 회사는 "소비자가 어떻게 세탁을 할까?" 궁금했다. 그들은 조사회사에 이 주제를 의뢰했고, 조사회사는 여성 소비자들이 집에서 세탁하는 과정을 처음부터 끝까지(즉, 빨래를 분류해서 세탁기에 넣고, 세제 넣고, 세탁기를 돌리고…옷을 개고) 비디오로 촬영했다. 촬영 후, 소비자들에게 "빨래가 잘 되었는지를 판단하는 기준이 뭐예요?"라고 물었다. 답은 예상대로, "때가 잘 졌는지, 흰 옷은 희고, 색깔 옷은 선명한지…로 알 수 있죠." 그런데 촬영한 비디오테이프를 보니, 대부분의 소비자들이 세탁기에서 세탁된 옷을 꺼낸 후 살짝 냄새를 맡는 것이었다. "왜 냄새를 맡으세요?"라고 묻자, 소비자들은 "전 늘 그렇게 해요. 냄새가 깨끗한지를 보려고요"라고 답했다.

관찰을 통해 알게 된 사실을 토대로, 그 세제 회사는 '냄새가 깨끗한 옷'이라는 콘셉트(concept)를 세제광고에 도입했고 결과는 대성공이었다. 소비자들은 '냄새가 깨끗한지를 확인하려고, 세탁된 옷의 냄새를 맡아본다'는 사실은 설문조사나 인터뷰를 통해서는 발견할 수 없는 것이었다. 왜냐하면 소비자는 무의식적으로 그런 행동을 하기 때문이다. 즉, 소비자가 제품이나 서비스를 어떻게 사용하는지, 어떤 제품이나 서비스가 필요한지에 대한 통찰력을 얻기 위해서는 관찰법이 절실히 요구된다.

(자료 : Abrams, 2000)

1 관찰의 이해

관찰은 사람, 사물, 사건을 지켜보고 기록, 분석하는 조사방법이다. 사람들이 무엇을 하는지, 어떤 행동 패턴이나 특정 행동을 하는지, 사람과 사물과 사건 간 어떠한 상호작용을 하는지 살펴보는 것을 기본으로 한다. 관찰은 연구자가 연구대상인 사람들에게 질문을 하지 않고 순전히 관찰만 하는 비참여관찰(혹은 단순관찰)에서부터 연구대상인 사람들의 일상에 참여하여 상호작용하는 참여관찰까지 다양한 형태로 이루어진다. 또한 연구자들은 상황을 관찰할 뿐만 아니라 연구대상과의 인터뷰를 통해 순수한 관찰이 갖는 한계를 보완하기도 한다.

관찰은 모든 연구방법의 기본이다. 인터뷰나 FGI(Focus Group Interview, 초점집단인터뷰 혹은 초점집단면접)에서도 연구자는 의식적, 무의식적으로 연구환경과 사람들이 그 안에서 행동하는 방식을 관찰하며, 관찰을 토대로 수집된 자료를 이해한다. 예를 들어, 연구자가 호텔의 서비스 만족도에 대한 인터뷰를 위해 호텔을 방문한다면, 연구자는 호텔 입구를 들어서기 전부터 호텔에 대한 관찰을 시작한다. 즉, 호텔 빌딩의 외관, 주차, 호텔 입구, 프런트, 호텔 내부와 그곳에 있는 직원과 고객을 유심히 관찰할 것이고, 이러한 관찰 내용은 이후 진행될 인터뷰의 가이드라인으로 작용하고, 인터뷰에 대한 해석에도 영향을 미친다. 관찰을 잘하느냐 못하느냐가 좋은 연구자의 자질, 좋은 연구의 조건이다.

1.1 관찰의 대상

관찰의 대상은 행동적 자료와 생리적 자료로 나눌 수 있다.

① 행동적 자료

행동적 자료는 연구대상의 언어적, 비언어적 행동, 혹은 의식적, 무의식적 행동을 관찰하여 수집한 자료로서 전통적인 관찰[1]의 주 관찰대상이다. 관찰은 사람들의 의식적 행동뿐만 아니라 사람들이 당연시하며 생각해볼 기회를 잘 갖지 않는 무의식적 행동을 관찰함으로써 무의식적인 동기를 추론하는 데 도움이 된다. 예를 들어, 연구대상에게 가족들과의 저녁식사에 대해 물어보면 그들은 의식적인 부분(예 : 음식, 테이블에 앉아 있었던 사람 등)에 대해서 이야기할 것이다. 그러나 연구자가 식사 장면을 직접 혹은 CCTV로 관찰하면, 연구자는 연구대상이 의식해서 보고하는 부분 외에도 의식하지 못하는 부분(예 : 테이블 위나 주변에 있는 장식품이나 식기, 음식을 먹으면서 틀어 놓은

1) 전통적인 관찰은 인간의 오감을 활용한 단순관찰을 지칭한다. 전통적인 관찰만으로는 사람들의 감정, 신념, 가치 등을 평가하고 직접적으로 측정하는 데 한계가 있어서, 관찰과 더불어 인터뷰를 사용하거나, 첨단 장비(예 : fMRI, EEG)를 사용함으로써 전통적인 관찰의 단점을 보완하기도 한다.

텔레비전 프로그램, 음식 섭취 행동, 저녁식사 과정에서 가족 간의 미묘한 긴장 관계가 드러나는 표정 등)까지 종합적이고 심도 있게 관찰할 수 있다. 이처럼 관찰은 사람들이 말하는 것과 그들이 실제로 행동하는 것을 구분할 수 있도록 도와준다.

② 생리적 자료

생리적 자료는 눈동자나 동공의 움직임 혹은 목소리 같은 미세한 신체적 반응, 땀과 같은 말초신경계의 반응, 뇌의 반응 등을 관찰하여 수집한 자료이다. 과학·기술의 발전으로 다양한 관찰·측정장비가 개발되면서 각광받고 있다. 여기에 대해서는 "2.5 관찰수단", "4. 비디오 관찰", "제14장 뉴로마케팅"에서 자세히 살펴보도록 하겠다.

1.2 관찰의 장단점

(1) 관찰의 장점

관찰은 관찰되는 실제 자료 중심이기 때문에 연구 참여자의 구두·서면 보고에 의존하는 설문조사나 인터뷰가 갖는 다음과 같은 단점을 극복할 수 있다. 첫째, 참여자의 보고는 참여자의 기억에 의존하는 경우가 많은데, 사람의 기억은 용량의 한계가 있을 뿐 아니라 사람은 의식적, 무의식적으로 정보를 왜곡하기 때문에 기억은 정확성이 떨어진다. 둘째, 사람은 타인에게 잘 보이고 싶은 욕구가 있기 때문에 참여자의 보고는 일정 부분 왜곡되어 있다. 마지막으로, 참여자가 자신의 생각을 잘 표현하지 못하거나, 커뮤니케이션의 한계로 인해 참여자의 생각이 연구자에게 정확하게 전달되지 못한다. 소비자들이 주의를 기울이지 않는 반복적이고 관습적인 행동에 대해 인터뷰나 설문조사를 실시하면 참여자로부터 의미 있는 구두·서면 보고를 얻기 힘들다. 하지만, 이때 관찰을 사용하면 반복적이고 관습적인 행동에서도 일정한 패턴이나 의미를 발견할 수 있다. 예를 들어, 마트에서 주의를 기울이지 않고 쇼핑하는 소비자는 그들이 어떤 제품을 얼마나 오래 살펴봤는지 기억하지 못하는데, 이럴 때 관찰은 적절한 답을 제시할 수 있다.

관찰은 구매·소비가 이루어지는 현장에서 이루어지기 때문에 소비자의 소비생활에 대한 **전체적인 관점과 시각적 그림**을 제공한다. 즉, 실험실에서의 인위적인 행위가 아니라, 제품·서비스를 구입하고 사용하는 **자연스러운** 모습을 관찰하고 기록할 수 있다. 또한 연구자는 표현되지 않은 의도와 기대들, 사회관계에 영향을 미치는 사건들의 의미, 그리고 참여자의 경험의 다양성에 주목할 수 있다. 아울러, 중요한 사건과 연구대상의 언어 사용, 표정, 의사소통, 상호작용 등도 조사할 수 있다. 예를 들어, 대형마트 아이스크림 진열대에 설치된 CCTV와 마이크로 엄마와 아들이 아이스크림 선택을 두고 티격태격하는 모습을 녹화했다고 가정해 보자. 모자 중 누가 최종 승자가 되었을까? 아이스크림 제조사나 대형마트는 아이스크림 구매 시 모자의 힘의 구도라든지, 의사결정시 중요한 요인들, 의사결정자가 누구인지에 대해 시사점을 얻을 수 있다.

(2) 관찰의 단점

관찰도 다른 정성적 연구방법들이 갖는 **일반화**, **주관적 해석**, **소요시간** 등의 단점이 있다. 즉, 소수의 연구대상을 관찰하기 때문에 개개 관찰대상에 대한 총체적이고 심도 있는 연구가 가능하지만, 관찰 결과를 전체 모집단으로 일반화할 수 없다. 또한 동일한 관찰내용에 대해서도 관찰자에 따라 상이한 해석이 가능하다. 이를 극복하기 위해 관찰자는 관찰내용을 수차례에 걸쳐 재검토하고 관찰자끼리 논의하는 과정을 거침으로써 주관적 해석을 극복하고 신뢰성을 확보해야 한다. 마지막으로, 관찰법 역시 많은 시간이 소요된다. 관찰하고자 하는 현장에 접근하기 위한 협상시간, 연구자가 현장에 익숙해지는 시간, 현장에서 기록하고 관찰내용을 분석하는 시간 등 많은 시간이 걸린다. 이런 이유로 인해서 장기간 연구 프로젝트에 참여하기 힘든 학생들에게 관찰법은 적합하지 않을 수 있다.

학생들이 잘 알고 있는 주제에 대한 관찰은 비교적 짧은 기간 동안에도 가능하다. 예를 들어, '대학생들의 놀이문화'라는 주제는 대학생 연구자에게도 익숙하기 때문에 적응기간이 단축된다. 그러나 여기에는 두 가지 위험성이 내포된다. 첫째, 연구자와 관찰대상들에 의해서 당연시되어 간과되는 활동과 상황들 가운데, 중요한 것들이 포함될 수 있다. 즉, 연구환경에 빨리 적응할 수는 있지만, 연구자가 이미 문화적 내부인(cultural insider)이기 때문에 중요한 것들을 놓칠 가능성이 있는 것이다. 이러한 문제를 예방하기 위해서는 연구자는 자신의 기존의 가정들을 보류하고, 주변인으로서의 내부인(marginal native)의 입장을 견지해야 한다. 둘째, 연구자와 관찰대상 사이의 가까운 관계는 연구자가 자연스럽게 관찰대상의 관점을 수용할 수 있다는 문제가 있다. 이것은 연구자가 관찰대상과 많은 부분을 공유하게 될 때 생길 수 있는 일반적인 문제이다. 이를 극복하기 위해선 스스로 연구자로서의 역할을 상기할 필요가 있고, 또 주기적으로 연구결과를 다른 연구자나 슈퍼바이저와 함께 검토하는 것이 필요하다.

관찰 가운데, 참여관찰은 '공간적 제약'과 '관찰자 효과(observer effect)'라는 단점이 있다. 공간적 제약이란 연구자가 동시에 여러 곳에 있을 수 없어서 자신의 눈앞에서 벌어지는 현상만을 관찰하기 때문에 중요한 사건을 놓치거나 자신이 관찰한 현상만을 근거로 잘못된 결론에 도달하는 것이다. 관찰자 효과란 인터뷰에서의 '면담자 효과'와 마찬가지로, 관찰법에서도 사람들이 연구자의 존재를 의식할 경우, 연구자가 없을 때와는 다른 방식으로 행동하는 현상이다. 이러한 관찰자 효과는 연구자가 해당 환경에서 많은 시간을 머무를수록 감소한다. 장기간 관찰조사를 수행할 경우 관찰자 효과가 두드러진 초반부 자료와 관찰자 효과가 사라진 후반부 자료를 구분하여 분석하는 것도 한 방법이다.

1.3 관찰의 용도

관찰은 에스노그라피(ethnography)에서 주된 연구방법으로 사용되기도 하지만, 일반적으로 다른 연구방법의 보조수단으로 사용되기도 한다. 관찰의 용도를 크게 학문적 용도와 실무적 용도로 나눌 수 있다.

(1) 학문적 용도

관찰은 실증주의적 연구보다는 해석주의적 연구에서 주로 사용된다. 관찰의 역할은 해석주의적 연구에서와 실증주의적 연구에서 차이가 있다. 실증주의적 연구에서 관찰은 주로 연구의 초기 단계에서 탐색적 목적이나 예비적 단계로 사용되는 반면 해석주의적 연구에서는 관찰이 어떤 현상을 이해하고 깊이 있는 식견을 얻기 위한 단일한 연구방법으로 사용되기도 한다. 이처럼 단일한 연구방법으로 관찰이 사용되는 연구들은 에스노그라피나 기술의 변화·발전에 대한 종단적인 연구가 많다. 또한 관찰은 소비자행동이나 소매유통뿐 아니라 다양한 마케팅 상황에서 사용된다.

Arnould와 Price(1993)는 참여관찰과 심층인터뷰를 사용해서 콜로라도 강에서 리프팅하는 것의 특별한 경험을 분석하였고, Goulding, Shankar, Elliott, and Canniford(2009)는 참여관찰과 심층인터뷰를 사용해 "클럽에 가기(clubbing)"의 경험을 분석하였다.

(2) 실무적 용도

관찰법은 소비자행동 분야에서 많이 사용된다. 광고와 같은 마케팅활동에 대한 소비자의 반응을 관찰함으로써 광고전략 수립에 도움이 된다. 구매·소비 상황에서 소비자의 구매의사결정과 소비행동을 생생하게 관찰함으로써 쉽게 드러나지 않는 소비자의 욕구와 취향을 파악해 제품차별화나 신제품 개발과 같은 제품전략을 수립하는 데 요긴하다.

제품차별화 제품수명주기(PLC)상 성숙기 시장에서 제품차별화는 쉽지 않다. 제품 중심의 차별화는 어렵기 때문에 소비자가 지각하는 차별화 포인트를 찾아내서 반영하는 편이 낫다. 소비자들이 가정에서 제품을 사용하는 것을 관찰하고 관찰내용을 토대로 인터뷰를 진행하면 소비자들이 각 제품을 어떻게 사용하고, 제품의 속성들이 소비자에게 어떤 의미가 있는지를 파악하는 데 도움이 된다. 예를 들어, 한 시리얼 회사는 아침식사용 시리얼을 구입한 어머니들이 시리얼을 어떻게 사용하는지 각 가정을 방문하여 관찰하였다. 놀랍게도, 아이들에게 아침식사로 시리얼을 주기보다 외출시 비닐봉투에 넣어서 간식으로 가져가는 경우가 많았다. 이후 이 회사는 휴대가 간편한 소량 포장을 도입함으로써 시리얼을 차별화할 수 있었다.

신제품 개발 관찰법은 신제품을 개발할 때 두 가지 용도로 쓰인다. 첫째, 신제품 개발의 아이디어를 얻을 수 있다. 소비자가 제품을 사용하는 모습을 관찰하고 인터뷰를 해서 현재 시중에 나온 제품의 문제점을 발견할 수 있다. 또한 소비자가 기존 제품을 개선해서 사용하는 것(예 : 전자제품이나 자동차

튜닝)이나 신제품의 시제품(prototype)을 사용하는 모습을 관찰함으로써 기존 제품이나 시제품의 개선점에 대한 아이디어도 얻을 수 있고 신제품의 성공 여부를 예측하는 데도 도움이 된다.

둘째, 신제품의 시제품에 대한 소비자의 반응과 사용 실태 조사를 통해 신제품 광고와 제품 포장에 대한 아이디어를 얻을 수 있다. 소비자가 시제품을 직접 사용하는 것을 관찰하고 인터뷰함으로써 어떻게 광고 및 포장할지를 결정할 수 있다. 예를 들어, 한 회사는 베이킹소다를 함유한 데오도란트를 시장에 출시하기에 앞서 시제품을 소비자들에게 나누어주고 소비자들이 가정에서 사용하는 모습을 관찰하고 관찰내용을 근거로 인터뷰를 진행하였다. 관찰과 인터뷰 결과 소비자들은 그 시제품 사용에 어려움이 없었고 제품을 좋아했지만, 데오도란트에 베이킹소다가 함유되었다는 사실에 대해서는 다소 의아해했다. 연구자들은 인터뷰 과정을 녹화한 영상을 다시 보면서, "소비자가 냉장고의 탈취제와 데오도란트의 연관성을 이해하지 못하고 있다"는 사실을 알 수 있었다. 즉, 연구자가 소비자에게 "베이킹소다가 냄새 제거 효과가 있기 때문에 냉장고의 탈취제에 베이킹소다가 들어가는 것처럼 데오도란트에 베이킹소다를 사용함으로써 땀냄새 제거 효과가 증진된다"고 설명하자, 소비자의 얼굴이 비로소 밝아지는 모습이 카메라에 잡혔던 것이다. 이 조사를 통해 '데오도란트에 베이킹소다가 들어갔다는 사실을 소비자에게 알리는 것'만으로는 부족하다는 사실을 알게 된 이 회사는 '베이킹소다의 냄새 제거 효과와 겨드랑이 땀냄새의 관계'를 보다 직접적으로 전달하는 광고와 제품 포장을 통해 신제품을 성공적으로 포지셔닝할 수 있었다.

2 관찰의 종류

관찰은 지침서(protocol)의 유무(구조화 vs. 비구조화), 관찰하는 환경(인위적 vs. 자연적 환경), 연구자의 존재에 대한 공개 여부(공개 vs. 비공개), 관찰자의 역할(비참여 vs. 참여), 관찰수단(인적 vs. 기계적)에 따라 분류할 수 있다.

2.1 구조화된 관찰 對 비구조화된 관찰

구조화된 관찰은 연구자가 관찰을 위한 지침서를 갖고 있는 경우 실시한다. 예를 들어, '호텔 룸서비스 만족도에 영향을 주는 요인'을 연구한다면 뚜렷한 연구목적이 있고 이 목적을 위한 관찰내용들이 정해진 상태이기 때문에 구조화된 관찰을 사용한다.

[지침서 사용의 예] The ferry travel industry

지침서는 언제, 어디서, 무엇을, 어떻게 관찰해야 하는지에 대한 가이드라인을 제공한다. 이 지침서는 서비스 상황에서 발생하는 모든 유무형의 마케팅활동 가운데 관찰할 필요성과 가치가 높은 것들을 항목별로 정리해 놓았다. 다음은 한 유람선(ferry) 회사를 위한 관찰연구의 지침서 일부이다.

- 관찰연구의 목적 : 유람선 회사들이 여행지에서 제공하는 다양한 서비스, 레저시설, 마케팅활동을 비교
- 관찰사항 : 다음 표에 제시된 항목들에 대해 연구자들이 여행을 시작할 때, 여행 도중, 여행이 끝날 때 관찰하고 기록한다. 예를 들어, '5. 직원과 고객의 상호작용'은 직원들이 공손한지, 고객을 잘 돕는지, 자신의 직무를 유능하게 완수하는지 등을 관찰하고 기록한다. '6. 제품·서비스에 대한 고객의 반응'은 식당이나 바에서 제공되는 제품·서비스에 대해 고객들이 어떻게 반응하는지를 관찰하고 기록한다. 이때 여행 시작·도중·끝에 각각 관찰하고 기록하는 것은 서비스의 일관성을 측정하기 위한 것이다. 또한 5점 척도(1 = 매우 나쁨; 3 = 보통; 5 = 매우 좋음)와 서술로 각 항목에 대해 전반적인 평가를 하고, 각 항목에 대해 관찰한 구체적인 사건과 코멘트도 함께 기록한다.

	시작	도중	끝
1. 물리적 시설 – 유람선 배치(layout) – 유람선 공간 : 활동이 자유로울 정도로 충분히 넓은지 – 서비스 매장의 수			

	시작	도중	끝
2. 제품 · 서비스의 선정과 범위 – 레스토랑과 카페테리아의 음식의 종류 – 매장의 물건의 종류 – 카페테리아와 바의 음료의 종류 – 각 연령대를 위한 오락의 종류			
3. 정보 전달 용이성 – 시각적 정보 – 청각적 정보 – 스피커 공지 – 안내 표시 – 전단지 배포			
4. 직원의 접근성 – 식당에서 – 바에서 – 오락 · 레저시설에서 – 상점에서			
5. 직원과 고객의 상호작용 – 공손함 – 고객에게 도움주기 – 유능함			
6. 제품 · 서비스에 대한 고객의 반응 – 식당 이용 시 – 바 이용 시 – 오락 · 레저시설 이용 시 – 상점 이용 시			

(자료 : Carson 등, 2001; Gilmore, 1997)

비구조화된 관찰(unstructured)은 관찰의 초점이 미리 정해지지 않은 경우다. 연구자는 새로운 환경에서 무엇을 관찰할지에 대한 구체적인 계획을 갖고 있지 않으며, 관찰되는 모든 것을 기록하기도 한다. 구조화되지 않은 관찰은 연구의 다음 단계를 위한 초점을 탐색하기 위한 용도 혹은 이후의 심층인터뷰나 장기간의 관찰 연구를 위한 지침서를 작성하기 위한 용도로 사용된다. 또한 연구자가 새로운 환경을 관찰하는 경우, 연구자가 관심을 갖는 현상에 대해서 그들의 관점을 확장시킬 필요가 있을 경우에 유용하다. 예를 들어, 호텔 서비스에서 중요한 요인들에는 어떤 것들이 있는지 탐색하고자 할 때 비구조화된 관찰을 하게 된다. 손님으로서 호텔에 방문하여 다양한 시설과 서비스를 살펴보거나 직접 이용해보면서 각 시설과 서비스에 대해 자세히 관찰하고 기록한다. 이러한 관찰 결과물은 호텔의 다양한 서비스를 평가하기 위한 세부 지침서의 자료로 사용할 수 있다.

2.2 인위적인 환경 對 자연스러운 환경

인위적인 환경이란 실제와 유사한 환경을 만들고 그 안에서 사람들의 행동을 관찰하는 것이다. 예를 들어, 매장의 공간 배치에 따라 소비자의 행동이 어떻게 달라지는지, 공간 배치가 소비를 증가시키는지 알아보기 위해서, 특정 공간(컨테이너나 건물)에 실제 상점과 같은 인위적인 공간 배치를 만들고 그곳에서 관찰한다. 또한 실제 상점과 똑같이 만든 세트에 경쟁 제품들을 진열해 놓고, 소비자들에게 쇼핑을 하도록 하고 관찰하기도 한다. 인위적인 환경은 외생변수 차단에 용이해서 연구의 내적 타당성을 높일 수 있다는 장점이 있으나, 인위적인 환경에서의 행동과 자연스런 상황에서의 행동에 차이가 난다는 점에서 외적 타당성에 문제가 있다.

자연스런 환경이란 관찰하고자 하는 대상을 실제 환경에서 관찰하는 것이다. 예를 들어, 패스트푸드점에 들어온 고객이 어떤 행동을 하는지(어떻게 메뉴를 고르고, 주문하고, 대기하고, 먹고, 치우고, 매장을 나가는지), 계절별, 시간대별로 어떤 메뉴를 어떻게 먹는지 알고 싶다면, 연구를 위한 인위적인 세트를 만들 것이 아니라 패스트푸드점 내방 고객이 자유롭게 행동하는 것을 쫓아다니며 관찰해야 한다.

2.3 공개관찰 對 비공개관찰

연구자가 관찰되는 사람들에게 그들이 관찰되고 있는지를 공개하는 것은 윤리적인 문제와 관련 있다. 관찰되는 사람들에게 관찰 사실을 알리지 않고 관찰하는 것은 비윤리적인 행위라는 의견도 있고, 관찰 여부 공개 시 관찰자 효과가 발생하기 때문에 관찰 사실 비공개가 불가피하다는 의견도 있다. 후자는 자신이 관찰되고 있다는 사실을 알게 되면 사람들이 행동을 바꾸기 때문에 연구의 가치가 떨어질 수밖에 없다는 점을 강조하고, 관찰되는 사람들을 익명처리하면 관찰 사실 비공개가 반드시 비윤리적인 것은 아니라고 주장한다. 그러나 관찰자 효과나 관찰대상의 익명처리에도 불구하고 관찰 사실 비공개는 윤리성 논란으로부터 자유로울 수 없다. 윤리적 문제와 관찰자 효과를 동시에 해결하는 한 방법은 관찰을 장기간에 걸쳐 진행하는 것이다. 관찰 사실 공개로 인해 다소간 관찰자 효과가 발생하더라도 오랜 기간 관찰이 지속되면 사람들은 그들이 관찰되기 이전의 행동으로 돌아올 가능성이 크기 때문이다.

소비자들의 쇼핑이나 서비스 경험을 연구하기 위해 많이 사용하는 **미스터리 쇼핑**(mystery shopping)도 관찰 사실을 알리지 않는 비공개관찰법의 하나이다. 미스터리 쇼핑은 종업원에게 관찰 사실을 알리지 않은 채 미스터리 쇼퍼(mystery shopper)를 매장에 파견한다. 미스터리 쇼퍼는 손님으로 가장하고 매장을 방문해서 매장 내의 배치, 상품 구색, 소비자와 종업원 간의 상호 작용(대화, 물건 구입 등)을 관찰하고, 직접 물건을 구입하거나 서비스를 이용

캐논 : 미스터리 쇼핑

미국 카메라시장에서 미놀타에게 시장을 잠식당하자, 캐논 본사(일본)는 미국시장 유통사인 Bell & Howell에 문제가 있다고 판단했다. 캐논 본사는 소비자와 소매상들로부터 얻은 광대한 데이터를 사용하는 대신 인적관찰에 의존하여 현황을 파악하기로 결정하고, 3명의 일본인 매니저를 미국 현지에 파견했다.

매니저들은 6주 정도 미국에 체류하면서 캐논 카메라 매장들을 방문했다. 그들은 손님으로 가장하고 진열에서부터 종업원의 고객 응대에 이르기까지 매장을 조목조목 관찰한 끝에 두 가지 사실을 알게 되었다. 하나는 딜러들이 캐논 카메라를 열심히 팔지 않는다는 것이고, 다른 하나는 약국이나 할인점은 캐논에게 적합한 매장이 아니라는 사실이었다. 이러한 관찰 결과를 토대로 캐논은 자체 판매조직을 구성한 결과 매출과 시장점유율이 증대되었다. 2006년 기준으로 캐논은 자사의 제품을 115개국에서 직접 판매하고 있으며, 캐논 전체 매출의 75% 가량을 해외에서 올리고 있다.

(자료 : Malhotra, 2007, p.174)

한다. 미스터리 쇼핑은 종업원이 미스터리 쇼퍼의 존재를 모르기 때문에 소비자가 겪는 쇼핑이나 서비스 경험을 직접 체험해 볼 수 있다는 장점이 있다. 반면 손님으로 가장한 미스터리 쇼퍼가 손님으로서 물을 수 있는 질문의 한계 때문에 '인터뷰'처럼 심도 있는 질문은 힘들 수밖에 없다. 미스터리 쇼퍼의 존재를 알게 될 경우 종업원들이 몰래 감시당한다는 사실에 거부감을 느낄 수 있다. 호텔이나 레스토랑 등을 평가하는 비평가들이 미스터리 쇼퍼로 활동하기도 한다.

2.4 비참여관찰 對 참여관찰

순수한 의미의 관찰은 관찰되는 사람들과 대화하거나 그들에게 질문하지 않고 자료를 수집하는 것이다. 이런 형태의 관찰을 '비참여관찰', 또는 '단순관찰'이라고 한다. 반면 연구 현장에서 사람들과 상호작용하고 대화하면서 이루어지는 관찰을 '참여관찰(participant observation)'이라고 한다.

2.4.1 비참여관찰(단순관찰)

비참여관찰 혹은 **단순관찰**은 가장 고립된 형태의 관찰로서 관찰되는 사람은 연구자의 존재에 대해 알지 못하며, 연구자는 이들과 전혀 관계를 맺지 않는다. 연구자는 연구의 객관성을 유지하기 위해 환경으로부터 분리되어 있다. 매장에서 CCTV를 사용해 소비자의 구매행동을 관찰하거나, FGI 장면을 일방향 거울(one-way mirror)을 사용해 관찰하고, 온라인 토의집단을 관찰하는 것 등이 대표적인 비참여관찰이다. 비참여관찰은 FGI에서 사람들 간의 상호작용을 파악하고, 매장에서 브랜드 구매 패턴을 발견하는 데 도움이 된다. 그러나 행동의 이유에 대해 심화된 질문을 하거나, 관찰된 사람들로부터 관찰결과에 대한 피드백을 받거나, 그들의 행동이나 경험에 대한 연구자의 해석을 그들에게 검토받을 기회가 없다는 한계가 있다. 즉, 연구자가 잘못 해석하거나 관찰결과를 확대 해석할 가능성이 있다. 그러므로 관찰대상들과 추가적인 인터뷰를 진행함으로써 관찰결과에 대한 피드백을 받는 형태로 비참여관찰을 보완할 필요가 있다.

2.4.2 참여관찰

참여관찰은 에스노그라피에서 핵심이 되는 연구방법이다. 에스노그라피에서는 연구대상이 되는 집단 구성원의 관점에서 그들을 이해하는 것이 중요하기 때문에 참여관찰을 많이 사용한다. 정성적 연구자들에게 가장 적합한 관찰의 형태로 '주변인으로서의 내부인(marginal native)'의 역할이 요구된다. 즉, 연구자는 외부인과 내부인의 중간자적 입장에 위치함으로써 필요 이상의 관계형성을 지양하면서, 동시에 집단 구성원의 관점을 이해해야 한다는 것이다. 참여자가 연구환경에 관여하는 정도에 따라 참여관찰이 세분화된다. 연구자가 오랜 기간 연구환경 내에서 살면서 집단 구성원과 같은 역할을 수행할 수도 있고, 연구환경을 주기적으로 방문하여 집단 구성원의 역할을 하면서 관찰하는 방법도 있으며, 연구자가 집단 구성원의 역할을 수행하지는 않고 그들과 어울리면서 관찰하는 방법도 있다. 여기서는 Gold(1958)가 제시한 세 가지 형태의 참여관찰을 살펴보도록 하겠다.

(1) 완전한 참여자(complete participant)

완전한 참여는 연구자가 관찰하고자 하는 환경에 들어가서 남들 모르게 은밀히 관찰하는 내부인이 된다. 즉, 연구자는 자신이 관찰자라는 사실을 완전히 숨긴 체 해당 집단의 온전한 구성원으로서의 역할을 한다. 연구대상이 되는 사람들은 자신들이 관찰되고 있다는 사실을 알지 못하고 연구자를 연구자가 아닌 동료로 대하며, 그 결과 연구자는 그들의 자연스러운 행동을 관찰할 수 있다. 이 방법은 해당 집단이 강한 신념이나 규범을 갖고 있어서 비판을 받아들이지 않는 경우, 주제나 상황이 매우 민감해서 주의를 요하는 경우, 해당 집단에 대한 접근이 제한되어 있는 경우에 적합하다. 앞서 언급한 '미스터리 쇼퍼'도 여기에 해당한다.

이 방법은 몇 가지 문제점을 안고 있다. 연구자가 해당 집단의 구성원으로서만 활동할 수 있어서 연구자로서의 활동(예 : 인터뷰)이 제한된다. 연구자가 집단 구성원들과 함께 활동하다 보면 연구자가 집단에 동화되어서 상황을 비판적으로 평가하는 능력을 상실할 수 있다. 사적이거나 개방되지 않은 환경을 은밀하게 관찰하는 것이 비윤리적일 수 있다. 연구자가 자신의 신분을 숨기고 몰래 들어가서 관찰을 한다면, 연구자는 연구자와 구성원 간의 관계,

그리고 집단 구성원의 사생활을 부도덕하게 이용하는 결과가 될 수 있다. 따라서 완전한 참여가 필요한 연구 상황이라면 연구자로서의 역할을 숨기는 것이 윤리적인지에 관해 깊이 고민해야 한다.

(2) 관찰자로서의 참여자(participant as observer)

연구자는 집단 구성원으로서의 책임을 수행하면서, 동시에 연구자라는 위치에 있다. 집단 구성원들이 관찰자의 존재를 알기 때문에, 구성원들이 관찰자의 존재를 알아도 자신들의 행동을 바꾸지 않는 상황에 적합하다. 연구 수행 전, 집단의 문지기(gatekeeper)에게 자신의 연구목적을 공개하고 참여관찰에 대해 허락을 받아야 한다. 허락 하에 집단에 참여하게 되면 연구자는 자유롭게 돌아다니면서 자세하고 깊이 있게 관찰할 수 있고, 필요시 인터뷰를 비롯한 높은 수준의 상호작용도 한다. 단, 연구자는 구성원들의 사생활을 침해하지 않도록 노력할 필요가 있다. 또한 연구자는 집단 구성원들이 연구자의 존재와 활동에 대해서 더 많이 알게 될수록 지속적으로 자신의 역할을 조정할 필요도 있다.

(3) 참여자로서의 관찰자(observer as participant)

연구자는 주로 관찰자로서의 역할만을 수행할 뿐, '현장에 있다는 것' 이외에는 별다른 참여활동을 하지 않는다. 집단의 활동을 방해하지 않기 때문에 집단의 문지기에게 참여관찰에 대한 허락을 얻기가 용이하다. 연구자가 집단 구성원의 역할을 수행하지 않기 때문에 연구자의 역할에 집중할 수 있다는 장점이 있다. 반면, 구성원으로서의 역할을 수행하지 않기 때문에 그들을 깊이 이해하는 데 한계가 있고 연구환경이 아주 바쁠 때는 관찰에 제약이 따른다. 예를 들어, 신제품 발표현장에 참여해서 발표 내용, 질의응답, 시연, 소비자들의 반응을 관찰하는 것을 들 수 있다.

실제 연구에서는 관찰자의 역할이 고정된 것이 아니라 상황에 따라 변하고, 관찰자는 다양한 역할을 수행하기도 한다. 예를 들어, 온라인 커뮤니티에 대한 연구의 경우 연구자가 처음에는 가상공동체를 이해하기 위해 단순관찰을 하다가, 그들의 언어와 규범에 익숙해지면 온라인 토의에 참여하는 등 보다 참여의 정도를 높일 수 있다.

비참여관찰 vs. 참여관찰 : 복합 쇼핑 · 음식점 서비스 개선

A씨는 5개의 음식점(스낵바, 패스트푸드, 정통 레스토랑 등), 3개의 음료 · 주류 바, 1개의 대형 기념품점으로 구성된 대규모 복합 쇼핑 · 음식점 단지의 관리자이다. 그는 복합단지 내 각 점포별로 고객의 이용 패턴이 어떤지 궁금해서 이용 패턴에 대한 비참여관찰을 시작했다. 자신의 신분을 밝히지 않고 단지를 돌아다니면서 혼잡도, 대기시간, 환경, 배치, 편리함과 효율성 등을 관찰했다. 관찰 결과 단지의 배치 및 제품 · 서비스 종류를 수정할 수 있었다.

그는 이번에는 특정 점포에서의 고객과 점원 간 상호작용을 평가하고 싶었다. 이를 위해 직원 몰래 참여관찰을 할 필요가 있어서 미스터리 쇼퍼를 사용했다. 미스터리 쇼퍼들은 서비스를 이용해보고 점원과의 상호작용을 비롯한 자신들의 경험을 보고했다. 그 결과 몇 가지 서비스 상호작용의 문제를 발견할 수 있었고, 이 문제의 해결 방안에 대해 직원들과 상의했다.

점포 직원들은 '누군가 자신들을 몰래 감시한다는 사실'에 대해 불쾌해 했다. 그는 직원들과 함께 적정한 서비스 수준을 정하고, 서비스가 이 수준으로 제공되는지에 대해 주기적인 비참여관찰을 사용하기로 합의했다. 그 결과 직원들의 불만은 사라졌고 서비스 수준을 지속적으로 관리할 수 있었다.

(자료 : Carson 등, 2001)

2.5 관찰수단

관찰은 사람이 직접 할 수도 있고 관찰도구를 활용할 수도 있다. 전통적인 관찰연구는 사람에 의한 관찰이었으나, 관찰도구의 발달로 소비자행동 연구에서 다양한 관찰도구를 사용한 연구가 증가하고 있다. 소매점에서 소비자의 구매행동을 관찰하기 위해 사용되는 CCTV는 가장 친숙한 관찰도구다. CCTV를 사용해서 특정 제품이나 브랜드에 대한 소비자들의 구매행동을 관찰하기도 하고, 인터뷰 과정을 비디오카메라로 촬영하여 분석하기도 한다. 동영상을 촬영하는 관찰법에 대해서는 제4절 비디오 관찰에서 살펴보도록 하겠다.

최근에는 보다 진화된 다양한 장비들이 이용되는데 크게 세 가지로 나누어 볼 수 있다. 먼저, 눈동자나 동공의 움직임 혹은 목소리 같은 **미세한 신체**

적 반응을 측정하는 도구로 시선추적기(eye-tracking monitor), 동공측정기(pupilometer), voice pitch analyzer가 있다. 다음으로, 땀과 같은 **말초신경계의 반응**을 측정하는 도구로 피부전도도 반응 기술(galvanic skin response : 이하 GSR)이 있다. 이들 도구들은 신체적 반응 및 말초신경계의 반응이 특정 인지·감정 반응과 관련되어 있다는 연구 결과에 근거한 관찰방법이다. 마지막으로, 외부자극에 따른 뇌의 반응을 측정하는 도구로는 기능적 자기공명영상장치(functional magnetic resonance imaging, 이하 fMRI), 양전자 방사 단층촬영(Positron-emission-tomography, 이하 PET), 뇌파전위기록술(electroencephalography, 이하 EEG) 등이 있다. 이들 도구는 인간의 특정 인지·감정 반응을 특정 뇌 부위에서 주관한다는 연구 결과에 근거한 방법으로, fMRI와 PET와 같이 뇌에서의 대사활동을 관찰하는 도구, EEG와 같이 뇌에서의 전기적 활동을 측정하는 도구로 나뉜다. 이들 측정 도구에 대해서는 제14장 뉴로마케팅에서 살펴보도록 하겠다.

3 관찰의 실행

관찰 프로젝트 제안서(proposal) 작성하기

제안서란 프로젝트의 개요로서, 연구목적이 무엇이고, 누구를 대상으로, 무엇을 어떻게 관찰할지, 시간과 비용은 어느 정도 소요될지를 기술하고 있다. 이때 명심해야 할 것은 가급적 명확하고, 상세히, 잘 계획해서 작성하는 것이다.

빨래 건조기 제조업체를 위한 제안서를 작성하면 다음과 같다.

□ 목적

- 소비자들이 세탁·탈수한 빨래를 어떻게 말리고 개는지 이해
- 빨래 건조와 관련된 문제 발견. 특히, 기존 세탁기나 빨래 건조대가 해결해 주지 못하는 문제 발견
- 빨래 건조와 관련된 신제품 혹은 기존 제품의 재포지셔닝에 대한 아이디어 발굴

□ 방법

- 빨래 건조기 사용 여부, 식구 수에 따라 2가구씩 총 8가구를 방문해서 다음 사항

을 비디오로 촬영하고, 소비자를 인터뷰하고 인터뷰 과정도 촬영
- 빨래를 어떻게 건조하나?
- 빨래 건조기를 어떻게 사용하나, 사용상 문제점은?

□ 세부사항

- 조사대상 모집 : 영유아를 둔 가정이면서 빨래 건조기를 사용하는 가구 2, 영유아를 둔 가정이면서 빨래 건조기를 사용하지 않는 가구 2, 초등학생 이상의 자녀를 둔 가정이면서 빨래 건조기를 사용하는 가구 2, 초등학생 이상의 자녀를 둔 가정이면서 빨래 건조기를 사용하지 않는 가구 2, 총 8가구 모집
- 관찰 : 각 가구를 방문해서, 세탁·탈수한 빨래를 말리고 개는 장소·방법 관찰하고 촬영
- 인터뷰 : 촬영하고 정리한 자료를 기반으로 인터뷰
  - 세탁·탈수한 빨래를 말리는 방법·빈도·문제점
  - 빨래 건조기의 장단점 : 용도에 적합한지. 보관, 먼지, 냄새, 크기, 무게, 누수, 위생, 디자인, 사용 편의성, 가격, 전기료 등
  - 이런 방식으로 보관·처리하는 이유, 장단점 등에 대한 추가 질문
- 가구별 관찰·인터뷰 시간 : 약 1시간
- 인터뷰 내용과 녹화된 영상을 바탕으로 분석

□ 고객에게 전달할 결과물

조사 결과 요약본, 비디오 촬영물, 인터뷰 녹취록, 비디오 요약물 (빨래 건조와 관련된 습관·관행·태도, 기존 빨래 건조기의 문제점, 재포지셔닝 및 신제품 기회)

□ 조사기간과 비용

- 조사기간 : 조사준비(조사 가이드 등) 1주, 현장조사(조사대상 모집, 촬영, 인터뷰) 4주, 최종보고서 작성 2주
- 비용 : 조사대상에게 지급하는 돈 40만원(8가구 × 5만원) + 조사자와 촬영기사 여비 50만원 + 등등
- 프로젝트비의 50%는 개시일에 지급하며, 나머지 50%는 종료일에 지급

(자료 : Abrams, 2001 수정 인용)

3.1 관찰연구 준비

연구자는 관찰연구의 각 단계를 미리 계획하고 각 단계별 예상 소요시간도 파악할 필요가 있다. 문지기의 허락을 받기까지 소요되는 시간, 현장에서 발생하는 내용을 이해하고 파악하는 시간, 관찰하는 시간, 관찰내용을 분석하는 시간, 분석내용을 토대로 추가 관찰이나 인터뷰에 소요되는 시간, 보고서를 작성하는 시간 등을 고려해야 한다.

관찰연구의 초기 단계에 연구자는 상황에 대한 전반적인 감각을 익힐 필요가 있다. 필드노트(fieldnotes)를 어떻게 작성하고, 어떤 내용을 언제, 어디서, 얼마나 자주 기록할지 계획할 필요가 있다. 핵심 현상에 대한 기초적인 지식이 쌓이고 나면 자료 수집을 위한 지침서를 만든다("지침서 사용의 예 : The ferry travel industry" 참고). 그러나 이러한 지침서는 새로운 정보가 수집되면 변경 가능하다.

연구자가 처음으로 현장에 가면 혼란을 겪게 된다. 눈앞에 펼쳐지는 많은 일들을 연구주제와 연결하는 것은 쉽지 않다. 처음부터 관찰한 것을 이론에 끼워 맞추는 대신 인내력을 갖고 비판단적(non-judgmental) 입장을 유지해야 한다. 특히 연구자가 자신과 다른 문화에서 관찰하는 경우 관찰대상의 행동이나 표정을 이해하는 데 많은 시간이 필요하다. 많은 시간이 지나야 그들을 이해하고 발생하는 사건들에 익숙해지고 그들의 관점에서 사건을 바라볼 수 있다. 그러다 보면 연구자의 아이디어도 구체화되고 자신이 관찰하는 사건과 행동에 대한 이야기를 기술할 수 있게 된다. 아울러 그들의 일상을 방해하지 않기 위해 그들의 규범과 규칙을 준수해야 한다.

관찰자는 기술을 위한 관찰(descriptive observation), 초점을 맞춘 관찰(focused observation), 그리고 선택적 관찰(selective observation)이라는 세 단계를 거치게 된다. 기술을 위한 관찰은 연구환경 내에서 발생하는 모든 것들(예 : 소리, 색깔, 사람들의 외모 등)을 기록한다. 시간이 지나면서 중요한 영역이나 측면이 부각되면 연구목적에 부합되는 주제에 초점을 맞춘 관찰을 하게 된다. 궁극적으로는 관련된 주제 내에서도 핵심 이슈들만을 선택적으로 관찰하게 된다. 인터뷰 등을 병행하면서 관찰법이 이차적인 분석 수단으로 사용될 때는 구체적인 내용을 염두에 두고 관찰을 시작하기도 한다. 이럴 경우 연

관찰할 때 명심해야 할 것들

연구자는 관찰할 때 다음의 질문들을 명심하고 관찰해야 한다.

- 누가?
  누가, 그리고 얼마나 많은 사람이 현장에 있고, 활동에 참여하나? 그들의 성격과 역할은?
- 언제?
  언제 상호작용이 일어나나? 행동하는 시점은(timing)?
- 어디서?
  상호작용이 일어나는 곳은? 사람들은 어디에 있나?
- 무엇을?
  어떤 일이 일어나나? 사람들의 행동과 그 행동의 규칙은 무엇인가? 관찰되는 행동들은 어떤 차이를 보이는가? 물리적 환경은 어떤가?
- 왜?
  왜 그렇게 행동하나? 사람들마다 행동이 다른 이유는?

구자가 관찰을 통해서 무엇을 찾아야 할지 이미 결정한 상태이므로 처음부터 초점을 맞춘 관찰을 한다.

3.2 관찰연구의 실행

연구자는 관찰연구를 진행하면서 관찰내용에 대한 필드노트와 현장일지를 작성하고, 카메라와 캠코더와 같은 도구를 활용하여 사진 및 동영상을 기록하기도 한다.

필드노트는 관찰대상의 행동과 연구환경에 대해 관찰한 내용을 글로 기록한 것으로, 관찰된 사건, 사람, 장소 등을 설명하는 중요한 수단이다. 관찰하고 나서 시간이 지나면 내용을 잊기 때문에 필드노트는 가급적 빨리 기록하는 것이 좋다. 필드노트는 가급적 자세히 기록하는 것이 좋은데, 관찰대상에 대한 관찰자의 생각과 감정 또한 기록할 필요가 있다. 시간이 지나면 관찰내용 전체가 아니라, 관심을 갖는 부분을 집중적으로 기록하게 된다. Spradley (1979)는 다음과 같은 형태로 필드노트를 기록할 수 있다고 제안하였다.

❙표 2-1❙ 필드노트의 형태와 내용

기록 형태	내용
간단한 설명	자료를 수집하면서 간단한 내용을 기록한다. 관찰대상이 중요하게 여기는 것이 무엇인지 알 수 있도록 돕는다.
확장된 설명	관찰대상의 행동과 연구환경 등을 자세히 기술한다. 자료를 수집하면서 녹음기나 촬영도구를 사용할 수 없다면, 이 형태의 필드노트는 매우 중요한 자료가 된다. 관찰이나 인터뷰가 끝난 다음 가능한 빨리 기록할 필요가 있다.
현장연구 기록 (fieldwork journal)	연구자 자신의 편견이나 반응, 현장연구를 하면서 연구자가 갖게 된 질문들을 기록한다.
분석 및 해석 노트	관찰내용에 대한 단순한 기술이 아니라 그것을 분석 또는 해석한 내용을 기록한다.

온라인 연구에서도 필드노트는 중요하지만 오프라인에서의 필드노트와는 다소 차이가 있다. 우선 온라인에서 온라인 토의나 채팅을 관찰할 때는 그 내용이 자동적으로 저장되기 때문에 기록할 필요가 없다. 참여자들이 존재하는 오프라인 환경을 관찰할 수 없기 때문에 온라인에서의 행동에 영향을 미치는 오프라인 환경들도 파악할 수 없으므로 기록이 불가능하다. 따라서 온라인 연구에서의 필드노트는 무엇이 진행되고 있는가에 대한 관찰자의 판단과 느낌을 도와주고 참여자들의 기분이나 감정, 의도를 파악하는 데 도움을 준다.

현장일지(field diary)는 관찰자가 관심을 갖게 된 주제들, 그리고 관찰자가 그런 주제와 관련하여 무엇을 어떻게 관찰하고 해석하였는지를 기록하는 것이다. 현장일지는 자료 수집과정을 평가하고 관찰내용에 대한 분석과 거기에서 도출된 이론을 평가하는 데 중요한 자료다.

필드노트나 현장일지와 병행하여 카메라, 녹음기, 캠코더, 스마트폰을 이용하여 관찰된 내용을 기록할 필요가 있다. 특히, 사람들의 언행과 표정을 보다 정확하게 기록하는 데 사진 및 동영상 촬영은 많은 도움이 된다. 동영상으로 촬영해 두면 필요할 때 반복해서 관찰할 수 있어서 중요한 순간이나 의미를 파악할 수 있다. 어떤 연구자들은 동영상이 아닌 일반 사진을 선호하는데, 이런 사진들은 물리적 환경을 기억하거나 해당 공간에 존재했던 관찰대상인 사람들 간, 또는 사람과 사물의 관계에서 특징적인 장면을 보여줄 수 있다. 그러나 사진이 보여주는 단면들이 과연 관계의 실체를 제대로 반영하고 있는지 신중할 필요가 있다. 왜냐하면 관찰대상들이 연구자에게 사진을 찍도록 요청하는 경우 그런 사진은 연구자가 신중하게 선택한 장면이 아닐 수도 있기 때문에 의미 있는 장면을 담지 못할 수도 있다. 또한 사진은 비디오가 담을 수 있는 환경 내에서의 과정적인 특성들도 보여주지 못한다. 사진이나 비디오를 활용하면 관찰대상들의 행동이 변할 수 있기 때문에 연구자는 이 점에 유의하여 사용여부를 결정해야 한다.

사례 캠코더를 사용한 기록: Mirro의 Allegro

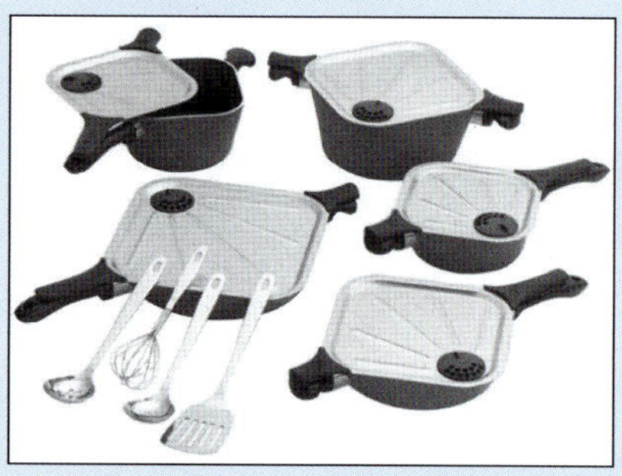

주방용품 제조업체 Mirro는 자사 주방용품을 어떻게 개선해야 할지 알아보기 위해 한 연구기관에 관찰연구를 의뢰했다. 연구기관은 여러 가정에 연구원을 파견하여 요리과정을 관찰하고 추가적인 미팅을 실시하였으며, 이 모든 과정을 캠코더로 녹화하였다.

관찰 및 미팅내용과 녹화내용을 분석한 결과 다음과 같은 문제점을 발견했다. 냄비는 음식물을 따라낼 때, 보관할 때, 설거지할 때 문제가 있었다. 예를 들어, 파스타를 만들 때 파스타가 끓으면 냄비에서 물을 버리고 프라이팬으로 옮겨 담아야 하는데 이게 쉽지 않았다. 파스타가 쏟아지지 않게 하면서 물을 버리기 위해 체를 이용하는 것은 번거로울 뿐 아니라, 한 손에 체를 다른 손에 무거운 냄비를 들고 조심스레 따르는 것은 여간 힘든 일이 아니다. 냄비 바닥이나 체에는 파스타가 눌러 붙어서, 이를 설거지하는 데도 애를 먹었다. 그밖에도 요리하면서 사용하던 국자, 젓는 스푼(stirring spoon), 뒤집개 등을 잠깐 놓아둘 곳도 마땅치 않았다.

관찰연구를 통해 발견한 이러한 문제점을 보완하기 위해 Mirro는 위는 사각형이고 아래는 둥근 Allegro를 새롭게 디자인했다. 위가 사각형이기 때문에 음식물을 조심스럽게 따를 수 있었고, 보관 시 냄비가 차지하는 공간도 줄일 수 있었다. 보통 크기의 손잡이 외에 작은 손잡이가 있어서 냄비에 있는 음식물을 따를 때 두 손으로 냄비를 들 수 있어서 힘을 덜 수 있었다. 뚜껑이 평평하기 때문에 요리하면서 사용하는 국자나 스푼 등을 잠시 올려둘 수 있었다. 냄비 바닥에 특수코팅처리를 함으로써 파스타가 달라붙는 문제도 해결되었다. 가장 중요한 것은 물을 따르는 구멍이 있어서 파스타를 끓인 후 체 없이도 손쉽게 물을 따라낼 수 있다는 점이었다. 관찰연구를 통해 새롭게 개선된 부분들 덕분에 Allegro는 소비자들로부터 좋은 반응을 얻을 수 있었다.

(자료 : Malhotra, 2007; 아마존닷컴 소비자 평가)

3.3 관찰내용의 분석

자료 분석을 위한 정형화된 틀이 존재하는 것은 아니다. 일반적으로 자료 정리, 예비적 분석, 수집된 자료에 대한 전체적 의미 파악, 코드화, 범주화, 패턴과 테마 발견, 해석으로 구성된다.

자료 정리 분석의 대상이 되는 자료(예 : 연구자가 보고, 듣고, 필드노트・현장일지에 기록한 사건과 행동, 연구자가 기록하고 메모한 설명과 코멘트 등)를 체계적으로 분류하고 구분한다. 예를 들어, 관찰한 시간과 장소, 자료의 제목 등을 미리 정해진 규칙에 따라 정리한다. 이렇게 자료를 정리하면서 자료에서 드러나는 범주들을 확인하고, 공통된 패턴으로 묶기 위한 준비를 한다.

예비적 분석 자료가 정리된 후에 분석을 시작하는 것이 아니라 자료가 수집될 때마다 연구의 전과정을 통해서 지속적으로 분석이 이루어진다. 관찰내용을 기록하거나 저장할 때 하는 분석이 바로 예비적 분석인데, 연구의 방향과 자료 수집에 대한 새로운 아이디를 제공한다. 예비적 분석을 위해서는 수집된 자료와 연구자가 기록한 모든 내용을 가능한 빨리 정리하고 분석하는 것이 좋다. 왜냐하면 그런 내용들이 기억 속에 남아 있을 때 분석하는 것이 효과적이기 때문이다.

수집된 자료에 대한 전체적 의미 파악 자료 수집이 끝나면 수집된 모든 자료를 전체적으로 검토해서 전체 자료에 대한 대략적인 윤곽을 그리고 의미를 이해한다. 이 과정을 통해 연구자는 참여자들이 사용한 용어와 그들이 사용한 은유(metaphors)를 검토하고, 연구자가 직접 참여자들의 생각을 은유를 통해 표현해 볼 수 있다.

코드화(coding) 코드화는 범주를 형성하고 패턴과 테마를 발견하기 위한 전 단계다. 수집된 자료의 여백에 키워드, 테마, 이슈와 관련된 코드를 부여한다. 어떤 내용은 하나 이상의 테마나 이슈와 관련 있기 때문에 하나 이상의 코드가 부여될 수 있다. 같은 코드가 부여된 내용들은 하나의 범주로 묶일 가능성이 크다. 코드를 부여하면서 다른 자료들과 비교하다가 코드 간 불일치를 발견하면 기존 코드를 수정하거나 코드들을 하나로 합칠 수 있다.

범주화(categorizing) 코드화는 자료들 간 공통점과 차이점을 끊임없이 확인하고 비교하는 과정이자 범주를 형성하기 위한 준비과정이다. 같은 코드를 부여한 내용들을 하나의 범주로 묶는 과정이 범주화다. 일반적으로 25~30개 이상의 범주를 형성하는 것은 바람직하지 않으며 최종적으로는 5~6개 정도의 범주를 사용하는 것이 좋다.

패턴과 테마의 발견 코드화와 범주화 과정을 통해서 몇 개의 범주들이 형성되면 범주들을 보다 일관성 있는 것으로 통합해야 한다. 즉, 범주들 간의 관계를 귀납적으로 찾아내서 패턴을 발견한다. 패턴을 통해 테마를 찾아낼 수 있는데 이 테마는 모든 하위 테마들을 포함할 수 있어야 한다. 패턴은 기존 문헌에 나오는 개념과 연구자가 발견한 것을 연결할 수 있도록 한다. 패턴과 중심 테마가 나타나면 잠정적인 전제나 가설을 수립한다. 또다시 자료들을 수집하고 검토하면서 이러한 전제나 가설을 검증한다. 이를 위해서 설정된 전제나 가설과 상반되거나 일치하지 않는 패턴들을 찾아내고 비교해 본다.

해석 수집되고 분석된 자료에 대해 연구자 자신이 의미를 부여하고 기존 연구들과도 비교해 보는 것이다. 이 과정을 통해 자료에 대한 분석에 부합하는 이론적 구조를 찾거나 해당 분야에서의 이론적 기여도 판단할 수 있다.

4 비디오 관찰(video observation)

4.1 비디오 관찰의 이해

4.1.1 비디오 관찰의 이해

비디오 관찰은 삶의 현장에서 소비자가 제품을 사용하는 현장을 동영상 촬영하고 분석함으로써 소비자의 내면을 이해하는 관찰기법이다. 최근 기술 발전으로 비디오카메라 및 스마트폰의 소형화, 고화질, 고용량, 용이한 사용·편집이 가능해져 사용이 증가하고 있다.

비디오 관찰은 제품이나 사람과 같은 개체를 조사하는 것이 아니라 사람과 제품, 이들 간의 상호작용, 주변 환경, 시간적 흐름, 다른 사람들과의 상호작용 등 모든 요소 간의 관계를 상황과 함께 관찰할 수 있어서 현장 전체를 생생히 담을 수 있다. 필요시 동영상을 재생할 수 있기 때문에 분석내용의 재검토, 현장에 없었던 동료들과 현장 상황 공유 및 공동 분석할 수 있고, 최종 보고서에 생생함을 더할 수 있는 중요한 첨부 자료로 사용할 수 있다. 전체적 관점으로 소비자의 심층적 사고와 감정을 파악할 수 있어서 신제품의 기능, 디자인 기획, 제품 사용성 평가 등에 많이 활용된다.

비디오 관찰의 단점은 관찰 및 분석에 시간과 비용이 많이 들 뿐 아니라, 관찰자 효과—예를 들어, 어떤 사람들은 동영상 촬영에 민감하여 소심해지거나 평소와 다른 행동을 하게 된다—가 발생할 수 있다는 점이다. 그러나 하루 이상의 장시간 관찰일 경우에는 간섭 효과가 낮아지므로 기록의 초반부 자료를 별도로 분석하는 것도 하나의 대안이다. 유의할 점은 관찰자의 주관이 개입되지 않도록 하여 응답자의 심리상태 추정이 객관적이고 타당성 있게 이루어지도록 하는 것이다.

4.1.2 비디오 관찰의 종류

① **고정 카메라 기법**(fixed camera method) : 한 곳에 비디오카메라를 고정하고 발생하는 상황을 기록하는 방법이다. 예를 들어, 냉장고에 대해 연구하고 싶다면 냉장고가 잘 보이는 곳에 카메라를 설치하고 소비자

가 냉장고를 어떻게 사용하는지 촬영한다. 촬영한 자료를 토대로 소비자가 불편해하는 부분이나 동선, 불필요한 기능이나 공간, 필요한 기능이나 공간을 알아낼 수 있다.

워너램버트(Warner-Lambert)는 스코프(Scope)에 맞서기 위해 새로운 민트향 구강청정제인 프레시 버스트 리스터린(Fresh Burst Listerine, 이하 '리스터린')을 출시했다. 워너램버트는 소비자가 리스터린을 어떻게 사용하는지 알아보기 위해 37개 가정의 욕실에 카메라를 설치하고 욕실에서 일어나는 일을 촬영하였다. 촬영내용 분석 결과 소비자들은 양사의 제품을 사용하는 데 차이가 있었다. 스코프의 청정제는 입안에서 한 번만 가글하고 뱉었지만, 리스터린은 보다 오래 입안에 넣고 가글했다. 후속 인터뷰 결과 소비자들은 워너램버트에 대해 의약품이라는 이미지를 가지고 있기 때문에 오랫동안 가글을 한 것이었다. 이후 워너램버트는 리스터린에서 의약품이라는 이미지를 중화시키기 위한 광고캠페인을 벌였다.

② **사용자 추적법**(shadow tracking) : 소비자의 생활상, 제품 사용 패턴, 이동경로에 따른 행동 특성을 파악하기 위해 소비자를 추적하면서 동영상 촬영하는 방법이다. 예를 들어, 소비자의 마트 쇼핑 패턴을 알고 싶다면 마트에 가기 위해 집을 나서는 순간부터 자동차를 몰고 마트 주차장에 주차하고, 차에서 내려 마트에서 쇼핑하는 모습 등을 따라다니면서 촬영하는 것이다.

③ **흔적 탐색법**(physical tracing) : 사용자들의 행위 특성이 나타난 물리적 흔적을 추적하여 촬영하는 방법이다.

④ **사용자 위주 시점 관찰법**(peer shadowing) : 소비자 본인 혹은 지인(친구, 가족 등)이 선정된 소비자의 행동을 촬영하고 기록하는 방법이다. 낯선 연구자가 관찰할 때와 달리 소비자가 편안하게 관찰에 임할 수 있으며, 연구자가 따라다닐 수 없는 부분(예 : 주변사람들과의 소소한 혹은 은밀한 상호작용)까지 촬영할 수 있다. 그러나 이를 위해서는 비전문가인 이들에게 정확한 촬영기법이라든가 관찰의 가이드라인을 체계적으로 훈련시킬 필요가 있다.

4.2 비디오 관찰의 실행

사전방문(pilot visit) 관찰하고자 하는 현장을 미리 방문하여 현장의 전반적 분위기를 익힌다. 즉, 현장의 상황과 행동 유형에 대해 예비 탐색을 하여 본 관찰을 위한 전반적 계획을 세운다. 사용할 관찰방법과 장비에 대한 결정을 내리고, 필요시 관찰 허가를 받는다.

계획 사전방문에서 알게 된 다양한 변수들을 고려하여 관찰계획을 수립한다. 즉, 관찰범위(협소・광범위), 관찰대상, 관찰 사실의 공개 여부(공개・비공개), 관찰자의 역할(참여・비참여) 등을 정한다.

관찰 실제 관찰을 수행하는 단계로 현장에서 다양한 방법으로 관찰한다. 비디오 관찰의 종류에는 고정 카메라 기법, 사용자 추적법, 흔적 탐색법, 사용자 위주 시점 관찰법 등이 있다.

분석 동영상 분석을 통해 의미 있는 정보를 얻는 과정이다. 동영상을 보면서 필요 장면을 정지시켜 기록하고 시간을 측정하는 등의 작업은 많은 시간과 노력을 요한다. 관찰 데이터를 어떤 변수를 중심으로 구분하고 비교하며 기록할지 결정한다.

데이터분석에 도움이 되는 분석틀로 9 Dimensions of descriptive observation(Spradley, 1980), AEIOU(Wasson, 2000) 등이 있는데, 여기서는 AEIOU를 간단히 살펴보도록 하겠다.

4.2.1 AEIOU(Activity, Environment, Interaction, Objects, Users) framework

AEIOU framework은 관찰자료를 몇 가지 유형으로 분류해서 자료에 대한 해석을 돕는 휴리스틱한 도구로, 미국의 디자인 회사인 더블린 그룹에 의해 개발되었다. AEIOU framework은 촬영한 사례들을 5가지 변수(활동, 환경, 상호작용, 대상, 사용자)를 기준으로 분류하고 분석한다.

AEIOU framework

- Activity(활동) : 사람들이 목표를 달성하기 위해 하는 행동
- Environment(환경) : 활동이 이루어지는 공간 전체
- Interaction(상호작용) : 활동의 구성요소. 사용자들 간 혹은 사용자와 대상 간 상호작용
- Objects(대상) : 환경의 구성요소. 애초의 의도와는 다른 용도로 사용되기도 함
- Users(사용자) : 무언가를 선호하고 필요로 하고 행동하는 소비자

사례 E-Lab에서 행한 Steelcase 프로젝트

사무용가구 전문업체인 Steelcase는 소비자들이 자신들의 제품을 어떻게 사용하는지 궁금해서 E-Lab에 연구를 의뢰했다. 소비자들이 사무실에서 Steelcase의 사무용품과 사무실 공간을 어떻게 이용하는지 살펴보기 위해, E-Lab의 연구자들은 Steelcase의 제품을 사용하는 회사를 방문해서 참여관찰을 수행하기로 했다.

참여관찰은 4일 동안 고객사 사무실에서 진행되었다. 연구자들은 사무환경, 사용자들의 활동과 상호작용, 대상이 어떻게 사용되는지를 관찰했다. 사용자들 간 대화에도 참여했고 직원들의 자리를 찾아다니며 사무용품과 공간의 사용에 대한 인터뷰도 진행했다. 이 모든 관찰과 인터뷰 내용을 필드노트에 기록하고 촬영하였다. 8대의 고정 카메라를 사무실 곳곳에 배치하고 하루 8시간씩 근무시간을 촬영하여 연구자가 놓치는 부분들도 촬영하였다.

수집한 데이터의 분석에는 E-Lab의 연구자, Steelcase의 디자이너, Steelcase의 제품을 사용하는 소비자가 함께 참여하였다. 촬영한 사례들을 AEIOU(활동, 환경, 상호작용, 대상, 사용자) 변수를 기준으로 분류하고 분석하였다. 이러한 과정을 통해 사무용품이나 공간이 일상에서 어떻게 사용되는지, 사용자들에게 어떠한 의미가 있는지, 사용자들이 느끼는 불편함은 무엇이며 개선·보완되어야 할 부분은 어떤 것인지 발견

할 수 있었다.

연구 전 Steelcase 디자이너들은 소비자들이 자신들의 제품과 사무공간을 자신들이 의도한 대로 사용할 것이라고 생각했다. 회의실은 회의용으로 파티션 '사이 공간'은 통로로 사용될 것이라고 생각했다. 그러나 소비자들은 디자이너가 의도한 방식이 아니라 훨씬 다양한 방식으로 사무용품과 공간을 사용하고 있었다. 예를 들어, '사이 공간'은 직원 간 상호작용(예 : 대화, 토론, 서류 전달)의 공간으로 사용되고 있었다. 이러한 사실을 바탕으로 Steelcase는 사이 공간에서 직원 간 상호작용을 촉진시킬 수 있도록 사무용가구를 디자인하기 시작했다.

(자료 : Wasson, 2000)

주요 용어

관찰	행동적 자료	생리적 자료
지침서(protocol)	비참여관찰(단순관찰)	참여관찰
비디오 관찰	AEIOU framework	

요 약

1. 관찰은 사람, 사물, 사건을 지켜보고 기록, 분석하는 조사방법이다. 구매・소비가 이루어지는 현장에서 관찰이 이루어지기 때문에 소비자의 소비생활에 대한 전체적인 관점과 시각적 그림을 제공한다.
2. 관찰의 대상은 행동적 자료와 생리적 자료로 나눌 수 있다. 행동적 자료는 조사대상자의 언어적, 비언어적 행동, 혹은 의식적, 무의식적 행동을 관찰하여 수집한 자료이다. 생리적 자료는 눈동자나 동공의 움직임 혹은 목소리 같은 미세한 신체적 반응, 땀과 같은 말초신경계의 반응, 뇌의 반응 등을 관찰하여 수집한 자료이다.
3. 비디오 관찰은 삶의 현장에서 소비자가 제품을 사용하는 현장을 동영상 촬영하고 분석함으로써 소비자의 내면을 이해하는 관찰기법이다. 최근 기술 발전으로 비디오카메라 및 스마트폰을 사용한 비디오 관찰이 증가하고 있다.

토의문제

본 장에서 배운 관찰을 사용하여 관찰연구를 실행하고 보고서를 작성하시오. 이때 다음의 순서를 따르시오.

1. 관찰연구의 주제를 선정하시오.
2. 관찰연구의 제안서를 작성하시오. 연구의 목적, 방법, 조사기간과 비용 등을 명확하고 구체적으로 제시하시오. (“3 관찰의 실행”에서 “빨래 건조기 제조업체를 위한 제안서” 참고)

3. 관찰연구를 실행하시오. 이때 필드노트와 현장일지를 작성하고, 카메라와 캠코더를 사용하여 사진 및 동영상을 촬영하시오.

4. 관찰내용을 분석 및 해석하고 연구보고서를 작성하시오.

참/고/문/헌

윤종관 등 (2000), "동적 환경 내에서의 사용자 니즈 파악을 위한 비디오 관찰에 관한 연구", 『디자인학 추계학술발표 논문집』.

이건표 (2000.1), "사용자의 숨겨진 욕구 발견을 위한 video ethnography", 『Design Magazine』.

Abrams, Bill (2000), *The observational research handbook: Understanding how consumers live with your product*, Chicago, IL: NTC Business Books.

Angrosino, M. and K. Mays de Perez (2000), "Rethinking observation: From method to context," in N. Denzin and Y. Lincoln (Eds.), *Handbook of qualitative research* (2nd ed., pp. 673-702), Thousand Oaks, Calif.: Sage Publications.

Arnould, E. J., and L. L. Price (1993), "River Magic: Extraordinary Experience and the Extended Service Encounter," *Journal of Consumer Research*, 20, 24-45.

Burr J., T. Binder, and E. Brandt (2000), "Taking video beyond hard data in user centered design," *Participatory Design Conference*.

Carson, D., A. Gilmore, C. Perry, and K. Gronhaug (2001), *Qualitative marketing research*, London; CA, Thousand Oaks: Sage.

Creswell, John W. (1998), *Qualitative Inquiry and Research Design: Choosing among five traditions*, CA, Thousand Oaks: Sage.

Daymon, Christine and Immy Holloway (2002), *Qualitative Research Methods in Public Relations and Marketing Communications*, London and New York: Routledge.

Gilmore, A. (1997), "Marketing in the northern European ferry industry: An overview of on-board activity," *Journal of Vacation Marketing*, 3, 207-220.

Gold, Raymond L. (1958), "Roles in Sociological Field Observations," *Social Forces*, 36(3), 217-223.

Goulding, Christina, A. Shankar, R. Elliott, and R. Canniford (2009), "The Marketplace Management of Illicit Pleasure," *Journal of Consumer Research*, 35(5), 759-771.

Heath, C. and J. Hindmarsh (2002), "Analysing interaction: video, ethnography, and situated conduct," in T. May (ed.), *Qualitative Research in Action*, London: Sage, 99-121.

Malhotra, Naresh K. (2007), *Marketing Research: An applied orientation* (5th ed), NJ: Pearson Prentice-Hall.

Spradley, J. P. (1979), *The ethnographic interview*, NY: Holt, Rinehart & Winston

Spradley, J. P. (1980), *Participant Observation*, NY: Holt, Rinehart & Winston.

Wasson, Christina (2000), Ethnography in the field of design, *Human Organization*, 59(4), 377-388.

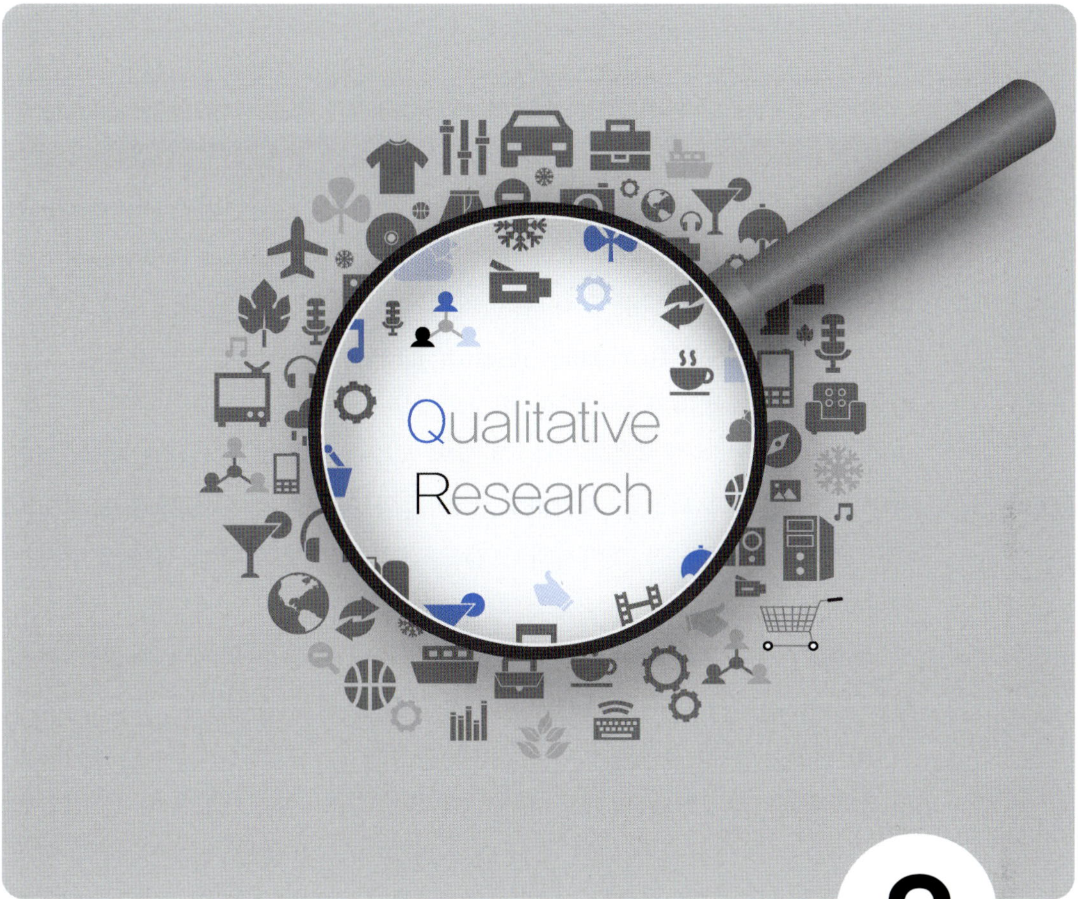

제 3 장

인터뷰

1 소비자조사 인터뷰의 이해

어떤 연구자는 두 사람이 만나서 서로의(inter) 관점(view)을 공유하는 것이 **인터뷰**(interview)라고 했다. 인터뷰에는 의사가 환자를 돕기 위해서 실시하는 임상 인터뷰(therapeutic interview)를 비롯하여 구직 인터뷰(job interview) 등 다양한 형태의 인터뷰가 있다. 이 중 조사 인터뷰(research interview)는 인터뷰를 통하여 어떤 현상에 대하여 지적 이해를 얻고자 한다.

소비자조사 인터뷰(consumer research interview)는 소비자의 일상적 삶을 이해함으로써 소비자가 이야기한 현상의 의미를 해석하고자 한다. 예를 들어, 소비자의 브랜드 애호 행동이라는 현상의 본질을 이해하기 위해서 먼저 소비자의 일상의 삶의 특징을 파악하고, 소비자의 일상적 삶에서 특정 브랜드가 어떤 의미를 가지며 이 소비자와 브랜드 간의 관계에 어떻게 영향을 미치는지 분석한다.

심층인터뷰(in-depth interview)는 질문에 대한 대답을 얻거나 가설을 검증하는 것이 목적이 아니며, 무언가를 '평가'하기 위해 수행되는 것도 아니다. 심층인터뷰는 다른 사람들의 이야기에 관심을 갖고, 그들의 이야기에 담겨 있는 경험과 그 경험의 의미를 이해하기 위한 질적 연구방법이다. 한 사람이 다른 사람을 완벽하게 이해할 수는 없지만, 인터뷰를 통해 '다른 사람의 행동이 일어난 맥락과 그 행동이 어떤 의미를 지니는가'를 이해하는 데 도움을 준다. 즉, 다른 사람의 행동을 파악하고, 그 사람이 자신의 행동에 어떤 의미를 부여하는지를 알아낼 수 있는 가장 유용한 방법이 인터뷰다.

심층인터뷰는 언제 사용하는 것이 가장 효과적인가? 예를 들어, 한 연구자가 "대형마트에서 사람들은 무엇을 구매하는가?"와 같은 연구문제를 선정했다면 이 연구문제에 가장 적절한 방법은 관찰이다. 또한 "사람들이 구매하는 상품의 종류와 수량은 소득, 가족관계, 사회적 지위와 어떤 관계가 있는가?"라는 연구문제를 설정했다면 서베이가 가장 효과적인 방법이다. 반면 "사람들이 명품을 구매할 때 느끼는 감정이 무엇이고, 명품을 소비하는 것이 그들에게 어떤 의미가 있는가"와 같은 연구문제를 설정했다면 인터뷰가 가장 좋은 연구방법이다. 그러나 연구자의 관심 분야가 위의 경우에서처럼 명확하게 구분되어 하나의 방법을 적용하는 것으로 충분하지 않을 때도 있을 수 있다. 즉, 연구자의 관심사가 여러 차원에 걸쳐 있을 때에는 여러 방법을 병행하는 것이 더 적합하다. 연구자는 연구방법을 고민한 후 심층인터뷰가 가장 적절한 방법이라고 판단될 때 인터뷰를 통해 연구를 진행해야 한다.

2 질적 소비자 인터뷰의 특징

질적 소비자조사 인터뷰(qualitative consumer research interview)는 계량적(quantitative) 소비자조사와 달리 자료가 수치 자료가 아닌 텍스트 자료이며, 현상의 서술이 주된 과제이다. 질적 소비자조사 인터뷰는 또한 조사자가 어떤 전제를 두지 않고 인터뷰 과정에서 새롭게 발견하거나 예상하지 못했던 현상에 대하여서도 열린 마음을 가지고 인터뷰해야 소비자에 대한 새로운 통찰을 얻을 수 있다. 특히 개별 소비자를 대상으로 하는 심층인터뷰에서는 철학에 근거를 둔 현상학(phenomenology)적 관점과 언어학에 기반을 둔 해석학(hermeneutics)적 관점에 따라 연구를 진행하는 경우가 많다.

2.1 현상학적 인터뷰(phenomenological interview)

후셀(E. Husserl)에 의해 주창된 현상학은 생활세계(Lebenswelt, life world)라고 명명한 주관적 경험을 서술하고 분류하기 위한 철학 또는 접근법이면서 연구방법이다. 여기서 생활세계란 우리가 한 인간으로서 문화와 사회를 경험하고, 대상에 관한 입장을 취하며, 이들에 의해 영향을 받기도 하고 주기도 하는 세계를 의미한다. 현상학적 관점은 생활세계에 초점을 두고, 연구대상의 경험에 대한 개방성, 정확한 서술의 우신, 신입견의 배제 또는 괄호치기(bracketing), 불변의 본원적 경험 탐구가 중심이 된다. 현상학은 대상의 세계관을 연구하고 대상의 의식의 내용과 구조를 세부적으로 서술하고자 하며 대상의 경험의 질적 다양성을 파악하고 그 본질적 의미를 명확히 하고자 한다.

현상학적 방법은 서술, 본질의 조사, 현상학적 환원(reduction)이라는 단계로 이루어져 있다. 첫째, 서술 단계에서는 주어진 현상을 가능한 한 정확하게 완전히 서술하고자 하는 것으로서 설명이나 분석이 아닌 서술 자체에 초점을 맞추어야 한다. 둘째, 본질의 조사 단계에서는 개별 현상의 서술로부터 그 현상들의 공통된 본질을 파악하게 된다. 셋째, 현상학적 환원 단계에서는 어떤 경험의 존재에 대한 판단을 유보하고 현상에 대한 상식이나 사전 지식을 괄호치기하여 편견이 없는 서술을 한다.

현상학적 인터뷰에서는 매일의 삶에서 마주치고, 직접적이고 즉각적 경험으로 주어지는 생활세계를 편견 없이 재생한다. 현상학적 인터뷰는 특정 경험의 영역을 1인칭으로 서술하는 것을 목적으로 한다. 따라서 대화는 응답자에 의해 주도되며 인터뷰는 선형적으로 진행되기보다 순환적으로 진행된다. 인터뷰 진행자는 응답자가 자신의 경험을 세부적으로 자유롭게 서술할 수 있는 환경을 만들어주어야 한다. 인터뷰 진행자가 응답자보다 전문성이 더 높거나 지식이 더 많다고 생각해서는 안 되며, 자신의 경험에 관한 한 응답자가 전문가라는 것을 인정해야 한다. 응답자 경험의 서술이 목적이기 때문에 "왜"라고 묻는 것은 금물이고 단순히 "…에 대해서 말해주세요" 또는 "…할 때에는 기분이 어떠했습니까?"라는 식으로 질문을 해야 한다. 현상학적 인터뷰를 통해 삶의 경험과 이것이 주는 의미를 잘 파악할 수 있다. 현상학적 인터뷰가 소비자조사에 사용된 사례로 이 책의 부록 [적용사례 2 : B통신사 사례]를 참고할 수 있다.

2.2 해석학(hermenuetics)

해석학은 텍스트 해석에 관한 연구이다. 해석학의 목적은 텍스트에 대한 타당성 있고 공통적인 이해를 얻는 것이다. 고전적 해석학은 문학, 종교, 법의 텍스트가 대상이었지만, 그 범위가 확장되어 담론(discourse)과 행동까지도 대상이 되고 있으며, 질적 인터뷰 자료도 해석학의 대상이 된다. 해석학적 방법은 소비자 인터뷰를 통해 얻은 텍스트 자료로부터 의미를 파악하기 위한 분석의 과정에서 주로 활용된다. 연구자는 먼저 텍스트 자료의 각 요인이 갖는 의미를 세부적으로 파악하고 그 결과를 전체적 현상의 의미를 파악하는 데

❙그림 3-1❙ 해석학적 순환 모형

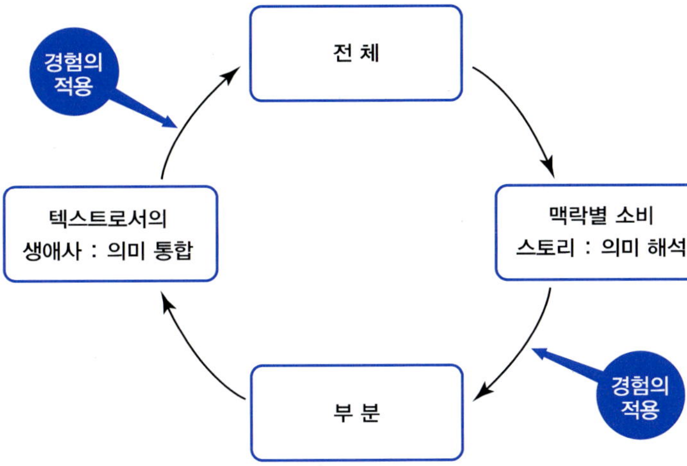

자료 : Thompson(1997) 등 참조

반영한다. 이 과정에서 전체적 현상의 의미에 변화가 생기면 그 변화는 다시 텍스트 자료의 각 요인의 의미 파악에 영향을 미친다. 이 순환과정은 각 요인, 요인 상호 간, 그리고 요인과 전체 현상 간의 상호 내적 모순이 사라질 때까지 계속된다. 해석학적 해석(hermeneutical interpretation)이 잘 이루어지려면 인터뷰 진행자는 주제에 대한 폭넓은 지식을 소유하고 있어야 하며, 인터뷰에서 드러나는 의미의 미묘한 측면이나 다양한 상황을 잘 고려해야 한다. 그리고 해석을 적용하는 데에 있어서 참신하고 창의적 관점을 발휘해야 한다.

해석학은 다음과 같은 원칙을 갖는다. 첫째, 부분과 전체 간의 계속적 순환과정이다. 즉, 처음에는 텍스트를 전체적으로 막연하고 직관적으로 이해하고, 서로 다른 부분이 해석되고, 이 해석에 근거하여 다시 전체를 해석하고, 이것이 다시 부분의 해석으로 이어지는 과정을 반복적으로 수행한다. 둘째, 이런 과정은 적절한 전체 그림, 즉 '좋은 게쉬탈트(good Gestalt)'를 얻게 되면 의미의 해석을 마치게 된다. 셋째, 인터뷰의 전반적 의미에 비추어 부분적 해석을 비교할 뿐 아니라 인터뷰 진행자의 다른 정보와도 비교하는 검증과정을 거친다. 넷째, 텍스트는 텍스트 자체로서 이해되어야 하며 응답자의 자서전이나 주제에 대한 심리적 이론들은 부차적인 것이 되어야 한다. 다섯째, 연구자는 텍스트 관련 주제에 대한 광범위한 지식을 갖출 것이 요구되며 표현된 의미의 미묘한 부분을 민감하게 보아야 하며 의미가 적용될 수 있는 상황도 주의해야 한다. 여섯째, 텍스트의 해석은 해석자가 속한 세계에 대한 이해를 벗어나서 하는 것은 아니며 나름대로 어떤 전제를 가지고 해석하기 때문에 자신이 어떤 전제를 가지고 있는지를 명확히 인식하고 해석에 있어서 이를 고려해야 한다. 마지막으로, 해석은 창의적이고 혁신적으로 실시할 필요가 있다. '모든 이해는 더 나은 이해'라는 말이 있듯이 직전의 해석을 기반으로 확장과 정교화를 통해 더 나은 해석에 이를 수 있다.

2.3 인터뷰의 장점

인터뷰는 응답자의 대답에 따라 그 내용이 달라질 수 있는 유연성이 장점이다. 질적 연구의 인터뷰에서는 정량적 연구의 인터뷰와 달리 반드시 따라야 하는 미리 정해진 양식이 없기 때문에, 인터뷰 도중 새롭고 흥미 있는 내용이 발견되면 그 부분에 초점을 맞추어 인터뷰를 진행할 수 있다.

인터뷰의 또 다른 장점은 사회적 맥락을 그대로 반영하는 자료를 수집할 수 있다는 것이다. 즉, 응답자의 대답은 그 자신의 주관적 견해이다. 따라서 응답자의 대답은 응답자에게 의미 있는 자신만의 용어나 은어로 표현된다. 이런 방식은 계량적 연구자가 응답자들을 그들이 속해 있는 상황과는 독립적인 것으로 취급하는 것과 대조된다. 따라서 인터뷰는 특정한 상황이나 제품, 사건에 대한 응답자의 생각을 이해하고자 할 때 특히 적합하다.

3 인터뷰의 구조적 형태와 유형

3.1 인터뷰의 구조적 형태

인터뷰 준비단계에서 비구조화된(un-structured) 인터뷰에서 구조화된(structured) 인터뷰에 이르기까지 어느 정도 구조화된 형태를 취할지 결정해야 한다. 질적 연구의 중요한 가치라고 할 수 있는 유연성을 살리기 위해서는 비구조화 또는 반구조화된(semi-structured) 인터뷰를 하는 경우가 많다.

비구조화된 인터뷰에서는 인터뷰의 첫 부분에 필요한 포괄적이고 일반적인 질문을 제외하면 미리 준비된 질문이 거의 없다. 질문에는 특별한 순서도 없으며, 이전의 질문이나 그 질문에 대한 대답에 따라서 어떤 질문을 할 것인지를 결정한다. 연구자가 응답자의 관심이나 생각을 따라갈 수 있는 유연한 형태의 인터뷰다.

비록 정해진 양식이 없는 자유로운 인터뷰이긴 하지만, 연구 목적에 따라 인터뷰를 통해서 밝혀내고자 하는 내용이 있다. 연구자는 이런 내용을 잘 기억하고 있어야 하고, 인터뷰가 진행되는 동안 이런 내용이 포함될 수 있도록 신경 써야 한다.

비구조화된 인터뷰는 응답자가 인터뷰에 깊이 관여할 것을 요구한다. 연구자는 연구의 목적과 연구 절차를 인터뷰 앞부분에서 확실히 밝혀야 하며, 인터뷰 중간에도 이것을 상기시키는 것이 필요하다. 이를 통해 응답자는 연구의 목적과 동기를 이해할 수 있고, 인터뷰 과정에서 안정감을 가질 수 있다. 비구조화된 인터뷰는 자료를 풍부하게 수집할 수 있고 예상치 못했던 놀라운 증거를 발견할 수 있다는 장점이 있지만, 경험이 많지 않은 질적 연구자가 비구조화된 인터뷰를 진행할 경우 연구에 도움이 되지 않는 자료를 수집할 수도 있다는 단점이 있다.

반구조화된 인터뷰에서는 발견하고자 하는 주제나 내용에 맞추어 인터뷰에 필요한 질문을 미리 준비한다. 그러나 계량적 연구에서처럼 그 순서나 내용이 엄격하게 정해져 있는 것은 아니다. 준비된 질문의 순서는 응답자의 대답에 따라서 달라질 수 있다. 그러나 연구자는 모든 응답자로부터 비슷한 유형의 자료를 수집하게 된다. 따라서 연구에 소요되는 시간을 절감할 수 있고, 비구조화된 인터뷰에 비해 불필요한 자료가 줄어든다.

구조화된 인터뷰는 정량적 연구에서 주로 사용되는 설문지와 유사하며, 실제로 질적 연구에서는 그렇게 많이 사용되지 않는다. 모든 응답자에게 미리 준비된 질문 항목을 같은 순서대로 물어본다. 연구자의 질문 자체가 응답자로부터 정해진 양식의 대답을 요구하는 것이므로, 연구자와 응답자가 함께 응답자의 경험이나 현상에 대해 그 의미를 깊이 있게 탐색할 기회는 거의 없다.

3.2 인터뷰의 유형

3.2.1 현장 인터뷰(field interview)

현장 인터뷰는 직접 현장을 방문한다는 점에서, 장소를 따로 정해서 인터뷰를 진행하는 일반적인 심층인터뷰와는 차이가 있다. 현장 인터뷰는 특히 소비문화를 이해하기 위한 과정에서 유용하게 활용할 수 있다. 낯선 사람과 인터뷰를 시작할 때 어색함 때문에 인터뷰가 너무 포괄적이고 겉돌 때가 있지만, 어색함이 해소되면 인터뷰는 자연스럽게 진행된다. 현장 인터뷰는 응답자가 계속 이야기하도록 유도하는 것이 핵심이다. 연구자는 자신이 알고 싶어 하는 것을 설명하면서 그 응답자가 사용하는 핵심 단어를 반복하고, 응답자가 한 말은 다시 연구자의 언어로 표현하는 과정을 거치면서 신뢰를 형성해 나갈 수 있다.

현장 인터뷰는 구조화된 상황에서 이루어지는 인터뷰와 달리 의미나 동기를 직접적으로 묻지 않는다. "그것이 당신에게 어떤 의미를 가집니까?" 혹은 "당신은 왜 그러한 행동을 합니까?"와 같은 질문에는 판단의 요소가 담겨 있고, 인터뷰에 응하는 사람들은 부담감을 느낄 수 있다. 따라서 특정 행위에 대해 직접적으로 의미나 이유를 질문하는 것보다 어떤 상황에서 그런 행동을 하는지 묻는 것이 더 효과적이다. 예를 들어, 음악 공연 동안 청중을 관찰한다고 가정해 보자. 노래 한 곡이 끝날 때마다 연구자는 청중이 박수를 치는 동안 엄지손가락을 치켜세우는 광경을 목격할 수 있다. 이때 "엄지손가락을 세우는 행위가 당신에게 어떤 의미가 있습니까?"라고 묻는 것보다는 "다른 상황에서도 당신은 엄지손가락을 세우나요?"라고 물을 때, 엄지손가락을 이용한 표현이 어떤 의미가 있는지를 더욱 잘 파악할 수 있을 것이다.

연구자와 응답자 사이에 신뢰가 형성되면 인터뷰 과정이 더욱 활발하게 진행되기 시작한다. 질문이 주어지고 답변이 이어지는 토크쇼와 달리, 현장 인터뷰는 질문-답변의 연속적인 과정이 소비자의 사고 안에서는 한 개의 요소에서 비롯된다는 가정에서 시작한다. 즉, 연구자는 질문과 답변이 모두 응답자로부터 나와야만 한다고 가정한다. 서술형 질문들은 응답자가 어떤 소비행위에 대해서 말하도록 권장하기 때문에 많은 양의 자료를 얻는 데 유용하다. 예를 들어, 인터뷰 진행자가 "저는 마트 마감할인행사 때, 한 번도 마트를 방문해본 적이 없고, 따라서 그때 어떤 일이 벌어지는지 예상할 수 없습니다. 저에게 마트 마감할인행사에 대해 이야기해 주실 수 있겠습니까?"라는 질문을 한다면, 응답자로부터 상대적으로 더 많은 양의 답변을 이끌어낼 수 있을 것이다. 특히 에스노그라피 연구에서 이런 질문을 활용하면 소비자가 말하는 방식과 소비 경험에 대해 보다 효과적으로 이해할 수 있다.

3.2.2 응답자 인터뷰(respondent interview)

시간 제약을 비롯한 여러 이유로 현장 인터뷰가 적절하지 않을 때는 보다 구조화된 방식의 인터뷰를 사용할 필요가 있다. 예를 들어, 태도 연구에 관심이 있는 연구자들은 자료 수집을 위해 좀 더 공식적인 접근법을 선택한다. 이때 연구의 초점은 "여기에서 무슨 일이 일어나고 있습니까?"라는 질문에 대답하는 것이 아니라 "이러한 것에 대해 당신은 어떻게 느끼십니까?" 혹은 "당신은 왜 그렇게 느끼십니까?"라는 질문에 답하는 것이다. 이런 질문을 활용하는 대표적인 인터뷰가 응답자 인터뷰라고 할 수 있다.

응답자 인터뷰를 진행할 때, 연구자와 응답자 사이의 첫 접촉은 주로 인터뷰가 진행되는 장소에서 이루어지며, 대화를 통해 자료를 수집한다. 인터뷰는 현장 인터뷰보다 더욱 공식적이며, 연구자는 질문을 미리 준비한다. 인터뷰에 사용되는 질문들은 사전에 준비된 인터뷰 지침서(protocol)에 따르며 직접적이고 개방적인 특징을 갖는다. 예를 들어, 어떤 SUV카의 새로운 광고에 대해 소비자가 어떤 태도를 가지는지에 관심을 가지는 연구자는 인터뷰 응답자에게 "당신이 SUV 차량에 관한 TV 광고들에 대해 기억하는 것이 무엇입니까?"와 같은 질문을 던질 수가 있는데, 이는 응답자 인터뷰에서 사용되는 전형적인 질문이다.

3.2.3 후속 인터뷰(follow-up interview)

후속 인터뷰는 관심이 가는 특정 측면을 더욱 깊이 있게 연구할 때 실시한다. 이미 인터뷰를 했던 인터뷰 응답자와 후속 인터뷰를 통해 다시 인터뷰를 하는데, 첫 인터뷰에서 생겨난 핵심 주제에 초점을 맞추며 그와 비슷한 주제에 대해 토론하는 데 유용하다.

후속 인터뷰의 목적은 관심이 가는 특정 내용과 관련하여 더 깊이 있게 이해하고, 그 이해를 확장하면서 그 내용을 명백히 밝히는 것이다. 이를 위해서 응답자가 사용하는 고유의 단어와 용어들로 구성된 질문을 가지고 인터뷰를 수행해야 한다. 예를 들어, "저번에 당신은 이런 말을 했습니다"로부터 시작해서 "이것에 대해 좀 더 말해줄 수 있습니까?"나 "이것에 대해 더 확장할 수 있습니까?", "당신이 의미하는 바를 명확히 말해줄 수 있습니까?"와 같은 질문을 통해 계속 진행될 수 있다. '왜'와 '어떻게'와 관련된 질문이 두드러지는데, 이는 인터뷰 응답자가 생각하고 행동하는 방식과 이유를 더욱 깊이 캐내기 위해서다.

3.2.4 수렴 인터뷰(convergent interview)

연구의 초기 단계에서는 연구 영역과 주제가 연구의 가치가 있는지에 대해 충분히 알려져 있지 않은 경우가 많다. **수렴 인터뷰**는 연구의 초기 단계에서 연구를 수행하는 데 필요한 주제를 분류하는 상대적으로 구조화된 접근법이다. 수렴 인터뷰에서는 제한된 수의 전문가와 인터뷰를 진행하면서 사람들의 태도, 신념, 지식, 의견들에 대한 질적 자료를 얻는다. 그리고 이 자료를 분석하고 해석하는 과정을 통해 관심영역 안에서 수렴되는 중요한 주제를 추출한다. 이런 인터뷰에서는 인터뷰를 통해 얻은 자료를 분석하는 단계가 중요해지는데, 분석단계를 통해 수렴하는 주제가 무엇인지 파악할 수 있기 때문이다. 수렴 인터뷰를 구성하는 각각의 인터뷰는 설계, 자료 수집, 해석, 재설계의 과정을 거치면서 진행된다.

예를 들어, 우드워드(Woodward, 1997)는 서비스 분야에서 브랜드 자산이 어떻게 측정될 수 있는지에 대해 연구했다. 당시 서비스 브랜드 자산에 대한 연구가 거의 없었기 때문에 그는 초기 단계에서 실생활에서 이와 관련하여 어떤 일이 벌어지는지 파악하고 주제를 확정하기 위해 세 명의 컨설턴트와 두 명의 응답자와 인터뷰를 했다. 첫 인터뷰에서 사용한 질문들은 "제품의 마케팅과 서비스의 마케팅 사이에 차이가 있습니까?"나 "서비스에 대한 브랜드 지식이 브랜드의 인지도와 이미지를 구성할 수 있습니까?" 혹은 "연구를 진행하는 데 있어서 어떤 서비스 브랜드에 관심을 가져야 할까요?"와 같은 질문을 던졌다. 인터뷰가 진행됨에 따라 인터뷰 결과를 반영하여 질문을 추가했다. 다섯 차례의 인터뷰 후 연구와 관련된 주요 주제를 확정하고 서비스 브랜드와 관련된 예를 정리할 수 있었다. 이런 수렴 인터뷰의 과정을 통해 연구자는 연구과제의 다음 단계에서도 바른 방향으로 연구가 진행되고 있다는 확신을 갖게 된다.

수렴 인터뷰는 다음과 같은 장점을 갖는다. 수렴 인터뷰의 순환적 특성은 연속되는 인터뷰를 통해 질문과 대답의 개선을 가능하게 해준다. 그리고 수렴 인터뷰는 학습곡선이 가장 가파르고 연구문제에 대해 많은 개선이 필요한 연구의 초기 탐색단계에서 수행되기 때문에, 연구자가 다른 연구자라면 간과하거나 찾아내지 못할 중요하고 적절한 자료를 얻을 수 있다. 반면 각각의 인터뷰를 통해 수집된 자료를 모두 고려하는 데는 많은 시간과 비용이 들고, 자료 분석과정에서 편향적 결과가 도출될 수 있다는 단점도 있다.

4 인터뷰의 실행

4.1 인터뷰의 개관

모든 인터뷰는 가능하면 녹음을 하는 것이 좋다. 또한 인터뷰 중에 중요한 내용은 가급적 기록하거나 메모를 남기는 것이 좋다. 때로는 녹음에 문제가 있을 수도 있고, 소음에 묻혀서 녹음한 내용을 듣기 힘든 경우도 있기 때문이다. 인터뷰 내용의 녹취록과 기록한 결과물을 기반으로 연구자들은 인터뷰 내용을 꼼꼼히 검토하면서 분석할 수 있다. 또한 인터뷰 과정도 개선할 수 있는데, 녹음된 인터뷰 내용을 바탕으로 연구자 자신이 너무 많은 말을 하지는 않았는지, 꼭 필요한 질문을 적절한 방식으로 했는지, 인터뷰의 목적을 달성하기 위해 효과적으로 인터뷰를 진행하였는지 검토하고, 이를 통해 다음 인터뷰를 개선할 수 있다.

인터뷰 절차는 질적 연구의 주제와 목적에 따라서 결정한다. 인터뷰는 일정한 형식을 갖춘 계획된 것일 수도 있고, 엄격한 계획 없이 자연스럽게 이루어지는 것일 수도 있다. 인터뷰의 목적은 주로 응답자의 과거나 현재의 경험을 깊이 파고들어서 감정, 인식, 생각을 발견하는 것이다. 첫 번째 질문에 대한 응답자의 대답이 인터뷰 방향을 결정짓는 경우가 많다. 연구자의 그 다음 질문은 처음에 한 질문과 같은 선상에 있는 질문이 되기도 한다.

여러 응답자와의 개별 인터뷰는 그 순서나 내용이 서로 다를 수밖에 없다. 그리고 인터뷰 내용을 분석할 때에는 이렇게 서로 다른 순서와 내용 가운데에서 공통된 패턴을 발견해내는 과정이 필요하다.

한 명의 응답지에 대해서 한 번의 인터뷰로 끝나는 경우는 많지 않으며, 인터뷰 내용에 따라서 2차, 3차 인터뷰를 진행해야 하는 경우가 많다. 그리고 연구자와 응답자가 친해지기 위해서는 시간이 소요되기 때문에, 한 번에 무리해서 많은 질문을 하기보다 대화의 흐름이 자연스럽도록 여러 번에 나누어서 인터뷰를 진행하는 것이 유리할 수 있다. 그러나 인터뷰가 세 차례 이상일 경우 응답자가 흥미를 잃게 될 수도 있다.

인터뷰를 위한 시간관리도 중요하다. 인터뷰 시간은 응답자와 인터뷰 내용에 따라 달라지지만, 대체로 예상한 시간보다 오래 걸리는 경우가 많다. 인터뷰 시간이 2시간이 넘어가면 연구자와 응답자 모두 집중력을 잃게 되므로 바람직하지 않다. 응답자가 바쁘거나 인터뷰에 부담을 느껴서 20~30분 이내에 인터뷰가 끝나는 경우도 있다. 연구자는 연구 목적에 맞게, 그리고 응답자와 인터뷰 상황을 고려하여 적절한 인터뷰 시간을 결정해야 하고 시간을 준수해야 한다.

여러 번의 인터뷰를 충분한 시간 여유 없이 계획하는 것도 피해야 한다. 인터뷰를 시작하기 위한 응답자와의 관계 형성에 시간이 소요되는 경우도 많으며, 때로는 인터뷰가 끝난 다음 해당 연구에 대해서 궁금해 하고 더 알고 싶어 하는 응답자도 있다. 응답자는 연구자의 연구를 위해 자신의 소중한 시간과 자료를 허락한 사람이기 때문에, 예의를 지키고 정중하게 대할 필요가 있다.

인터뷰가 끝나가면 응답자에게 더 하고 싶은 이야기가 없는지 확인하고, 인터뷰에 응해준 것에 대한 감사인사를 한다. 인터뷰가 끝난 다음에는 가능한 한 빨리 인터뷰와 관련된 중요한 내용, 또는 인터뷰 내용과는 관계없더라도 응답자 관련 사항을 기록해 두는 것이 필요하다.

4.2 인터뷰 준비

4.2.1 인터뷰에 관한 이론

질적 소비자조사 인터뷰는 다양한 심리학적 이론을 염두에 두고 진행하는 것이 바람직하다. 먼저 심리분석학적 관점에서 연구자는 의사가 환자의 증상을 분석하는 것처럼 소비자의 경험을 분석하게 된다. 겉으로 드러나지 않은 무의식 세계에 초점을 두게 되며 단어연상법과 같은 투사기법을 유용하게 활용할 수 있다. 심리역학적 관점에서는 인터뷰 과정에서 응답자가 무의식 세계에 감추어져 있는 감정이나 경험을 드러내지 않기 위해서 부인, 억압, 반동형성 등 다양한 방어기제를 사용한다. 소비자가 기억이 나지 않는다고 하거나 극단적으로 반응하는 것이 사실은 이런 방어기제의 한 유형일 수 있기 때문에 인터뷰 진행자는 이를 염두에 두고 인터뷰를 진행하는 것이 필요하다.

사회심리학적 관점에서 인간은 기본적으로 다른 사람에게 의존하는데, 자신이 속한 내집단(in-group)과는 동일시하며 그렇지 않은 외집단(out-group)과는 거리를 두는 현상으로 나타난다. 집단인터뷰에서 참가자들은 상호 간의 접촉을 통해 이런 사회적 요인을 표출시키기도 한다.

인본주의 심리학적 관점에 따르면 인간은 나름대로의 의미 있는 삶을 추구하며 소비자로서의 인간은 무엇에 주의를 기울여야 하고 어떤 선택을 할지에 대한 주체이다. 이는 현상학적 접근방법이 포괄적, 심층적 분석을 통해 소비자 삶의 의미를 파악하고자 하는 것과 맥락을 같이 한다.

문화적 관점에서는 소비자가 조사를 통해 파악하고자 하는 모든 것을 다 표현할 수 없다는 것을 전제로, 문화 속에 소비자의 가치와 의미가 내포되어 있다고 보고 기호학적 분석을 통하여 이를 파악하고자 한다.

신경심리학적 관점에 따르면 소비자 정보처리의 많은 부분이 미인지 상태 또는 무의식 상태에서 이루어진다. 따라서 소비자조사 인터뷰에서도 소비자가 의식하지 않고 처리한 정보를 의식적 정보처리에 사용하는 방법을 사용하여 분석하는 것은 잘못된 것이다. 연구자는 무의식 상태의 정보처리의 분석에 적합한 기법들, 예를 들어 단어연상법이나 사다리 기법(laddering technique)과 같은 기법을 활용할 필요가 있다.

4.2.2 인터뷰를 위한 질문

연구자는 인터뷰 전에 인터뷰를 위해 필요한 질문을 준비해야 한다. 인터뷰의 첫 번째 질문은 폭넓은 내용으로 시작하는 것이 좋다. 그 후 연구자는 응답자의 이야기를 토대로 연구자가 의도한 질문을 보다 쉽게 꺼낼 수 있다. 질문에는 다양한 형태가 있다. 경험 질문, 감정 질문, 지식 질문 같은 내용에 따라 분류하기도 하고, 응답자의 삶에 있어서 특정 시간, 장소에서 발생한 사건에 대한 포괄적 질문과 일상이나 어떤 과정들, 활동, 사건 등을 다시 구성하도록 요구하는 질문으로 나누기도 한다. 포괄적 질문과 이에 비해 상대적으로 구체적인 질문의 유형으로 분류하기도 한다.

인터뷰를 진행하면서 질문을 할 때는 연구자가 의도한 주제에 관한 대답을 유도하면서도 가능하면 간접적 방법으로 질문을 해야 한다. 그러나 모호한 질문은 모호한 응답을 유도할 수 있으므로 질문 자체는 명확해야 한다. 응답자가 혼란스럽지 않도록 한꺼번에 두 개 이상의 질문을 하는 것은 피해야 한다. 연구자의 개인적인 의견이나 관점이 반영되어 있는 질문도 피해야 한다. 예를 들어, "이 광고대행사가 시행한 비윤리적인 캠페인에 대해서 말씀해 주시겠어요?"라는 질문은 '비윤리적'이라는 연구자 개인의 판단과 관점을 포함하고 있으므로 바람직하지 않다. 그 대신 "이 광고대행업체가 윤리성과 광고에 대해서 갖고 있는 관점은 무엇입니까?"라는 질문으로 바꿀 수 있다. 또는 "광고와 윤리에 대한 당신의 관점은 무엇입니까?"라는 질문과 더불어 "당신의 그러한 관점을 지지해주는 이 광고대행사의 캠페인의 예를 들어 주시겠습니까?"라는 두 개의 질문을 사용할 수도 있다.

인터뷰를 위한 질문은 응답자의 이해 수준에 맞추어서 그들에게 적합한 용어를 사용해서 작성해야 하며, 학술적이거나 전문적인 용어의 사용은 피하는 것이 좋다. 연구자가 응답자의 상황을 고려하여 질문을 준비하고 인터뷰를 할 때, 응답자의 관심을 불러일으키고 적절한 응답을 유도하는 의미 있는 질문을 할 수 있다.

4.3 응답자 선정

질적 연구에서는 어떤 사람과 인터뷰를 하느냐에 따라 연구결과가 큰 영향을 받는다. 누구를 대상으로 해서 인터뷰를 진행할 것인지를 선택하는 것은 중요한 문제이다.

연구자가 응답자를 선정할 때 인터뷰에 쉽게 응할 수 있는 사람을 떠올리기 쉽다. 그러나 응답자를 쉽게 구했다고 해서 인터뷰가 용이하게 진행되는 것이 아니고, 오히려 더 어렵게 진행되는 경우도 많다. 예를 들어, 응답자가 어떤 질문에 대하여 사회적으로 바람직하지 않은 대답이라고 생각되면 자신의 생각과 다른 답변을 내놓을 가능성이 크다. 결국 연구자가 인터뷰를 통해 얻은 자료의 효용성은 떨어질 것이다.

연구자가 자신의 동료를 대상으로 인터뷰를 할 때에도 장단점이 있다. 연구자와 응답자가 언어와 문화를 공유하고 있어서 오해의 소지가 적고 이해가 빠르며 응답자가 연구자를 신뢰하고 쉽게 자신을 개방할 수 있다는 장점이 있다. 반면 공유된 가치나 신념으로 인해 오해가 발생할 수도 있다. 이를테면, 연구자는 상대방에 대해 많은 것을 알고 있다고 생각하기 때문에 특정 질문을 하는 것을 불필요한 것으로 여길 수 있다. 이런 문제점은 연구자가 '문화적 이방인(cultural stranger)'의 역할을 맡아서 응답자에게 그들의 경험의 의미를 깊이 있게 생각하고 고민해 볼 것을 적극적으로 요구함으로써 극복할 수 있다. 또한 연구자와 응답자 간에 관계가 이미 형성되어 있기 때문에 동료와 자신을 동일시하게 되면 인터뷰에는 부정적 영향을 미칠 수 있다. 아울러 연구 주제가 사적이거나 예민하면 서로 불편함을 느끼고 당황할 수도 있다.

그렇다면 응답자를 선정하는 최선의 방법은 무엇일까? 가장 적합한 표본은 연구 목적에 가장 부합하는 응답자이다. 예를 들어, 명품을 구매하는 이유가 궁금하다면 단순히 동료나 아는 사람을 대상으로 인터뷰를 진행할 것이 아니라 명품을 많이 구매하고 소비하는 사람을 응답자로 선정해야 한다.

4.4 인터뷰 기법

면담자와 소비자 간에 좋은 면담이 이루어지기 위해서는 먼저 면담자가 소비자의 사고의 틀 속으로 들어가서 소비자의 감정과 생각을 이해하고 수용하는 것이 필요하다. 또한 진정으로 소비자의 답변에 반응하고 잘 들어주는 것이 필요하다. 이를 위해서는 기본적으로 유발 기법(eliciting skills)과 청취 기법(listening skills)에 익숙해지는 것이 필요하다.

4.4.1 유발 기법

유발 기법은 면담 중에 적절한 반응을 적기에 아주 간결하게 나타내는 것을 말한다. 예를 들어, 수시로 응답자의 답변에 대하여 관심을 나타내거나, 답변 내용 중의 핵심적 단어나 구절을 재인용하거나, 응답자의 진술을 요약하는 행동일 수 있다. 또는 응답자의 답변에 대하여 미심쩍은 부분을 재확인하거나 명확히 하는 것일 수도 있다.

예를 들어, 면담과정에서는 **탐색형 질문**(probing questions)들이 필요하다. 이런 질문들은 특히 면담의 내용을 정교하게 하거나, 더 깊이 있고 다양한 의미나 질문들을 찾아내고자 할 때 유용하다. 탐색형 질문에는 몇 가지 유형이 있다. 첫 번째 유형은 정보의 추가적 탐색을 위해 응답자에게 어떤 현상에 대해 더 설명해주기를 요구한다. 예를 들어, "당신에게 '거칠게 운전하는 것'이 어떤 의미가 있습니까?"와 같은 질문을 통해 더 자세한 설명을 들을 수 있을 것이다. 두 번째 유형은 응답자가 계속해서 답변을 이어가도록 하는 질문들이다. 예를 들어, "계속 하세요.", "그리고요?", "다른 것은요?"와 같은 질문을 통해 응답자가 계속 이야기를 하도록 유도할 수 있다. 세 번째 유형은 현재 이야기하고 있는 주제를 정리하기 위해 사용되며 다음 질문으로 넘어가기 전에 응답자가 그 주제에 대해 모든 것을 말했는지 확인하기 위해 사용된다. "그 광고에 대해서 기억나는 다른 것들이 있나요?"와 같은 질문을 통해 지금까지 진행해왔던 주제에 대해 충분히 말했는지 확인할 수 있다. 네 번째 유형은 어떤 현상에 대해 정확하게 이해하고 해석했는지 확인하기 위해 사용하는 질문들인데, 이 질문을 통해 연구자는 자신의 해석에 대해 확신을 얻을 수 있다. "당신은 SUV 차량에 관한 광고가 통계 수치, 연비, 가격 등을 포함해야 한다고 생각하는군요. 맞습니까?"와 같은 질문을 활용할 수 있다.

응답자가 좀 더 많은 이야기를 꺼내도록 하기 위해서는 때로는 응답자가 한 이야기들을 요약하는 것이 도움이 되기도 한다. 이를테면, '당신은 조금 전에 인터넷이 회사의 업무와 당신의 일을 완전히 바꾸어 놓았다고 얘기했습니다. 이것에 대해서 조금 더 자세히 말씀해 주시겠어요?'라는 질문을 받는다면 응답자는 그 얘기를 계속하게 되고, 자신의 이야기를 보다 자세하게 꺼내게 될 가능성이 높다. 아래 표에서 유발 기법의 몇 가지 예를 제시하고 있다.

❙표 3-1❙ 유발 기법의 예

즉각 반응	"그 부분을 설명해주세요"
탐색형	"그 밖에 없어요?"
메아리형 – 주요 단어/구절의 반복	화자 : "아주 무서웠어요" 청취자 : "무서웠다고요?"
반추형 – 서술 + 정서적 내용	"서비스 불만이 많다고 하셨어요. 그럼 화가 나셨겠네요?"
서술/요약형	"말씀하시고자 하는 것이…"
도전형	"아까는 X라고 하시더니, 지금은 Y라고 하시네요" (이 상황이 면담자의 문제이며 피 면담자의 탓으로 돌리지 않는 것이 중요)
명확화	"지금 말씀하신 것의 의미는 무엇인가요?"

4.4.2 청취 기법

청취 기법의 훈련을 위해서는 면담자가 먼저 면담 중에 세부적 내용을 잘 듣고 이해하는 능력이 필요하며, '감정적으로 중요 주제가 언급되었는지'에 관해 언어적 및 비언어적 단서로 판별할 수 있는 능력도 필요하다. 때로는 소비자의 진술에 응답하기 전에 소비자가 방금 한 진술을 음미하면서 답변할 수 있는 아주 짧은 동안의 침묵이 필요할 때도 있다. 또한 소비자가 말한 이야기나 내용뿐 아니라 언어의 선택, 서술 방식에도 주의를 기울이다 보면 의외로 소비자의 신념이나 가치를 파악할 수 있는 질문으로 연결되기도 한다. 다음 표에서 몇 가지 청취 기법의 예를 제시하고 있다.

┃표 3-2┃ 청취 기법의 예

숨겨진 내용 듣기: 구체적이지 않은 명사, 동사, 왜곡, 삭제와 일반화		
삭 제	내가 언제나 말했듯이	누가 말했다고요?
준거 지침의 결여	이것들이 항상 방해해	누가 (무엇이) 구체적으로 항상 방해가 되는가요?
구체적이지 않은 동사	그는 정말 나를 힘들게 해	구체적으로 어떻게?
표준화	난 자유가 없어	무엇을 할 자유가 없다는 것인가요?

면담과정에서는 응답자의 이야기를 잘 듣는 것이 무엇보다 중요한데, 이를 위해서는 **적극적 듣기**(active listening)가 필요하다. 질문에 대한 대답을 듣더라도 많은 경우 그 답변이 관련 주제를 이해하는 데 도움이 되지 않는 경우가 자주 있다. 적극적 듣기는 응답자의 마음속에서 무슨 일이 일어나고 있는지에 대한 전체적인 그림을 얻기 위해 미묘한 탐색기법을 사용하는 접근법이다. 적극적 듣기는 응답자의 동기가 무엇인지, 그리고 그것이 주제, 개념, 자극 등과 관계가 있는지 등을 파악하기 위해서 필요하다. 응답자의 이야기를 적극적으로 듣기 위해서는 자료 수집을 방해하는 네 가지 장애물을 알아야 한다. 네 가지 장애물은 일반화(generalization), 생략(deletion), 왜곡(distortion), 모순(contradiction) 등이다.

일반화는 그 자체로 아무 의미가 없는 모호한 단어나 구절과 관련된다. 사람들은 일반적인 표현을 많이 쓰고, 이런 표현은 면담 중에도 자주 발생한다. 응답자가 "이것은 좋은 펜입니다."라고 말했을 때, 적극적으로 그의 말을 듣는 연구자에게 "좋다"라는 표현은 구체성이 결여된 말이다. 따라서 연구자는 "좋다는 게 무슨 뜻인가요?"는 질문을 해야 하고 응답자는 "이 펜은 비싸요"라고 구체적으로 답변할 수 있을 것이다. 이를 통해 응답자에게는 좋다는 것이 비싸다는 것을 의미한다는 것을 알 수 있다.

생략은 대화를 나누는 와중에 그 사람의 태도나 의사결정을 이해하는 데 핵심이 될 수 있는 요소가 아직 남아 있을 때 일어난다고 할 수 있다. 연구자는 개방적인 질문을 사용함으로써 무엇이 남아 있는지를 탐색할 수 있다. 연구자는 펜이 비싸다는 대답을 듣고 난 뒤, 응답자가 그 펜에 대해 가지고 있는 다른 생각들을 알기 위해 "당신이 그 펜을 좋아하는 다른 이유가 있나요?" 라는 질문을 던질 수 있다. 응답자는 "내 손에 딱 맞는 그 모양이 좋아요."라고 대답할 수도 있다. 무엇이 생략되어 있는가를 조사하면서, 연구자는 응답자가 가지고 있는 복잡한 생각에 대해 좀 더 전체적인 그림을 얻을 수 있다.

왜곡은 연구자가 응답자의 전체적인 의사결정 과정에서 응답자의 생각이 어떤 역할을 하는지에 대해 충분히 이해하지 못하는 상황에서 발생한다. 만약 연구자가 응답자가 그 펜을 좋아하는 이유에 대해서 모두 알게 되었다고 하더라도, 여전히 응답자가 왜 그 펜을 싫어하는지에 대해서는 알지 못한다. 따라서 연구자는 "당신은 나에게 그 펜이 좋은 이유에 대해서 계속 말해 주었습니다. 그렇다면 그 펜의 어떤 점이 마음에 들지 않습니까?"라는 질문을 할 수 있다. 이 질문에 대해 응답자는 "리필 제품을 찾는 것이 어려워요."라고 대답할 수 있다. 적극적인 듣기를 통해 추가적인 세부 사항에 대해 질문함으로써 연구자는 응답자가 이야기한 내용이 함유하는 의미를 오해하는 실수를 피할 수 있다.

모순은 적어도 두 개의 진술이 서로 반대되거나 갈등을 일으킬 때 발생한다. 이 문제는 발견하기가 가장 어렵다. 모순을 지적하는 것은 예의에 어긋나는 행위일 수 있기 때문에, 연구자는 응답자가 자신을 탓한다고 느끼지 않게 요령 있게 질문해야만 한다. 연구자는 응답자가 자신을 돕는 위치에 있다는 것을 강조하면서 그들을 편안하게 해주어야 한다. 펜에 대해 안 좋은 점을 듣는 도중에, 응답자가 다시 펜의 높은 가격을 언급했다고 가정해보자. 이 경우 펜의 가격은 그 펜을 좋아하는 이유도 되면서 또한 그 펜을 싫어하는 이유도 된다. 이럴 때 연구자는 "미안합니다. 제가 무엇인가를 놓친 것 같습니다. 아까 당신은 그 펜이 비싸기 때문에 그 펜이 좋다고 말했습니다. 그러나 그 다음에는 펜이 마음에 들지 않는 이유가 높은 가격 때문이라고 말했어요. 그것들이 어떻게 조화될 수 있습니까? 저를 도와주실 수 있겠어요?"라고 말할 수 있다. 응답자는 이 질문을 받았을 때, 응답자는 "음, 그 펜은 12,000원이고 비싸요. 그러나 그 펜은 오랫동안 쓸 수 있고 사람들이 내가 얼마를 주고 그 펜을 샀다는 것을 알아주기 때문에 그만한 가치가 있어요. 물론 그 가격을 지불하는 것이 좋지는 않지만요"라고 대답하면서 이 문제를 명백히 밝혀줄 수 있을 것이다. 즉, 모순을 해결하는 노력을 통해 상반되는 대답을 파고들지 않았다면 얻을 수 없었던 내용에 대해 이해할 수 있게 된다.

4.4.3 비언어적 표현의 활용

비언어적 표현을 활용함으로써 인터뷰에 대한 응답자의 집중을 유도하고, 더 많은 이야기를 도출할 수 있다. 사람들은 다른 사람들로부터 평가받는 것을 두려워하여 자신의 생각이나 의견을 잘 드러내지 않는 경우가 있다. 응답자들 또한 그들이 연구자와 인터뷰 상황에 익숙해지기 전에는 단답형으로 꼭 필요한 대답만 하는 경우가 많다. 비판단적 태도(non-judgmental manner)와 적극적인 듣기(active listening)는 연구자가 응답자의 이야기를 중요하게 생각하고 있다는 것을 전달함으로써 이런 문제를 극복하도록 도와준다. 응답자와의 눈맞춤(eye contact)이라든지 몸을 응답자 쪽으로 기울이는 행위 등은 연구자가 응답자에 관심을 갖고 있으며 배려하고 있다는 간접적인 메시지를 전달한다.

인터뷰를 마무리할 때 "혹시 좀 더 하고 싶은 말씀이 있으세요?"라는 질문이 유용하다. 인터뷰가 끝날 즈음이면, 응답자는 이미 연구자에게 익숙해져 있고, 연구자가 신뢰할 만한 사람인지 아닌지 판단을 내린 상황이기 때문에, 이런 질문은 때로는 완전히 새롭고 재미있는 대답을 유도해낼 수도 있다. 이런 질문에 대해 응답자가 더 이상 이야기할 것이 없다는 대답을 하게 되면, 인터뷰는 자연스럽게 끝나게 된다.

4.5 연구자와 응답자와의 관계

질적 연구에 있어서 인터뷰를 위해서는 연구자와 응답자가 어떤 형태로든 관계를 맺고 협력할 수밖에 없다. 사실 연구자와 응답자 간의 원만한 관계는 해당 연구의 성공을 위한 핵심적인 요소 중의 하나이다. 만약 연구의 초기 단계에서부터 응답자와 원만한 관계를 형성하면 인터뷰를 통해 수집된 자료들은 소중하고 의미 있는 자료가 될 가능성이 높다.

연구자와 응답자 간 신뢰 형성은 응답자에 대한 연구자의 관심, 연구자의 의사소통 능력, 원만한 대인관계 기술, 상호작용 능력에 달려 있다. 부끄러움을 많이 타거나 의사소통 능력이 부족한 연구자라면 응답자가 연구자에 대한 거리감을 느끼기 마련이므로 질적 연구에 어려움을 겪을 수 있다. 신뢰 형성은 연구자가 응답자에게 접촉을 시도하는 연구의 초기 단계에서부터 시작된다.

비언어적 표현과 적극적 듣기의 활용은 응답자의 응답을 유도하기 위해서뿐만 아니라 인간적 관계를 형성하기 위해서도 필요하다. 연구자는 확신에 찬 태도를 보여줄 필요가 있으며, 비판단적이고 신중해야 한다. 연구자의 옷입는 방식, 행동양식, 언어적·비언어적 기술은 응답자에게 연구자의 전문성에 대한 메시지를 전달할 수 있으며, 응답자가 연구자의 성실성, 동기, 신뢰성을 평가하는 기준이 될 수도 있다. 연구자는 응답자와의 관계 형성을 위해 이런 사소한 부분까지 신경 쓸 필요가 있다. 응답자가 인터뷰 과정 중에 궁금한 내용을 확인할 수 있도록 하기 위해 응답자가 언제든지 자유롭게 질문할 수 있다는 것을 미리 알려줄 필요가 있다. 이를 통해 연구자가 응답자에게 많은 주의를 기울이고 있으며 응답자와 좋은 관계를 형성하고 싶어한다는 메시지를 전달할 수 있다.

연구자와 응답자는 나이, 지식, 사회계층, 인터뷰의 목적 등에서 차이가 난다. 그럼에도 불구하고 연구자와 응답자의 관계는 상호 존중과 평등에 기반해야 한다. 응답자들은 단지 수동적인 응답자가 아니라 중요한 사회적 만남에 있어서의 적극적인 응답자이다.

5 인터뷰 내용의 분석

인터뷰가 끝난 후에는 녹음된 내용을 확인하면서 녹취록을 작성한다. 어떤 연구자들은 녹취록 작성에 많은 시간이 소요된다는 이유로 녹취록을 작성하지 않고 그냥 녹음된 내용을 반복해서 듣기도 한다. 그러나 녹취록을 작성하면서 인터뷰 내용을 더 철저하게 확인하고 이해할 수 있으며, 그에 따라 더욱 깊이 있는 분석을 할 수 있게 된다.

많은 질적 연구가 비교적 비구조화된 인터뷰로 시작하기 때문에, 연구자는 다음의 인터뷰 과정에서 앞선 인터뷰 내용을 반영할 수 있다. 즉, 이전의 인터뷰 결과가 다음 인터뷰 내용을 결정하며, 이를 통해 응답자에게 중요한 내용이 무엇인지 밝혀낼 수 있다. 연구자는 인터뷰를 통해 특정한 패턴이나 주제를 발견하기 위해 노력하지만, 응답자 개인의 독특한 경험 역시 중요하다는 점을 유념해야 한다.

인터뷰의 마지막 과정은 인터뷰 내용을 분석하는 것이다. 대부분의 질적 연구자들은 인터뷰 내용을 분석할 때 '**내용분석**(content analysis)' 방법을 사용한다. 이 방법은 녹취록의 내용을 연구 주제와 관련하여 비슷한 내용을 담고 있는 구, 문장, 단락 등의 단위로 분류하여 코드화하는 것이다. 이렇게 작성된 코드를 이용하여 연구자는 특정한 질문, 가설, 개념, 테마와 관련된 인터뷰 내용의 일부분을 보다 쉽고 빠르게 찾고, 분석하고, 집단화함으로써 전체 인터뷰 내용으로부터 특정한 패턴을 발견할 수 있다. 내용분석 과정은 내용에 따라서 코드를 부여하는 첫 번째 과정, 코드별로 내용을 비교 대조하는 축 코딩(axial coding)과 선택 코딩(selective coding)하는 두 번째 과정으로 나뉜다. 첫 번째 과정에서는 자료를 전체적으로 검토하고 구, 문장, 단락의 단위로 코드를 부여하며, 여백에는 필요한 내용을 기입하기도 한다. 두 번째 과정에서는 특정 테마를 보여줄 수 있는 내용을 찾고, 모든 자료 수집이 끝난 다음에는 내용을 비교 대조한다.

6 온라인 인터뷰(online interview)

온라인 인터뷰를 계획할 때는 인터넷 채팅이나 메신저를 이용하여 실시간으로 인터뷰를 할 것인지, 이메일 등을 이용하여 진행할 것인지를 결정해야 한다. 연구의 목적과 내용에 따라 인터뷰 방식이 달라진다. 채팅이나 메신저를 통한 실시간 인터뷰는 여러 사람이 함께 실시간으로 인터뷰할 수 있다는 장점이 있다. 인터넷 메신저를 이용하여 일대일로 인터뷰를 할 경우, 서로 다른 장소에 있더라도 같은 내용을 실시간으로 읽고 메시지를 주고받을 수 있다. 메신저를 통한 인터뷰는 역동적이고 재미있게 이루어질 수 있으며, 대면 인터뷰 못지않은 성과를 거둘 수도 있다. 온라인 인터뷰를 진행할 때에는 “네, 무슨 말씀인지 알겠네요.” “아, 네, 그렇군요. 좀 더 말씀해 주시겠어요?” 또는 “거 참 재미있는데요. 좀 더 자세히 말씀해 주실래요”와 같은 표현을 사용하거나, 응답자에 따라서 적절한 이모티콘을 활용함으로써 인터뷰 분위기를 밝게 하고, 연구자의 생각이나 느낌을 간접적으로 전달하여 인터뷰를 보다 활발하게 진행할 수 있다. 이런 방법은 특히 응답자가 자신의 집이나 직장과 같은 장소에 있을 때도 사용될 수 있다는 장점이 있으며, 컴퓨터와 인터넷의 사용이 일상화된 사람들에게 적합한 방법이다.

이메일을 이용한 인터뷰는 응답자가 원하는 시간에 인터뷰에 응할 수 있다는 장점이 있으며, 지역적으로 시간 차이가 많이 나는 외국의 응답자와 인터뷰를 할 때 유용하다. 응답자가 인터뷰 질문에 대해 시간을 두고 여유 있게 생각해볼 기회를 제공한다는 장점이 있다. 온라인 인터뷰는 서로에 대해서 잘 알지 못하는 상황에서 인터뷰가 이루어지는 경우가 많으므로 일반적인 인터뷰에서는 심각한 문제가 될 수 있는 연구자와 응답자 간 지위문제가 그리 심각하지는 않다. 그리고 이메일을 통한 인터뷰에서 연구자가 응답자에게 편안하고 친근한 방식으로 의사소통을 진행한다면 지위의 차이가 문제가 될 가능성은 더 줄어든다.

온라인 인터뷰에서 인터넷이라는 매체는 연구자와 응답자의 관계 형성에 인간적 요소를 전달해 주지 못하는 것으로 생각될 수도 있다. 그러나 연구자가 응답자들에게 연구의 목적을 명확히 알리고 그들의 참여가 중요하다는 것을 재차 확신시켜 준다면, 인터넷을 통한 가상공간에서의 관계 형성도 신속하게 이루어질 수 있다. 연구자와 응답자가 실제로 만나지는 못해도 응답자의 응답이 적절한 방식으로 이루어지고 있고 또 연구 참여가 연구에 큰 공헌을 하며, 연구자가 응답자의 생각을 신뢰할 수 있다는 메시지를 전달할 필요가 있다. 온라인 인터뷰에서 연구자가 목소리나 표정, 제스처 등을 전달할 수는 없지만, 문자나 이모티콘을 사용해 이런 내용을 전달할 수 있다.

온라인 인터뷰를 수행하기 전에 응답자가 컴퓨터와 인터넷을 익숙하게 다루는지 여부를 확인해야 한다. 컴퓨터와 인터넷에 익숙하지 못한 응답자를 대상으로는 대면(face to face) 인터뷰가 바람직하다. 연구자 자신이 온라인 인터뷰 경험이 없거나 효과적인 온라인 인터뷰를 수행할 능력이 없다면 인터넷을 통해 획득할 수 있는 자료의 내용과 형태에 한계가 있다. 또한 이메일을 통해 인터뷰를 진행할 때, 시간적 제약이 있거나 연구가 진행되면서 응답자의 관심이나 흥미가 떨어지면 좋은 인터뷰 결과를 얻기 힘들다.

7 인터뷰의 윤리적 문제

연구자는 현장연구에 돌입하기에 앞서 연구 도중 마주치게 될 잠재적인 윤리적 문제를 신중하게 고려해야 한다. 연구제안서에서 이런 윤리적 문제가 논의되어야 하며, 연구보고서의 방법론 부분에서도 명확하게 제시되어야 한다. 이를 위해 연구 감독자나 동료 연구자들과 함께 윤리적 문제에 대해서 토의를 하는 것이 도움이 된다. 이런 토의를 통해서 연구의 시작 단계, 실시 단계, 보고서의 작성과 발표 단계에 이르기까지 질적 연구의 전반적인 과정에서 발생할 수 있는 잠재적인 문제를 검토해 보아야 한다.

어떤 문제들은 기존의 윤리적 지침으로는 판단하기 힘든 모호한 성격을 가진 경우도 있다. 이런 경우 많은 연구자가 연구의 신속한 진행을 위해서 문제가 되는 윤리적 이슈를 명확하게 해결하지 않고 넘어가려고 한다. 그러나 연구자의 비윤리적 행동은 여러 가지 심각한 문제를 야기할 수 있다.

응답자나 연구환경에 대한 접근과정은 질적 연구의 시작을 위해 대단히 중요한 단계이면서, 연구자가 여러 가지 윤리적 문제에 직면하는 과정이기도 하다. 연구의 응답자들은 쉽게 상처받거나 공격당하기 쉬운 위치에 있을 수도 있으며, 연구환경이 위험하거나 연구자의 접근이 제한되어 있을 수도 있다. 모든 경우에 있어서 연구자는 정직하고 성실한 태도로 임해야 하며, 응답자를 보호해야 할 의무가 있다. 연구자는 연구의 수행에 있어서 다음과 같은 윤리적 문제를 항상 고려해야 할 것이다.

첫째, 연구자의 요청에 의해 연구에 참여하는 사람들은 연구과정 중에 언제든지 그만둘 수 있는 권리가 있다. 응답자가 도중에 그만두게 된다면 연구자 입장에서는 연구의 진행에 어려움을 겪게 될 수도 있지만, 참여를 원하지 않는 사람에게 지속적인 참여를 강요한다거나, 어쩔 수 없이 참여하도록 만드는 것은 연구에서 더 부정적인 결과를 가져올 수 있다.

둘째, 연구과정이나 보고서의 발표로 인해 응답자가 물질적, 정신적 피해를 입는 일이 발생해서는 안 된다. 예를 들면, 응답자들은 심층인터뷰 내용에 대해서 부담을 느끼거나 스트레스를 받게 될 수 있는데, 연구자는 응답자가 겪게 되는 이런 어려움에 민감하게 대처해야 하고 그들에 대한 보호를 우선적으로 생각해야 한다.

셋째, 응답자는 자신에 관한 자료가 다른 사람에게 공개되기를 바라지 않을 수도 있고, 또 응답자에 대한 자료가 공개된다면 연구보고서를 읽게 될 다른 사람에 의해 불순한 용도로 사용될 수도 있다. 따라서 연구자는 응답자의 익명성과 비밀을 보장해야 할 필요가 있다.

넷째, 응답자가 공개하기 꺼리는 내용을 공개하지 않음으로써 비밀을 보장해야 한다. 이는 응답자가 원하지 않는 자료를 보고서에 포함시키지 않는 것뿐만 아니라, 다른 사람에게도 그런 내용을 공개해서는 안 된다.

다섯째, 질적 연구자는 응답자에게 연구의 성격을 속이거나, 연구과정 중에 그들에게 미칠 수 있는 부정적 영향이나 잠재적인 위험을 숨겨서는 안 된다. 또한 응답자에게 연구결과를 제시할 때에도 중요한 내용을 속이거나 필요한 사항을 빠뜨려서도 안 된다.

주요 용어

심층인터뷰(in-depth interview)
해석학(hermeneutics)
응답자 인터뷰(respondent interview)
수렴 인터뷰(convergent interview)
청취 기법(listening skill)
탐색형 질문(probing question)
온라인 인터뷰(online interview)
현상학적 인터뷰(phenomenological interview)
현장 인터뷰(field interview)
후속 인터뷰(follow-up interview)
유발 기법(eliciting skills)
적극적 듣기(active listening)
내용분석(content analysis)

요 약

1. 심층인터뷰(in-depth interview)는 다른 사람의 이야기에 관심을 가지고, 그들의 이야기에 담겨 있는 경험과 그 경험의 의미를 이해하기 위한 질적 연구방법이다.
2. 현상학적 인터뷰(phenomenological interview)에서는 매일의 삶에서 마주치고, 직접적이고 즉각적 경험으로 주어지는 생활세계를 편견 없이 재생하고자 한다.
3. 해석학(hermenuetics)은 텍스트 해석에 관한 연구이다. 해석학의 목적은 텍스트에 대한 타당성 있고 공통적인 이해를 얻고자 하는 것이다.
4. 인터뷰의 유형에는 현장 인터뷰, 응답자 인터뷰, 후속 인터뷰, 수렴 인터뷰가 있다.
5. 인터뷰에 관한 이론에는 심리분석학적 관점, 사회심리학적 관점, 인본주의 심리학적 관점, 기호학적 분석, 신경심리학적 관점이 있다.
6. 좋은 인터뷰가 이루어지기 위해서는 유발 기법(eliciting skills), 청취 기법(listening skill), 탐색적 질문(probing question), 적극적 듣기(active listening)의 적절한 활용이 필요하다.
7. 자료 수집의 장애물에는 일반화, 생략, 왜곡, 모순의 4가지가 있다.
8. 비언어적 표현의 활용이 연구자와 응답자 간 신뢰 형성에 필요하다.
9. 내용 분석(content analysis)은 인터뷰 내용의 분석을 위한 주요한 도구이다.

10. 온라인 인터뷰는 인터넷 채팅, 메신저, 이메일 등을 통해 이루어진다.

11. 연구자는 연구의 수행에 있어서 윤리적 문제를 항상 고려해야 한다.

토의문제

본 장에서 토의된 내용을 중심으로 하여 소비자－상표 관계(참고 : Fournier, S. (1998), "Consumers and their brands: Developing relationship theory in consumer research," *Journal of consumer research*, 24(4), 343-373)를 연구하기 위한 심층인터뷰를 현상학적 관점에서 실시하라.

1. 인터뷰 과정에서 어떤 인터뷰 기법을 활용하였는지 설명하라.

2. 인터뷰를 진행하면서 피인터뷰 진행자의 비언어적 표현, 특이 사항 등을 필드노트에 기록하라.

3. 오디오 테이프, 녹취록, 필드노트에 근거하여 소비자－상표 관계를 분석하라.

참/고/문/헌

Carson, David., Audrey Gilmore, Chad Perry and Kjell Grouhaung (2001), *Qualitative Market Research*, London: Thousand Oaks, Calif.: Sage.

Chrzanowska, J. (2002), *Interviewing groups and individuals in qualitative market research,* Sage.

Cieurzo, C. and M. A. Keitel (1999), "Ethics in Qualitative Research," in M. Kopala and L. Suzuki(eds), *Using Qualitative Methods in Psychology*, Thousand Oaks, CA: Sage, pp. 63-76.

Daymon, Christine and Immy Holloway (2002), *Qualitative research methods in public relations and marketing communications*, London: Routledge.

Dick, B. (1990), *Convergent Interviewing*, Interchange, Brisbane.

Holstein, J. A. and J. F. Gubrium (1997), "Active interviewing," in D. Silverman(ed.), *Qualitative Research: Theory, Method and Practice*, London: Sage, pp. 113-119.

Kvale, S. (1997), *Interviews: An introduction to qualitative research interviewing*, Sage.

Lindlof, T. R. (1995), *Qualitative communication research methods*, Thousand Oaks, CA: Sage.

Mann, C. and F. Stewart (2000), *Internet Communication and Qualitative Research: A Handbook for Researching Online*, London: Thousand Oaks, Calif.: Sage.

Marshall, Catherine and G. B. Rossman (1999), *Designing qualitative research*(3rd ed.), Thousand Oaks, Calif.: Sage.

Miles, M. B. and A. M. Huberman (1994), *Qualitative Data Analysis*, 2nd ed., Thousand Oaks, CA: Sage.

Neuman, W. L. (1994), *Social Research Methods: Qualitative and Quantitative Approaches*, Allyn and Bacon, Boston.

Patton, M. Q. (1989), *Qualitative evaluation methods*, Beverly Hills, CA: Sage.

Riessman, C. K. (1993), *Narrative analysis*, Newbury Park, CA: Sage.

Sayre, Shay (2001), *Qualitative Methods for Marketplace Research*, Thousand Oaks, Calif.: Sage.

Schutz, A. (1967), *The phenomenology of the social world*(G. Walsh & F. Lenhert, Trans.). Chicago: Northwestern University Press.

Seidman, I. (2006), *Interviewing as Qualitative Research: A Guide for Researchers in Education and the Social Science*(3rd ed.).

Spardley, J. P. (1979), *The ethnographic interview*, Fort Worth, TX: Harcourt Brace/Janovich College Publishers.

Thompson, C. J. (1997), "Interpreting consumers: A hermeneutical framework for deriving marketing insights from the texts of consumers' consumption stories," *Journal of Marketing Research*, 34(4), pp. 438-455.

Woodward, T. (1997), "Identifying and Measuring Customer-based Brand Equity and its Elements for a Service Industry," PhD thesis, Queensland University of Technology, Brisbane, Australia.

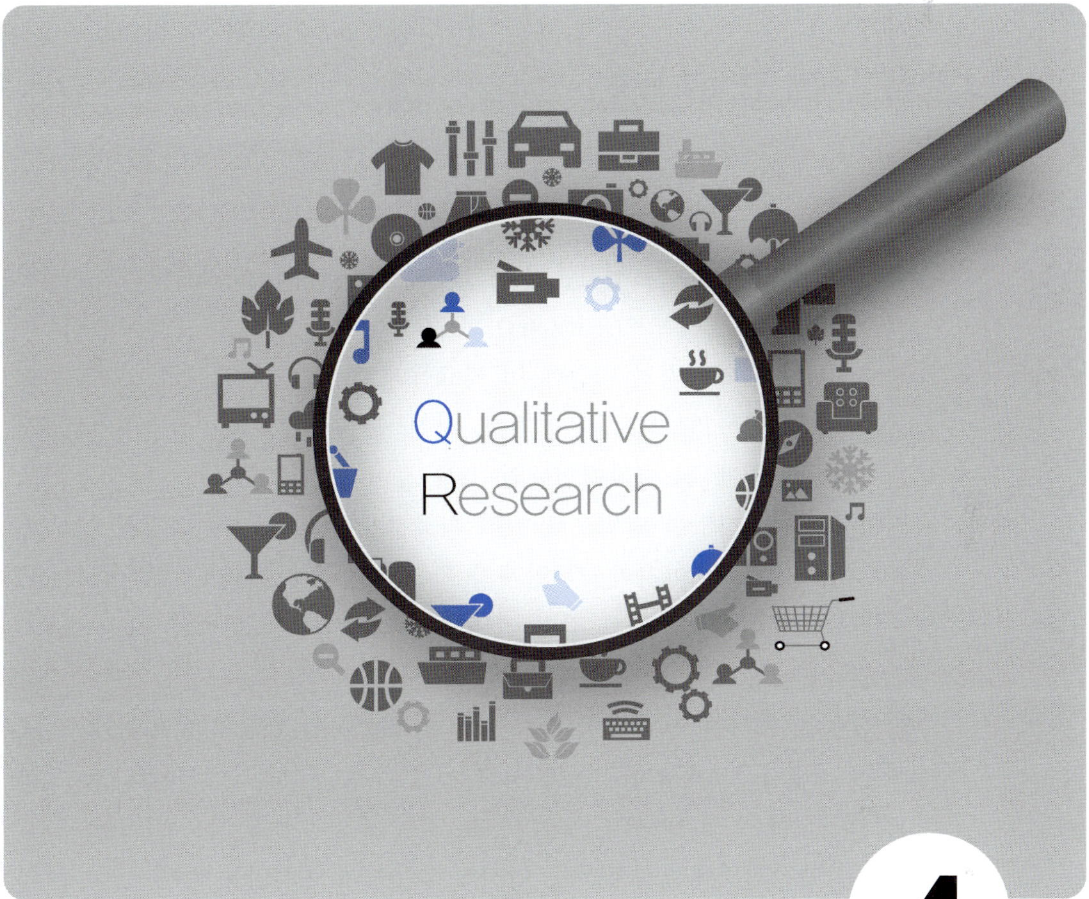

제 4 장

자료의 분석과 해석

1 질적 자료의 분석과 해석 개요

1.1 분석과 해석 단계와 내용

질적 자료의 분석과 해석은 분석대상을 확정하는 것으로 시작한다. 분석대상이 되는 질적 자료(혹은 '정성적 자료')에는 FGI(Focus Group Interview, 초점집단인터뷰 혹은 초점집단면접) 및 개별 인터뷰(interview)의 녹음기록, 녹취록, 녹화물, 필드노트(fieldnotes), 응답자가 만든 이야기, 그림, 콜라주와 응답자의 설명, 조사자가 나중에 이 자료들에 부여한 의미, 에스노그라피 조사에서 작성하는 필드노트, 관찰기록, 사진, 동영상, 그리고 클라이언트와의 접촉을 통해 얻게 된 클라이언트의 조사 등이 있다.

연구자들은 다양한 방법으로 질적 자료를 분석한다. 분석과정은 여러 단계의 활동으로 이루어지며, 각 단계의 활동이 항상 순서대로 이루어지는 것은 아니다. 분석과정은 자료 정리 및 숙지, 자료 선별 및 범주화, 자료 구조화 과정을 거친다. 이런 분석작업을 진행하면서 계속적으로 자료의 의미에 대한 해석활동을 동시에 진행한다. 자료를 분석하는 동안 떠오르는 여러 가지 생각이나 가설을 노트 형태로 적어 놓고 이를 자료 분석과정에 대입하고 그 과정에서 또 다른 생각이나 가설을 얻게 되는 순환과정이 지속된다.

자료 분석과정에서 수행하는 인지적 활동들이 해석활동에 해당한다는 점에서 분석과 해석 단계를 명시적으로 구분하기는 어렵지만, 분석과정과 병행하거나 분석과정이 완료된 이후에는 해석이 중심이 된다. 질적 자료의 해석은 자료 보기 및 의미 첨가, 자료 기술 및 설명, 이론화 및 적용의 단계로 구분할 수 있으나, 분석과정보다 세분화와 구분이 어려운 순환적 활동이다. 자료 보기와 의미 첨가는 분석을 수행하는 과정에서 이루어지는 인지적, 해석적 활동이고, 자료 기술 및 설명은 구조화된 분석자료를 이해하여 패턴과 양상을 설명하는 것이며, 이론화 및 적용은 질적 자료의 분석결과를 이론화하고 연구결과를 적용하는 것이다. 해석의 세 가지 활동은 이들 사이의 상호작용뿐 아니라, 분석의 세 가지 활동영역과도 상호 연계가 이루어진다는 점에서 포괄적이고 종합적인 과정이다.

1.2 분석과 해석의 순환과정

위에서 살펴본 바와 같이 질적 자료의 분석과정과 해석과정은 순서대로 진행되는 것이 아니라 순환과정을 거친다. 또한 분석과정의 활동과 해석과정의 활동이 상호작용한다. 요컨대, 분석과 해석의 단계는 명확히 구분할 수 없는 상호 유기적 연계 및 통합의 과정으로 볼 수 있다.

[그림 4-1]은 질적 자료의 분석과 해석의 순환과정을 보여준다. 분석과정은 자료 정리 및 숙지, 자료 선별 및 범주화, 자료 구조화로 구성되며, 각 분석과정이 순서대로 진행되기도 하고 각 활동이 상호작용 과정을 거치며 순서를 넘나들기도 한다. 해석과정인 자료 보기 및 의미 첨가, 자료 기술 및 설명, 이론화 및 적용의 과정도 순서는 있지만 순서를 넘다들면서 상호작용한다. 분석과정과 해석과정의 모든 활동은 상호 연계하면서 병행되는 모습을 보이며, 더 나아가 분석과 해석 과정의 교집합이 존재한다. 분석과정과 해석과정의 교집합으로 표시된 부분은 최종적인 연구결과라 할 수 있는 질적 자료의 양상과 패턴, 이를 기반으로 한 주장이나 결론을 의미한다.

❙그림 4-1❙ 분석과 해석의 순환과정

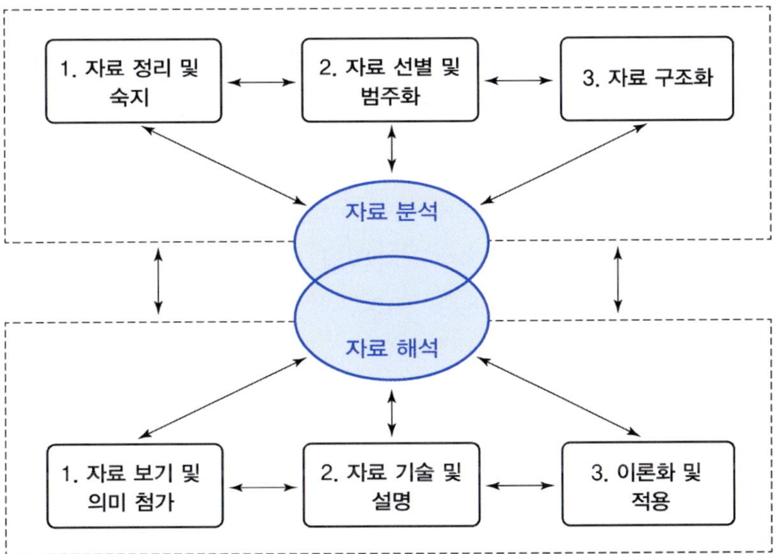

2 질적 자료의 분석

2.1 분석과정

2.1.1 자료 정리 및 숙지

자료 정리는 분석을 시작하기 전에 분석대상이 되는 질적 자료를 체계적으로 모으고(compiling) 준비하는 것을 의미한다. 현장 연구와 그 밖의 과정을 통해 축적한 자료를 모으고 정렬하여 분석을 위한 하나의 데이터베이스로 정리한다. 자료를 정리하는 방식은 사용한 질적 연구방법, 연구자의 선호와 스타일에 따라 다르다. 문서자료를 전자파일로 바꿀 수도 있고, 문서나 파일을 그룹핑하여 모을 수도 있으며, 연구자가 알아볼 수 있는 색인이나 인덱스카드로 구분할 수도 있다.

자료 숙지는 자료 정리과정에서도 일부 이루어질 수 있으며, 자료 정리가 완료된 이후 본격적으로 진행된다. 자료에 대한 숙지는 **반복방문**(revisiting)을 통해 가능한데, 반복방문은 조사자가 수집한 음성 청취, 녹취록, 관찰자 노트 등 기록물 읽기, 사진이나 영상물 시청을 반복적으로 수행함으로써 자료를 충분히 숙지하는 과정이다. 분석자는 인터뷰 내용이라는 인지적 측면뿐만 아니라 당시의 분위기를 비롯한 감정적 측면, 인터뷰 당시 자신의 경험까지도 기억해내어 어떤 자료를 중심으로 반복방문할 것인지 선택한다. 반복방문은 자신을 완전히 자료에 맡기고 자료의 내용을 전반적으로 섭렵하는 동시에 방심하지 않고 주의를 기울이는 과정이다. 어려운 과제일수록 자료를 반복적으로 읽고 보고 함으로써 단서나 통찰을 얻을 수 있다. 다만 지나치게 세부적인 부분에 치우진 나머지 전체적인 그림을 보지 못하는 '과다분석의 함정'에 빠지지 않도록 주의해야 한다.

2.1.2 자료 선별 및 범주화

자료 정리와 숙지가 어느 정도 완료되면, 자료 선별 및 범주화 작업을 진행한다. 자료 선별은 관련성이 높고 관심 있는 자료를 선정하여 추후 계속 검토하고 작업하기 쉽도록 하는 작업이다. 선별된 자료는 응답자의 명시적 반응일 수도 있고 분석자가 덧붙이거나 첨부한 의미일 수도 있다. 구체적으로는 인터뷰의 원래 형태를 그대로 유지하면서 사본에 각주를 부기하여 분석노트를 만드는 방법도 있고, 아예 자료를 분류/범주화 또는 비교/대조하여 제목을 붙이거나 분석표를 작성하는 방법도 있다.

자료 범주화는 자료를 주제와 범주별로 분류하는 작업이다. 분류 기준은 사전에 정해진 주제나 주요 질문과 같은 범주일 수도 있고, 인터뷰과정에서 응답자로부터 얻거나 분석과정에서 조사자가 이름 지은 범주일 수도 있다. 보통 범주화는 잠정적인 형태로 언제라도 변화시킬 수 있는 주제별로 묶는 작업이지만, 주제별로 사본을 가위로 조각조각 잘라서 붙이는 물리적 방법도 있다. 범주화는 응답자가 제시한 개념이나 생각을 잘 이해하고자 할 때에 유용한 방법이다.

2.1.3 자료 구조화

자료에 대한 선별과 범주화가 이루어진 후에는 자료 구조화를 위해 두 가지 작업을 수행한다. 먼저 전체 표본을 몇 개의 하위 표본으로 분류한다. 분류 기준은 조사 설계 시 사용된 연령, 성별, 지역, 상표 사용 여부가 될 수도 있고, 조사 및 분석 과정에서 드러난 응답의 차이(예 : 상표 충성도의 차이)일 수도 있다. 다음으로 하위 표본의 비교와 대조작업을 실시한다. 이때 분류된 하위 표본의 사본과 분석노트를 통해 표본 간의 공통점과 차이점을 분석한다.

자료 구조화의 또 다른 작업은 자료를 매트릭스로 정리하는 작업이다. 위의 활동으로 분류된 자료들을 표본별로 분석하여 공통점과 차이점, 특정 유형과 일반적 유형을 파악할 수 있다. 예를 들어, 글로벌 연구에서 몇 개 상품 대안에 대한 각국 소비자의 반응을 조사하기 위해서는 국가별, 상품 대안별 소비자 반응을 매트릭스 형태로 비교하면 개별적으로는 보이지 않던 유형을 파악할 수 있다.

2.2 분석방법

분석방법에는 음성 청취 및 동영상 시청, 인터뷰 사본에 주석 달기, 제목으로 범주화, 매트릭스 작성 등이 있다. 연구자는 연구의 성격, 소요시간, 분석자의 수, 분석자의 현장참여 여부, 정보 유형(구두/비 구두적 정보), 선호하는 처리방식(시각/청각/행동적)에 따라 분석방법을 선택한다. 또한 전체 또는 편집된 대화 사본, 내용분석(content analysis)의 결과물, 사진이나 그림, 음성이나 동영상 파일 등 다양한 자료 중에서 선택하여 분석할 수 있다.

2.2.1 음성 청취 및 동영상 시청

인터뷰 음성 청취나 동영상 시청에는 많은 시간이 소요되기 때문에 시간적 제약으로 인해 일부 파일은 사본으로 읽고 나머지는 듣거나 보는 방식으로 진행할 때가 있다. 그러나 현장감을 유지하기 위해서는 적어도 일정 부분만큼은 꼭 원본을 접하는 것이 필요하다.

음성 청취나 동영상 시청을 주된 방식으로 사용할 경우 단순히 자료의 내용 파악에만 그칠 것이 아니라 청취/시청과 동시에 머릿속으로는 관련성이 높고 심층적으로 분석할 필요가 있는 자료를 선별하면서 진행해야 한다. 구체적으로는 선별적 이야기 형태로 노트를 작성해 나가면서 진행할 수도 있고, 한걸음 더 나아가 자료 선별 및 범주화, 자료 구조화를 동시에 진행할 수도 있다.

조사자가 조사 목적을 염두에 두면서 분석을 진행해야 하지만, 너무 목적지향적이 되지 않도록 해야 한다. 이를 위해 자료에 대해 열린 자세로 임하여 예상하지 못한 보물과 같은 통찰력을 얻을 가능성을 배제해서는 안 된다.

2.2.2 인터뷰 사본에 주석 달기

인터뷰 사본에 **주석 달기**에는 밑줄, 하이라이트, 여백의 노트나 코멘트 외에도, 분석자들이 중요성을 나타내거나 축약을 위해서 사용하는 기호와 표식, 특정 부분에 붙인 포스트잇도 포함한다. 주석은 보통 조사과정에서의 특이 사항(예를 들어, 어떤 주제나 자극물의 도입의 발생, 관련성이 높거나 흥미 있는 반응의 유발, 반응/무반응에 대한 조사자의 소견, 후속 질문을 통해 얻게 된 응답자의 반응, 차후 보고서에 포함될 수 있는 좋은 내용, 인터뷰 중의 침묵, 어색함, 회피, 웃음 등)을 나타내기 위해 사용된다. 예를 들어, FGI의 사본 분석을 통하여 내용이 많았던 부분, 응답자의 응답이 길었던 부분, 응답자 간에 활발한 논의가 일어났던 부분, 진행자의 노력에도 불구하고 응답자의 반응이 빈약했던 부분을 구분하여 주석을 달면 자료의 해석에 참조할 수 있다.

어떤 연구자들은 주석을 단 사본을 이용하여 주제별, 하위 집단별 비교를 도식화하여 나타내고, 다른 연구자들은 사본을 반복적으로 읽음으로써 결론을 얻고 보고서를 작성한다. 어떤 연구자들은 앞에 사본을 놓고 녹음파일을 듣는 방식을 사용함으로써 편의성은 높이면서 사본에만 의존할 경우 놓칠 수 있는 목소리의 톤, 속도, 강약 등을 보완하기도 한다. 사본은 녹음파일과 비교해 융통성과 휴대성의 장점이 있고, 시간적 흐름에 따른 변화, (FGI의 경우) 집단의 영향, 아이디어의 제시 순서에 따른 반응의 차이, (주석이 부기된 사본의 경우) 분석과정의 파악이 가능하다는 장점이 있다.

사본은 원래의 인터뷰를 완벽하고 객관적으로 서술하고 있다고 생각하기 쉽지만 실제로는 분석자의 관심사와 우선순위를 반영한다. 분석자의 별도 지시가 없으면, 음성파일을 사본으로 옮기는 사람은 무엇이 중요하고 관련이 있는가 하는 것을 자기 나름대로 정하기 때문에, 목소리의 고저나 웃음 등을 제외하는 것은 물론이고, 응답자의 어떤 반응은 관련이 없는 것으로 간주하고 제외하기도 한다. 이 경우 분석자 입장에서는 중요한 내용이 제외될 수 있다는 문제가 있다. 예를 들어, 주제와 관련 없어 보이는 잡담이나 웃음 같은 응답자의 반응도, 사실은 응답자가 자신에게 민감한 사안을 회피하기 위한 것일 수도 있다는 점에서, 함부로 제외해서는 안 된다.

2.2.3 제목으로 범주화

자료를 제목으로 범주화하고 정리하는 것을 '분석 제목 방식'이라고 명명할 수 있다. 분석 제목 방식에서는 응답자의 응답과 연구자의 관찰 결과를 별지에 '제목별 노트'로서 범주화하고 정리한다. 제목은 음성 및 동영상 파일 청취/시청, 주석을 단 사본, 파일 요약본, 인터뷰 담당자의 관찰에서 끌어낸다. 이 제목들은 인터뷰를 위해 작성한 토의 지침, 현장조사를 통해 얻은 발견사항과 가설을 참고하여 선정한다. 또한 연구가 진행되어 감에 따라 제목을 계속적으로 추가하거나 변경함으로써 너무 일찍 제목이 확정되는 위험을 피할 수 있다. 그러나 여러 명의 분석자가 참여하는 연구에서 분석자 간의 의견이 일치하지 않을 수 있다. 이를 해소하기 위해 먼저 사본 일부를 읽고 제목을 도출한 후에, 각 분석자들이 개별적으로 전체 사본을 이 틀에 맞추어서 분석한 후, 어떤 차이점이 발생하면 분석자 간 협의를 통하여 조정해 나가는 과정을 밟는다.

제목을 너무 일찍 선정하여 연구결과를 이 틀에 맞추어 정리해나가면 틀에 맞춘 보고서로 전락할 위험이 있다. 특히 사본 작성 등 중간 단계의 절차 없이 테이프 등 원자료에서 바로 발표제목 선정을 하는 경우 외견상 드러나지 않는 내용들이 파묻혀버릴 수 있다. 즉, 연구자는 어느 시점에 연구의 틀을 확정해야 하는가를 신중하게 결정해야 한다. 이는 연구의 성격, 연구자의 판단과 연구자가 당면한 시간적 제약에 따라 다를 수 있는데, 너무 성급하게 진행할 경우에는 주제들 중에서 유용성이 높음에도 불구하고 좀 애매하거나 불명확한 주제들이 보고서에서 빠지게 될 가능성이 높아진다.

2.2.4 매트릭스 작성

매트릭스 작성 방식은 각 주제별로 분석 시트를 준비한 후, 각 분석 시트를 하위 표본(예 : 연령, 성별, 지역, 제품 사용 정도)별로 몇 개의 박스로 구분하고, 수집된 자료로부터 해당되는 내용을 요약하여 채운다. 매트릭스 작성 방식의 장점은 방대한 질적 자료를 틀에 맞추어 정리할 수 있고, 각 집단 간 차이도 일목요연하게 나타낼 수 있다는 것이다. 반면 여러 분석자가 자료를 분석하여 통합할 경우 중요한 정보가 제대로 주목받지 못할 수 있다. 또한 너무 기계적으로 분석이 진행되기 때문에 전후 상황을 고려하지 않거나 미세한 차이를 간과할 수 있다. 따라서 이 방식을 적용할 경우 질적 조사의 요체인 '이해'라는 목적을 어떻게 잘 살릴 수 있을지 고민해야 한다.

매트릭스 방식 적용 시 연구에 직접 관여하지 않은 제3자에게 '내용분석'을 맡기는 경우가 있다. 이 경우 연구자가 자료의 해석에 보다 집중할 수 있는 시간적 여유를 가질 수 있지만, 연구자가 현장조사에 깊이 관여하지 않은 경우 가공된 자료가 갖는 한계로 말미암아 전후 문맥이나 미세한 차이를 인지하지 못하고 결론에 도달할 수 있다.

그 외에도 인지도 작성 방식을 통해 정보를 거미줄처럼 상호 연관한 형태로 시각적으로 구성할 수 있다.

3 질적 자료의 해석

연구자는 질적 자료의 분석을 통하여 자료의 내용을 설명할 수 있다. 그러나 연구의 목적을 달성하기 위해서는 분석된 결과를 해석해야 한다. 몇 가지 단계로 세분할 수 있는 분석과정과 달리 해석은 직관적, 주관적, 자기중심적이기 때문에 단계별 세분화가 어렵다. 해석은 총체적, 종합적, 전반적인 것으로서 암호를 해독할 때처럼 자료의 의미에 혜안을 가져다 줄 수 있어야 한다.

해석과정에 대해 크게 두 가지 관점이 존재한다. 먼저 해석과정을 해석적 질문들을 반복적, 순환적으로 던지는 과정으로 보는 이들은 해석과정을 자료 보기, 의미 첨가, 이론화, 적용, 반추, 시사점 도출의 6가지로 구분한다. 자료 보기와 의미 첨가 과정이 인터뷰 및 기타 자료의 세부적 부분에 초점을 맞춘다면, 이론화와 적용 및 시사점 도출 과정은 유형, 연계, 예외적 내용 및 구조를 파악하는 데 초점을 맞춘다. 반추는 타당성을 평가하는 작업으로서 과정 전반에 걸쳐 계속적으로 수행되며 질적 연구의 품질관리 및 연구결과의 일반화와도 관련 있다. 반면 해석과정을 분석자료의 추상화와 해석으로 보는 이들은 자료의 범주화 및 구조화를 해석단계에 포함시키고, 이에 대한 기술과 설명을 중심으로 해석과정을 설명한다.

본서에서는 전술한 두 가지의 관점을 종합하여 해석과정을 자료 보기 및 의미 첨가, 자료 기술 및 설명, 이론화 및 적용으로 구분하여 살펴보기로 한다.

3.1 해석의 과정

3.1.1 자료 보기와 의미 첨가

자료 분석과 해석은 사실적, 객관적으로 이루어진다고 생각하기 쉽지만 연구자의 주관적 판단에 크게 좌우되는 작업이다. 방대한 인터뷰 자료를 앞에 놓고 '무엇에 주목하고 무엇을 간과할 것인가', '무엇을 부호화하고 어떤 부분을 제외할 것인가', '분석단위를 선호, 태도, 의도 등으로 할 것인가 감정, 양면성 등 정서적 반응으로 할 것인가'를 결정하는 것은 전적으로 연구자의 판단에 달려 있다. 이런 점에서 수집한 자료 및 분석한 자료를 검토하는 '**자료 보기**'라는 작업이 해석의 영역에 속하게 된다.

'**의미 첨가**'는 응답자 반응의 의미, 인터뷰 및 관찰 상황을 감안한 의미, 연구에서의 중요성 등에 관한 생각들을 그때그때 기록해 두는 것이다. 이런 단편적 기록은 잠정적인 것들이지만 분석과 해석을 연결 짓는 중요한 역할을 한다. 연구자는 기록을 보면서 '의미 첨가'를 위해 스스로에게 몇 가지 질문을 할 수 있는데 이 질문은 크게 내용 관련 질문, 과정 관련 질문, 내용의 타당성 관련 질문으로 나눌 수 있다.

1) 내용 관련 질문

첫째, 응답자의 관점을 내외부적으로 파악하는 것이다. 내부적으로는 응답자의 반응 내용으로부터 연구 주제에 사용할 적절한 용어, 개념 및 범주를 끌어내는 것이며 이는 연구자가 기존에 생각했던 용어와 다를 수 있다. 외부적으로는 자료가 의미하는 것을 표현하기 위한 적절한 용어를 찾고, 보다 포괄적 의미와의 연결을 생각하고, 연구와의 관련성을 평가하는 것이다.

둘째, 연구자가 애초에 가지고 있는 개념, 유형, 가설에 비추어 자료가 어떤 예에 해당하는지 검토하는 것이다. 때로는 원래의 개념적 틀과 상치되는 예가 나타날 수 있는데 이런 예를 기존의 틀로 설명할지 아니면 기존의 틀을 수정하고 보완할지 검토한다.

셋째, 세부적 반응이나 자료를 살펴보며 고차원의 추상적, 전반적 '은유'를 찾아낸다. 이 은유들은 연구결과를 정리하는 데에 유용하게 쓰일 수 있다.

2) 과정 관련 질문

첫째, 응답자의 구두 표현뿐 아니라 인터뷰 당시의 감정, 톤, 분위기를 감안하여 인터뷰가 다소 경직되고 진행이 껄끄러운 이유를 되짚어 보면서 응답자 반응의 의미를 도출해 내는 것이 필요하다. 또한 FGI가 진행되는 과정에서 나타날 수 있는 집단효과도 염두에 두고 해석해야 한다. 특히 FGI 과정상의 각 단계별로 응답자의 반응에 미치는 영향이 달라질 수 있는데, 예를 들어, 중간 단계에서는 집단 내의 권력위계 조성과 관련된 과정적 내용이 많이 기록될 수 있다.

둘째, 응답자의 무응답에 대한 해석도 필요하다. 침묵이나 회피와 같은 반응의 원인이 주제가 불편해서, 적절한 표현을 찾지 못해서, 너무나 당연해서일 수 있다. 응답자가 어떤 경우에 자극 없이도 저절로 반응하는지 또는 어떤 자극에 의해서 반응하는지 구분하여 그 차이를 해석하는 것도 필요하다. 이것은 주제의 사회적 용인 여부 때문일 수도 있으며, 주제의 중요성에 대한 응답자와 연구자 간의 관점의 차이 때문일 수도 있다.

셋째, 응답자의 의도를 파악하는 것도 필요하다. 응답자의 응답이 자신의 내면을 진솔하게 드러내는 것일 수도 있지만 인터뷰 진행자를 만족시키거나 자신의 전문성을 과시하고자 하는 동기 때문일 수 있다. 이를 제대로 파악하기 위해서는 경험도 필요하고 FGI 과정의 흐름에 대한 정보도 필요하다.

넷째, 비언어적 표현에 주의하여 해석한다. '언어적 표현과 비언어적 표현이 일치하는가? FGI 과정에서 언제 집단토의가 최고조에 이르렀는가?' 등의 질문을 염두에 두고 해석해야 한다.

3) 타당성 관련 질문

첫째, 면담자 효과 또는 집단효과를 검토하는 것이 필요하다. 소비자조사에서 응답자들은 주제에 대해 명쾌한 의견을 주는 것이 자신의 역할이라고 의식하고 행동할 수가 있다. 또한 응답자들이 연구자의 입장을 고려하여 '좋은 게 좋다'는 식의 긍정적 반응을 나타낼 수 있고 FGI의 경우 인터뷰에 참여한 다른 사람들의 존재로 인해 사회적으로 바람직한 의견을 내거나 자신의 지식이나 전문성을 과시하는 행동을 할 가능성이 있다. 연구자는 이런 면담자 효과나 집단효과를 감안하면서 해석해야 한다.

둘째, 어떤 반응을 해석할 때에 곧이곧대로 받아들이지 않고 이 주제의 평균적 반응과 비교하는 것이 필요하다. 예를 들어, 새로운 광고에 대한 반응을 조사할 때에 대상 집단의 광고에 대한 평균적 반응과 비교하여 광고 효과를 해석하는 것이 필요하다.

3.1.2 자료 기술과 설명

자료 해석은 분석이 이루어진 구조화된 자료들에 의미와 통찰력을 부여하는 활동이다. 앞서 살펴본 자료 보기와 의미 첨가가 분석단계의 활동들과 병행하여 이루어지는 반면, 자료 기술과 설명은 분석의 결과물을 토대로 특정한 패턴이나 양상을 알아내는 활동이다. 물론, 기술과 설명도 자료의 구조화 같은 분석단계의 활동과 병행하여 이루어지기도 한다.

자료 기술은 질적 연구결과를 보고하는 첫 단계이자 해석과정의 토대가 되는 부분이다. 기술은 분석과정 중 자료의 구조화 단계와 주로 연관되어 있으며, 분석방법 중 '제목으로 범주화', '매트릭스 작성'과 병행하여 수행된다. 기술은 질적 자료를 해석하면서 그곳에 어떤 일이 벌어지고 있는가, 이 현상의 형태는 무엇인가, 어떤 차이가 이런 현상을 나타내는가, 자료 간에 연결성은 없는가, 유사성과 차이점은 무엇인가 등에 대한 질문에 답하는 것이다.

자료 설명은 자료 기술에서 수행한 작업과 이해한 내용을 토대로, 추가적인 패턴이나 양상을 찾기 위해 자료와 잠정적인 설명을 오고가는 과정을 반복한다. 설명은 자료에서 저절로 드러나는 것이 아니라 연구자가 적극적으로 자료를 분석하고 해석하여 자료가 어떤 형태를 나타내고 있는지 이론화하는 과정을 수반한다. 자료의 설명을 통해 깊이 있는 통찰을 제공한다는 점에서 정량적 연구와 대비되는 질적 연구의 힘을 보여주는 부분이다.

참고로, 설명에는 명시적 설명(explicit explanation)과 암묵적 설명(implicit explanation)이 있다. 명시적 설명은 응답자가 명시적으로 제공한 내용을 기반으로 연구자가 주장하고 사례를 입증하는 것이다. 암묵적 설명은 응답자가 내용을 제공하지 않거나 응답자의 명시적 설명이 구조화된 자료를 충분히 설명하지 못할 때, 연구자가 주장하고 사례를 입증하는 방식이다. 암묵적 설명의 경우에는 두 가지의 방법을 사용할 수 있는데, 하나는 연구자가 수집하고 분석한 자료에 근거하여 추론하는 것이고, 다른 하나는 연구과정에서 개발한 범주 혹은 기존 문헌에서 사용하는 개념을 이용하여 설명하는 것이다.

3.1.3 이론화와 적용

응답자를 통해 얻은 자료를 분석하고 해석하여 연구자는 이론화하고 연구 결과를 실무에 적용하고자 한다. 해석을 통하여 얻는 내용에는 상표의 의미나 연상과 같은 일반적 사항, 라이프스타일 유형과 군집, 어떤 개념의 정의와 특징, 상표 관계, 어떤 상황을 유지/변화시키는 동태적 요인 또는 내적 논리, 어떻게 어떤 일이 일어나는가에 대한 설명, 응답자의 내적 공백이나 모순과 같은 불연속성이나 비정상, 은유와 모형, 이야기, 내적 논리에 대한 코드, 기존 가설과의 합치 또는 대치, 글로벌 시장 연구의 경우 각 문화에 대한 이해와 문화 간 비교 및 종합을 포함한다.

이론화와 적용 과정은 분석과 해석의 마지막 단계로서 연구의 전체적인 결과를 관련 분야의 이론이나 견해를 넓히거나 깊게 하는 활동이다. 이론화와 적용이 제대로 이루어지기 위해서는 연구 결과물, 기술 및 설명 과정의 주장이 어떻게 진행되고 만들어졌는지에 대한 명확한 설명과 근거가 필요하다. 질적 자료의 해석과정에서 이론화와 적용 가능성을 높이기 위해서는 분석이 체계적이고 포괄적으로 수행되어야 하고, 해석된 내용이 자료에 의해서 잘 뒷받침되어야 하며, 해석이 적절한 분석적 구조(분류, 범주화 등)를 가지고 있어야 한다.

이론화와 적용은 질적 연구의 일반화와 관련된 논의로 이어질 수 있는데, 질적 연구의 일반화는 그 가능성과 방법에 대한 다양한 논쟁이 있다. 본 장의 마지막 부분에서는 이와 관련하여 질적 소비자 연구의 품질관리를 다루고 있다.

3.2 해석을 위한 원칙과 기술

3.2.1 해석의 원칙

연구과정에서 수집하고 분석한 특정 자료를 포함하면서도 연구 전반을 이해하고 설명할 수 있는 해석이 좋은 해석이다. 따라서 단순히 특정한 자료를 해석하는 수준이 아니라 보다 고차원적이고 포괄적인 해석을 수행하는 것이 중요하다.

Yin(2015)은 질적 자료에 대한 포괄적이고 훌륭한 해석을 위한 몇 가지 원칙을 제안하였다. 첫 번째는 해석에는 시작, 중간, 끝이 명확히 있어야 한다는 완전성 원칙이고, 두 번째는 다른 사람들도 연구자와 같은 해석을 내릴 수 있어야 한다는 공정성 원칙이다. 세 번째 원칙은 해석 내용이 자료를 정확하게 표현해야 한다는 정확성 원칙이고, 네 번째 원칙은 연구 영역에서 가장 존경하는 연구자가 연구자의 해석을 어떻게 평가하고 수용하는가에 대한 신빙성 원칙이다.

전문적인 질적 연구자는 해석과정에서 위와 같은 원칙을 준수할 수 있지만 질적 연구에 익숙하지 않은 연구자는 이러한 원칙을 적용하는 것이 어렵다. 이 경우 사용할 수 있는 좋은 방법은 해당 연구를 함께 진행하는 동료나 해당 연구의 밖에 존재하는 동료들에게 1차적으로 해석한 내용을 피드백 받는 것이다. 동료를 통한 피드백을 통해 해석의 원칙을 달성할 수 있다.

좋은 해석을 위해서는 나쁜 해석을 피하는 것도 중요하다. 대표적인 나쁜 해석에는 질적 연구로 수집한 자료들을 완전히 내 것으로 만들지 않는 표면적 해석, 수집한 자료의 내용을 넘어서는 과잉해석이 있다.

3.2.2 해석의 자원과 기술

좋은 해석을 위해 연구자에게 다음과 같은 것들이 요구된다. 먼저, 연구자는 관련 분야에서의 경험, 시장 또는 연구분야에 대한 사전지식이 도움이 된다. 이때 변화하는 시장과 문화에 대응하여 항상 업데이트를 하는 것이 요구된다. 연구과정을 브레인스토밍(brainstorming)이나 대화를 통해 다른 사람과 공유하는 것도 필요하다. 연구자는 응답자와 일체가 되어 응답자의 관점을 이해하는 동시에 이 관점을 개념화하고 일반화하고 적용하기 위해서는 응답자와 거리를 두어야 한다는 점에서 두 얼굴을 가질 필요가 있다. 개인적 편견이나 가정에 얽매이지 않도록 자신을 객관화하여 내가 아닌 다른 관점에서 바라보는 것도 필요하다.

은유를 사용하는 것은 질적 자료의 해석에서 중요한 부분이다. 은유를 사용함으로써 자료가 다른 자료와 연결되며, 자료를 일반화하고 유형을 만드는 데 도움이 되며, 지엽적인 부분에서 벗어나 결과를 이론화하는 데 도움이 된다.

또한 연구자의 관점이나 초기의 가설과 같은 자신의 개념적 모형을 인식하고 이를 연구과제에 적용할 필요가 있다. 이러한 과정을 거치면서 새로운 자료가 연구자가 세운 가설을 더 이상 수정하는 데에 도움이 되지 않는 상태까지 도달할 수 있다.

4 컴퓨터를 이용한 질적 자료의 분석

4.1 질적 자료의 분석과 CAQDAS S/W

질적 자료 분석을 위한 다양한 소프트웨어가 개발되었다. 소프트웨어를 사용하여 데이터를 한곳에 통합하여 보관하고 데이터베이스를 점차 확장해 나갈 수 있다. 흔히 사용하는 프로그램에는 The Ethnograph, Nud.ist, MAX, Hyper-Research, ATLAS.ti, NVivo 등이 있다. 이 프로그램들은 처리할 수 있는 텍스트의 유형(텍스트 이외의 PDF 파일), 오디오와 비디오, 이미지 파일의 처리 가능 여부, 지원되는 포맷의 형태 등에서 차이가 있다. 컴퓨터를 활용한 질적 자료의 분석을 **CAQDAS**(Computer Assisted Qualitative Data Analysis, cactus(캑터스)로 발음)라고 하며, 위에서 살펴본 소프트웨어들을 CAQDAS S/W로 명명하기도 한다. CAQDAS S/W를 이용한 자료 분석절차는 다음과 같다.

첫째, 조직화 단계에서는 데이터를 설문항목별, 주제별로 조직한다. 둘째, 아이디어 및 개념 검토 단계에서는 빈번하게 나타나는 단어와 구절, 언어의 의미를 파악하고, 예상하지 못한 특이한 부분에 주목하며, 스토리에 주의한다. 이에 따라 아이디어와 개념들을 부호화하며 범주화한다. 셋째, 아이디어와 개념에 대해 숙고한 후 이를 보다 포괄적인 주제들로 구축해간다. 넷째, 자료 분석과 결과의 신뢰성과 타당성을 확인한다. 다섯째, 결과에 대해 설명한다.

이 과정에서 부호화는 주요한 결과물의 하나이며, 부호에는 몇 가지 유형이 있다. 첫째, 서술적 부호는 단어나 짤막한 구절을 말한다. 둘째, 과정적 부호는 동작−예를 들어 식사하는 중, 독서하는 중, 휴식하는 중 등−과 관련된 부호이다. 셋째, 잠정적 부호는 미리 정해진 부호 목록으로서 분석이 진행됨에 따라 추후 수정 가능한 부호들이다. 이외에도 감정 부호, 가치 부호, 담화 부호 등의 형태들이 있다.

일단 부호 목록들이 작성되면 구조화하는 작업이 필요하다. 분석과정에서 더 이상 새로운 부호가 나타나지 않으면 포화점에 도달한 것으로, 통상 3회 내지 5회의 인터뷰 후, 또는 20개 내지 30개의 기사를 분석한 후에 부호 구조화를 시도한다. 부호화의 과정에서 너무 많은 부호가 양산되면 부호를 보다 추상적 개념 수준으로 범주화한다. 이후에도 새로 수집된 자료에 대해 계속 부호화 과정을 거친다. 이렇게 나타난 부호를 중심으로 조사 문제에 대해 어떻게 답변이 가능한지 생각해보는 과정을 거친다.

이하에서는 질적 자료 분석을 위한 다양한 소프트웨어 중 세계적으로 많이 사용되는 NVivo를 간략히 살펴보고, 실제 NVivo를 활용한 연구를 소개하기로 한다. NVivo는 현재 버전 11이 최신이나 본서는 현재 가장 많이 사용되는 NVivo10을 중심으로 기술한다.

4.2 NVivo S/W를 이용한 질적 자료의 분석

4.2.1 NVivo S/W 개요

NVivo는 현재 전 세계의 150만 명 이상이 사용하는 대표적인 질적 자료 분석 프로그램이다. 연구결과를 기술한 문서뿐 아니라 구조가 잡히지 않은 모든 자료, 예를 들면, 오디오, 비디오, 사진, 인터넷 문서 등을 불러와 구조를 잡고 주제를 발견하는 데 도움을 준다. 본서의 소개 내용은 NVivo를 공급하는 QSR International에서 제공하는 가이드 자료를 토대로 간추린 것이며, 보다 상세한 사용법은 관련 전문서적이나 매뉴얼을 참고하기 바란다.

NVivo 사용을 위해서는 다음 용어들을 이해해야 한다.

- 소스(Sources) : 문서, PDF, 데이터 세트, 오디오, 비디오, 사진, 메모 및 프레임워크 매트릭스를 비롯한 자료
- 노드(Nodes) : 부호화를 위한 컨테이너. 관련 자료를 한곳에 모아 최근 패턴과 아이디어를 찾아볼 수 있음.
- 부호화 : 주제, 테마 또는 사례별로 자료를 수집하는 절차. 예를 들어 수질에 대한 단락을 선택하고 '수질' 노드에서 이를 부호화
- 소스 분류 : 참고문헌 데이터와 같은 소스 정보를 기록하는 데 사용
- 노드 분류 : 사람, 장소 또는 사람에 대한 인구통계 데이터와 같은 기타 사례에 대한 정보를 기록하는 데 사용

NVivo를 처음 열면 [그림 4-2]와 같은 화면이 나타난다. NVivo에서 이루어지는 질적 분석작업은 기본적으로 프로젝트 단위로 이루어져, 연구자는 프로젝트를 생성하고 관리한다.

| 그림 4-2 | NVivo 초기 화면 및 설명

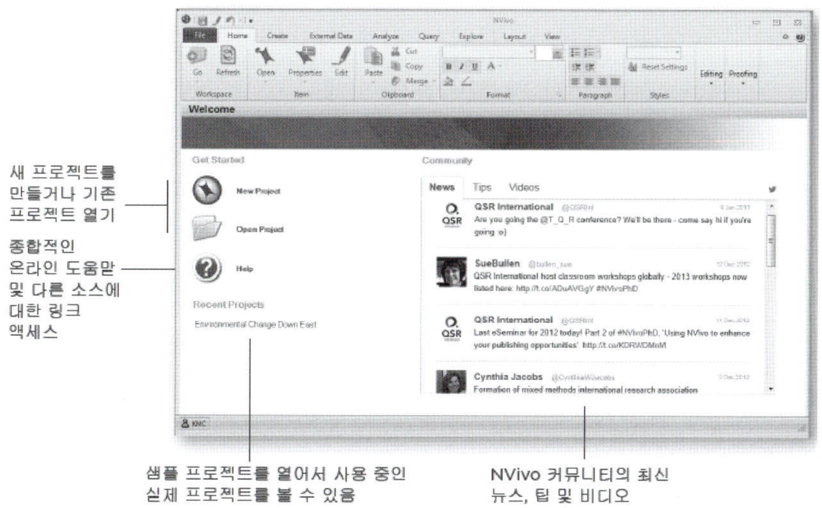

연구자가 생성하여 관리하는 프로젝트 공간에서는 [그림 4-3]과 같이 모든 프로젝트 자료들에 접근 가능하고, 필요한 작업을 수행할 수 있다.

| 그림 4-3 | NVivo 프로젝트 작업 공간

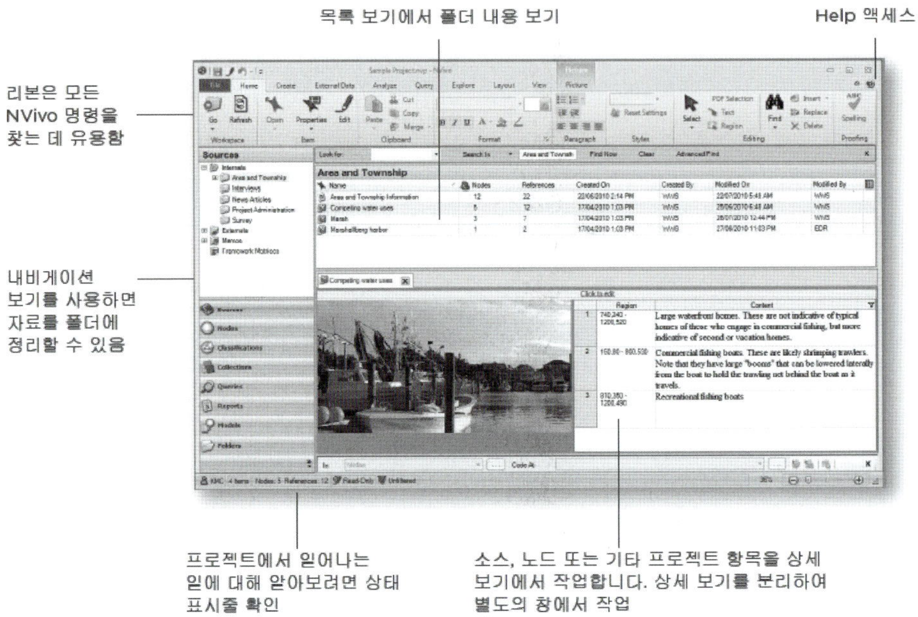

NVivo는 다양한 형식의 외부 자료를 가져와서 분석할 수 있으며, [그림 4-4]와 같은 문서 형태는 물론 서베이 응답 형태 등을 불러와 다양한 분석을 수행할 수 있다. 또한 오디오와 비디오, 사진 및 기타 이미지, 웹페이지/소셜미디어/유튜브 비디오, 모바일기기에 저장된 자료도 불러와서 분석 가능하다. 이러한 자료들에는 단락이나 텍스트를 선택하여 해당 노드에 부호화함으로써, 이후의 질적 분석을 통한 범주화 및 계층화가 가능하다.

| 그림 4-4 | Word 및 PDF 형태의 외부 문서

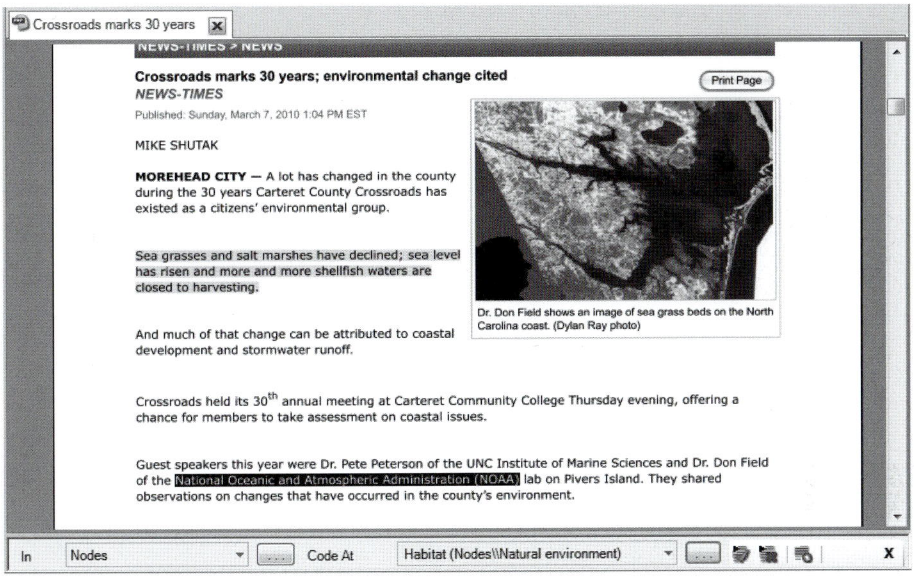
Crossroads marks 30 years

NEWS-TIMES > NEWS

Crossroads marks 30 years; environmental change cited

Print Page

NEWS-TIMES

Published: Sunday, March 7, 2010 1:04 PM EST

MIKE SHUTAK

MOREHEAD CITY — A lot has changed in the county during the 30 years Carteret County Crossroads has existed as a citizens' environmental group.

Sea grasses and salt marshes have declined; sea level has risen and more and more shellfish waters are closed to harvesting.

Dr. Don Field shows an image of sea grass beds on the North Carolina coast. (Dylan Ray photo)

And much of that change can be attributed to coastal development and stormwater runoff.

Crossroads held its 30th annual meeting at Carteret Community College Thursday evening, offering a chance for members to take assessment on coastal issues.

Guest speakers this year were Dr. Pete Peterson of the UNC Institute of Marine Sciences and Dr. Don Field of the National Oceanic and Atmospheric Administration (NOAA) lab on Pivers Island. They shared observations on changes that have occurred in the county's environment.

In Nodes ... Code At Habitat (Nodes\\Natural environment) ... X

4.2.2 NVivo 활용 사례

많은 국내외 질적 연구들이 NVivo를 활용한다. 여기서는 국내에서 진행된 소비자 대상의 질적 연구 두 가지를 소개하고, 해당 연구 내용의 일부를 발췌하여 NVivo 활용 사례로 제시하고자 한다.

박현희(2014)는 소비자가 지각하는 업사이클링 패션 제품의 지각된 가치 차원, 태도, 구매의도의 관계를 연구하면서, NVivo를 활용하여 지각된 가치 차원을 분석했다. 먼저, 대학생 20명을 대상으로 2회에 걸친 자유기술식 조사를 실시했는데, 업사이클링 패션 제품에 대한 자신의 생각과 선호도 등을 기술하게 했다. 대학생들이 기술한 자료를 NVivo를 이용하여 분석했는데, 그 구체적인 과정은 프로젝트 만들기 및 문서 통합 작업, 자료 부호화하기, 유사한 아이디어끼리 묶어나가기, 속성 정하기, 자료 검색 및 결과 보고의 순서로 수행하였다.

분석 결과, <표 4-1>에 정리된 바와 같이 업사이클링 패션 제품에 대한 소비자의 지각된 가치는 창의적 디자인 가치, 환경 가치, 희소적 가치, 감정적 가치, 자아표현적 가치, 기능적 가치의 여섯 가지 차원으로 나타났다. 각

|표 4-1| 업사이클링 패션 제품에 대한 지각된 가치 범주화 결과

Upper-level catagory	Sub-catagory	Node	Frequency mentioned(%)
Perceived value of up-cycleing fashion goods	Creative design value	Ground-breaking	72(52)
		Beyond the recycling fashion	
		Creative	
		Fresh	
		New	
		A stylish re-birth	
		Change in a positive by increasing value	
		Pursuit of upgraded value	
		Anyone can build anywhere	
		Sensitive design	
		New challenge and innovation	
		Design diversity	
		Birth of unique product	
		Highly individual	
	Environmental value	Being useful for the environment	36(26)
		Reasonable recycling	
		Be a good idea	
		Meaningful	
		Nature protection	
		Eco-friendly	
	Scarcity value	Rare	16(12)
		Unique	
		The only one in the world	
		Different	
		My own thing	
	Emotional value	Interesting	10(7)
		Attractive	
		Marvelous	
		Novel	
		Become curious	
		So surprising	
		Admiring	
	Self-expression value	Self-conscious	3(2)
		Street fashion	
		Leading new fashion and style	
	Functional value	Strong	2(1)
		Practical	

차원의 부호화 빈도는 창의적 디자인 가치 52%, 환경 가치 26%, 희소적 가치 12%, 감정적 가치 7%, 자아표현적 가치 2%, 기능적 가치가 1% 순으로 나타났다. 각 하위범주의 하부노드는 업사이클링 패션 제품의 소비가치 차원을 구체적으로 설명하고 있다. 예를 들어, 첫 번째 차원은 업사이클링 패션 제품의 디자인 참신성, 재활용을 넘어서는, 재탄생의, 획기적인 등의 하부노드를 보여주며, 이러한 내용들은 새롭고 창의적인 디자인을 나타내는 내용들이기 때문에 '창의적 디자인 가치'로 명명한 것이다. 나머지 차원들도 같은 방식으로 설명할 수 있다. 해당 연구에서는 전술한 질적 연구 결과와 관련된 선행연구를 토대로, 업사이클링 패션 제품의 지각된 가치에 대한 설문문항을 구성하여 실증연구를 추가적으로 진행했다.

이은미 외(2011)는 제휴 프로모션에 대한 소비자의 인식을 조사하고, 수집된 자료를 NVivo를 이용하여 분석하였다. 먼저, 사례연구를 통해 기존의 판촉 프로그램과 제휴 프로모션의 개념을 구분한 후, 심층인터뷰를 통해 제휴 프로모션에 대한 소비자의 인식을 조사했다. 질적 자료의 타당성과 신뢰도를 높이기 위해 최근 6개월 이내에 3회 이상 제휴 프로모션을 이용해 본 경험이 있는 10명의 소비자를 심층인터뷰 대상으로 선정했다. 심층인터뷰 시 기록요원 1명을 고정으로 배치해 전문가들이 사회자의 질문에 답하는 내용을 요약하도록 했으며, 인터뷰가 진행되는 동안 녹음기로 모든 인터뷰 내용을 녹음했으며, 녹음된 내용은 인터뷰가 끝난 즉시 텍스트로 변환하여 저장했다.

NVivo를 활용하기 위해 인터뷰 자료를 NVivo에 적합한 파일 형식으로 바꾸어 저장한 후 이를 불러들여 제휴 프로모션에 대한 인식에 해당하는 부분들을 선택하여 1단계로 157개의 노드(node)를 만들었다. 157개의 노드를 검토하여 잘못 처리한 부분과 의미가 동일하거나 상이한 부분을 수정하여 최종적으로 총 142개의 노드를 사용했다. 142개의 노드를 다시 검토하여 위계적으로 구조화한 2단계 노딩 작업을 실시했다. 즉, 본 연구에서는 처음부터 제휴 프로모션의 인식과 관련된 요인들을 구조적으로 범주화하고 위계적으로 분석하지 않았다. 귀납적 방식으로 접근하기 위해 조사대상자의 인터뷰 자료에서 시작하여 범주(category)를 생성하고 생성된 범주를 수정하면서 점차 체계적인 구조를 갖춘 개방적 코딩 방식을 선정했다.

분석 결과는 <표 4-2>에 요약되어 있는데, 소비자 인식은 4가지의 유형으로 구분되어 있다.

<표 4-2>의 분석 1(제휴 프로모션에 대한 소비자 인식)은 크게 '선호하는 제휴 프로모션의 특성', '제휴 프로모션의 기대 혜택', '제휴 프로모션의 위험요소' 측면의 총 세 가지 주요 범주로 설명될 수 있다. 이상의 세 가지 범주에서 보여지듯 제휴 프로모션에 대한 소비자들의 인식은 선호하는 제휴 프로모션의 특성과 기대 혜택과 같은 긍정적인 평가요인과 제휴 프로모션의 위험요소와 같은 부정적인 평가요인이 함께 작용한다.

소비자들이 제휴 프로모션을 선호하는 이유를 보면, 분석 2에 제시된 바와 같이 특별한 경험, 제휴 프로모션의 편리성, 제휴 프로모션의 희소성, 금전적 가치 등이 있는 것으로 나타났다. 특히, 제휴 프로모션의 특별한 경험 제공(21) 요인은 제휴 프로모션을 통해 다양한 경험과 새로운 경험을 할 수 있다는 노드로 구성되며, 금전적 가치 제공(15) 요인은 제휴 프로모션이 다양한 가격할인을 제공해주고, 그 활용범위가 넓다는 노드로 구성된다.

분석 3에는 소비자들이 인식하는 제휴 프로모션의 기대 혜택이 나타나 있는데, 제휴 프로모션과 자아추구 혜택과의 적합성, 구매제품과 프로모션 간의 보완성, 유명한 파트너 브랜드와 제휴, 다양한 프로모션 제공, 구매제품과의 관련성, 구매제품과 제휴 프로모션의 콘셉트 일치가 있다. 특히, 전체 코딩수(80)의 약 55%를 차지하는 제휴 프로모션과 자아추구 혜택과의 적합성(44)은 개인이 추구하는 목적과 일치성, 개인적으로 빈번히 사용하는 제품 또는 서비스와의 제휴, 제품에 따라 개인의 취향과의 일치성의 노드로 구성된다.

소비자가 지각하는 제휴 프로모션의 위험요소는 분석 4에 제시된 것처럼 개인정보 유출, 제휴 기업에 대한 불신, 회원가입 시 동의 없이 자동 갱신, 자격요건의 제한, 제휴 프로모션의 사용 이후 재구매 강요, 제휴 프로모션에 대한 추가비용의 지불과 같은 요인으로 구성된다.

┃표 4-2┃ 제휴 프로모션에 대한 소비자 인식 분석 결과

<table>
<tr><td rowspan="4">분석 1.
제휴 프로모션에 대한 소비자 인식</td><th>주요 범주</th><th>코딩수</th><th>빈도(%)</th></tr>
<tr><td>선호하는 제휴 프로모션의 특성</td><td>80</td><td>56</td></tr>
<tr><td>제휴 프로모션의 기대 혜택</td><td>44</td><td>31</td></tr>
<tr><td>제휴 프로모션의 위험 요소</td><td>18</td><td>13</td></tr>
<tr><td rowspan="5">분석 2.
제휴 프로모션을 선호하는 이유</td><th>주요 범주 및 코딩수</th><th colspan="2">세부 범주</th></tr>
<tr><td>특별한 경험 제공(21)</td><td colspan="2">다양한 경험 제공, 새로운 경험 제공</td></tr>
<tr><td>제휴 프로모션의 편리성(6)</td><td colspan="2"></td></tr>
<tr><td>제휴 프로모션의 희소성(2)</td><td colspan="2"></td></tr>
<tr><td>금전적 가치 제공(15)</td><td colspan="2">다양한 가격할인, 활용범위가 넓은 가격할인</td></tr>
<tr><td rowspan="7">분석 3.
제휴 프로모션의 기대 혜택</td><th>주요 범주 및 코딩수</th><th colspan="2">세부 범주</th></tr>
<tr><td>제휴 프로모션과 자아추구 혜택과의 적합성(44)</td><td colspan="2">개인이 추구하는 목적과 일치, 개인적으로 빈번히 사용하는 제품 또는 서비스와 제휴, 제품에 따라 개인의 취향과 일치하는 것</td></tr>
<tr><td>구매제품과 프로모션 간의 보완성(12)</td><td colspan="2"></td></tr>
<tr><td>유명한 파트너 브랜드와 제휴(10)</td><td colspan="2"></td></tr>
<tr><td>다양한 프로모션 제공(4)</td><td colspan="2"></td></tr>
<tr><td>구매제품과의 관련성(6)</td><td colspan="2"></td></tr>
<tr><td>구매제품과 제휴 프로모션의 콘셉트 일치(4)</td><td colspan="2"></td></tr>
<tr><td rowspan="8">분석 4.
제휴 프로모션의 위험요소</td><th>주요 범주 및 코딩수</th><th colspan="2">세부 범주</th></tr>
<tr><td>개인정보 유출(6)</td><td colspan="2"></td></tr>
<tr><td>제휴 기업에 대한 불신(2)</td><td colspan="2"></td></tr>
<tr><td>동의 없이 자동 갱신(2)</td><td colspan="2"></td></tr>
<tr><td>이용 시 부담감(2)</td><td colspan="2"></td></tr>
<tr><td>자격요건의 제한(2)</td><td colspan="2"></td></tr>
<tr><td>제휴 프로모션의 사용 이후 재구매 강요(2)</td><td colspan="2"></td></tr>
<tr><td>제휴 프로모션에 대한 추가비용의 지불(2)</td><td colspan="2"></td></tr>
</table>

5 질적 소비자 연구의 품질관리

5.1 질적 연구의 평가기준

질적 연구의 품질을 평가하는 기준에 대한 논의가 진행되어 왔다. 질적 연구에서도 신뢰도(reliability)와 타당도(validity)의 개념을 사용하여 정량적 연구에 상응하는 평가기준을 논의하는 경우도 있고, 정량적 연구와는 달리 질적 연구에 적합한 별도의 평가기준을 사용하는 경우도 있다. 질적 연구에서의 타당성을 중요시하지 않는 입장도 있고, 기존에 논의되어온 여러 가지 관점을 조합하거나 통합하려는 관점도 있다.

신뢰도와 타당도는 자연과학에서 발전하여 사회과학의 정량적 연구에 활용되고 있으며, 연구과정의 견고함과 신빙성뿐만 아니라 연구결과의 일반화 가능성도 판단하는 기준으로 사용된다. 신뢰도는 연구결과의 반복가능성을 말하는 것으로 해당 연구결과가 동일하거나 유사한 방법을 사용하는 다른 연구에서도 반복될 것인지를 의미한다. 타당도는 연구결과의 정확성과 정밀성을 말하는 것으로 측정 타당도(measurement validity), 내적 타당도(internal validity), 외적 타당도(external validity)로 구성된다. 측정 타당도란 측정하고자 하는 개념을 정확하게 측정하고 있는가를 말하고, 내적 타당도란 변수 간의 인과관계가 정확하게 지지되는가를 말하며, 외적 타당도란 연구결과가 다른 연구대상이나 상황까지 일반화될 수 있는가를 의미한다. 이러한 신뢰도와 타당도의 검증과 측정은 주로 정량적 연구에서 통계학적인 방법을 이용하여 이루어졌기 때문에, 질적 연구의 품질을 평가하는 데 그대로 도입하여 사용하는 것은 적절하지 않다.

일부 질적 연구자들은 질적 소비자 연구의 평가기준으로 신뢰도와 타당도라는 용어를 거부하고, 신뢰성(credibility), 전이가능성(transferability), 의존성(dependability) 또는 일관성(consistency), 확인가능성(confirmability) 등의 용어를 사용한다. 먼저, **신뢰성**은 정량적 연구에서 내적 타당도에 대응하는 개념으로, 질적 연구에서는 해당 연구가 연구대상에 대한 다양한 실재를 얼마나 규명하고 있는가를 판단하는 것이다. **전이가능성**은 정량적 연구에서의 외적 타당도에 대응하는 개념으로, 질적 연구에서는 해당 연구의 연구결과가 다른 연구대상이나 다른 상황에서도 재연될 수 있는 정도를 의미한다. **의존성** 또는 **일관성**은 정량적 연구의 신뢰도에 대응하는 개념으로, 질적 연구에서는 복수 조사자를 활용한 연구결과들, 시간 간격을 두고 실시한 연구결과들이 일관되게 나타나는 정도이다. 마지막으로, **확인가능성**은 객관성(objectivity)과 관련된 것으로, 질적 연구의 결과들이 자료들에 의해 잘 뒷받침되고, 분석 및 해석 과정이 논리적인지를 판단하는 것이다.

5.2절에서는 질적 연구의 품질을 관리할 수 있는 다양한 방법들을 살펴보고, 5.3절에서는 신뢰성, 전이가능성, 의존성 또는 일관성, 확인가능성이라는 질적 연구의 평가기준 4가지를 높이기 위해 각각 어떠한 품질관리 기법을 활용할 수 있는지를 논의하고자 한다.

5.2 질적 연구 품질관리 방법

질적 연구의 품질을 높이는 다양한 품질관리 방법들이 있다. 연구에 사용하는 질적 연구방법에 따라 이런 품질관리 방법을 적절히 활용하여 연구의 질적 수준을 높이는 것이 필요하다. 이하에서는 질적 연구의 품질을 높일 수 있는 방법을 연구 진행과정의 품질관리 방법과 연구결과 검증의 품질관리 방법으로 구분하여 제시하고자 한다.

5.2.1 연구 진행과정의 품질관리

(1) 연구과정에 대한 자세한 기록(audit trail and decision trail)

연구과정에서 이루어진 연구자의 의사결정과 연구과정에 대해 세밀하게 기록하는 방법이다. 모든 질적 연구는 그 연구를 토대로 다른 사람들이 연구의 타당성을 판단할 수 있도록 연구과정을 자세하게 기록해야 한다. 연구를 설계하는 가장 초기 단계부터 연구자의 모든 활동을 기록하는 것이 좋다. 따라서 이 방법은 연구자가 자신의 연구에 대한 이론적, 방법론적, 분석적 선택을 하게 되는 연구제안서의 작성단계에서부터 시작하며, 자료를 수집하면서 발생하는 녹취록, 연구자의 생각과 의견들을 정리한 메모 등을 모두 포함하여 기록한다.

(2) 두꺼운 서술(thick description)

질적 연구에서 상세하게 기술하는 것은 연구의 질을 높여준다. 이러한 서술에는 자세한 연구절차, 맥락과 참여자, 참여자들이 갖는 의미와 그들의 의도 등 모든 것이 포함된다. 이렇게 함으로써 연구결과를 읽는 독자들은 연구환경에 있는 것이 구체적으로 어떤 것인지 생생하게 경험할 수 있다. 참여자와 환경에 대한 풍부한 기술은 독자들이 해당 연구의 결과를 다른 경우에도 적용할 수 있는지 결정할 수 있도록 도움을 준다.

(3) 반영성(reflexivity)

질적 연구자는 자료 수집과 분석, 해석과 보고서 작성의 전 과정에서 자신의 역할과 선입견에 대해서 깊이 있게 고민해보아야 한다. 연구자 자신이 질적 연구의 주요 연구수단이기 때문에 연구자는 연구되는 현상의 일부라고 할 수 있으며, 따라서 연구과정 중에 경험하는 자신의 행동과 감정, 갈등 등이 연구에 어떤 영향을 미쳤는지 검토해야 한다. 또한 참여자들과의 관계에 대해서도 생각해보고, 그들의 설명이나 행동에 대한 자신의 반응도 체크해야 한다.

연구자 스스로가 자신의 연구와 참여자들과의 관계, 자신의 가정과 역할에 대해서 자기비판적인 입장에 설 수 있다면, 질적 연구의 질은 더욱 높아질 수 있다. 또한 연구자의 과거 경험이나 편견 등을 밝힘으로써 해당 연구에 영향을 미쳤을지 모를 연구자의 관점이나 가정을 독자들이 이해하도록 한다.

(4) 장시간의 현장 연구와 지속적인 관찰

장시간의 현장 연구와 지속적인 관찰은 참여자들과의 신뢰 형성과 그들의 문화에 대한 이해를 도와주며, 잘못된 정보를 발견할 수 있도록 도와준다. 즉, 연구자가 연구 현장에 오랜 시간 머물수록 참여자들과 가까워져서 보다 풍부하고 의미 있는 자료를 수집하고 그들의 문화를 깊이 이해할 수 있다.

5.2.2 연구결과 검증의 품질관리

(1) 참여자 검증(member checking)

이 과정은 수집된 자료와 분석, 해석, 결론을 연구 참여자에게 제시함으로써 그들의 입장에서 연구결과가 받아들여질 수 있는지 확인하는 과정이다. 연구자는 수집된 자료에 대한 자신의 이해를 '요약, 반복, 용어의 서술, 사실 여부 확인 등의 과정'을 통해서 참여자와 함께 검토할 수 있다. 이 과정을 통해서 수집된 자료와 해석 결과에 대한 참여자들의 피드백을 받을 수 있다. 참여자 검증의 구체적인 목적은 다음과 같다.

- 참여자들이 인터뷰 과정에서 저지른 실수를 수정할 기회 제공
- 참여자들의 현실이 연구결과에 제대로 반영되고 있는지 확인
- 수집된 자료에 대한 연구자의 이해와 해석을 평가
- 연구자의 해석에 대한 참여자들의 반응을 통해 추가 자료 수집

(2) 부정적 사례의 발굴과 대안적 설명의 제시

질적 연구자는 서로 모순되는 자료나 부정적인 사례를 확인하고 분석함으로써 연구의 질을 높일 수 있다. 즉, 연구자가 발견한 내용과 모순되거나 또는 연구자의 관점에 어긋나는 자료를 찾았을 때 그것을 간과해서는 안 되며, 그 이유를 고민해보고 대안적인 설명을 제시해야 한다. 이를 통해 연구자가 자신의 전제를 수정하고, 이론적 구조를 다시 고려해 볼 수 있다. 연구보고서에 연구자가 거쳐온 이러한 과정을 제시함으로써 연구결과에 신뢰를 더할 수 있다.

(3) 동료 연구자와의 공동 검토(peer review)

동료 연구자와 함께 자료를 다시 분석하고, 자신의 해석을 동료 연구자와 함께 검토하고 논의하는 과정이다. 다른 연구자에게 자신의 연구에 대한 검토를 의뢰함으로써 연구자가 보다 솔직해질 수 있고, 연구와 관련된 동료 연구자의 까다로운 질문에 대답하는 과정에서 해당 연구를 개선시킬 기회를 가질 수 있다. 공동 검토자는 연구자의 편견과 부적절한 주관성을 찾아낼 수도 있고, 대안적인 설명을 제시할 수도 있다. 또한 수집된 자료에서 도출되기 힘든 연구자의 해석을 지적해 줄 수도 있다. 이 방법을 활용하기 위해서는 질적 연구에 대해서 잘 이해하고 있는 동료를 선택해야 한다.

(4) 삼각측량기법(triangulation)

삼각측량기법은 많은 질적 연구자들이 사용하는 방법이다. 연구결과에 대한 확증을 위해 서로 다른 다양한 자료의 원천, 다양한 방법론, 여러 명의 연구자, 그리고 여러 가지 이론들을 활용한다. 삼각측량기법을 다음과 같은 네 가지 형태로 나누어 볼 수 있다.

- **자료 삼각측량** : 서로 다른 집단, 환경, 시간의 자료를 활용하는 방법
- **연구자 삼각측량** : 둘 이상의 전문 연구자들이 함께 참여하는 방법
- **이론적 삼각측량** : 연구자가 서로 상충되는 여러 가지 전제들을 개발, 검증하면서 여러 이론적 해석을 시도하는 방법
- **도구적 삼각측량** : 하나의 연구에서 관찰, 인터뷰, 설문지와 같은 방법들을 두 가지 이상 사용하는 방법

질적 연구의 결과가 단일한 방법에만 의존할 때는 그 결과를 확실히 하기 위해 추가적인 방법을 고려하는 것이 바람직하다. 그러나 질적 연구방법을 보완하기 위해 반드시 정량적 연구방법을 사용할 필요는 없으며, 질적 연구방법 내에서도 적절한 방법을 찾아볼 수 있다. 예를 들면, 에스노그라피 연구에서는 인터뷰 내용을 확인하기 위해 참여자들을 관찰하는 방법을 자주 사용한다. 문헌조사에서는 모든 것들을 하나 이상의 각도에서 체크할 필요가 있는데, 서로 다른 시간과 장소에서 수집하거나, 서로 다른 저자나 참여자에 의해 작성된 문서를 함께 검토해볼 수 있다. 삼각측량기법을 활용할 때 단순히 여러 방법을 함께 사용하는 것만으로 타당성이 확보되는 것은 아니다. 삼각측량은 하나의 현상을 서로 다른 방법이나 다양한 관점에서 검토할 때에만 타당성을 확보할 수 있다.

이상으로 질적 소비자 연구의 품질을 높일 수 있는 방법을 연구 진행과정과 연구결과 검증으로 구분하여 살펴보았다. 위에서 살펴본 방법들 외에 외부 감사(external audits)가 있다. 외부 감사는 해당 연구와 전혀 관계없는 외부인에게 연구에 대한 검토를 의뢰하는 것으로 외부 감사는 분석, 해석, 결론 등이 수집된 자료와 일치하는지 검토하는 역할을 한다.

질적 연구의 질을 확보하기 위해서는 위에 제시된 방법 중에서 적어도 두

세 개 정도의 방법을 적용할 필요가 있다. 연구 진행과정에서의 두꺼운 서술, 연구결과 검증에서의 삼각측량기법과 참여자의 검증 등은 비교적 손쉽고 비용도 많이 들지 않기 때문에 실제로도 자주 사용되는 방법이다.

5.3 질적 연구 평가기준과 품질관리 방법

질적 소비자 연구는 신뢰성, 전이가능성, 의존성 또는 일관성, 확인가능성의 4가지 요소에 의해 연구의 품질 수준을 평가할 수 있다고 하였다. 이하에서는 4가지 평가기준을 높이기 위해 전술한 품질관리 방법을 어떻게 활용하는지 살펴보겠다.

첫째, **신뢰성**(credibility)은 내적 타당도에 해당하지만 질적 연구에서는 연구자가 현상에 대한 다양한 실재를 잘 규명했을 때에 얻게 된다. 신뢰성을 높이기 위해 자료 수집 단계에서는 충분한 시간을 두고 지속적으로 관찰하며 다양한 소스와 방법을 활용하여 결과의 일치 정도를 확인해야 한다. 또한 자세한 연구절차, 맥락과 참여자와 환경에 대한 두꺼운 서술을 통해 독자들이 연구환경을 구체적으로 생생하게 경험할 수 있게 해야 한다. 해석 단계에서는 현장 팀 간의 잦은 접촉, 연구자 간의 결과물 일치 정도, 동료 전문가의 검증(peer review) 등을 활용할 수 있다. 또한 부정적 사례 분석법을 활용할 수 있다. 이 방법은 조사자가 기존에 설정한 가설을 반박하는 부정적 사례가 발견되었을 때에 이를 통해 연구자가 자신의 전제를 수정하고, 이론적 구조를 수정한다. 이러한 과정을 밟음으로써 연구자는 연구결과에 신뢰성을 더할 수 있다. 마지막으로, 연구 참여자에게 조사결과가 현상을 제대로 파악했는지 확인시키는 참여자 검증을 실시할 수 있다. 참여자의 피드백을 통해서 참여자들이 연구자와의 인터뷰 과정에서 저지른 실수를 수정하고, 연구자가 참여자들의 현실을 연구결과에 제대로 반영하고 있는지 확인하고, 연구자의 해석에 대한 참여자들의 반응을 통해 추가적인 자료를 수집할 수도 있다.

둘째, **전이가능성**(transferability)은 외적 타당도 및 일반화 가능성과 관련된 것으로, 전이가능성을 확인하기 위해 서로 다른 집단이나 지역, 시간을 활용하여 자료를 수집하는 자료 삼각측량기법을 사용할 수 있다. 다른 방법으로는 예외적 경우가 발생했을 경우에 어떤 경우에 이런 일들이 발생하는지 파악하고 '제한적 예외(limiting exception)'를 확정하는 것이다. 또한 현장에서 조사하는 과정에서 발견된 현상이 어떤 영역에서 추가적으로 적용가능한지 '생성적 설계(emergent design)'를 통하여 계속 탐구해 나갈 수 있다. 통상 어떤 특정 해석을 다른 상황에서 구축된 해석과 비교하는 것이다. 예를 들어, 어떤 지역의 하위집단을 조사해서 나타난 문화의 특성들이 다른 지역의 비슷한 하위집단을 조사했을 때에도 동일하게 나타나는지 비교할 수 있다.

셋째, **의존성**(dependability) 또는 **일관성**(consistency)은 복수의 조사자를 활용하여 이들 간 결과의 일치 정도가 어느 정도 높은지 확인하는 연구자 삼각측량을 실시할 수 있다. 그러나 이 경우 시간의 경과에 따른 변화를 검증할 수 없기 때문에 이 문제를 해결하기 위해 연구자가 연구 참여자를 상당한 시간(한두 주가 아닌 몇 개월 또는 1년)을 두고 재방문하여 어떤 식으로든 변화가 일어났는지 확인하는 방법으로 의존성을 검증할 수 있다.

넷째, **확인가능성**(confirmability)은 중립성 또는 객관성이라고 할 수 있으며, 질적 연구에서는 해석 결과물이 자료에 의해서 잘 뒷받침되며 논리적으로 결론에 이르는 과정이 합리적이고 실재에 대한 불편부당한 결론이라는 점을 확인해야 한다. 첫 번째 검증방법으로는 다수의 조사자 및 다양한 방법의 적용 결과의 수렴여부를 확인하는 연구자 삼각측량 및 도구적 삼각측량을 사용할 수 있다. 두 번째 방법은 조사자가 보관한 일지의 반추(reflexive journals)를 통해 자료 수집과정에서 어떤 틀의 변화, 편향이 일어났는지를 확인하거나 해석과정에 문제가 없었는지 확인하는 것이다. 세 번째 방법은 별도의 감사(auditor)를 선정하여 검증할 수 있다. 감사는 전문적 자격을 갖추고 현상에 대해서 잘 알며 다양한 학문적 배경을 갖춘 사람이 바람직하다.

주요 용어

반복방문	분류 및 범주화	주석 달기
매트릭스 작성	자료 보기	의미 첨가
CAQDAS	삼각측량기법	

요 약

1. 질적 자료의 분석과 해석 과정은 각 과정의 단계별 활동들이 상호작용하며 순환적으로 진행되고, 분석과정의 활동들과 해석과정의 활동들 사이에도 상호작용을 거치는 순환적 과정이다.

2. 질적 자료의 분석은 자료 정리 및 숙지, 자료 선별 및 범주화, 자료 구조화 단계로 구분할 수 있다. 음성 청취 및 동영상 시청, 인터뷰 사본에 주석 달기, 제목으로 범주화, 매트릭스 작성 등의 방법을 분석에 사용한다.

3. 질적 자료의 해석은 자료 보기 및 의미 첨가, 자료 기술 및 설명, 이론화 및 적용 단계로 구분할 수 있다. 해석과정에서는 연구자의 경험과 지식을 활용하거나 은유를 사용하는 것이 도움이 된다.

4. 질적 자료 분석을 위한 다양한 소프트웨어가 개발되었는데, 컴퓨터를 활용한 질적 자료의 분석을 CAQDAS(Computer Assisted Qualitative Data Analysis)라고 하며, 학계와 실무에서 폭넓게 활용되고 있다.

5. 질적 연구는 신뢰성, 전이가능성, 의존성 또는 일관성, 확인가능성의 4가지 요소에 의해 품질 수준을 평가할 수 있다. 질적 연구의 품질을 관리하는 방법은 질적 연구의 진행과정과 질적 연구의 결과 검증 관점으로 구분할 수 있으며, 신뢰성, 전이가능성, 의존성 또는 일관성, 확인가능성 같은 품질 요건을 충족시키기 위해 여러 방법들을 활용할 수 있다.

토의문제

1. 질적 자료의 분석과정인 자료 정리와 숙지, 자료 선별 및 범주화, 자료 구조화 활동이 순서대로 진행되지 않고 순환적으로 상호작용한다는 의미를 예를 들어 설명해보시오.
2. 질적 자료의 해석과정인 자료 보기와 의미 첨가 활동이 질적 자료의 분석단계의 활동들과 상호작용한다는 의미를 설명해보시오.
3. 컴퓨터를 이용한 질적 자료의 분석인 CAQDAS(Computer Assisted Qualitative Data Analysis)의 유용성과 한계를 각각 설명해보시오.
4. 양적 연구에서의 신뢰도와 타당도, 질적 연구에서의 신뢰성, 전이가능성, 의존성 또는 일관성, 확인가능성을 비교하여 설명해보시오.

참/고/문/헌

김영천 (2016), 『질적연구방법론1: Bricoleur』, 3판, 아카데미프레스.

박현희 (2015), "업사이클링 패션 제품의 지각된 가치 차원과 태도 및 구매의도의 관계: 유행혁신성의 조절효과", 『한국의류학회지』, 39(2), 257-270.

이은미, 박현희, 전중옥 (2011), "제휴 프로모션에 대한 탐색적 연구", 『한국마케팅저널』, 13(1), 27-50.

Creswell, John W. (2013), *Qualitative Inquiry & Research Design*, Thousand Oaks, Calif.: Sage Publications Inc.

Ereaut, Gill (2002), *Analysis and Interpretation in Qualitative Market Research*, Thousand Oaks, Calif.: Sage Publications Inc.

Riege, Andreas M. (2003), "Validity and reliability tests in case study research: a literature review with "hands-on" applications for each research phase," *Qualitative Market Research: An International Journal*, 6(2), 75-86.

Ritchie, Jane, Jane Lewis, Carol McNaughton Nichoils and Rachel Ormston (2013), *Qualitative Research Practice: A Guide for Social Science Students & Researchers*, Thousand Oaks, Calif.: Sage Publications Inc.

Shenton, Andrew K. (2004), "Strategies for ensuring trustworthiness in qualitative research projects," *Education for Information*, 22, 63-75

Spiggle, S. (1994), "Analysis and interpretation of qualitative data in consumer research," *Journal of Consumer Research*, 21(3), 491-503.

Yin, Robert K. (2015), *Qualitative Research from Start to Finish*, New York, NY: The Guilford Press.

https://www.qsrinternational.com

PART 3

소비자 질적 조사의 유형

제 5 장

에스노그라피(Ethnography)

도입사례

인텔(intel)의 에스노그라피 연구

인텔이 처음 에스노그라피 조사를 시작한 것은 신시장 개발을 위한 것이었다. 인텔은 주로 기업용 제품을 만들어 왔었지만, 1995년에 인텔의 경영층은 가정용 제품이 또 다른 시장을 만들 수 있을까 생각하게 되었다. 에스노그라피 조사를 실시한 결과, 가정용 수요의 잠재력이 아주 큰 것으로 나타나서 인텔은 가정용 프로세서와 플랫폼 전담 사업부를 신설하기에 이르렀다.

인텔의 에스노그라피 연구자들이 최근 관심을 갖는 분야는 하이테크 시장이 어떻게 진화할 것인가 하는 것이다. TV와 PC 기술이 융합할 것인가? 베이비부머 세대들이 나이가 들어도 현재의 PC와 TV 사용 습관이 변화하지 않을 것인가? 또는 베이비부머 세대들이 새로운 미디어의 활용을 편해할 것인가? 스마트폰이 결국에는 현재 PC가 가진 기능을 이어받을 것인가?

물론 인텔이 서베이 등을 통하여 구매 패턴을 분석할 수도 있겠지만 소비자들은 제품이나 서비스가 어떠해야 한다는 것을 세세하게 말로 나타내지 못하는 경우가 많다. 소비자들이 어떻게 생활하고 있는가 하는 것을 이해함으로써 자칫 간과할 수 있는 트렌드를 파악하고 기업의 미래 전략에 활용할 수 있다. 예를 들어, 스마트폰을 사용하는 소비자들도 태어날 때부터 스마트폰을 갖고 사용했던 신세대 젊은이들이 있는가 하면, PC를 거쳐 스마트폰을 사용하게 된 노년층도 있다. 이들의 기술에 대한 관점을 비교함으로써 하나의 소비자 집단 또는 종족의 관점을 이해하고 이를 인텔에서 일하는 다른 집단에게 전달할 수 있는 것이다.

이런 과정을 통해 에스노그라피가 인텔에서는 소중한 연구수단으로 인식되어 20명 이상의 인류학자들과 숙련된 에스노그라피 조사자들이 다양한 조사를 담당하고 있다. 이는 비단 하이테크 기업에 국한되지 않고 모든 업종에 적용되어 소비자들을 이해하고, 급속히 변화하는 시장에 적응하기 위한 중요한 조사기법으로 간주되고 있다.

(자료 : Anderson, 2009)

1 에스노그라피의 이해

1.1 에스노그라피의 등장 배경

에스노그라피(ethnography)라는 용어는 19세기의 서구 인류학자들이 문화의 맥락 안에서 행위를 이해하는 데 사용하는 연구방법에서 기원하였다. 이때의 에스노그라피는 타 문화권에 위치해 있는 지역사회나 문화에 대한 기술로서, 비 서구지역의 사회와 문화에 대한 역사적·비교적 분석인 에스놀로지(ethnology)를 보완하는 것으로 여겨졌다. 초기에는 연구자들이 직접 현장조사(fieldwork)를 하지 않고 여행자나 선교사들이 작성한 민속지적(또는 에스노그라피적, ethnographic) 이야기를 이용했다. 그러다가 점차 인류학자들이 직접 현장조사를 하기 시작함에 따라 에스놀로지라는 용어는 더 이상 사용되지 않게 되고, 대신에 현장조사를 통해 얻은 경험적 조사와 사회적 조직과 문화의 이론적·비교적 해석을 통합하는 용어로 '에스노그라피'가 쓰이기 시작했다.

이와 같은 변화의 결과, 20세기 초부터 에스노그라피적(ethnographic) 현장연구는 인류학의 중심이 되었고, 타 문화권에서 현장조사를 수행하는 것은 인류학자들이 거쳐야 할 통과의례가 되었다. 현장조사를 통해 특정 사회에 내재된 신념이나 가치, 삶의 독특한 방식을 해석하고 정리하기 위해서 연구자들은 1년 혹은 그 이상의 장기간 동안 집단의 여러 사람들과 함께 생활하며 살아간다.

1.2 에스노그라피의 정의

에스노그라피란 연구자가 비교적 장기간 동안 사람들의 생활 현장 속에 들어가 그곳에서 발생하는 일들을 관찰하고, 그들이 말하는 것을 듣고 질문함으로써 문화적 맥락 속에서 연구대상의 행위를 기술하고 설명하고자 하는 하나의 사회적 연구방법이다. 다시 말해, 에스노그라피적 접근은 특정 집단에 속한 사람들의 가치, 관습, 신념, 행동, 그리고 내면의 사고방식에 대한 이해를 통해 보다 근본적인 인사이트를 파악하고자 하는 방법으로서, 연구자가 사람들의 일상생활 속으로 들어가 가능한 한 자연스러운 상황에서 그들의 행위를 관찰 및 기술하고 해석하는 방법으로 이해할 수 있다. 에스노그라피는 집단에 대한 장기간의 관찰을 수반하게 되는데, 참여관찰 또는 집단 구성원들과의 일대일 인터뷰를 통해 이루어진다. 에스노그라피 연구의 대부분이 관찰과 인터뷰를 주로 사용하고 있고, 이 두 가지가 가장 핵심이 되는 방법론적 도구이지만, 그밖에도 자기 보고서, 구술 자료, 집단인터뷰, 문헌이나 사진 자료, 또 영상 자료 등의 다양한 도구들이 사용될 수 있다.

마케팅에서 에스노그라피 연구는 소비자의 습관, 언어, 문화를 포함하는 삶의 맥락에서, 제품이나 서비스와 관련된 소비자의 가치, 신념, 의미, 사회적 애착 등을 이해함으로써 소비자행동에 대한 근본적인 인사이트를 파악하고자 한다. 마케팅에서 사용하는 에스노그라피 조사방법들로는 점포 내 인터뷰, 일정 기간 소비자와 같이 생활하면서 행하는 관찰, 온라인 에스노그라피 등을 들 수 있다.

1.3 에스노그라피의 방법론적 원칙

에스노그라피 수행에 있어서 방법론적인 원칙을 자연주의(naturalism), 이해(understanding), 발견(discovery)의 세 가지로 살펴볼 수 있다(Genzuk, 2003). 먼저, **자연주의**란 자연스럽게 나타나는 인간의 행동을 포착하는 것으로, 이는 직접적인 접촉을 통해서만 달성할 수 있다. 자연스러운 상황에서 조사가 진행될 때 연구대상이 되는 사람들의 행동에 미치는 연구자의 영향력을 최소화할 수 있다. 현장에서 발생하는 여러 사건들은 그 맥락과의 관계를 통해서 설명되어야 한다는 측면에서도 자연주의는 에스노그라피 방법을 실행하는 데 있어서 중요한 원칙이 된다.

다음으로, 인간의 행동에 대해 효과적으로 설명하려면 그들이 토대로 하고 있는 문화적 관점에 대한 **이해**가 선행되어야 한다. 연구대상이 되는 사회가 생경한 곳이라면 분명히 이질적 문화에 대한 이해가 바탕이 되어야 하지만, 연구자에게 친숙한 사회를 조사하는 경우에도 보다 깊은 이해가 필요하다. 한 사회 내에서도 특정 집단이나 개인에 따라 세계관이 다를 수 있기 때문에 조사하기도 전에 다 알고 있다고 전제한다면 잘못 해석할 수 있는 위험이 따르기 마련이다. 따라서 적절한 시사점을 이끌어내기 전에 관찰과 해석을 통해 연구대상이 속해 있는 사회의 문화를 배울 필요가 있다.

마지막으로, 에스노그라피적 접근의 특징 중 하나는 연구과정이 가설의 검증이 아니라 귀납적이며 **발견에 기반**한다(discovery-based)는 점이다. 따라서 에스노그라피 연구의 초점은 연구가 진행됨에 따라 좁혀지고 더 분명해지며 대폭적인 변화를 맞이하기도 한다. 관찰한 것을 기술하고 설명하는 데에 이용되는 이론적 견해 역시 연구가 진행됨에 따라 발전을 거듭한다.

1.4 에스노그라피의 사용상황

에스노그라피 연구자들은 소비자들의 일상에서 이들이 제품이나 서비스를 구매하고 사용하는 모습을 관찰하고 기록하며, 어떻게 일상생활을 영위하며, 이들이 누구이고 어떤 가치관을 갖고 있는지를 보고 듣는다. 이 과정에서 모든 것이 기록된다. 제품이 독특한 방법으로 사용되는 방식, 소비자가 제품 사용시 저지르는 실수, 제품이나 서비스가 소비자들의 삶에 미치는 영향, 문화가 제품의 선택이나 소비자－제품 간 관계에 미치는 영향들이 낱낱이 다 기록된다. 예를 들어, 일반 가정에서의 생활을 관찰한다면, 아침에 일어나서 양치질을 하는 모습, 오후에 자녀들이 귀가하여 스낵을 먹는 모습, 저녁에 가족들이 자유시간을 보내는 모습, 취침 전에 여성이 스킨케어를 하는 모습 등이 기록된다. 때로는 부부가 나란히 쇼핑을 하는 곳에서나, 젊은이들이 모여서 즐기는 바에서도 관찰을 하고 있다.

그렇기에 에스노그라피는 다른 유형의 질적 조사방법보다 훨씬 시간이 많이 걸린다. 소비자의 특정 문화를 이해하고, 소비자가 제품 또는 서비스와 더불어 살아가는 모습을 탐색하며, 소비자가 제품에 대해 가지는 정서적 유대감을 조사하거나, 제품 사용 상황을 이해하기 위해 몇 시간이고 며칠이고 관찰을 해야 할 수도 있다. 이런 어려움에도 불구하고 에스노그라피 연구는 행동적 자료와 태도적 자료를 모두 제공한다는 이점이 있다. 마리암폴로스키(Mariampoloski, 2001)에 의하면 에스노그라피를 통해 다음의 연구목적을 달성할 수 있다.

먼저, 판매 접점, 식사 준비 및 서비스, 지위가 다른 사람들 간의 커뮤니케이션 등과 같은 높은 강도의 상호작용 상황을 연구하는 경우, 관찰법을 이용하면 무의식적인 수준에서 이루어지는 것까지도 포착할 수 있는 기회를 잡을 수 있다. 다음으로, 양치질 패턴, 컴퓨터 구매결정, 집안 청소 행동 등과 같은 행동적 프로세스의 정확한 분석이 필요한 경우에 유용하다. 특정 프로세스에 대한 통찰력 있는 분석을 통해, 겉으로 드러나 있지 않은 잠재되어 있는 니즈를 발견할 수 있다.

이뿐만 아니라 응답자의 기억이 정확하지 않은 상황을 다룰 때에, 관찰법은 단독으로 쓰이기도 하고 기억을 되살리는 역할을 함으로써 인터뷰를 보완하기도 한다. 그리고 자신의 실제 관행을 보이기를 꺼리는 응답자와 일을 할 때 섬세한 조사를 수행하는 데 유용하다. 예를 들어, 응답자가 당뇨병을 가지고 있다면 그는 자신의 냉장고가 달콤한 과자들로 가득 차 있다는 것을 솔직하게 말하기를 꺼려할 것이다. 에스노그라피 관찰자는 응답자와 직면하지 않고 순수관찰을 통해 응답자의 본심을 알아낼 수 있다.

1.5 에스노그라피 조사의 특징

에스노그라피는 사람들이 자신의 목소리로 말할 수 있도록 함으로써, 신뢰성이 있고 진정성이 있는 스토리를 결과물로 생산하고자 한다. 연구자는 관찰된 행동을 문화적 관점에서 해석하기 때문에 이 행동을 문화적으로 적절하고 의미 있게 해석하고자 한다. 결과 해석에 연구자의 의견이나 편견이 포함될 수밖에 없다. 이때 연구자의 편견이 통제가 됐는지에 따라 연구의 성패가 좌우된다. 연구자의 편견이 잘 통제가 됐을 경우 연구가 방향성을 가지고 진행되게 할 수 있는 긍정적 측면이 있는 반면에, 통제가 제대로 안 될 경우에는 연구의 질적 수준을 저하시킬 수도 있다. 이런 일이 일어나지 않도록 하기 위해서는 연구자는 먼저 자신이 가지고 있는 편견을 명확히 밝혀야 할 필요가 있다. 또한 다양한 자료 또는 방법을 사용하여 결과에 대한 상호 검증이 될 수 있도록 해야 한다. 그리고 현상학적 관점에서 현상에 대한 복수의 현실을 인정하며 귀납적 접근방법을 사용해야 한다.

에스노그라피는 총체적 조사이다. 문화, 하위문화, 대상에 대해 가능한 한 많은 영역을 포함하는 것이 필요하다. 에스노그라피는 정보를 에믹(emic), 즉 내부자적 관점에서 수집할 뿐만 아니라 수집된 자료를 에틱(etic), 즉 외부자적 관점에서 확인을 한다. 결론은 상황과 관련된 전형적 진술을 토대로 도출해야 하며, 비전형적인 진술이나 행동을 바탕으로 하여 결론을 도출하려고 해서는 안 된다.

에스노그라피를 실행하기 위해서 보통 현장에서 6개월 내지 2년 이상의 기간에 걸쳐 현상을 조사한다. 그러나 동일 문화권 내에서 행해지는 응용연구에서는 장기간이 아니라 하더라도 일정 기간 중에 정기적으로 몇 차례 현장조사를 실시할 수 있다.

2 에스노그라피의 실행

2.1 연구문제 규명

먼저 '연구대상이 되는 집단의 사람들이 보이는 문화적 행동을 파악하고 해석하는 것이 왜 필요한지'에 대한 연구자의 생각을 정교화하여 연구의 필요성과 목적을 확립한다. 연구문제는 연구에 있어서 모든 것에 우선하는 하나의 중심문제와 여러 개의 하위문제로 분류할 수 있다. 가장 폭넓은 문제를 명확히 하는 것이 중요하기 때문에 일단 중심문제를 명확히 하는 것이 필요하다. 하위문제들은 자료 수집을 통해 구체적으로 알고자 하는 세부적인 사항들로 구성된다. 이들은 자료가 수집되는 방식이나 연구가 진행되는 절차와 관련되는 기준에 의거하여 정해질 수도 있다. 즉, 현지인(native)과의 인터뷰를 통해서 알 수 있는 문제인지, 관찰을 통해 파악할 수 있는 문제인지에 따라 세부적인 하위문제들이 결정될 수 있는 것이다.

2.2 연구계획 수립 : 현장(site) 선정

연구문제가 결정되면 연구할 장소와 사람 또는 프로세스를 정한다. 에스노그라피 연구에서는 집단이 공유하는 가치, 신념, 가정을 개발해 온 장소의 선정이 중요하다. 또 연구자는 연구할 집단 혹은 집단을 대표하는 개인들을 선택할 필요가 있다. 사실 연구문제를 조사하기 위한 이상적인 장소가 항상 접근 가능하지는 않다. 그럴 경우에는 연구자들은 조사의 시작에서부터 연구의 한계가 있음을 받아들이고 이를 감안해야 한다. 이상적으로는, 연구하는 장소에 맞도록 조사의 초점을 변화시키는 것이 맞지만, 이것이 어려울 때에는 연구자가 처음의 조사계획을 포기하고 새로운 연구문제를 개발해야 할 수도 있다. 이러한 과정이 연구의 재정적 지원을 위태롭게 할 수도 있지만, 경우에 따라서는 그것만이 연구자가 취할 수 있는 올바른 태도가 될 것이다. 연구계획은 충분히 유연할 필요가 있으며 연구과정에서 중요하게 부상되는 상황을 그때그때 추가하거나 대치할 수 있도록 자유로워야 한다. 예를 들어, 연구의 초점이 백화점에서 쇼핑하는 여대생을 관찰하는 것에 맞추어져 있다면 백화점은 당연히 배경에 포함되겠지만, 그 밖에 여대생에게 영향력을 행사하는 학교, 가정, 여대생이 자주 가는 사회적 장소들이 포함되어야 한다. 즉, 보다 광범위한 맥락을 고려할 수 있도록 연구계획이 유연해야 한다.

2.3 표본추출

표본추출은 먼저 대상을 선정하고, 이 선정된 대상의 어떤 사람 또는 제품을 조사할 것인가를 결정해야 한다. 구체적 표본을 선정하기 위해 어떤 소비자나 대상을 표본에 포함할 것인가 하는 관점에서 접근할 수도 있고, 어떤 소비자나 대상을 제외할 것인가 하는 관점에서 접근할 수도 있다. 통상적으로 에스노그라피 연구자들은 우선적으로 관찰할 수 있는 표본으로부터 조사를 시작하여 현장조사를 하는 과정에서 점차로 연구대상의 특정 집단에 초점을 맞추어 나간다. 또한 처음에는 대상을 조사할 수만 있다면 어떤 경우이든지 가리지 않고 시작하는 비공식 조사로부터 출발하는데 흔히 판단 표본추출법(judgmental sampling)이 사용된다.

그러나 연구자가 어느 정도 연구대상에 대해 잘 알고 있는 경우라면 보다 체계적인 무작위 표본추출 방법을 사용하는 경우도 있다. 하지만 제대로 현상을 파악하지도 못한 상태에서 무작위 표본추출을 통해 연구의 초점을 너무 좁혀서 조사함으로 말미암아, 수집된 표본의 신뢰성은 높지만 타당성은 낮은 표본이 될 위험성이 있다. 이와 같은 위험요인 때문에 에스노그라피 연구에서 무작위 표본을 추출하는 것은 극히 드문 일이다. 그러나 적절한 통제가 이루어진다면 에스노그라피 연구에서의 표본추출도 연구 현상을 보다 광범위하게 연구할 수 있을 것이다.

에스노그라피 연구에서 가급적 다양하고 광범위한 현상을 포함하기 위해 다음과 같은 지침이 도움이 될 수 있다. 첫째, 표나 지도를 사용하여 조사된 표본의 인구통계적, 지리적 분포를 파악한다. 예를 들어, 연구자는 상당히 포괄적인 표본을 조사했다고 생각하지만, 표본을 세부적으로 성별, 소득수준별, 연령별, 직업별, 인터뷰 유형별, 사용언어별로 분류해보면, 실제로는 연령에 있어서 50대 및 60대만 조사한 것일 수 있다. 둘째, 어떤 사람들을 접촉했으며 얼마나 광범위하게 또는 제한적으로 접촉했는지를 파악하기 위하여 응답자 분포를 트리(contact tree) 형태로 도식화하여 보는 것도 도움이 된다. 셋째, 응답자 중 셋 이상이 어떤 현상에 대해서 일치된 견해를 보이면 이 현상을 좀 다르게 보는 다른 집단으로 옮겨가서 조사해야 하는 단계가 되었다고 볼 수 있다. 넷째, 일치된 의견이 나타난 경우뿐만 아니라 불일치가 일어난 경우들에 대하여도 탐색하는 것이 필요하다.

2.4 표본 접근(entrée)

어떤 집단을 연구하려고 할 때 그 집단의 구성원의 안내를 받아서 집단에 진입할 수 있다면 무엇보다도 바람직한 일이 될 것이다. 흔히 이들은 **게이트키퍼**(gatekeeper), 즉 **문지기**로 불리어진다. 아무 연고도 없이 무작정 어떤 집단을 조사하려 할 경우 집단에 속한 사람들은 연구나 연구자에 대해 어떤 관심도 보이지 않을 것이다. 따라서 집단과의 유대관계가 끈끈하고 신뢰할 수 있는 사람을 통하여 집단에 접근하였을 경우 그만큼 집단 내의 활동이 자유롭게 이루어져서 결과적으로 양질의 데이터를 수집할 확률이 높아진다. 이러한 협력자로서의 게이트키퍼는 집단에서 신뢰성이 높은 회장, 학교장, 기업의 임원, 교사일 수도 있고, 그냥 단지 한 구성원일 수도 있으며, 혹은 지인이나 동료일 수도 있다. 집단이 문지기에게 가지고 있는 신뢰가 연구의 시작 시점에서 연구자에 대한 신뢰에까지 확장되기 때문에 문지기와 그 집단 간의 유대가 강할수록 좋다. 통상 문지기들은 연구자에게 연구에 대한 일반적 정보를 요구할 수도 있다. 예를 들어, 연구자가 왜 이 장소를 선택하였는지, 연구기간, 참여자에게 요구되는 시간과 자원, 결과물의 보고형태, 연구자가 얻고자 하는 것 등을 문의할 수 있으며, 연구자는 문지기의 이러한 질문들에 대하여 사전에 준비를 하는 것이 필요할 것이다.

일단 연구자가 적절한 사람에 의해 소개되었을 때는 후광효과를 기대할 수 있다. 더욱이 강력한 추천이 있을 때에는 현장 연구자가 그 커뮤니티에서 일할 수 있는 역량이 강화되고 따라서 자료의 질도 향상된다. 그러나 집단에의 진입이 조직 내의 권력자를 매개로 하여 이루어질 경우 집단 내의 사람들로 하여금 오히려 연구자에 대한 경계심을 불러일으킬 수 있다. 따라서 연구자가 권력자의 첩자가 아니라는 것을 인식시켜 주어야 할 수도 있다. 또한 커뮤니티에서 강력한 구성원을 선택하는 것도 필요하지만, 연구자가 현장에서 독립적인 입지를 확고히 하는 것 역시 매우 중요하다. 예측할 수 없는 일들(예 : 특정 구성원과의 오해, 문지기의 상황 등)이 계기가 되어 커뮤니케이션 경로에 이변이 발생할 수 있기 때문이다. 따라서 집단에의 접근과 진입이 이루어진 후에는 자신만의 입지를 지켜나가는 것이 중요한 과제 중 하나이다. 때때로 연구자는 부득이하게 다른 도움이 없이 집단과 접촉해야 할 경우가 있는데, 이때에는 그만큼 집단의 신뢰를 얻기 위해 더 큰 노력을 기울일 수밖에 다른 도리가 없다.

2.5 자료 수집 : 관찰, 인터뷰(interview)

에스노그라피는 관찰, 인터뷰, 문서, 인공물 등 다양한 정보원을 통해 행동에 대한 기술을 수집한다. 이 중에서도 가장 대중적인 자료 수집 형태는 관찰과 인터뷰다.

2.5.1 관찰

관찰기법은 크게 순수관찰(pure observation)과 참여관찰(participant observation)로 구분할 수 있다. 먼저, **순수관찰**은 관찰대상과의 직접적인 접촉이나 상호작용이 없다. 참여 없는 관찰만으로 충분한 경우는 매우 드물지만 연구문제의 특성이나 자료 수집의 절차상 이 방법만으로도 적절한 경우가 있다. 어떤 장소는 관찰되고 있다는 것을 알아채지 못할 정도로 매우 조심성 있게 관찰해야 하고, 또 어떤 경우는 연구자가 앉아 있도록 허용은 되지만 그 상황에 전혀 끼어들지 않고 매우 수동적으로 관찰해야 한다. 예를 들어, 어떤 집단의 역동성을 관찰하려면 이들의 상호 과정에 적극적인 역할을 담당하는 것을 되도록 자제하는 것이 일반적으로 더 나을 수 있다. 또한 특정 행동의 순수한 프로세스를 관찰하려면 참여를 시도하는 것보다는 방해받지 않은 있는 그대로를 관찰하는 것이 효과적이다. 다양한 기기들을 이용하여 기록한 시각적인 순수관찰 자료는 이후의 참여관찰과 인터뷰에 유용한 보조적인 역할을 할 수 있다. 단, 이러한 방법을 사용할 때에는 관찰한 대상에 대한 가치 판단이나 어떤 결론을 이끌어내기보다는 대상에 대한 관찰 가능한 사실적인 측면을 보고하는 것이 바람직하다.

다음으로, **참여관찰**은 대부분의 에스노그라피 연구를 특징짓는 현장조사에 있어서 필수적 방법이다. 참여관찰에서는 연구자가 어느 정도 거리를 유지하면서 동시에 연구대상이 되는 사람들의 생활에 참여하는 이중적 역할, 즉 이방인이면서 친구여야 한다. 참여관찰은 문화 속으로 빠져드는 것이다. 연구자가 현지인들의 눈에 거슬리지 않고 자신들과 동등한 구성원처럼 편안하게 느껴지게 하려면, 현지의 문화를 받아들이고 그것에 적응하는 능력과 최대한의 언어적 능력이 요구된다. 따라서 타 문화권을 이해하기 위해 언어를 습득해야 하고 시간의 경과에 따른 행동 유형을 파악하는 경우라면, 관찰 기간은 6개월 내지 1년 이상 정도가 바람직하다. 동일한 문화권 내의 경우는 이미 언어나 관습이 익숙하기 때문에 훨씬 적은 시간이 걸릴 것이다.

관찰에 있어서 가장 중요한 것은 연구자가 자신이 속한 기존의 문화적 경험에 얽매이지 않고 느낌이나 사고의 범위를 최대한 열어두어야 한다는 것이다. 연구자는 관찰한 것들을 기록하는 필드노트(fieldnotes)를 만드는 것이 도

[참고] 관찰 자료 기록방법

녹음기, 사진, 비디오테이프 등을 사용할 수 있으나, 주된 기록방법은 필드노트이다. 현장에서 조사를 진행하는 시점이나 그 직후에 작성하게 되며, 녹음기 등 시청각 기기를 사용하는 경우라도 비언어적 커뮤니케이션 등 관찰자가 기록할 사항들이 있기 마련이다. 노트를 작성할 경우 사실 그 자체를 기록하는 것이 중심이 되겠지만, 관찰자의 상황에 대한 설명이나 나름대로의 생각을 별도의 항목으로 덧붙일 수 있다. 구체적 항목으로는 물리적 공간과 시간, 피관찰대상, 전반적 행동과 각각의 세부적 행동, 이 행동이 지향하는 목표, 관찰 시점에 존재한 다른 물건들, 감정들을 기록하게 된다. 이 단계에서는 단지 모든 관찰되는 것들에 대한 자세한 서술만 하게 되며 요약, 일반화, 가설설정은 하지 않는다.

데이터 기록의 일반적 원칙으로서는 다음과 같은 것들이 있다(Neuman, 2014). 첫째, 가능한 한 신속하게 노트를 작성한다. 둘째, 피관찰자가 사용하는 용어나 상용구의 빈도를 기록한다. 셋째, 사건의 순서와 기간을 기록한다. 넷째, 어떤 것도 무의미한 것으로 간주하지 말고 아주 사소한 것까지 빼지 않고 다 기록한다. 다섯째, 관찰지점의 지도나 도표를 작성한다. 여섯째, 평가나 판단, 요약은 유보하고 서술에 충실 한다. 일곱째, 자신의 생각이나 감정은 별도의 항목으로 기록한다. 여덟째, 백업 카피를 준비한다.

움이 된다. 현장에서 발생하는 특별한 사건이나 활동들, 구성원들 간의 혹은 연구자와 그들과의 대화, 물리적 환경, 연구자 자신의 경험과 반응 등을 상세히 묘사해야 한다.

2.5.2 인터뷰(interview)

가장 일반적인 에스노그라피 인터뷰는 선택형 응답이 미리 만들어지지 않은 개방형 질문으로 구성된다. 연구자는 인터뷰를 하는 과정에서 드러나는 새로운 관점, 가치관, 정보에 마음 문을 열어놓아야 하며, 연구자 자신의 선입관을 최소화시켜 나가는 노력을 해야 할 필요가 있다. 따라서 에스노그라피 연구문제의 특성상, 자료 수집을 가장 유연하게 해줄 수 있는 질문이 개방형 질문이며 미리 계획된 질문을 차례로 해나가기보다는 틀을 정해놓지 않고 대답을 들어가면서 적절한 시점에 질문을 던지는 것이 바람직하다.

스프래들리(Spradley, 1979)는 에스노그라피 인터뷰를 (1) 정보제공자 선정, (2) 인터뷰, (3) 기록, (4) 기술적 질문, (5) 에스노그라피 인터뷰 분석, (6) 영역 분석, (7) 구조적 질문, (8) 분류 분석, (9) 비교 질문, (10) 구성요소 분석, (11) 문화적 주제 발견, (12) 에스노그라피 작성의 12단계로 설명하였으며, 이 과정은 다시 (1) 정보제공자 선정, (2) 기술적 질문, (3) 구조적 질문, (4) 비교 질문, (5) 문화적 주제 발견, (6) 에스노그라피 기술의 6단계로 축약할 수 있다. 이하에서 각 단계에 대해 서술한 후 이 과정에 입각하여 에스노그라피 인터뷰를 수행한 한 연구를 살펴보도록 하겠다.

(1) **정보제공자 선정** : 인터뷰 진행자와 정보제공자(즉, 인터뷰 대상자)는 일정한 선정기준에 따라 선정해야 한다. 일반적으로 정보제공자는 연구주제와 관련된 문화에 익숙하며 어느 정도 그 문화에 관여되어야 한다. 또한 자신의 문화권에서 그곳의 삶의 방식으로 살아가고 있는 사람으로서 연구대상인 문화 자체에 관심을 지니고 있으나 그것에 학술적인 의미를 부여하지 않는 사람이어야 한다. 인터뷰를 위한 충분한 시간을 낼 수 있어야 하며, 되도록 비분석적인 성향을 지닌 사람이 좋다. 인터뷰 진행자는 연구목적을 모르고 있어야 하며, 연구대상이 되는 문화적 상황에 친숙하지 않는 것이 효과적이다. 연구내용이나 목적을 알게 되면 무의식적으로 연구자의 가설을 검증하는 방향으로 질문하게 되기 때문이다.

(2) **관계구축과 기술적 질문** : 기술적 질문이란 정보제공자가 하나의 현상에 대하여 자신의 관점을 설명하도록 유도하는 질문이다. 인터뷰를 시작하면서 가장 중요한 원칙 중의 하나는 정보제공자로 하여금 말을 하도록 하는 것인데, 연구주제에서 크게 벗어나지 않는 개괄적인 질문들을 함으로써 인터뷰 진행자와 인터뷰 대상자 간에 관계구축을 이루어갈 수 있다.

(3) **인터뷰 분석과 구조적 질문** : 정보제공자의 언어를 통해서 전달된 의미를 파악하는 의미분석과 함께 구조적인 질문을 실시한다. 의미분석은 정보제공자의 말이나 글의 본래 뜻뿐 아니라 행위나 현상에 담겨 있는 뜻을 파악하는 것이다. 이렇게 분석이 이루어지면, 정보제공자들이 사용했던 용어들이 어떤 의미인지 어떻게 사용되는지를 보다 구체적이고 명확하게 파악하기 위해 구조적인 질문을 한다.

(4) 비교 질문 : 인터뷰 대상자와의 의미 있는 대화를 포착하여, 특정 용어나 영역들의 차이를 설명할 수 있도록 질문한다.

(5) 문화적 주제 발견 : 문화적 주제란 특정 현상에 대한 새로운 사실을 발견하는 것을 의미하는데, 연구대상이 되는 현상을 설명할 수 있는 구성요소들을 발견하는 것이다.

(6) 에스노그라피적 기술 : 마지막으로 완성된 에스노그라피적 기술은 참여자들에게 다시 보여줌으로써 그들의 의도와 견해를 정확히 반영하고 있는가를 확인해야 한다.

사례 N세대 소비문화에 대한 문화기술적 연구

(1) 정보제공자 선정 : N세대들이 가장 많이 찾는 곳이며, 다른 지역에 비해 N세대의 자생적 문화를 갖는 곳으로, 서울의 신촌, 이대 앞, 코엑스, 강남역, 센트럴시티와 인천의 주안, 동인천, 인천롯데백화점, 종합문화예술회관, 부평신세계백화점을 연구대상 지역으로 선정하였다. 서울과 인천 각각 25명의 학생들을 정보제공자로 선정하였다.

(2) 관계구축과 기술적 질문 : 관계구축을 위해 먼저 N세대의 소비행위를 참여관찰하였다. 조사시간대는 주로 그들이 많이 모이는 오후 5시부터 밤 10시 사이와 주말에, 인터뷰는 주변의 적당한 장소에서 20분에서 1시간 정도의 길이로, 최대한 자유롭고 편안한 분위기에서 일상적이고 솔직하게 진행되었다. '왜 쇼핑을 좋아하십니까?' '얼마나 자주 쇼핑을 하십니까?' 등의 질문을 던지며 관계구축을 이루어갔으며, 현장기록과 녹음을 하였다.

(3) 인터뷰 분석과 구조적 질문 : '쇼핑을 놀이문화라고 하였는데… 구체적으로 놀이문화는 무엇을 의미합니까?' 등의 질문을 반복적으로 하면서 그들의 언어와 표현을 기록하였다. 구체적인 상품소비과정, 소비와 관련된 정보추구과정, 소비행위에 미치는 요인과 광고경험에 따른 소비행위, 의생활(패션, 유행, 브랜드), 식생활, 구매성향 등에 대한 구조화된 질문과 함께 그들이 생각하는 소비문화에 대해 자유롭게 기술하고 일부는 녹취하였다.

(4) 비교 질문 : '고급 브랜드 제품과 재래시장 제품 중 어떤 것을 선호하십니까?' 등의 질문을 통해 특정 속성들과 영역들의 차이를 설명하고자 하였다.

(5) 문화적 주제 발견 : 소비행위에 영향을 미치는 요인들로 매스미디어, 준거집단, 개인적 성향과 같은 구성요소들을 파악하였다.

(6) 에스노그라피적 기술 : 관점, 시간, 공간, 상황 등을 달리하여 자료와 분석결과를 재검토함으로써 연구의 신뢰성과 타당성을 높이고자 하였다.

(자료 : 이수범, 2004)

2.5.3 기타 기법 : 불간섭 척도(unobtrusive measure)

에스노그라피에서 수행하는 대부분의 자료 수집 방법들은 사람들 간의 상호작용을 필요로 하며, 연구자들은 관찰이나 인터뷰와 같은 자료 수집 절차가 참가자들의 행동에 미치는 영향을 최소화하고자 한다. 불간섭 측정은 직접적인 접촉에 의해서보다는 관찰대상이 남긴 흔적을 추적함으로써 이루어지기 때문에 사람들 간의 상호작용을 요하지 않고 이를 보완하는 역할을 한다. 즉, 물리적 흔적들로부터 사회적·문화적 추론을 가능하게 한다. 불간섭 척도의 종류로는 표면노출(outcropping), 현장 문서(site documents), 공간학(proxemics)과 동작학(kinesics) 등이 있다.

먼저, **표면노출**은 표면에 드러난 기반암의 부분을 가리키는 지질학적 용어로서, 눈에 띄는 물리적인 것들을 말한다. 도시의 고층 빌딩, 타버린 건물, 낙서, 길거리에서 나는 냄새, 쓰레기, 고급 승용차, 사람들의 옷차림 등이 그 예다. 예를 들어, 어떤 학교가 각종 경시대회나 운동경기에서 받은 상패들이 많다면 그 학교의 성과적 측면을 추론하는 데 도움이 된다. 하지만 이런 단서들을 이용한 추론이 항상 옳은 것은 아니다. 예를 들어, 편리함과 화려함을 겸비한 고급주택이 부(wealth)를 시사할 수도 있지만 반대로 재정적 파산에 이르는 지나친 확장을 시사하는 것일 수도 있다. 그렇기 때문에 연구자는 단서들을 보다 넓은 맥락에서 바라보고 해석해야 한다.

다음으로, **현장 문서**가 있다. 문서들은 매우 가치 있고 시간을 절약해주는 자료 중 하나이다. 학교의 수업계획, 성적기록들, 기업의 사명진술서(mission statements), 연차 보고서(annual report), 급여기록, 브로슈어, 웹사이트 등 핵심적인 문서자료는 아주 유용한 정보원이 되며 몇 년간의 일을 줄여줄 수도 있다. 현지 연구자가 위와 같은 기록들, 특히 민감한 사항에 관한 자료에 접근하기 위해서는 허가가 필요하다.

마지막으로, **공간학**은 사회적으로 정의된 사람들 간의 거리를 분석하고 인간과 문화적 공간의 관계를 연구하는 것이고, **동작학**은 몸짓 등의 신체언어를 연구하는 것이다. 학교에서 선생님과 학생 간의 물리적 거리, 판매원과 고객 간의 거리, 회의 중 탁자 주변에 앉아 있는 위치 등이 시사하는 바는 문화에 따라 다를 수 있다. 인터뷰 진행자와 인터뷰 대상자 간의 거리를 통해서도 인터뷰 진행자의 역할이나 상호 간에 느끼는 편안함의 정도 등을 파악할 수 있다. 이처럼 연구자는 물리적 공간·거리, 몸짓언어 등에 대한 관찰 및 추론을 통해서도 매우 유용한 정보를 얻을 수 있다.

2.6 분석 및 보고

수집한 자료를 분석하여 보고할 수 있도록 변형하는 과정을 월컷(Wolcott, 1994)은 서술(description), 분석(analysis), 해석(interpretation)의 세 단계로 제안하였다.

연구대상인 특정 문화집단과 그 현장에 대해 서술하는 것이 에스노그라피를 서술하는 가장 좋은 출발점이 될 수 있다. **서술**은 연대기적 순서에 따라 제시하거나, 이야기하는 사람의 관점에 따라 자연스럽게 이어지는 순서에 따라서 이루어진다. 혹은 연구자가 중요하게 생각하는 사건에 초점을 맞추어 이를 중심으로 전개할 수 있다. 서술의 목적은 현장에서 어떤 일이 발생했었는지, 현장에서 관찰자의 관점은 어떠했는지, 현장에서 있었던 특정 사건이나 활동들은 어떠했는지를 독자가 알 수 있도록 하는 것이다. 연구자는 현장에서 기록한 필드노트와 인터뷰를 읽어보면서 다듬어서 보고서에 기술할 만한 부분을 찾는다. 어떤 활동에 대해 자세하고 깊이 있게 기술할 때는 이야기 형식(narrative form)을 통해 그 활동에 대한 전반적인 그림(holistic picture)을 제시한다.

분석은 가공하지 않은 자료들을 정리하고 전체 프로세스에 대한 전반적이고 종합적인 그림을 얻는 것으로부터 시작한다. 그리고 적절한 기준에 의해 자료의 순서를 정하고, 그것들을 패턴화, 범주화한다. 이때에는 표, 차트, 다이어그램, 그림 등을 통해 결과들을 보다 체계적으로 보여주고 유형화된 규칙(patterned regularity)을 찾는 것이 핵심이 된다.

해석은 분석에 의미와 의의를 부여하고, 서술적 유형(descriptive pattern)을 설명하고 서술된 측면들 간의 관계를 찾는 과정을 포함한다. 즉, 연구자는 자료로부터 추론을 끌어내거나 기존의 이론을 이용하여 자신의 개별화된 해석의 구조를 뒷받침한다.

3 소비자조사에서 에스노그라피

3.1 홈 비지트(home visit)

소비자행동 탐색을 위한 가장 좋은 방법 중 하나가 그들의 의식주를 이해하는 것이다. 조사대상의 가정을 직접 방문해서 제품 사용 환경 및 사용자와 제품, 환경 간의 상호작용을 파악하여 라이프스타일 전반에 대한 이해의 폭을 넓힌다. 예를 들어, P&G는 직원이 소비자들과 며칠 동안 함께 생활하는 'Living it' 제도를 통해, 소비자 가정을 직접 방문하여 생활패턴을 관찰하고 쇼핑도 같이 하면서 제품에 대한 의견을 나누기도 한다. P&G가 2004년 멕시코에 출시한 섬유 유연제 다우니 싱글 린스는 이 조사방법을 이용하여 얻은 성과 중 하나다. 멕시코 소비자들의 집을 방문해 관찰한 결과, 멕시코의 저소득층 소비자들은 여러 벌의 의복을 살 만한 경제력이 없기 때문에 세탁을 중시하고, 세탁 시 물을 많이 쓰는 것에 대해 부담을 느낀다는 것을 발견했다. 이러한 조사결과를 바탕으로 여러 번 헹구지 않아도 되는 섬유 유연제를 출시하여 세탁 시 물 사용량을 3분의 2까지 줄일 수 있도록 하였고, 이 제품을 출시한 지 6개월 후 인지도가 80% 상승했고, 재구매율이 85%에 이를 만큼 시장에서 좋은 반응을 얻었다.[1)]

---

1) 김승범(2008.7.26).

인텔은 중국 시장에 가정용 PC를 출시하기에 앞서 중국 가정을 방문하여 관찰조사를 실시하였다. 중국 학부모들은 자녀들이 컴퓨터를 사용함으로써 학습에 방해를 받는다고 생각하고 있었고, 자녀 교육에 관심이 많은 학부모들이 자녀의 컴퓨터 사용을 통제하고 싶지만 어려움을 느낀다는 점을 발견하였다. 인텔은 중국 내에서 열쇠와 자물쇠가 권위를 지닌다는 점에 포착하여, 가정용 PC에 물리적 잠금장치를 장착하여 출시하였다. 이로써 부모가 자녀들의 PC 사용을 통제할 수 있다는 메시지를 전달할 수 있었다.[2)]

세계 최대의 가구 브랜드 이케아(IKEA)가 2014년 경기도 광명에 국내 첫 매장을 열었고, 개점 당시에는 방문자가 많아서 매장 안에 들어갈 수 없을 정도로 소비자의 큰 호응을 얻었다. 이케아는 해외시장에 진출할 때에 해당 국가의 시장조사를 철저하게 하여 현지화 전략을 펼친다. 중국 시장에 진출할 때에는 자사의 가구 가격이 중국에서 저렴한 가격이 아니라는 것을 알게 된 후 중국 현지에서 공급받는 비중을 높여 가격을 맞췄다. 일본 시장에 진출할 때에는 일본 사람들이 DIY 문화를 낯설어한다는 것을 발견하고 조립서비스를 도입하기도 하였다.

이케아는 국내에 매장을 세우기 위해 80여 가구를 직접 방문하는 홈 비지트 조사와 전화 설문조사를 수행하였다. 홈 비지트 조사를 통해 각 가정에서 부모와 아이의 관계 및 생활 패턴, 공간이나 인테리어 상의 불편함 등 한국의 인테리어 문화를 읽고자 노력하였다. 한국인이 가구 완제품에 익숙하다는 점을 파악하여 조립과 배송 서비스를 제공하기로 하였고, 미국이나 유럽과 비교했을 때, 주거공간이 좁으며 아파트에는 붙박이장과 같은 가구가 배치되어 있다는 것을 알고, 가구보다 소품 판매의 비중을 늘리기도 했다. 또한 수납에 대한 필요성을 많이 느낀다는 것을 발견하고, 수납공간을 보이는 수납과 보이지 않는 수납으로 나누는 아이디어를 개발하기도 하였다. 쇼룸을 만들 때에도 한국 소비자의 선호도에 맞춰 거실은 밝은 톤, 침실은 어두운 톤으로 꾸미고, 한국 소비자가 자주 사용하는 제품과 취향에 맞는 소품들을 전시했다.

---

2) 김옥남(2010).

3.2 쉐도잉 인터뷰(shadowing interview)

쉐도잉 인터뷰란 말 그대로 조사대상을 그림자처럼 따라다니며 관찰과 인터뷰를 병행하는 방식으로, **쉐도잉**(shadowing) 또는 **쉐도우 트레킹**(shadow tracking)이라고도 한다. 주로 소비자의 실외활동을 관찰하는 경우에 바람직하며 모바일 제품이나 자동차와 같은 제품의 사용 행태 및 맥락(context)를 관찰할 수 있다.

일례로, LG전자는 이슬람국가 신도들을 관찰한 결과, 이슬람문화권에서는 하루에 다섯 번 메카의 카아바(Kaaba)라는 신전을 향해 예배를 드리는 살라트(Salat)를 수행해야 한다는 것을 포착했다. 그래서 살라트 수행 시 정확하게 메카의 방향을 알려주는 기능을 핸드폰에 추가하면 이슬람교도들에게 큰 도움이 될 것이라는 아이디어를 얻게 되었다. 그리하여 방위 표시 및 나침반 소프트웨어 기능이 내장된 메카 인디케이터 폰(Mecca Indicator phone)을 판매했다. 이 휴대폰은 세계 어떤 도시에서도 메카 방향을 지시해줌과 동시에 기도시간을 알람으로 알려주는 'Azan기능'을 제공하고 있다.

맥도날드는 10세 전후의 어린이들을 타깃으로 밀크셰이크를 출시했지만 예상과 달리 성과가 나지 않아 조사에 착수했다. 밀크셰이크를 구매하러 오는 소비자를 관찰해보니, 놀랍게도 밀크셰이크 구매고객의 50% 이상이 승용차를 타고 온 성인들이었고, 주로 이른 아침에 밀크셰이크를 구매한 뒤 곧바로 매장을 떠나는 모습을 볼 수 있었다. 해당 소비자들을 대상으로 심층인터뷰를 수행한 결과, 이들은 이른 아침에 먼 길을 운전해야 했기 때문에, 졸음운전도 막고 차 안에서 간편하게 배고픔을 해결하려고 밀크셰이크를 구매한다는 사실을 발견했다. 의외의 수요를 발견한 맥도날드는 밀크셰이크를 더욱 걸쭉하게 만들어서 운전 중 차가 흔들려도 쏟아지지 않고, 시리얼과 쿠키를 추가해 아침식사 대용으로도 충분한 제품으로 발전시켰다. 그 결과 밀크셰이크는 맥도날드의 주요 메뉴로 자리 잡게 되었다.[3)]

---

3) 최민경 · 박균호(2015).

3.3 비디오 에스노그라피(video ethnography)

비디오 에스노그라피는 특정 장소에 카메라를 고정시켜 놓고 촬영하면서 소비자가 제품을 사용하는 모습을 관찰하는 방법이다. 사전 동의하에 카메라를 설치한 후 시간이 지날수록 조사대상이 촬영되고 있다는 사실에 대해 신경 쓰지 않게 되면서 그들의 습관이나 무의식적인 행동을 여과 없이 관찰할 수 있다. 예를 들어, LG 전자는 인도에서 출시할 냉장고 신제품의 아이디어를 얻기 위해 델리와 뭄바이 등 대도시의 30개 가정에 카메라를 설치, 1개월간 인도인들의 냉장고 활용 패턴을 관찰했다. 이 과정에서 인도에는 채식주의자들이 많아 육류 보관 기능보다는 야채 보관이 중요하다는 사실을 발견하고, 조사 결과를 바탕으로 야채 칸을 크게 만든 냉장고를 제작, 출시했다.[4)]

3.4 동반 쇼핑(accompanied shopping)

실제 구매가 이루어지는 과정을 관찰하는 데 유용한 기법으로, 구매 결정 시 고려 요인, 구매 시점에서의 행동, 매장 내 광고물의 영향 등 전반적인 프로세스에 대한 이해를 돕는다. 또한 소비자가 브랜드에 대해 가지는 내재된 동기나 태도, 행동을 파악하게 해준다. 예를 들어, 아모레 퍼시픽은 2007년부터 DCC(Direct Consumer Contact) 프로그램을 통해, 마케터가 고객의 집을 방문해 고객이 제품을 사용하는 모습을 비디오로 촬영하기도 하고, 쇼핑하는 고객을 따라다니며 쇼핑 패턴이나 자주 다니는 장소들을 관찰하였다. 고객과 경험을 같이 하며 구매 상황이나 사용 상황에서의 진실의 순간을 포착하고자 하였다. 2008년 출시된 마스카라의 기능, 성분, 용기 디자인, 컬러, 브러시에 대해 180여 명의 고객을 상대로 한 조사 결과를 반영하였다.[5)]

---

4) 김승범(2008.7.26).

5) 김승범(2008.7.26).

3.5 타운 와칭(town watching)

유동인구가 밀집하는 장소에서 대상들을 관찰하는 방법으로 주로 트렌드를 파악하는 데 유용하다. 어떠한 관점에서 대상을 관찰할지를 사전에 계획하고 필요에 따라 즉석에서 인터뷰를 요청하기도 한다. 상권을 분석하거나 패션 트렌드를 파악하는 등의 경우에 활용하여 관련 인사이트를 얻을 수 있다.

일례로, 스티브 잡스는 뉴욕의 매디슨 거리를 걸어 다니는 사람들을 관찰하면서 아이팟의 다양한 버전에 관한 아이디어를 얻을 수 있었다고 한다. 어떤 사람들이 걸어 다니면서 음악을 듣는지, 그런 사람들의 패션 스타일은 어떤지를 잘 관찰하면, 걸으면서 음악을 듣지 않는 사람들의 경우 그 이유는 무엇인지, 이런 사람들에게 어떤 제품을 제시하면 새로운 사용자가 될지 생각해볼 수 있다. 이런 방식으로 소비자의 행동을 관찰해보면 소비자에게 직접 질문을 하지 않고도 제품을 사용할 때 소비자가 겪는 어려움이나 부딪히는 문제를 파악할 수 있다. 고객의 행동에 대한 통찰은 애플의 제품이 직관적인 인터페이스와 쉬운 사용법으로 더 좋은 제품을 만드는 원동력이 되었다.[6)]

혼다가 북미 지역에 진출할 당시 중형 오토바이 시장을 공략했지만 실패로 돌아갔다. 어려움을 겪게 된 북미 지역 사업부 직원들은 비용절감 목적으로 자사의 50cc 소형 오토바이인 '슈퍼커브(Super Cub)'를 타고 다니며 근거리 업무를 보기 시작했는데, 이를 목격한 북미 지역 소비자들은 혼다의 소형 오토바이에 큰 관심을 보였다. 이후 혼다는 소비자들의 일상생활 속 이동 패턴을 본격적으로 관찰하기 시작했다. 북미 지역 사람들의 근거리 이동 패턴과 근거리 이동 시 대형 오토바이의 불편함 등을 관찰해 소형 오토바이에 대한 수요를 발견했고, 북미 지역을 슈퍼커브로 다시 공략하여 큰 성공을 거두었다.[7)]

---

6) 김재문(2008.12.3).

7) 최민경 · 박균호(2015).

3.6 포토 다이어리(photo diary)와 아이 트래커(eye tracker)

포토 다이어리는 응답자가 자신의 일상 속 장면들을 직접 촬영하고 기록하는 방법으로, 사용자의 전반적인 라이프스타일과 심리적 측면을 이해하는 데 도움이 된다. 일상생활에서 제품이나 서비스를 이용한 경험에 대해 소비자가 스스로 기록한 자료를 기반으로 소비자의 생활 전반에 걸친 특징들을 이해하고 니즈를 발견할 수 있다.

아이 트래커는 사람의 언어적 표현보다는 신체적 반응을 살펴보는 기법으로, 동공의 움직임과 동선을 추적하여 소비자의 반응을 계량화한다. 대상의 주의, 인지 과정을 살펴볼 수 있어, 광고 효과나 웹사이트 평가, 프로그램에 대한 사용자의 관심도, 사용자 상호작용(user interaction) 파악에 효과적이다. 예를 들어, KT는 KT플라자를 고객 밀착형 유통매장으로 바꾸기 위한 아이디어를 얻기 위해 시선추적기를 활용했다. 20~40대 남녀 18명을 대상으로 조사한 결과, 소비자들이 별다른 관심을 보이지 않는 공간이 곳곳에서 발견되었고, 고객들의 시선도 분산되고 있었다. 시선추적기 조사가 끝난 후 수행한 인터뷰에서 소비자들은 '제품이 구역별로 나눠져 있지 않아 산만하고 매장 구조가 복잡하다'는 등의 불편함을 지적했다. 이에 따라 KT는 연령대별로 제품을 배치하는 등 매장 디스플레이의 방향을 수정해 KT플라자에 적용하였다.[8)]

8) 김승범(2008.7.26).

사례 한국 젊은 세대에게 있어서 코인노래방의 의미에 관한 연구

한국의 젊은 세대, 특히 20대 대학생들에게 코인노래방은 매우 인기 있는 여가생활로 자리잡았다. 코인노래방은 한국의 대학가 주변에서 시작되어 번성하게 된 새로운 형태의 노래방 시설로서, 노래방 시스템이 갖춰진 작은 부스(booth) 안에서 한 사람이 노래를 부르도록 만들어졌고 기계에 동전을 넣고 사용한다. 일반적으로 노래를 부르는 것은 청중들 앞에서 보여주는 공연과 같은 행위로 여겨지는데, 한국의 젊은 사람들은 왜 홀로 노래를 부르는 걸까? 듣는 사람 없이 혼자 노래를 부르면서 그들은 어떤 느낌을 가질까? 이러한 음악적 행위에는 어떤 사회문화적 맥락이 포함되어 있을까?

현재 한국 청년들의 교육 수준은 최고 수준에 이르는 동시에 이들이 겪는 취업난은 최악의 수준이다. 고학력의 젊은 세대들이 유례없는 경쟁환경에서 살아남기 위해서 주변 사람들과 어울리는 사회생활을 포기하고 자신의 미래를 준비하는 것에만 집중하고 있다. 게다가 취업을 준비하는 기간이 점점 더 길어짐에 따라 경제적으로도 어려움을 겪고 있다.

본 연구는 한국의 젊은이들이 코인노래방에서 홀로 노래를 부르는 이 새로운 형태의 레저활동이 그들이 직면하고 있는 사회경제적 상황과 관련이 있을 것이라고 가정하고, 2015년 여름과 겨울에 현장조사를 실시하였다. 서울에 있는 수십여 개의 코인노래방을 방문하여 내부시설과 고객들이 이용하는 모습을 관찰하였다. 하지만 사람들이 혼자 노래 부르는 모습을 연구자가 직접 참여하여 관찰하는 것은 어렵기 때문에, 혼자 노래를 불러본 경험이 있는 20여 명의 젊은이들 — 주로 대학생 — 을 대상으로 심층인터뷰를 수행하였다. 인터뷰에서는 특히, 최근에 코인노래방을 이용하는 것뿐만 아니라 과거 10대 시절에 전통적인 노래방에서 노래 부르는 것의 의미에 대해서도 질문하였다. 더불어 연구자 스스로도 혼자 노래 부르는 것에 대한 느낌을 알기 위해서 여러 번 혼자 코인노래방 시설을 이용해보았다.

전통적인 노래방과 비교해서 코인노래방의 특징은 다음과 같다. 먼저, 과금방식이 다르다. 노래방을 이용하려면 보통 1시간에 15,000원 이상의 가격을 지불해야 하는 반면, 코인노래방은 부르는 곡의 수에 따라 가격을 지불하는데 보통 1곡당 300원, 2곡에 500원 정도이다. 둘째, 노래 부르는 공간의 크기가 다르다. 노래방은 보통 4명 이상이 들어갈 크기의 방인 반면, 코인노래방은 1명 또는 2명이 들어갈 수 있는 1평 남짓한 부스 형태이다.

코인노래방은 아직까지는 대학 캠퍼스 주변에 많이 위치해 있다. 2015년 여름, 주변에 여러 대학 캠퍼스가 있고 상업지구로 잘 알려진 신촌에 있는 한 코인노래방에 방문했다. 낮 시간이었음에도 불구하고 15개 남짓한 방들 대부분이 손님으로 차 있었고, 대부분 대학생들이 혼자 노래를 부르고 있었다. 22세의 한 남자 대학생은 인터뷰에서, 주로 수업시간 사이나 집에 가는 길과 같이 짧은 여유시간이 있을 때 학교 근처의 코인노래방에 자주 간다고 하였다. 그는 많은 친구들이 코인노래방에 가는 것을 즐긴다고 하였다. 코인노래방의 장점으로는 저렴한 가격과 시간을 융통성 있게 사용할 수 있다는 점을 들었다: "나는 보통 한 번에 7~8개의 노래를 부르기 때문에 코인노래방에서는 2,000원 정도면 충분히 즐길 수 있다." 또 다른 26세의 남학생은 대학교 4학년에 재학 중으로 취업준비로 바쁜 나날을 보내고 있었다. 그는 주로 학교 도서관에서 공부하고 집에 가는 길에 밤 시간대(밤11시~새벽2시)에 가끔씩 코인노래방에 간다고 하였다: "가격이 저렴하고, 친구들과 어울려 놀 시간이 없기 때문에 스트레스를 풀러 혼자 코인노래방에 간다."

비교적 저렴한 비용으로 짧은 시간 동안에도 즐길 수 있는 코인노래방의 인기는 젊은 세대가 직면한 사회경제적 제약과 관련이 있는 것으로 나타났다. 돈이 없고 고립된 생활을 하는 젊은이들이 그나마 할 수 있는 여가활동인 것이다. 한국의 고학력 젊은 세대가 유례없는 취업난을 겪으며 정신없이 바쁘게 살아가면서, "나홀로 문화(single-person culture)"가 새로운 트렌드로 빠르게 자리잡고 있다. 젊은이들이 혼자 공부하고, 밥 먹고, 술 마시고, 영화 보며 사회적으로 고립된 생활을 하는 것이다.

관찰과 심층인터뷰를 통해 코인노래방이 한국 젊은이들 사이에서 큰 인기를 끌고 있는 이유를 다음과 같이 정리하였다. 첫째, 코인노래방에서 혼자 노래 부르는 행동은 젊은이들의 개인화되고 고립된 라이프스타일의 단면을 보여준다. 이는 오늘날 젊은 세대들의 일상으로 보여진다. 코인노래방은 그들이 혼자 가고 싶은 곳이 아니라, 같이 갈 친구가 없더라도 혼자 가서 노래를 부를 수 있는 곳이다. 둘째, 코인노래방은 곡당 지불하는 새로운 과금체계로, 기존의 노래방처럼 한 시간 동안 노래를 부르고 그에 대한 돈을 지불해야 할 필요가 없다. 인터뷰 대상자 모두가 저렴한 가격과 융통성 있게 시간을 활용할 수 있다는 점을 장점으로 언급한 만큼, 코인노래방의 인기는 경쟁사회에서 살아남아야 하는 한국 젊은이들이 처한 사회적 상황을 반영하는 것으로 보인다.

(자료 : Joo, 2016; Song, 1998)

4 에스노그라피 실행 시 주의사항 및 연구윤리

4.1 에스노그라피 실행 시 주의사항

에스노그라피를 진행할 장소를 방문하기 위해 먼저, 권한을 가진 사람의 승인이 필요하다. 예를 들어, 공식적인 조직(예 : 기업의 사무실, 병원)의 경우에는 현장 방문을 위해서는 권한이 있는 사람(예 : 소유자 · 관리자, 총감독을 맡은 간호사)의 승인을 받아야 한다.

다음으로, 자연스러움을 유지해야 한다. 연구의 대상이 되는 행동의 가장 일상적인 측면이 (예 : 평상시 특정 행동이 행해지는 시간, 그 행동에 할당되는 시간, 그 행동을 할 때 입는 옷 등) 방해받지 않고 지켜지도록 해야 한다. 사람들이 자신의 행동이 관찰되고 있다는 사실에도 불구하고 제품을 구매하고 사용하는 방식에 자연스러움을 유지해야 한다. 그러기 위해서 현장에서 참여관찰을 하는 연구자는 2명 내지는 3명을 초과하지 않도록 하는 것이 좋다. 또한 관찰의 대상자들이 연구자의 필요에 따라 자신의 습관적인 행동이나 스케줄을 조정하도록 해서는 안 된다.

또한 현실 세계에의 세부사항에 주의해야 한다. 현실 세계에서 발생할 수 있는, 연구자가 통제할 수 없는 것들에 대해 대비해야 한다. 연구를 주관하는 측은 사고로 발생한 파손이나 법적 책임을 다룰 수 있는 보험을 가지고 있어야 한다.

마지막으로, 객관적인 관점을 유지해야 한다. 관찰자가 현지에서 조사를 수행할 때에 기대하는 결과에 일치하는 정보만을 찾고자 하고, 이에 반하는 관점(rival perspective)을 부정하고 해명하려고만 할 수 있다. 연구자는 무의식적으로 이 같은 함정에 빠지지 않도록 자신의 감정에 좌우되거나 객관적 시각을 흩뜨리지 않도록 해야 한다.

4.2 에스노그라피 연구윤리

에스노그라피 연구에 있어서 다음과 같은 윤리적인 문제에 대한 각별한 주의가 필요하다.

먼저, 어렵고 모호한 자료라고 해서 회피해서는 안 된다. 해석이 어렵거나 모호한 내용의 자료를 관찰자 임의로 생략하거나(skip) 가려내는(screen) 것은 부적절하다. 이 같은 행동은 어떤 자극에 대한 소비자의 반응을 이해하도록 하는 맥락을 간과하게 하여 핵심적 세부사항을 놓치게 한다.

또한 참가자들의 사생활(privacy)과 권리(property)를 존중해주어야 한다. 예를 들어, 참가자의 가정을 방문하였을 경우 대상자들은 가정에서 해야 할 역할과 책임이 있기 마련이다(예 : 전화 받기, 아이들이나 애완동물 돌보기 등). 방문하는 연구자는 이 같은 상황에서 연구대상자의 사생활을 신중하게 다루어 이들의 사생활을 존중해야 한다.

마지막으로, 연구자는 자신이 기대하고 원하는 연구목적을 달성하기 위해 조사대상자들에게 어떠한 측면이든지 해를 끼치거나 이들이 이용당하는 일이 없어야 한다. 따라서 연구에 사용할 정보들에 대해서 사전에 현지 구성원들의 동의를 얻을 필요가 있고, 정보가 알려짐으로 인해 그들에게 어떠한 불이익도 가지 않도록 신중해야 한다.

주요 용어

에스노그라피(ethnography)	게이트키퍼(gatekeeper)
순수관찰(pure observation)	참여관찰(participant observation)
인터뷰(interview)	불간섭 척도(unobtrusive measure)
홈 비지트(home visit)	쉐도잉 인터뷰(shadowing interview)
비디오 에스노그라피(video ethnography)	동반 쇼핑(accompanied shopping)
타운 와칭(town watching)	포토 다이어리(photo diary)
아이 트래커(eye tracker)	

요 약

1. 에스노그라피란 연구자가 비교적 장기간 동안 사람들의 생활 현장 속에 들어가 그곳에서 발생하는 일들을 관찰하고, 그들이 말하는 것을 듣고 질문함으로써 문화적 맥락 속에서 연구대상의 행위를 기술하고 설명하고자 하는 하나의 사회적 연구방법이다. 마케팅에서 에스노그라피 연구는 소비자의 습관, 언어, 문화를 포함하는 삶의 맥락에서, 제품이나 서비스와 관련된 소비자의 가치, 신념, 의미, 사회적 애착 등을 이해함으로써 소비자행동에 대한 근본적인 인사이트를 파악하고자 한다.

2. 어떤 집단을 연구하려고 할 때 그 집단의 구성원의 안내를 받아서 집단에 진입하는 것이 바람직한데, 이들을 게이트키퍼(gatekeeper), 즉 문지기라고 부른다. 연구자가 적절한 사람에 의해 소개되었을 때는 후광효과를 기대할 수 있다.

3. 에스노그라피에서 가장 대중적인 자료 수집 형태는 관찰과 인터뷰다. 순수관찰은 관찰대상과의 직접적인 접촉이나 상호작용이 없다. 참여관찰은 연구자가 어느 정도 거리를 유지하는 동시에 연구대상이 되는 사람들의 생활에 참여하는 이중적 역할을 한다. 인터뷰는 개방형 질문으로 구성되며, 연구자는 인터뷰를 하는 과정에서 자신의 선입관을 최소화시켜 나가는 노력을 할 필요가 있다.

4. 연구자는 현장에서 기록한 필드노트와 인터뷰를 읽어보면서 다듬어서 보고서에 기술할 만한 부분을 찾는다. 어떤 활동에 대해 자세하고 깊이 있게 기술할 때는 이야기 형식(narrative form)을 통해 그 활동에 대한 전반적인 그림

(holistic picture)을 제시한다.

5. 소비자조사에서 활용할 수 있는 에스노그라피 방법으로는 홈 비지트(home visit), 쉐도잉 인터뷰(shadowing interview), 비디오 에스노그라피(video ethnography), 동반 쇼핑(accompanied shopping), 타운 와칭(town watching), 포토 다이어리(photo diary), 아이 트래커(eye tracker) 등이 있다.

토의문제

1. 소비자조사에서 에스노그라피를 수행할 때에 순수관찰 또는 참여관찰의 사용이 제한적인 경우를 예를 들어보고, 그럴 경우 대신 사용할 수 있는 다른 방법들에 대해 토의해보자.
2. 게이트키퍼(gatekeeper)를 잘못 선정했을 경우 에스노그라피 조사과정 전반에 걸쳐 미칠 부정적인 영향력에 대해 생각해보자.

참/고/문/헌

이수범 (2004), "N세대 소비문화에 대한 문화기술적 연구," 『광고학연구』, 15(3), 71-90.

김승범 (2008.7.26), "소비자 조사의 진화… 고객들의 수다에서 신제품 단서 찾는다", 조선.com.

김옥남 (2010), "고객의 두뇌 속까지 관찰하자", DBR(No. 55, Issue 2).

김재문 (2008.12.3), "실속형 마케팅 조사 실천 방안", LGERI 리포트.

최민경 · 박균호 (2015), "혁신의 르네상스 시대 생존법", DBR(No. 175, Issue 2).

Anderson, K. (2009), "Ethnographic research: A key to strategy," *HBR*, March.

Creswell, John W. (1998), *Qualitative Inquiry and Research Design: Choosing among five traditions*, CA, Thousand Oaks: Sage.

Fetterman, David M. (2010), *Ethnography: step by step*, (3rd ed.), Sage Publications.

Genzuk, Michael (2003), "A Synthesis of Ethnographic Research," *Occasional Papers Series, Center for Multilingual, Multicultural Research*, Rossier School of Education, University of Southern California. Los Angeles, 1-10.

Grills, Scott (1998), *Doing ethnographic research: Fieldwork settings*, Sage Publications.

Hammersley, Martyn and Paul Atkinson (2007), *Ethnography: Principles in practice*, (3rd ed.), Roueledge.

Joo, Jayoung (2016), "We Are Singing Alone: Norae Bang (Korean Karaoke) and Contemporary Korean Young People," The Graduate School of The University of Texas at Austin.

Mariampoloski, Hy (2001), *Qualitative Market Research: A comprehensive guide*, Sage Publications.

Mariampolski, Hy (2006). *Ethnography for marketers: A guide to consumer immersion*, Thousand Oaks, Calif: Sage.

Murchison, J. M. (2010), *Ethnography Essentials: Designing, conducting, and presenting your research*, Jossy-Bass.

Neuman, W. Lawrence (2014), *Social Research Methods: Qualitative and Quantitative Approaches* (7th ed.), Pearson.

Saville-Troike, Muriel (2008), *The ethnography of communication: An introduction*, (Vol. 14), John Wiley & Sons.

Song, Do-Young (1998), "Noraebang: A case study of cultural industry and mode of cultural consumption," *Korean Social Science Journal*, 25(1), 97-125.

Spradley, J. (1979), *The Ethnogrphic Interview*, New York: Holt, Rinehart and Winston.

Sunderland, P. L. and R. M. Denny (2007), *Doing Anthropology in Consumer Research*, Left Coast Press.

Wolcott, Harry F. (1994), *Transforming qualitative data: Description, analysis, and interpretation*, Sage.

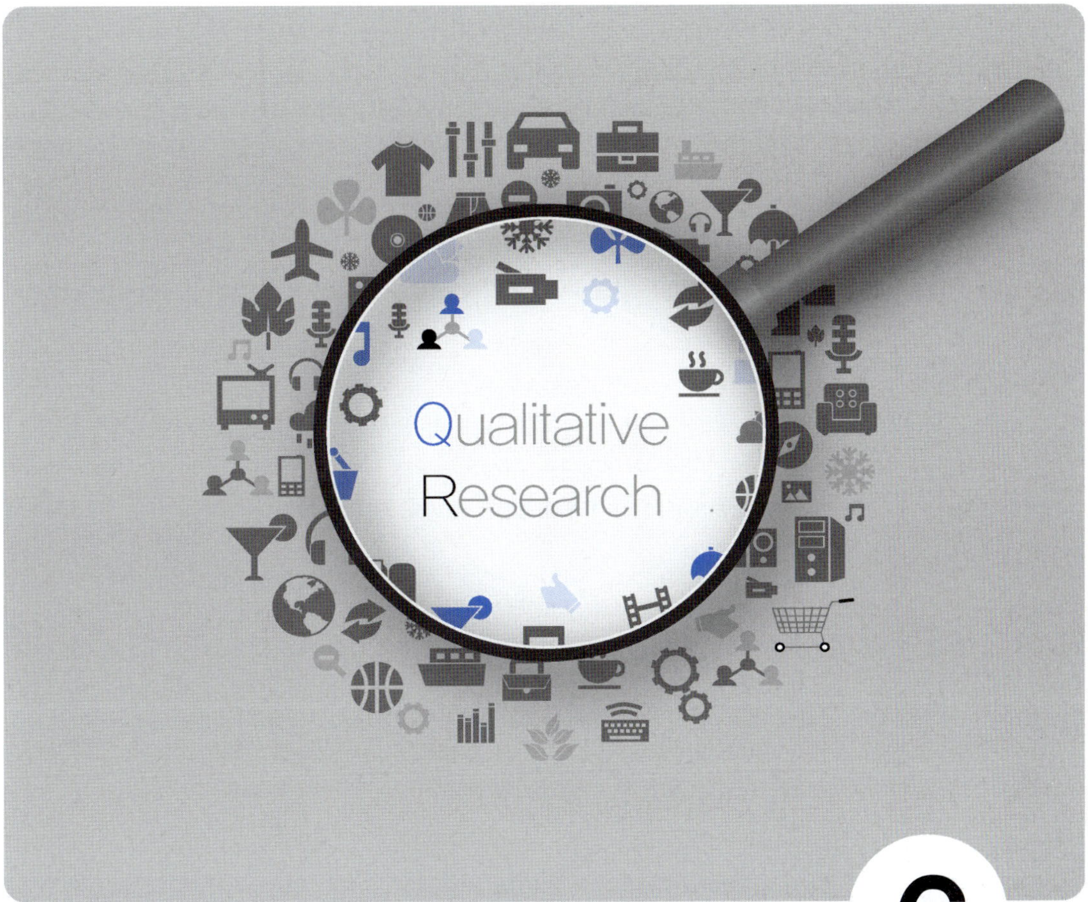

제 6 장

FGI

도입사례 FGI(Focus Group Interview)

ABC리서치는 A 자동차회사로부터 신제품에 대한 아이디어를 제공할 것을 의뢰받았다. ABC리서치는 먼저, 신제품에 대한 제품 콘셉트(concept)를 탐색하기 위해 FGI를 실시하기로 하고 다음과 같이 FGI를 계획했다.

□ 문제 정의 및 주제 선정

ABC리서치는 소비자들이 자동차 구매 시 중요시하는 속성이 무엇인지, 현재 자동차에 대하여 만족하는 부분이 무엇이고, 불만족한 부분이 무엇이며, 소비자들이 어떤 자동차를 원하는지를 알아내야겠다고 결정했다.

□ 표본 선정

표본을 구성하기 위해 ABC리서치는 자동차 딜러를 통해 각각 다른 브랜드의 자동차 소유자들을 소개받았다. FGI에 참여할 표본집단은 총 7명으로 구성하였는데, 30대 초반의 남자 3명, 30대 중반의 남자 2명, 그리고 20대 후반의 여성 1명과 30대 초반의 여성 1명이다.

□ 장소와 환경

ABC리서치의 회의실을 FGI 장소로 결정했다. ABC리서치의 회의실은 FGI 참여자들이 모이기에 교통편이 좋을 뿐 아니라, 일면경(one-way mirror)과 녹음 및 촬영시설도 완비되어 있기 때문이다.

□ 진행자의 선정

ABC리서치는 FGI 진행자(moderator)로 정성연 씨를 선정했다. FGI 진행 경험이 많지는 않지만 최근 소비재 제품들에 대한 FGI를 훌륭히 수행해왔기 때문에 믿고 맡기게 되었다.

(부록 [적용사례 1 : A자동차 사례] 참고)

1 FGI의 이해

1.1 FGI의 정의

FGI(Focus Group Interview, 초점집단인터뷰 혹은 초점집단면접)란 특정 주제(서비스, 제품, 각종 이슈 등)에 적합한 사람들로 구성된 소규모 집단이 진행자(moderator)의 진행 하에 자유로이 대화를 나누는 것을 통해 고객의 통찰력을 얻는 집단인터뷰다.

FGI는 잘 알려지지 않은 주제에 대한 탐색단계에서 주로 사용된다. 즉, 어떤 주제에 대한 일반적인 배경지식을 얻고, 연구에서 적용할 수 있는 아이디어나 접근법을 얻기 위해서 주로 사용된다. 때로는 실증연구를 통해 얻은 결과를 해석하기 위한 목적으로 사용되기도 한다.

마케팅 분야에서는 1920년대부터 FGI를 사용하였다. 새로운 아이디어나 제품 콘셉트의 획득, 신제품이나 서비스에 대한 소비자들의 반응과 잠재적인 문제점 파악, 기업이나 특정 프로그램에 대한 소비자들의 태도를 이해하기 위한 목적으로 많이 사용하였다. 주로 소비재 마케팅 분야에서 쓰이던 FGI가 최근 광고, 인사관리, 영화산업, 공공정책 등 경영학의 다른 여러 분야에서 폭넓게 이용되고 있다.

1.2 FGI의 장단점

FGI의 가장 큰 장점은 집단 구성원 간의 상호작용성에 있다. 참여자들은 집단 내 다른 사람의 경험에 관한 이야기를 들으면서 해당 주제에 대한 자신의 생각을 발전시키고 다듬을 수 있다. 이러한 상호작용 과정을 통해 FGI는 사람들의 복잡한 행동과 동기를 이해할 수 있다.

특정한 주제에 대해서 다양한 목소리를 들을 수 있다. FGI는 다양한 배경을 가진 참여자들의 생각, 감정, 경험이 표면화될 수 있는 환경을 제공한다. FGI는 참여자들이 자신이 생각하고 있는 주제에 대해서 다른 사람들과 어떻게 상호작용하고 다른 참여자와 의견이 다를 때 어떻게 반응하는지도 보여준다. 특히 여러 명의 참여자들이 특정 주제에 대해서 어떻게 하나의 공통된 견해를 도출해내는지에 관심이 있는 경우라면 더욱 가치 있는 방법이다.

FGI는 연구에 대해서 거부감·부담을 느껴서 자신을 잘 드러내지 않는 사람들을 연구하기에도 적합하다. FGI의 환경은 진행자와 참여자들 사이에 신뢰할 만한 관계를 형성해주고, 사적인 관계에서는 공개하기 힘든 생각과 의견들도 표현할 수 있는 분위기를 만들어주기 때문이다.

FGI는 개별 인터뷰에 비해 적은 (인터뷰 준비, 진행, 분석) 시간과 비용으로 많은 양의 자료를 수집할 수 있다. 다만, 시간과 비용의 효율성 추구만을 목적으로 개별 인터뷰를 FGI로 대체하는 것은 바람직하지 않으며 '상호작용성'이라는 FGI의 장점을 살릴 수 있는 연구에 활용하는 것이 적합하다.

▎표 6-1 ▎ FGI의 장단점

장점	단점
• 다수의 참여자 : 상호작용성 • 편안한 분위기 : 동일한 관심사 • 보완적 : 조사의 출발점 또는 추후 연구를 위한 주요 소스 • 전문가 활용 • 다수의 참여자를 동시에 인터뷰 • 어린이 대상 조사에 효과적	• 오용 : 결과의 적용범위가 제한적 • 진행자의 능력에 좌우 • 클라이언트와 조사자의 편견 • 비구조화된 조사 : 자료 분석의 어려움 • 표본의 비대표성

FGI는 몇 가지 단점도 지니고 있다. 첫째, FGI는 모집단의 의사를 대표하지 않기 때문에 탐색적으로 사용되어야 하며, 의사결정의 근거로 결론을 도출하기 위해 사용하는 것은 위험한 일이다. 둘째, FGI의 결과는 클라이언트와 조사자의 편견이 쉽게 작용할 수 있다. 셋째, FGI는 진행자의 능력에 크게 의존하는데, 모든 자질을 갖춘 진행자가 거의 없고 자질을 갖춘 진행자도 중용을 지키며 진행하는 것이 쉽지 않다. 넷째, 비구조화된 조사의 속성상 코딩에서 분석에 이르기까지 어려움이 따른다.

2 FGI의 실행

2.1 FGI의 계획

다른 질적 연구방법과 마찬가지로 FGI에서도 신중한 계획이 필요하다. 연구자는 일반적으로 다음과 같은 절차에 따라 FGI 조사기획서를 작성한다. 연구자와 FGI 진행자가 다를 경우 진행자 선정 후 연구자와 진행자가 기획서를 함께 수정하기도 한다.

(1) 문제 정의

FGI의 첫 단계는 조사하고자 하는 목적을 달성하기 위하여 주어진 문제를 이해한 뒤 그것을 단순하고 명확한 질문으로 제시하는 문제의 정의이다.

(2) 주제 선정

FGI를 위한 주제는 참여를 유도할 수 있는 개방적인 것으로 선정하여야 하며, 일반적인 논점들로 시작해 구체적인 것으로 옮겨가는 것이 보편적이다. 진행자가 어떤 질문을 하고자 한다면, 이런 질문들은 '무엇을', '어떻게?'와 같은 형식이 바람직하다. '왜?'와 같은 질문은 참여자가 자신의 답변을 정당화하는 답을 하도록 한다는 점에서 지양해야 한다. 따라서 '왜?'라는 질문은 '좀 더 자세히 설명해 주실 수 있겠습니까?'와 같은 질문을 통해 간접적으로 이루어지는 것이 바람직하다. 일반적으로 인터뷰에서 12개 이하의 주제를 다루는 경우가 많다.

(3) 표본 선정

FGI를 위한 표본 선정과정에서 고려해야 할 것은 같은 집단에 포함될 표본의 성격, 각 집단에 참여할 사람의 수, 그리고 집단의 수에 대한 결정 등이다. FGI를 위한 참여자의 모집은 주로 할당 표본방식을 택한다. 각 집단에 참여하는 참여자는 연구의 목적과 내용에 적합한 사람들로 선정해야 하며, 미리 선정기준을 마련해 둘 필요가 있다.

① 집단의 구성

집단의 구성은 연구의 내용과 목적에 따라 기존에 존재하는 집단을 대상으로 할 수도 있고 새로운 집단을 구성할 수도 있다.

기존 집단 기존 집단은 같은 특성을 지닌 사람들(예 : 같은 은행의 서로 다른 지점에 근무하는 창구 직원들)일 수도 있고, 같은 사회적 집단에 속한 사람들(예 : 특정 야구 동호회 회원들)일 수도 있다. 기존 집단은 인터뷰의 분위기가 자연스럽고 참여자들이 편안하게 토의에 참여할 수 있다는 장점이 있다. 반면 참여자들이 형성하고 있는 서로 간의 관계 때문에 민감한 사항이나 사적인 의견에 대해서는 표현하기를 꺼려할 수도 있다는 문제도 있다. 또한 참여자들이 가지고 있는 공통된 경험이 편향되거나, 특정한 방향으로 의견을 몰고 갈 여지가 있다.

연구자가 구성한 집단 연구자가 FGI를 위해 새로 집단을 구성하는 경우 서로 간에 유대감이 형성되어 있지 않아 상호작용이 활발히 이루어지기 위해서는 다소 시간이 소요될 수 있다. 하지만 한번 유대감이 형성되면 기존에 존재하던 집단을 인터뷰하는 것보다 더욱 새로운 생각이나 논의가 이루어질 수도 있다. 또한 인터뷰를 마치고 나면 참여자들이 원래 자신이 속한 사회집단으로 복귀하게 된다는 의식을 하게 되어 민감한 질문에도 솔직하게 답변할 가능성이 높다.

기존에 존재하는 집단을 활용할 것인지 연구자가 새로운 집단을 구성할 것인지를 결정하면, 집단 구성원을 동질적(homogeneous) 집단으로 구성할지 이질적(heterogeneous) 집단으로 구성할지 결정해야 한다. 동질적 집단은 인구통계적으로 비슷한 부류에 속하거나, 비슷한 관심과 경험, 지위나 역할을 가진 사람들로 이루어진다. 동질적 집단을 활용하는 경우는 주로 그 집단의 의견을 수렴하기 위하여 실시한다. 이질적 집단은 서로 다른 사회적, 문화적, 정치적, 경제적 특성을 지닌 사람들로 구성된다. FGI의 주제가 구체적으로 정해지지 않은 경우라면 이질적 집단을 활용하는 것이 폭넓고 다양한 의견들을 얻기에 알맞다. 일반적으로 집단은 유사성은 있지만 서로 다른 특징을 지닌 다양한 부류의 사람들로 구성한다. 성별에 있어서는 동성의 집단이 이성이 섞여 있는 집단에 비해 다양한 생각과 의견을 낸다. 이성을 의식하면 솔직한 생각을 이야기하지 않기 때문에 남성과 여성을 섞어서 집단을 구성하는 것이 바람직하지 않은 경우도 있다.

소비자조사에서는 이용 여부와 이용빈도에 따라 집단을 구성할 수 있다. Kraft Foods社는 과일향 음료수인 Kool-Aid 판매가 감소하자 제품 판매 감소 원인을 알아내기 위하여 이용빈도에 따라 두 집단으로 나누어서 FGI를 실시하였다. 이용빈도가 높은 이용자들은 Kool-Aid를 1년 내내 그리고 아이뿐 아니라 온 가족이 집에서 마시는 반면, 이용빈도가 낮은 이용자는 Kool-Aid를 아이들이 마시는 여름 음료로 인식하고 있었고, Kool-Aid가 휴대가 쉽지 않아서 자주 마시지 않는다고 말했다. FGI 결과를 토대로 이용빈도가 높은 이용자와 낮은 이용자들에게 각각 다른 광고를 사용하기 시작했다. 이용빈도가 높은 이용자를 대상으로 하는 광고에서는 모든 세대의 사람들이 집이나 뒷마당에서 함께 Kool-Aid를 마시는 장면을 보여줬고, 이용빈도가 낮은 이용자를 대상으로 하는 광고에서는 아이와 어른이 강아지를 함께 씻기며 Kool-Aid를 즐기는 모습을 보여주었다. 이 캠페인은 아주 성공적이었고 2006년 56억 갤런의 Kool-Aid를 판매했다.

② 집단 크기 결정

FGI의 목적에 맞도록 집단 크기를 정해야 한다. 논란이 될 수 있거나 복잡한 주제를 다룬다면 집단 크기가 작아야 해당 주제를 보다 주의 깊게 다룰 수 있다. 반면 평범한 주제를 다룰 때는 참여자들의 관여 수준이 높지 않은 경우가 많으므로 많은 수의 사람을 집단에 포함시켜 여러 가지 의견을 얻을 수 있다. 참여자가 많으면 인터뷰 과정이 소란스러워 나중에 녹취록을 작성하기가 힘들고, 참여자 수가 적으면 토의가 역동적으로 이루어지지 않을 가능성이 있다. 일반적으로 적절한 집단의 크기는 6~12명으로 알려져 있으나 집단의 상호작용을 활발하게 하기 위해 집단의 크기가 줄어드는 추세다. 6명은 다양한 관점을 제공하기에 충분하면서 토의가 혼란스러워질 만큼 많은 인원은 아니기 때문에 여러 가지 목적의 FGI의 크기는 6명이 적합하다는 주장도 있다. 참여 예정자들이 약속된 시간에 오지 않는 경우도 있기 때문에 조금 더 많은 인원을 확보하는 경우도 있다.

③ 집단 수의 결정

집단의 수 역시 연구의 목적과 주제에 따라 달라지는데 마케팅에서는 서로 다른 세분시장의 수에 따라 집단의 수를 결정하기도 한다. 그러나 집단의 수를 결정하는 가장 중요한 기준은 새로운 집단과의 인터뷰를 통해 추가적인 아이디어를 얻을 수 있는지 여부이다. 새로운 집단과의 인터뷰를 통해 더 이상 새로운 아이디어를 얻을 수 없다고 판단되면 추가적인 인터뷰는 필요하지 않다. 일반적으로 이런 판단을 하기까지는 3~4번의 인터뷰가 필요하므로, 하나의 연구를 위해서 필요한 집단의 수는 3~4개가 적당하다고 볼 수 있다. 집단 수의 결정은 연구 주제의 복잡성에 의해서도 영향을 받는다. 탐색적 목적의 연구 또는 새로운 아이디어를 얻기 위한 연구라면 3~4개 집단으로 충분하지만, 풍부하고 깊이 있는 정보를 얻기 위해서라면 그 이상의 집단이 요구된다.

(4) 장소와 환경

FGI를 위한 장소나 환경에 필요한 조건이 명확히 정해져 있는 것은 아니지만, 무엇보다 중요한 점은 장소가 중립적이어야 한다는 것이다. 장소나 환경에 의해 참여자들이 영향을 받으면 올바른 인터뷰가 진행될 수 없다. 또한 참여자들이 편안함과 친숙함을 느낄 수 있는 곳이어야 한다.

물리적 환경도 장소만큼이나 중요하다. 토론을 활성화시킬 수 있도록 모든 참여자들이 편안하게 앉을 수 있는 충분한 공간이 필요하다. 가장 많이 사용되는 형태는 원형 테이블과 일면경(one-way mirror)이 갖추어진 조용한 방이다. 모든 사람의 목소리를 잘 녹음할 수 있는 위치에 녹음기를 위치시켜야 하며 특이한 사항이나 흥미로운 내용에 대해서는 노트에 따로 기록할 수 있도록 준비가 필요하다. 그 외에도 커피 테이블이나 편한 의자 등을 준비하는 것도 인터뷰를 진행하는 데 도움을 준다.

(5) 진행자의 선정

진행자의 능력과 자질에 따라 인터뷰의 질이 달라질 수 있어서 FGI에서 인터뷰 진행자의 역할이 매우 중요하다. 좋은 진행자는 다른 사람들의 생각과 느낌에 관심을 기울여야 하고 진행자 자신의 생각도 조리 있게 표현할 수 있어야 하며 유머감각도 있어야 한다. 토의해야 할 주제에 대해 잘 알고 적절한 능력을 가지고 있는 연구자들은 보통 그들 자신이 진행자가 되지만, 연구자가 인터뷰를 진행할 자질이 부족하다고 판단되는 경우 전문적인 진행자를 활용할 수도 있다. 또한 보조 진행자가 있는 것이 인터뷰 진행에 큰 도움이 될 수 있다. 보조 진행자가 있으면, 주 진행자가 여러 부수적인 작업이나 환경적 요인으로 인해 집중력이 분산되는 것을 막을 수 있기 때문이다.

(6) 인터뷰 시간관리

FGI의 진행시간은 보통 1시간에서 3시간 정도 소요된다. 토의를 하는 시간은 1시간 30분에서 2시간 정도 걸리지만, 본격적인 토의를 시작하기 전에 인터뷰 내용을 참여자들에게 간단히 소개하고, 서로의 어색함을 해소할 수 있는 시간도 포함해야 하기 때문이다. 인터뷰가 이루어지는 시간대를 결정할 때에도 신중함이 요구된다. 주제 및 참여자의 특징에 따라 알맞은 시간대가 따로 있다. 모든 참여자들이 편안하게 토의에 참석하고 활발한 토론이 이루어질 수 있는 시간대를 골라야 한다.

(7) 인터뷰 지침서(protocol)

FGI는 자유로운 분위기 속에서 자신의 실제 의견을 말하는 토의가 이루어져야 한다는 점에서 자발적이고 상호작용적인 성격을 갖고 있다. 계획적이고 구조화된 토의라기보다는 브레인스토밍(brainstorming)에 가깝다. 그러나 FGI가 성공적으로 수행되기 위해서는 어느 정도 미리 정해진 토의사항이나 지침서가 필요하다. 지침서를 따름으로써 토의가 본래의 목적에서 벗어나거나 분위기가 산만해지는 것을 방지할 수 있고 계획된 시간 내에 인터뷰를 마칠 수 있다. 인터뷰 지침서는 부록 [적용사례 2 : B통신사 사례]를 참고하기 바란다.

2.2 FGI의 실행

(1) 진행자의 역할

FGI에서 진행자의 역할은 조사의 목적과 성격에 따라 다양하다. 그러나 기본적으로 진행자의 역할은 조사 준비, 진행, 자료 분석과 같이 조사과정 전체를 관리하는 것이다.

인터뷰 준비에서 진행자가 가장 먼저 해야 할 일은 조사기획서를 작성하는 일이다(연구자가 이미 기획서를 작성한 경우 진행자는 연구자와 함께 기획서를 수정・보완한다). 조사기획서에는 조사목적이 포함되는데, 진행자는 구체적이고 현실적인 목적을 설정하여야 한다. 조사목적을 구체화한 후 주어진 문제를 정의하고 구체적인 주제를 선정한다. 다음으로는 참여자의 기준을 결정해야 한다. 인터뷰에 참여할 사람들에 대한 특성을 결정하고, 이를 잘 반영한 선별기준을 만들어 조사목적에 알맞은 사람을 모집할 수 있도록 한다. 또한 주어진 예산 범위 안에서 조사목적을 성취하기 위해 필요한 집단의 수, 적당한 장소, 여러 가지 장비 등을 준비하고 관리하는 일도 진행자의 역할에 포함된다.

인터뷰 과정에서 진행자는 조정자 또는 촉진자로서의 역할을 한다. 인터뷰 진행자에게는 유연성과 개방적인 태도, 정보를 유도해내는 능력, 그리고 참여자의 발언을 경청하고 해석하는 능력 등이 요구된다. 또한 진행자는 조정자 역할을 하면서 리더십을 발휘해야 하므로, 진행에 필요한 사회적 능력을 갖출 필요가 있다. 그래야만 참여자들이 효과적으로 상호작용하도록 도와줄 수 있으며, 참여자들에게 어떤 형태의 강요를 하지 않으면서도 주제에 초점을 맞추고 토의를 통제할 수 있게 된다.

조정자로서 고민할 것은 조정자가 참여자들의 토의에 얼마나 개입할 것인가에 관한 문제이다. 인터뷰 진행자는 적절한 질문을 통해서 해당 주제에 대한 토의를 이끌고, 참여자들로부터 관련 있는 정보를 획득하는 목표를 가지고 있다. 그러나 인터뷰 진행자는 인터뷰를 이끌기보다는 토의를 촉진하는 역할을 맡아야 한다. 따라서 인터뷰가 너무 의도한 방향을 잃고 헤매거나, 또는 시간이 한정되어 있는 경우에만 적극적으로 개입하는 것이 적당하다.

진행자는 토의 분위기를 고무시킬 수 있어야 하며, 참여자들이 제시하는 아이디어에 대해서 자신이 관심을 갖고 있다는 것을 보여줄 필요가 있다. 공개적이고 위협적이지 않은 집단 분위기를 형성하는 것도 중요한 역할 중 하나이다. 참여자들이 편안한 느낌을 갖게 된다면, 보다 개방적이고 생산적인 방식으로 상호작용하게 될 것이며, 연구 주제에 대한 생각과 느낌을 이야기하는 데 어려움이 없을 것이다.

몇 명의 소수 참여자가 인터뷰 분위기를 주도하도록 하기보다는 모든 참여자들이 인터뷰에 적극적으로 참여할 수 있도록 하는 것도 진행자의 역할이다. 참여자 중에는 외향적이고 적극적인 사람이 있는 반면, 내성적이고 소극적인 사람들도 있다. 인터뷰 진행자는 이렇게 서로 다른 성격의 참여자들 간에 참여의 균형을 이룸으로써, 내성적이고 소극적인 사람들로부터도 의미 있고 원하는 정보를 얻어낼 수 있도록 해야 한다(부록 [적용사례 1 : A자동차 사례] 참고). 주의할 것은 참여를 권장하는 과정에서 진행자가 참여자에게 느닷없이 한 사람을 대상으로 참여가 부족하다고 지적하는 식이 되어서는 안 된다는 것이다. 그렇게 할 경우 다른 참여자들에게까지 '당신 조심하지 않으면 내가 또 이런 식으로 대하겠어'라는 식의 잘못된 메시지를 전달할 수 있기 때문이다.

진행자가 한 사람 한 사람 돌아가면서 동일한 질문을 하는 것은 피해야 한다. 왜냐하면 FGI는 역동적인 집단 상호작용을 통하여 개별 인터뷰에서 얻기 어려운 새로운 아이디어나 미처 생각하지 못했던 많은 부분들이 자발적으로 나타나는 것이기 때문이다. 참여자들은 상대방의 발언을 근거로 새로운 의견을 제시하며, 서로 간의 접촉을 통해서 잊고 있었던 생각이나 느낌을 떠올리기도 한다.

진행자는 인터뷰를 끝낸 후, 세션을 참관했던 사람들에게 간단한 브리핑을 실시해야 한다. 이런 과정을 통해 인터뷰 과정에서 일어났던 주요 주제들을 구체화시킬 수 있다. 또한 인터뷰 상황을 담은 오디오나 비디오테이프를 확인하고, 그것을 분석하는 것도 진행자의 역할이다.

(2) 진행과정

시작단계 인터뷰의 시작단계는 전체적인 인터뷰 분위기를 결정짓고 인터뷰 결과에도 영향을 미친다. 너무 딱딱한 분위기는 상호작용을 방해하기 때문에 인터뷰가 시작되기 전 가벼운 다과와 함께 서로 소개하면서 분위기를 부드럽게 조성한다. 특히 참여자들이 처음 보는 사이라면 편안한 마음으로 인터뷰에 참여할 수 있도록 분위기를 조성해야 한다. 부록 [적용사례 1 : A자동차 사례]의 진행자처럼 진행자 자신에 대한 소개, 참여자들의 자기소개, 참여자들 간 짝을 지어 인사하기 등을 사용하여 어색함을 극복할 수 있다. 참여자들이 서로 친숙할 경우 분위기 형성에 소요되는 시간을 아낄 수 있다.

인터뷰 시작단계에서는 참여자들에게 인터뷰의 전반적인 사항을 소개하고, 인터뷰의 주제와 목적이 무엇이며 참여자들에게 기대하는 것이 무엇인지 설명한다. 참여자들이 자신의 의견을 드러내고 자유롭게 토론을 할 수 있도록 하기 위해 "어떤 질문에 대해서도 정답은 존재하지 않으며 각자의 생각을 연구자가 알고 싶어한다"라는 사실을 상기시킨다. 인터뷰 내용의 녹음을 위해서 한 번에 한 명씩만 가능한 큰 목소리로 이야기할 것을 주지시키고 참여자의 익명성이 보장될 것을 확인한다.

진행단계 일반적인 질문에서 시작하여 구체적인 질문으로 이어진다. 예를 들어, 어떤 브랜드에 대한 일반적인 지식을 질문하는 것으로 시작하여 해당 브랜드에 대한 참여자들의 경험을 묻고 각 경험을 통한 구체적인 느낌을 질문하게 된다.

소극적인 참여자의 참여를 유도하기 위해 "다른 사람들 의견도 좀 들어볼까요?", "이 의견에 대해 다른 분 의견을 들어보는 것도 좋을 것 같아요.", "이와 관련해 당신의 경험은 어땠나요?"라고 말할 수 있다. 참여가 필요한 참여자에게 시선을 맞추는 것도 좋은 방법이다.

인터뷰 주제와 관련된 광고를 보여주거나, 그림이나 사진, 실물 크기의 모형이나 실제 제품을 제시하는 것은 참여자들 간의 상호작용을 촉진하는 유용한 방법이다. 부록 [적용사례 1 : A자동차 사례]에서는 자동차 디자인이 담긴 브로슈어를 배부하고 2분 정도 브로슈어를 읽을 기회를 준 후, 이 자동차의 디자인과 콘셉트에 대한 의견을 요청했다. 참여자들의 적극적인 토의 참여를

유용한 정보를 이끌어내기 위한 질문 방법

- 열린 질문
  - 이 프로그램에 대해 어떻게 생각하세요?
  - 이 회의에 대해 어떻게 느끼세요?
  - 이 새로운 정보는 어디서 얻은 것인가요?
  - 제안된 프로그램에 대해 어떻게 생각하세요?
  - "얼마만큼 만족합니까? 혹은 어느 정도?"와 같은 문구는 조심해서 사용
- 이분법 질문 지양
  - '예' 또는 '아니오'로 대답할 수 있는 질문은 지양
- 왜?라는 질문 지양
  - 대신 그 주제에 대한 특징을 묻거나 그런 행동을 유도하는 요인에 대해 질문
- 과거에 대해 질문
  - 미래에 대한 질문 대신에 참여자들이 과거에 겪었던 경험에 대해 질문
- 참여를 유도하는 질문
  - 설명, 예시, 등급, 선택, 묘사를 이용하여 질문
- 질문에 초점
  - 일반적인 질문에서 구체적인 질문으로 진행

(자료 : Krueger, 2002)

유도하기 위해서는 참여자가 말하는 중간에 끼어든다거나 진행자 자신의 생각을 말하는 것은 삼가야 한다. 참여자들의 의견이 어떤 주제에 대해 첨예하게 대립하지 않도록 미연에 방지하거나 대립을 잘 해소해야 한다.

마무리단계 마무리단계에서도 중요한 정보를 얻을 수 있다. 토의내용을 요약하여 제시하면서 연구자가 참여자들의 생각을 제대로 이해했는지 확인하고 참여자의 추가적인 의견도 들을 수 있다. 이때 토의에 적극적이지 않았던 참여자의 의견을 들어볼 수도 있다. 참여자들로부터 추가 인터뷰를 위한 사람을 소개받을 수도 있다.

마무리 질문

• **회의를 마무리하는 질문**
이 질문은 참여자에게 토의의 전반적인 과정을 상기시켜주고, 주제에 관한 참여자의 의견이 제대로 반영되었는지 확인하는 과정이다. 예를 들어, '당신에게 오늘의 주제에 관해 이야기할 수 있는 1분의 시간이 주어진다면 어떤 말씀을 하시겠습니까?' 혹은 "오늘 우리가 토론한 것 중에 무엇이 가장 중요하다고 생각하십니까?" 등의 방법으로 물어보면 된다.

• **의견을 정리하는 질문**
간단한 토의내용을 정리해서 들려준 뒤, "요약이 제대로 되었나요?" 등의 질문을 던진다.

• **최종 질문**
진행자는 연구의 목적을 검토하고, 참여자에게 빠진 내용이 없는지 질문한다.

(자료 : Krueger, 2002)

2.3 분석 및 보고

인터뷰 종료 후 녹음된 내용을 확인하면서 녹취록을 작성한다. 녹취록 작성은 인터뷰 내용을 철저하게 확인하고 이해하며 깊이 있는 분석을 하기 위하여 필수적인 작업이다. 구조화되지 않은 인터뷰에서 시작하기 때문에 연구자는 앞선 집단의 결과로부터 다음 집단의 인터뷰 내용을 결정하게 된다.

FGI의 분석과 보고 방법은 FGI 목적에 따라 달라진다. 설문문항 작성을 위하여 FGI를 하는 경우처럼 예비적이고 탐색적 목적의 FGI에서는 설문문항 작성을 위한 정보 수집에 초점을 맞추게 된다. 반면 설문조사 후에 응답자에 대한 심도 있는 통찰을 얻는 것이 목적일 때는 앞의 경우보다 구조화된 접근에 의하여 더욱 깊은 분석과 보고가 이루어진다.

2.3.1 분석

(1) FGI 결과의 체계적인 분석절차

① 인터뷰 진행 중 분석

서로 모순되는 의견이나 이해가 잘 가지 않는 견해에 귀를 기울이고 그것을 이해하기 위해 심층적으로 파고든다. 주요 질문들을 요약하여 참여자 각자에게 요약하여 주고 최종적으로 그들의 선호와 견해를 확인한다.

② 인터뷰 종료 직후 분석

좌석배치도를 그리고 녹음된 테이프를 확인한다. 또한 진행자와 보조진행자 간 의견을 교환하여 느낌이나 해석 또는 아이디어를 적고 다른 집단과 비교한 뒤 자료를 정리한다.

③ 인터뷰 종료 몇 시간 이내에 개별 집단 분석

녹음의 사본을 만들어 저장하고 녹취록을 만든다. 녹취록과 이전 분석자료를 분석하여 개별 집단에 대한 분석보고서를 준비하고 해당 보고서를 인터뷰를 지켜보았던 다른 연구자들과 함께 검증해 보며 오류가 없는지 논의한다.

④ 여러 집단의 인터뷰 결과 분석

여러 집단을 비교하고 전체적으로 가장 중요한 주제를 찾아내 유형화하고 분석하여 도식화한다. 다음으로 인터뷰 내용을 인용하여 발견한 사항들을 기술한다.

⑤ 보고서 준비

적절한 보고서 작성을 위해 보고 목적에 알맞은 형식을 선택한다. 다른 연구자들과 자료를 공유하여 오류를 찾아내고 정정한 뒤, 최종 보고서를 완성한다.

(2) 분석 시 고려사항

데이터 분석 시 다음 요소들을 고려해야 한다.

① **용어** : 실제 쓰인 용어뿐 아니라 용어의 의미도 파악하여야 한다. 용어와 문구의 다양성이 이용될 것이며 연구자는 반응들 간의 유사성의 수준을 결정해야 한다.

② **문맥** : 참여자의 발언이 나온 원인 — 진행자에 의한, 또는 다른 참여자에 의한 — 을 살펴봄으로써 해당 발언이 나오게 된 문맥적 요인을 파악하여야 한다.

③ **내적 일관성** : 참여자가 다른 이들과 상호작용을 한 후 의견을 바꾼 경우, 연구자는 그 원인을 추적하여 변화를 설명해야 한다.

④ **빈도 또는 범위** : 자주 폭넓게 언급된 주제들은 참여자들에게 특별하거나 중요하게 여겨진다고 볼 수 있다. 어떤 주제가 자주 다루어졌는지 파악하여야 한다.

⑤ **강도** : 참여자들은 특정 주제에 대하여 여러 방식으로 감정의 강도나 깊이를 표현한다. 강도는 녹취록만으로는 파악하기 힘들기 때문에 인터뷰 시 참여자들의 여러 면모(목소리 톤, 높낮이, 말의 빠르기 등)를 살펴서 파악한다.

⑥ **구체성** : 구체적이거나 경험에 의존한 응답은 주제와 관련이 없거나 모호한 의견보다 높은 가중치를 두어야 한다. 종종 연구자의 가설과 다른 의견을 낸 참여자의 응답에 더 큰 관심을 기울이기도 한다.

⑦ **아이디어 발굴** : 분석을 마친 후 여유를 갖고 그 안의 중요한 아이디어들을 정리한 뒤, 보조진행자 또는 질적 조사 전문가들과 공유하고 검증받는다.

(3) 내용분석(content analysis)

FGI에서도 다른 질적 연구와 마찬가지로 '**내용분석**(content analysis)' 방법이 많이 사용된다. 내용분석은 녹취록을 검토하면서 코드를 부여하는 과정을 통해서 이루어진다. 내용분석은 내용에 따라서 코드를 부여하는 과정과 코드별로 내용을 비교, 대조하는 두 과정으로 이루어진다. 이 과정들은 **축코딩**

(axial coding)과 **선택코딩**(selective coding)으로 불리기도 한다. 첫 번째 과정에서는 자료를 전체적으로 검토하고 구, 문장, 단락의 단위로 코드를 부여하며, 여백에는 필요한 내용을 기입한다. 두 번째 과정에서는 특정 주제를 잘 드러내는 내용을 찾아내고 모든 자료 수집이 끝난 후에는 내용들을 비교, 대조한다. 연구자는 특정한 질문, 가설, 개념, 주제와 관련된 인터뷰 내용을 쉽고 빠르게 찾고, 분석하고, 집단화함으로써 전체 인터뷰 내용으로부터 특정한 패턴을 발견할 수 있다.

2.3.2 결과 보고

FGI 결과 보고는 다른 질적 연구의 보고방법과 크게 다르지 않다. 보고서를 쓸 때 인터뷰 내용을 잘 요약하는 것도 필요하지만, 인터뷰에 참여한 이들의 직접적인 인용구를 활용하는 것이 중요하다. 너무 많이 인용하면 보고서가 혼란스럽고 의식의 흐름 그 자체인 듯한 느낌을 주게 된다. 반면 인용이 적고 요약 중심일 경우 독자가 참여자의 진술을 통한 간접경험의 기회를 갖기 어렵다. 즉, '자료의 풍부함'과 '자료원으로부터 독자까지의 거리' 사이에서 최적점을 찾아야 한다. '잘 선택된' 인용을 통해 독자와 참여자를 연결시키려는 목적을 위해서는 주제의 중요도와 예문의 생동감 사이에 조화를 이루어야 한다.

Krueger(2002)는 FGI의 결과를 보고할 때 유의할 점을 다음과 같이 6가지로 정리하였다.

① **의사소통 전략** : 보고할 때 어떤 종류의 의사소통 전략이 필요한지 생각하는 것이 좋다. 이메일, 전화, 요약, 엄선된 인용구, 진행자의 논평, 프로젝트 보고서, 개인적인 방문 등의 다양한 방법 가운데 정보를 효과적으로 제공할 수 있는 방법을 사용한다.

② **의뢰인의 니즈** : 인터뷰 결과를 이용할 의뢰인이 어떤 종류의 보고를 원하는지, 그들이 어떤 정보를 찾고 있는지, 조직 내에서 기대하는 것이 무엇인지에 대해 물어야 한다.

③ **새로운 통찰** : 보고를 통하여 듣는 사람의 이해 수준을 높여 주어야 한

다. 원래 알고 있던 보편적인 지식을 반복하는 것은 의미가 없고, 새로운 통찰을 전달해야 한다.

④ **요점** : 너무 많은 내용을 보고하는 것은 보고의 전체적인 영향력을 감소시킨다. 가장 중요한 요점에서 시작하여 덜 중요한 요점 몇 개만 골라서 보고하는 것이 좋은 방법이다.

⑤ **보고서 형식** : 보고서를 쓸 때는 서술이나 리스트 같은 보편적인 방법을 사용한다. 보고서를 읽는 사람이 전혀 예상하지 못한 다른 형식을 쓰는 것은 좋지 않다.

⑥ **구두 보고** : 구두로 하는 보고는 간략하고 정확해야 하며, 보고 중 질문할 기회를 준다. 이 연구가 왜 중요한지, 이 연구에서 나온 결과가 왜 의미 있는지에 대해 말한다. 가장 중요한 결과를 먼저 말해서 듣는 사람이 적극적으로 참여하게 한다.

3 FGI의 한계 및 문제점

① 계획단계에서의 한계

계획단계에서 기억해야 할 사항은 FGI를 양적 조사의 대안으로 생각해서는 안 된다는 점이다. 각 조사기법의 목적과 유용성이 다른데도 불구하고, 양적 조사를 실시할 시간과 자원이 부족하다는 이유로 FGI를 실시하는 경우가 있다. 이럴 경우 원하는 결과를 얻지 못할 가능성이 높다. 이런 실수를 줄이기 위해 조사 실행 전 구체적인 조사목적을 다시 상기해야 한다. 조사목적을 재차 점검함으로써 목적에 맞는 방법을 선정할 수 있다.

FGI는 의사결정을 위한 최종 도구로 이용될 수 없다. 어떤 이들은 중요한 최종결정을 할 때마다 매번 FGI를 실시하고 거기에서 나온 결과를 의사결정에 결정적인 요인으로 사용하곤 한다. 그러나 FGI는 어떤 질문에 대한 확실한 답변을 얻기 위해서 실행되는 것이 아니다. 의사결정 과정에 다양한 자료를 제공함으로써 도움을 줄 수는 있지만, FGI에만 의존해서 의사결정을 내리는 것은 지양해야 한다. 그리고 FGI는 제품에 대한 소비자 반응 조사에는 효과적이지만 제품이나 서비스의 판매를 예측하는 데는 큰 도움을 주지 못한다. 매출액을 예측하기 위해서는 범위가 크고 계획된 표본을 이용한 정량적 조사방법을 이용하는 것이 필요하다.

② 실행단계에서의 한계

FGI 참여자들이 인터뷰 목적에 적합하지 않을 경우 토론에서 도출된 정보의 가치가 떨어진다. 제품에 대한 참여자들의 인식이 부족하거나, 인터뷰 참여자라는 이유로 제품에 대해 긍정적인 의견만 제시하는 경우도 마찬가지이다. 진행자가 자신의 역할을 제대로 수행하지 못할 경우에는 인터뷰를 통해 원하는 정보를 얻을 수 없다. 또한 협소한 공간, 불완전한 방음시설 등 물리적 시설의 결함으로 인한 문제가 발생할 수 있다.

③ 분석단계에서의 한계

분석단계에서의 실수는 연구자 또는 의뢰자의 입장에서 인터뷰 결과를 해석할 때 나타나는 오류이며, 가장 흔히 발생하는 실수이다. 연구자가 선입견을 갖고 조사에 임하면 자신의 의도를 확인하는 방향으로 인터뷰 결과를 분석하게 된다. 따라서 연구자가 전 과정을 통하여 객관적인 시각을 유지하는 것이 중요하다. FGI의 결과를 정량화하려 할 때에도 한계가 나타난다. 집단은 의도적으로 선정된 집단이고 표본의 크기가 너무 작기 때문에 FGI 결과를 토대로 확률을 내는 것은 무의미하다. 또한 소수의 의견이 집단 전체의 의견인 것으로 보여지면 잘못된 결론에 도달한다.

④ 윤리적 문제

다른 질적 연구와 마찬가지로 FGI에서도 윤리적 문제가 발생할 수 있다. 익명성이 보장되지 않기 때문에, 참여자가 인터뷰 중에 알게 된 다른 참여자에 대한 정보를 다른 곳에서 공개한다면 문제가 될 수 있다. 즉, 참여자들에게 인터뷰 내용에 대해서 비밀을 지켜줄 것을 확인받을 필요가 있다. 또한 참여자 중 누군가가 다른 사람에게 상처를 입히는 발언을 했거나 편견 섞인 의견을 제시하였을 때 진행자나 연구자의 공정한 조정 역할이 필요하다.

4 온라인 FGI

사례 SUV 자동차의 효용성 제고

Nissan North America는 온라인 FGI를 잘 활용한 대표적 기업이다. Xterra SUV 차량을 만들 때 Nissan은 디자인에 대한 피드백을 얻고, 표적시장이 원하는 것을 찾기 위해 몇 개의 온라인 초점집단을 운용하였다. Xterra SUV 차량의 표적시장은 젊고 활동적이며 적극적으로 참여하는 것을 즐기는 사람들로, 이들은 차량에 운동기구나 캠핑용품을 싣기 위해 SUV를 원했다.

표적시장 고객을 대상으로 온라인 FGI를 실시한 결과 Nissan은 SUV 차량 위와 뒤에 받침대, 4개의 문, 스포티한 디자인, 최신 유행의 색깔 그리고 차량 안에 많은 공간을 원하는 것을 알게 되었다. Nissan은 온라인 FGI를 통해 알게 된 이런 욕구들을 반영해 Xterra SUV를 출시해 크게 성공했다. AAA가 발표한 자료에 따르면 Xterra SUV는 2001년 최고의 SUV 자리를 차지했다.

Nissan은 또한 자동차 구매자들이 자신이 직접 주문제작한 차량을 원한다는 사실을 알아냈다. 2002년 Nissan은 자동차업계 최초로 웹 기반의 주문제작 생산을 시작했다. 다른 주요 자동차회사인 Ford나 GM에서도 곧 출시될 신제품에 대해 소비자 반응을 보기 위해 Online Clinic 프로그램을 웹사이트에서 운행했다. 그러나 이것은 이미 회사에서 생산된 제품에 대한 소비자의 반응을 파악하는 시스템에 불과한 반면, Nissan은 디자인, 생산과정에서부터 개별 소비자의 의견을 듣는 코너를 웹사이트에 두어, 온라인 FGI의 이용을 극대화했다. Nissan의 이런 방식은 Dell의 주문제작방식과 비슷하다고 할 수 있다.

(자료 : Fonda, 2004; Halliday, 2001; Moozakis, 2002)

4.1 온라인 FGI의 이해

온라인 FGI란 인터넷을 사용하여 온라인상에서 이루어지는 FGI를 지칭한다. 온라인 FGI의 장점은 첫째, 표본추출 및 조사의 시공간의 제약이 감소한다. 참여자들은 자신의 집, 회사 같은 공간 속에서 자신이 원하는 시간에 인터뷰에 참여할 수 있다. 오프라인 FGI와 다르게 정해진 시간 외에도 인터뷰 참여자들과 쉽게 연락할 수 있고 이전 주제를 다시 논의할 수 있으며, 처음에 제시했던 자료를 수정해서 다시 제시할 수도 있다. 또한 인터넷은 조사하기에 어려움이 따르는 여러 집단들을 인터뷰에 참여할 수 있게 해준다. 예를 들어, 의사, 변호사, 교수 등 바쁜 생활을 하여 FGI에 참여할 기회가 없는 사람들이나 노약자, 아기가 있는 부모, 이동에 제약이 있는 사람 등의 의견을 들을 수 있다. 그리고 인터넷을 통해 진행되기 때문에 현실 세계보다 계층적, 형식적인 분위기가 감소하고 자유로운 표현과 활발한 의견 표출이 가능하다. 마지막으로 인터뷰 장소까지 오는 비용, 녹화비용, 시설 임대 및 설치 비용을 줄일 수 있다. 1/5에서 1/2까지 비용이 절약되는 것으로 알려져 있다.

둘째, 참여자로부터 빠르고 즉각적인 반응을 얻을 수 있어서, 빠른 조사가 필요하거나 새로운 제품, 콘셉트, 광고에 대한 참여자의 반응을 알아보는 데 적합하다. 예를 들어, 광고사진이나 제품사진과 같은 시각적인 예시를 보여주고 그것에 대한 빠른 반응을 확인할 때 이용할 수 있다. 인터넷으로 제품을 팔거나 서비스를 실행하는 회사, 브랜드 정체성 연구, 포지셔닝 연구, 바쁜 생활을 하는 참여자들을 조사해야 하는 경우에 이용한다.

온라인 FGI는 인터넷을 사용할 수 있는 사람들만 참여할 수 있다는 단점이 있다. 인터넷상에서는 개개인의 익명성이 보장되기 때문에 실제 참여자가 표적집단의 사람인지 증명하기 어렵다. '온라인상의 게시판' 및 '채팅 형태로 진행하는 온라인상의 대화방'에서는 몸 동작, 얼굴 표정, 목소리 톤과 같은 언어 이외의 표현방식들이 보이지 않기 때문에 깊은 감정에 대해서는 파악하기 힘들다는 단점이 있는 반면, 스마트폰, 노트북 등을 활용한 온라인상의 '화상 대화방'에서는 이러한 단점이 감소한다. 앞에서 장점으로 언급한 '참여자가 편안한 환경 속에서 인터뷰에 응할 수 있다'는 부분이 단점이 될 수도 있다. 참여자의 환경을 통제할 수 없기 때문에 참여자가 인터뷰에 응하면서 다른 여러 가지 활동을 할 수 있고, 이렇게 산만해진 상태에서 인터뷰를 하게 되면 성실한 답을 하지 못할 수도 있다.

4.2 온라인 FGI와 오프라인 FGI 비교

온라인에서 이루어지는 FGI와 오프라인에서 이루어지는 FGI의 차이를 정리하면 다음 표와 같다.

Ⅰ표 6-2Ⅰ 온라인 FGI와 오프라인 FGI 비교

특징	온라인 FGI	오프라인 FGI
집단 크기	4~6명	6~12명
집단 구성	전 세계 어디든 가능	가까운 지역 사람
시간 구성	1~1.5시간	1~3시간
연구자의 통제력	낮음	높음
참여자 신분	증명하기 어려움	증명하기 쉬움
참여자 집중도	산만해질 수 있음	주의력이 감소됨
집단 상호작용	제한적임	시너지 효과
비언어적 교류	제한적임	사용 가능
물리적 자극의 사용	인터넷상으로 제품, 광고 제시 가능	물리적 제품, 광고 제시 가능
기록	즉시 가능	시간이 다소 걸림
진행자의 기술	타이핑, 채팅용어에 대한 친밀감	관찰자 역할
재실행 시간	몇 일 만에 가능	많은 시간이 걸림
비용	비교적 저렴	고비용

자료 : Naresh K. Malhotra (2008), *Marketing Research*, 5th edition을 기반으로 작성하되 최근 온라인 FGI의 발전을 반영하여 일부 수정

4.3 온라인 FGI의 종류

(1) 온라인상의 대화방

인터넷상에서 이루어지는 실시간 인터뷰를 말하며, 참여자들이 특정 시간에 온라인에 접속하여 토의에 참석할 수 있도록 사전에 일정을 조정해야 한다. 사람들이 대화창을 통하여 자신의 의견을 올리는 채팅의 형식이기 때문에 때로는 그 속도가 너무 빨라서 참여자들에게 충분히 생각할 시간을 주지 못하기도 하고 다른 사람들의 타자 속도를 따라가지 못하는 사람들은 자신의 의견을 표출하지 못하기도 한다. 이에 따라 토의 내용에 깊이가 없어질 수도 있는데, 이를 방지하기 위해 진행자의 조정 역할이 필수적이며 진행자가 이런 역할을 잘 수행하는 경우 토의의 방향은 하나의 초점을 향해서 나아갈 수 있다. 진행자가 누구나 참여할 수 있는 공개 토의를 의도한 경우, 참여자들은 일반적인 채팅사이트를 통해 토의에 참여할 수 있다. 반대로 토의에 대한 접근을 일반인들에게는 제한하고자 하는 경우에는 사전에 준비된 소프트웨어 프로그램을 이메일 등으로 특정 참여자에게 미리 배포함으로써 외부인의 접근을 통제한 상황에서 토의가 진행될 수도 있다.

(2) 온라인상의 게시판

온라인상에 게시판을 만들어 놓고 참여자들이 자신이 원할 때 게시판에 들어와 인터뷰에 참여한다. 주어진 질문에 즉시 답해야 하는 부담이 없으므로 온라인상의 대화방에서 인터뷰를 진행하는 경우보다 더 자세하고 깊이 있는 대답을 필요로 하는 경우에 적합하다. 반면 참여자가 다른 사람으로부터 질문에 대한 조언을 얻거나 다른 인터넷 사이트 등에서 찾아낸 내용을 자신의 의견인 것처럼 제시할 가능성이 있다. 실시간 인터뷰가 아니기 때문에 조정자로서의 진행자의 역할은 그리 많지 않지만, 참여자들이 보다 적극적으로 게시판 인터뷰에 참여할 수 있도록 유도하고 그들의 대답을 촉구하는 것이 필요하다.

(3) 온라인 FGI의 미래

온라인 FGI의 전망은 긍정적이다. IT기술의 발전으로 기술적 인프라가 발전하면서 현존하는 온라인 FGI의 단점을 보완하고 장점을 극대화시킬 수 있기 때문이다. 연령에 관계없이 온라인 접속에 부담을 느끼는 인구가 점차 감소하고 있어서 온라인 FGI의 대상이 젊은층에 한정되는 것이 아니라 노년층까지 확대될 수 있다.

IT기술 발전에 힘입어 온라인 FGI의 질적 성장이 이루어지고 있다. 한때 온라인 FGI는 대화방을 통해 채팅 형식으로 진행되었으나, 노트북에 내장된 카메라 및 외장 카메라, 스마트폰의 확산으로 화상 대화방 사용이 용이해졌다. 화상 대화방은 기존 채팅 형식의 대화방의 한계를 극복할 수 있다. 즉, 타자가 익숙하지 않은 사람도 자유롭게 자신의 생각을 말할 수 있고 서로의 얼굴을 보며 자연스럽게 대화를 나눌 수 있다. 진행자는 참여자의 비언어적 표현(몸동작, 얼굴 표정, 목소리 톤 등)을 잘 포착할 수 있을 뿐 아니라, 응답자의 상태를 통제할 수 있다.

주요 용어

FGI(Focus Group Interview : 초점집단인터뷰)　　진행자(moderator)
온라인 FGI

요 약

1. FGI란 특정 주제에 적합한 사람들로 구성된 소규모 집단이 진행자의 진행 하에 자유로이 대화를 나누는 것을 통해 고객의 통찰력을 얻는 집단인터뷰다.
2. FGI에서 진행자의 역할은 조사의 목적과 성격에 따라 다양하나 기본적으로 진행자의 역할은 조사 준비, 진행, 그리고 자료 분석과 같이 조사과정 전체를 관리하는 것이다.
3. 온라인 FGI란 인터넷을 사용하여 온라인상에서 이루어지는 FGI를 지칭한다.

토의문제

부록 [적용사례 1 : A자동차 사례]는 'ABC리서치'에서 실시한 FGI 녹취록의 일부이다. 잘 읽고 다음 질문에 답해보시오.

1. 진행자인 정성연 씨가 FGI를 진행하면서 잘한 부분과 미흡한 부분을 찾아보시오.
2. 당신이 이번 FGI의 진행자라면 어떤 부분을 보완하겠는가?

참/고/문/헌

Carey, M. A. (1994), "The Group Effect in Focus Groups: Planning, Implementing, and Interpreting focus group research," In J. Morse (Ed.), *Critical issues in qualitative research methods*, 225.

Carson, David, Audrey Gilmore, Chad Perry, and Kjell Gronhaug (2001), *Qualitative marketing research*, London; Thousand Oaks, Calif.: SAGE.

Daume, H. C. (1988), Focus groups don't have to be expensive, *Marketing News*, 22(22), 20–26.

Daymon, Christine and Immy Holloway (2002), *Qualitative Research Methods in Public Relations and Marketing Communications*. London and New York: Routledge.

Fonda, Daren (2004, August 30), "The Shrinking SUV," *Time*, 164.

Greenbaum, T. L. (1993), *The Handbook of Focus Group Research*, New York: Lexington Books.

Halliday, Jean (2001, Feb 7), "Makers use web to help design cars," *Automative news*.

Kamberelis, George and Greg Dimitriadis (2013), *Focus Groups: From Structured Interview to Collective Conversations*, NY: Routledge.

Keown, C. (1983), "Focus group research: Tool for the retailer," *Journal of Small Business Management* (pre-1986), 21(2), 59.

Krueger, R. A. (2002), *Focus groups: A practical guide for applied research*, Thousand Oaks, CA: Sage.

Mann, C., and F. Stewart (2000), *Internet communication and qualitative research: A handbook for researching online,* Thousand Oaks, CA: Sage.

McDaniel, C. Jr. and R. Gates (1995), *Marketing Research Essentials*, West Publishing Company, St Paul, MN.

Merton, R., M. Fiske and P. Kendall (1994), *The focused interview: a manual of problems and procedures*. Free press. New York.

Moozakis, Chuck (2002, Jan 7), "Nissan wants to be like Dell-Automaker says It can achieve build-to-order via the web in 18months; Experts are skeptical," *Internetweek*.

Morgan, D. L. (1996), *Focus Groups As Qualitative Research* (Vol. 16), Thousand Oaks, CA: Sage.

Morgan, D. L., and R. A. Krueger (1993), "When to use focus groups and why," in D. L. Morgan (Ed.), *Successful Focus Groups: Advancing the State of the Art*, Thousand Oaks, CA: Sage.

Raymond, Joan (2001), "All Smiles," *American Demographics*, 23.

Stewart, D. W., P. N. Shamdasani, and D. W. Rook (1990), *Focus groups: Theory and practice* (Vol. 20), Thousand Oaks, CA: Sage.

Thompson, Stephanie (2001, January 22), "Kraft Does the Twist," *Advertising age*, 72.

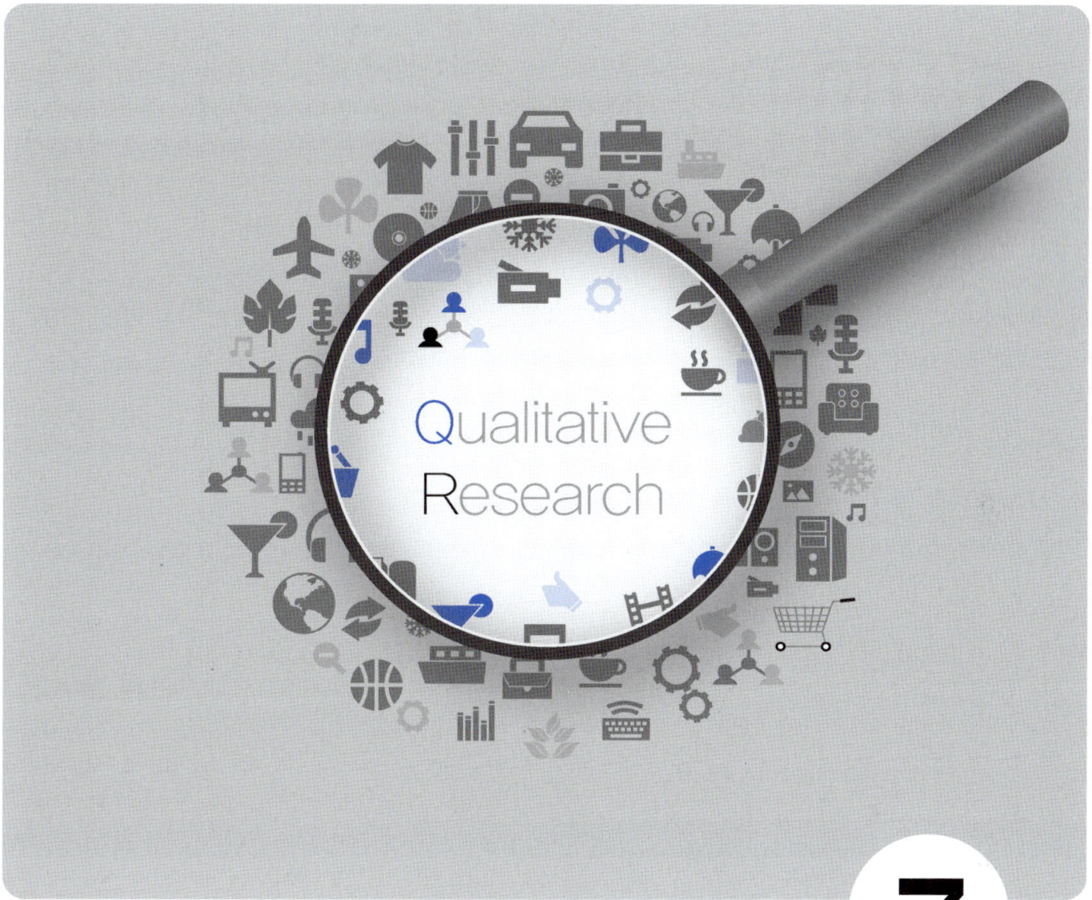

제 7 장

투사법(Projective Techniques)

도입사례 듀퐁(DuPont)의 팬티스타킹

듀퐁 사에서는 팬티스타킹에 대한 소비자의 인식을 알아보기 위해 FGI(Focus Group Interview, 초점집단인터뷰 혹은 초점집단면접)를 실시했으나 기대와는 달리 별다른 소득을 얻지 못했다. 그 이유는 팬티스타킹이라는 제품은 서로 얼굴을 마주보면서 이야기하기에는 거북한 주제였기 때문에 응답자들이 부끄러워하거나 관심이 없다는 반응을 보이는 등 의견 개진을 원활히 하지 않아서였다. 그 대안으로서 응답자들에게 사진을 가져와서 팬티스타킹을 입는 것과 관련된 감정이나 의견을 이야기하게 했다. 예상과는 달리 많은 여성들이 이에 응하여 사진도 가져오고 의견도 활발하게 개진하였다.

결과에 따르면 여성들은 팬티스타킹 착용 시 남성들에게 더 매력적이고 섹시하게 보인다고 느끼는 것으로 나타났다. 문제는 여성들이 팬티스타킹을 싫어하는 것이 아니라, 팬티스타킹이 닳거나 찢어져서 문제가 생기면 이런 감정을 갖지 못한다는 것이었다.

듀퐁은 소비자의 이러한 욕구를 충족시킬 수 있도록 제품의 내구성을 높여서 하루 종일 착용해도 이런 문제가 나타나지 않도록 수정 보완하였고, 또한 팬티스타킹 착용 시 얻는 성적 매력에 더 초점을 맞춘 광고 캠페인을 통하여 세계적인 팬티스타킹 제조사로서의 명성을 지속할 수 있었다.

이 예에서 볼 수 있는 것처럼 제품이나 상황에 따라 적합한 질적 조사방법을 선택함으로써 소비자에 대한 통찰력을 얻을 수 있다.

(자료 : Malhotra, 2007)

1 투사법의 이해

1.1 투사법의 정의

투사적(投射的) 기법, 간략하게 줄여서 **투사법**(projective techniques)이라고 하는 기법은 응답자 스스로도 잘 인식하지 못하는 개인적인 욕구, 감정, 동기, 가치관 등이 밖으로 표출될 수 있도록 유도하는 심리학적 기법이다. 응답자에게 직접 질문을 던지는 대신에 그림, 단어, 역할 등 제3의 간접적 자극물을 사용하여 응답자가 자신의 생각, 마음, 의견을 이 자극물에 투사하게 함으로써 응답자의 진실한 반응을 표현하게 하는 방법이다. 투사법은 응답자에 따라 다양한 응답이 가능하도록 만들어진 비구조화된 애매한 자극물을 응답자에게 제시한 후 그 반응을 분석함으로써 이 사람의 개성, 감정, 적응양식, 동기, 가치관 등을 파악할 수 있도록 고안되어 있다. 응답자가 위협받지 않은 상황에서 자극물을 접하게 되면 응답자는 그 자극물에 대해 자유롭게 해석하거나 반응할 수 있기 때문에 이 반응을 통하여 응답자의 무의식적인 욕망과 감정을 조사할 수 있기 때문이다.

1.2 투사법의 등장 배경

1940년대부터 소비자조사기관 및 광고대행사에서 주로 제품개발, 광고, 소비자조사 등의 영역에 광범위하게 적용되었다. 이 중 나중에 자세히 설명하는 Haire(1950)의 쇼핑목록법 조사는 투사법의 활용에 있어서 고전적 사례로 널리 인용되고 있다. 그러나 투사법의 활용은 1970년대에 들어서면서 투사법의 절차와 결과의 해석이 비과학적이라는 비판과 더불어, 컴퓨터를 활용한 대규모 자료의 처리와 통계분석이 가능해짐에 따라 서베이와 실험법에 밀려서 급격하게 감소하였다. 그러나 1980년 중반 이후 문화기술지적 방법, 심층인터뷰, 기호학적 분석 등 질적 방법론에 대한 전반적 관심과 더불어 투사법도 재조명받게 되었다. 특히 소비자의 감정, 욕망, 동기 상표가 주는 의미 및 상표 관계 등의 연구에 투사법적 접근의 유용성이 인정받았다. 또한 ZMET과 같은 방법이 주목을 받게 됨에 따라 투사법은 또다시 심층적 소비자조사의 주요한 영역으로 자리매김하였다.

2 투사법의 특징

2.1 소비자조사에서 투사법

일반적인 서베이나 인터뷰에서는 응답자에게 직접적인 질문을 던지기 때문에 응답자들은 사회적으로 용인되는 응답으로 일관하여 솔직한 소비자의 마음을 파악하기가 어렵다. 솔직한 소비자의 마음을 파악하기 위해 투사법의 다양한 기법들이 유용하게 사용될 수 있다. 예를 들어, 소비자들이 가지고 있는 신용카드에 대한 인식 조사에 투사법의 한 유형인 단어연상법을 사용하면, 많은 소비자가 무절제한 카드사용에 대해 두려움을 가지고 있는 것으로 나타난다. 이런 결과는 일반적인 서베이나 인터뷰로는 쉽게 발견하기 힘든 내용이다. 이처럼 투사법은 소비자의 무의식 세계 속에 숨겨진 생각을 간접적 조사방법을 통하여 파악하기 위해서 사용된다. 또한 투사법은 소비자로부터 진실한 반응을 얻기 위해서도 사용된다. 응답자는 자신의 생각이나 감정과는 다르게 사회적으로 허용되는 응답을 하는 경향이 있으나 투사법에서는 따로 정답이 있는 것이 아니기 때문에 보다 편하게 자신의 속마음을 드러낼 수 있다.

2.2 장 점

먼저, 투사법을 소비자조사에 사용함으로써 얻는 장점은 수집할 수 있는 정보의 양이 많고 풍부하다는 점이다. 직접적인 질문을 던지는 서베이나 실험법과 같은 조사방법을 사용해서는 쉽게 측정하기 어려운 영역에 적합하며 민감한 주제에 대한 반응을 끌어내는 데 유용하다.

다음으로, 가설을 일반화하고 보완하고 검증하는 데 유용하다는 장점이 있다. 예를 들어, 조사자는 소비자의 구매행동과 소비자 의사결정방법에 대한 가설을 확장하기 위해 투사법을 사용할 수 있다. 실험, 패널조사, 설문조사 등과 같은 다양한 방법론을 통해 뒷받침될 수 있는 가설 검증에 이러한 예비조사는 유의미한 정보를 제공한다.

또한 투사법은 응답자들에게 다른 조사법에 비해 상대적으로 적은 인지적 활동을 요구한다는 장점이 있다. 다른 조사법들은 응답자들이 읽고, 이해하고, 지시사항에 따라야 하는 데 비해 대부분의 투사법은 대체로 읽고 쓰는 활동이 아니다. 따라서 투사법의 데이터는 모집단의 교육수준에 좌우되지 않는다. 조사자는 투사법을 사용함으로써 인지적 활동이 요구되는 자기보고나 평가 절차가 있는 조사법에 비해 더 넓은 범위의 응답자를 확보할 수 있다. 투사법의 데이터는 응답자의 인지능력에 따라 제한되지 않으며, 조사자는 투사법을 사용함으로써 소비자조사 분야에서 중요하지만 종종 도외시되어 온 소비자집단의 신념, 태도, 행동, 동기, 개성 등을 측정할 수 있다.

2.3 단 점

투사법의 가장 큰 단점은 자료가 복잡하여 해석에 어려움이 있다는 점이다. 투사법은 정확한 조사문제가 파악되지 않은 상황에서 응답자들과의 인터뷰를 통하여 잠재의식 속에 있는 욕구를 파악하는 조사방법이므로 상황에 따라서 다양한 기법들이 활용된다. 효과적으로 투사법을 활용하기 위해서는 데이터를 능숙하게 판독할 능력이 있어야 한다. 훈련된 조사자에 의해 체계적인 분석을 하지 않으면 응답자의 대답들은 무용지물이 된다. 게다가 훈련된 조사자를 고용하는 데에 상당한 비용이 들 수 있다. 모든 상황에 통용될 수 있는 지침서가 부재하기 때문에 투사법은 어느 정도 임상심리학의 배경 지식을 가진 인력에 의해서 적용되는 것이 필요하다. 현재까지 국내에서 투사법을 이용한 소비자조사는 조사기법에 대한 이해 부족 및 전문가의 부재 등으로 인하여 적용이 매우 제한된 상태이다.

두 번째 단점으로는 전적으로 몰두하지 않는 응답자들이 있고 투사기법의 과제 참여를 꺼리는 응답자들이 있다. 투사기법의 과제를 즐기는 응답자들이 있지만 역할극이나 상상력을 필요로 하는 활동을 불편해하는 사람들도 있기 때문에 참가자 모집이 어려울 수 있다.

2.4 타당성과 신뢰성

투사법은 다른 질적 방법이 내포하고 있는 표본의 대표성과 결과의 일반화 문제를 안고 있으며, 자료에 대한 신뢰성과 타당성을 입증하기가 어렵다. 즉, 동일한 조사를 다른 집단에 실시했을 경우 유사한 결론을 얻을 수 있을까 하는 신뢰성의 문제와 사용된 특정 기법이 측정하고자 했던 것을 제대로 측정하였는가의 타당성의 문제가 있다.

우선 **검사-재검사 신뢰도**(test-retest reliability)에 대해 살펴보면, 검사-재검사 신뢰도는 한 기법이 지속적으로 안정된 결과를 도출하는가와 관련되어 있다. 어떤 상황에서는 처음 검사 때부터 재검사 때까지 응답자들의 대답이 유사하며 높은 상관관계를 나타내야 한다. 그러나 또 다른 상황에서는 상황적 요인에 의해 영향을 받을 수 있음을 예상하는 경우도 있다. 이렇듯 검사-재검사 신뢰도는 투사법 사용 시 하나의 고려사항이 되며, 연구의 목표가 무엇인지에 따라 적용된다. 물론 투사법을 반복 수행 시 그 결과들의 상관관계가 높아야 하는지 달라야 하는지는 많은 논쟁의 여지가 있다.

다음으로 **평정자 신뢰도**(interrater reliability)에 대해 살펴보면, 평정자 신뢰도는 둘 이상의 조사자가 데이터를 같은 방식으로 해석하는지와 관련된 것이다. 만약 똑같이 숙련된 복수의 조사자들이 데이터를 다른 방식으로 해석한다면 평정자 신뢰도에 의구심이 들게 된다. 투사법의 데이터를 해석하는 것은 조사자에게 고도의 주관성을 요구하는 작업이며, 응답자의 대답에서 숨은 의미를 해석하는 데 의견 불일치가 있을 수도 있다. 이렇듯 평정자 신뢰도는 투사법에서 중요한 문제이며 비판의 대상이 되기도 한다.

예를 들어, 투사법의 한 유형인 만화 테스트에서 응답자들이 만화의 풍선을 통해 응답한 반응이 실제 응답자의 생각을 그대로 반영하고 있는가라는 것에 대한 답은 객관적이기보다는 조사자의 주관적 판단에 의존할 수밖에 없다. 이렇듯 투사법은 대체로 타당성과 신뢰성이 낮게 평가되고 있지만, 이를 보완하기 위해 자극물의 생성과 수집된 자료의 분석에 숙련된 기술과 어느 정도 경험을 가진 전문가를 참여시키는 방법을 사용할 수 있다. 즉, 측정하고자 하는 바를 제대로 측정할 수 있는 자극물을 제작하여 타당성을 높이고, 많은 경험을 바탕으로 데이터 해석의 준거를 가진 전문가를 활용하는 방법으로 신뢰성 문제를 타개하도록 한다.

3 투사법의 종류

투사법의 종류는 크게 연상법(association techniques), 완성법(completion techniques), 구성기법(construction techniques), 표현기법(expressive techniques)으로 분류할 수 있다. 네 가지 유형에 속하는 투사기법들을 순서대로 살펴보자.

3.1 연상법(association techniques)

연상법은 참여자들에게 자극물을 주고 이 자극물과 관련하여 제일 먼저 떠오르는 단어, 이미지, 생각들을 말하게 하는 투사기법이다. 이때 소비자의 반응, 특정 반응의 소요시간, 반응의 빈도를 가지고 브랜드 인지도의 측정과 슬로건이나 판매촉진의 효과 검증을 위해 사용한다. 연상법의 종류로는 단어연상법, 의인화법, 직유법, 그림 그리기가 있다.

(1) 단어연상법(word association)

단어연상법은 조사자가 제시한 단어 목록의 각 단어에 대하여 응답자가 가장 먼저 머리에 떠오르는 단어를 말하게 하는 투사기법을 말한다. 통상 시간제한을 두며, 머리에 가장 먼저 떠오르는 응답이 응답자의 가장 강한 태도를 나타내주는 연상으로 볼 수 있다. 또한 대상이 되는 상표나 제품을 소비자에게 숨기고 조사 목적이 무엇인지 노출하지 않기 위해 단어 목록에는 전혀 관련이 없는 중립어(neutral words) – 예를 들어, 말, 펜, 상추 등 – 와 관심이 있는 주제어(key words) 또는 자극어(stimulus words)를 함께 포함시킨다. 예를 들어, 커피에 대한 주제어에는 커피숍, 아메리카노, 커피향, 스타벅스 등의 단어들을 포함할 수 있을 것이다. 주제어는 목록 속의 중립어의 사이사이에 삽입되어 제시된다. 단어연상법은 매우 단순한 기법이지만, 브랜드의 정체성이나 새로운 브랜드 이름의 탐색, 또는 소비자에게 부각적인 제품 속성을 알기 위하여 유용하게 사용될 수 있다. 또 상표명이나 광고문안에 사용할 단어들이 소비자에게 부정적인 연상을 유발시키지는 않는지 검증하기 위한 목적으로도 사용할 수 있다.

예를 들어, P&G는 세제 브랜드에 대한 고객 세분화를 위하여 단어연상법을 사용했다. 연령과 가족 배경이 유사한 주부들을 대상으로 세탁세제에 관한 반응을 살펴보았다. 이때 사용한 주제어는 세탁하는 날, 신선(fresh), 순수, 문지르다, 더러움, 거품, 가족, 수건과 같은 단어들이었다. 한 주부는 더러움을 불가피한 것으로 보고 더러움을 극복하기 위해 그다지 큰 노력을 기울이려 하지 않는 성향을 보였으며, 청소를 열심히 한다거나 이런 일을 잘 함으로써 가족으로부터 기쁨을 얻고자 하지 않았다. 다른 주부는 더러움을 불가피한 것으로 본다는 점에서는 동일하지만 상대적으로 활기차고, 사실적이며, 덜 감정적이었다. 이 주부는 비누와 물을 사용하여 더 적극적으로 먼지를 제거하고자 하였다. 조사 결과 세제시장이 소비자의 태도에 따라 세분화될 수 있음을 발견했다. P&G는 시장 선도기업으로서 다양한 세제 브랜드를 보유하고 있었는데, 이 결과에 따라 각각의 세제 브랜드를 서로 다른 세분시장을 타깃으로 포지셔닝하였고 이를 통해 매출이 증가하였다.

(2) 의인화법(personification)

의인화법이란 응답자들에게 사람이나 개성을 어떤 브랜드 혹은 제품과 연계시키도록 하는 기법이다. 즉, 의인화는 응답자에게 브랜드 등 조사 주체를 사람이라고 가정하게 하고 이 브랜드가 사람으로 친다면 어떤 사람일지에 대해 얘기해 보게 하여 소비자를 이해하고자 하는 기법이다.

예를 들어, 자동차에 대한 소비자조사에서 "RV차량과 SUV차량이 사람이라면 어떤 사람일까요?"라고 자동차를 사람이라고 가정하여 대답하도록 했다. 응답자들은 RV차량을 의인화했을 때 30~40대의 중산층이며, 직업은 짐을 많이 싣고 다니는 영업직과 도심에서 떨어져 사는 샐러리맨으로 묘사했다. 그리고 평범한 성격을 가지고 있고 주말에 가족과 함께 레저를 즐기는 사람으로서 주말에 자동차 이용을 많이 하고 많은 사람을 태우고 이동할 수 있다는 점에 만족하는 사람일 것이라고 했다. 이와 달리 SUV차량에 대해서는 30대 후반에서 40대 가량의 사업가나 전문가, 혹은 부유한 집안의 20대 청년 실업가로 묘사했다. 성격은 거친 면이 있으며, 행글라이더, 사냥, 골프, 낚시 등의 여가생활에 돈과 시간을 아낌없이 투자하는 여유가 있는 프로페셔널한 사람으로 설명했다.[1]

1) MBC애드컴, 2003년 7/8월호.

사례 **BBDO의 Photosort**

광고대행사인 BBDO는 Photosort라고 명명한 일종의 상표의인화 기법을 적용하여 소비자에게 다양한 유형의 사람 사진을 보여주고 상표에 대한 감정을 표현하게 했다. 즉, 상표와 사진의 사람을 서로 연결하게 하여 특정 유형의 사람을 특정 브랜드의 사용자로 규정하고 브랜드 개성을 파악하고자 하였다. 예를 들어, GE에 대한 조사에서는 소비자들이 GE 브랜드를 보수적이며 연령대가 높은 사람들에게 어필하는 상표로 생각하는 것으로 나타났다. 이 결과는 GE가 이미지 변화를 위하여, "We bring good things to life"라는 광고캠페인을 실시하는 계기가 되었다.

(자료 : 모리슨, 2006)

(3) 직유법(analogies)

직유법은 한 대상을 다른 대상에 빗대어 볼 때 얼마나 서로 비슷한가를 설명하도록 하는 기법이다. 음료수 데미소다에 대한 소비자조사에서 데미소다를 자동차, 꽃, 도시라고 가정할 때 어떻게 생각하는지 응답하게 하였다. 응답자들은 데미소다를 도시라고 가정할 때는 '트렌디하고 고급스러운 뉴욕과 호주'라고 대답했고, 꽃이라고 가정할 때는 '상큼하고 옹기종기 모여 있는 느낌의 데이지와 프리지아'라고 답했으며, 자동차라고 가정할 때는 '함께 즐기고, 활동적인 성향을 나타내는 렉스턴과 레조'라고 하였다.[2)]

(4) 그림 그리기(drawing a picture)

그림 그리기는 응답자들에게 어떤 주제를 제시하여 이에 대한 그림을 그리게 하고, 응답자가 그린 그림을 어떻게 설명하는지를 관찰하여 소비자의 성향이나 브랜드에 대한 태도나 이미지 등을 알아보는 기법이다.

---

2) MBC애드컴, 2003년 7/8월호.

사례 슬림 패스트(Slim Fast)

다이어트 식품인 슬림 패스트는 표적시장의 고객들이 경쟁 브랜드에 대해 어떻게 생각하는지 알아보는 브랜드 조사를 실시하였다. 우선 경쟁 브랜드로는 제니 크레이그(Jenny Craig)와 웨이트 왓쳐스(Weight Watchers)가 있음을 확인하였다. 다음으로 조사자는 응답자들에게 각각의 브랜드를 사람이라고 가정할 때 어떻게 묘사할 수 있는지 그림을 그려달라고 요청했다. 그 결과 제니 크레이그는 세 브랜드 중 제일 상층에 속하는 브랜드로 나타났다. 응답자들은 제니 크레이그를 옷을 아주 잘 입은 세련된 중년 여성으로 묘사했다. 웨이트 왓쳐스는 제니 크레이그보다 덜 세련되고 좀 더 뚱뚱한 중년 여성으로 묘사되었다. 이와 달리 슬림 패스트는 다른 브랜드보다 더욱 날씬하고 활동적이면서도 가장 젊은 여성으로 표현되었다. 이 결과는 포지셔닝 전략과 광고 캠페인에 반영되었다.

(자료 : Morrison, Haley, Sheehan & Taylor, 2011)

3.2 완성법(completion techniques)

완성법은 미완성된 문장이나 이야기를 제시하고 응답자에게 완성하도록 함으로써 응답자의 욕구, 태도, 감정 등을 파악하는 투사기법이다. 단어연상법과 유사하나 통상 단어연상법보다 활용이 더 쉽다고 간주되는데 그 이유는 응답자의 태도와 감정을 더 잘 드러내며 응답자의 욕구와 가치에 대한 통찰력을 얻기에 더 낫다고 보기 때문이다. 어떤 주제에 대한 태도나 감정을 더 잘 나타내주고 응답자들의 욕구－가치체계에 대한 더욱 좋은 통찰력을 주는 특징이 있는 투사기법이다. 완성법의 종류로는 문장완성법, 이야기 완결법이 있다.

(1) 문장완성법(sentence completion)

문장완성법은 응답자들에게 미완성의 문장, 이야기, 대화, 논의 주제 등을 제시하고 이것을 완성하게 하는 기법이다. 문장완성법은 단어뿐 아니라 아이디어를 시험할 수 있도록 단어연상법을 확장한 것으로 단어연상법과 유사한 방식으로 수행된다. 응답자에게는 불완전한 문장의 앞부분이 주어진 후 문장들을 완결하도록 하는데, 이때 각 문장은 응답자가 어떤 입장을 취하거나 태도를 나타내도록 하는 서술문으로 시작한다.

예를 들어, 특정 백화점 이용자가 어떤 사람들인지 파악하기 위하여, "A 백화점을 이용하는 사람들은 ______________."이라는 문장을 제시하고 밑줄 친 부분의 답변을 분석하여 이용자들의 특성을 파악할 수 있다. 홈시어터 시스템을 이용하는 사람들을 대상으로 이 기법을 적용한 결과, 홈시어터 시스템 이용자들은 풍요롭고, 여유롭고, 자부심을 느끼는 남성인 것으로 나타나기도 했다.[3)]

9명의 응답자에게 카카오뱅크에 대한 문장완성법을 실시한 한 연구에서, 카카오뱅크는 _________한 서비스다"라는 문장을 제시하고 응답을 정리한 결과, "간편한", "새로운"이 많이 언급되었다. 또한 "카카오뱅크를 사용하는 것은 ________라고 생각한다"는 문장에 대해서는 "편리한", "위험한"이 다수 언급되었다. 이를 통해 카카오뱅크는 소비자에게 신상품의 이미지와 편리성이 강조되고 있으며, 보안 문제에 대한 안정성을 전달하는 것이 시급함을 도출할 수 있다.

문장완성법에서 사용하는 문장은 (예 1)에서 보듯이 1인칭 문장일 수도 있고, (예 2)에서 보듯이 3인칭 문장일 수도 있다.

---

3) MBC애드컴, 2003년 7/8월호.

(예 1) 내가 생각할 때에 맥주는 ____________________

(예 2) 보통 사람들이 생각할 때에 맥주는 ____________________

3인칭 문장은 1인칭 문장과 비교하여 응답자의 드러나지 않은 깊은 마음속의 생각을 파악하는 데에 효과적이며, 특히 대상에 대한 생각이 부정적일 경우 이를 파악하는 데에 효과적이다.

문장완성법은 시간이 제한된 상황에서는 유용한 기법이지만, 결과를 제대로 해석하기 위해서는 후속 질문을 통해 응답자의 반응을 충분히 이해하는 것이 필요하다. 또한 응답자의 언어표현력이 부족하거나, 응답자가 조사에 협조적이지 않으면 그 결과가 만족스럽지 못할 수도 있다는 단점이 있다.

(2) 이야기 완결법(story completion)

이야기 완결법은 응답자에게 이야기의 시작부분을 주고 그 이야기를 완결하도록 하여 응답자의 심리를 파악하는 기법이다. 이야기 완결법은 문장완성법의 확장이면서 문장완성법보다는 덜 구조적인 기법이다. 예를 들어, 응답자에게 지금 막 가구 전시장에 들어가려는 중년부부를 묘사하되 응답자에게 어떠한 영향도 주지 않도록 가급적 세부적인 묘사는 생략한다. 즉, 부부의 가족생활주기상의 단계나 소득수준은 말해줄 수 있으나, 다른 구체적인 정보는 제공하지 않는데 이때 응답자는 이야기를 완결하는 과정에서 구매행동과 관련된 자신의 선호, 태도, 관심사와 신념을 나타낼 것으로 기대한다.

이 기법은 조사문제를 정의하기 위하여 조사의 탐색적 단계에서 사용할 수 있을 뿐 아니라, 단순한 간접적인 기법으로 밝혀낼 수 없는 특정 심리적 욕구를 찾아내고 평가하는 데 유용하다. 그러나 자극물의 작성과 해석에 있어서는 심리분석에 정통한 전문가의 참여가 필요하다.

3.3 구성기법(construction techniques)

응답자들에게 자극물을 제시하고 이로부터 어떤 이야기나 그림을 만들어 내도록 하는 기법이다. 응답자의 입장에서는 추상적인 연상과정을 통해서 무언가 만들어내야 하기 때문에 단순한 연상기법보다 더 복잡하고 통제된 지적 활동이 요구된다. 이 기법을 사용할 때에 조사자는 단순한 결과물보다 응답자들이 의미를 만들어내는 과정에 더 큰 관심을 가지고 참여자들이 경험하는 모든 감정을 파악하는 것이 중요하다. 구성기법의 종류로는 콜라주 기법, 만화기법, 심리그림이 있다.

(1) 콜라주 기법(collage)

콜라주 기법은 응답자에게 잡지, 신문, 전단지 등의 자료들을 하나의 콜라주로 결합하게 함으로써 특정 주제에 대한 자신의 감정을 표현하게 하는 기법이다.

다음 그림은 카카오뱅크에 대해 갖고 있는 이미지에 대해 응답자가 몇 개의 이미지들을 골라 콜라주로 만든 것이다. 첫 번째 그림은 카카오뱅크를 이용하는 30대 여성이 응답한 것으로 '확산', '인공지능', '상승'을 카카오뱅크의 이미지로 추출하였다. 두 번째 그림은 카카오뱅크를 이용하지 않는 20대 여성이 '빠름', '귀찮음', '부족'을 카카오뱅크의 이미지로 추출한 것이다. 두 개의 그림을 통해 카카오뱅크의 사용자와 비사용자 모두 카카오뱅크가 편리하다는 장점을 공통적으로 지각하고 있지만, 카카오뱅크 사용자에 비해 비사용자는 부정적인 이미지를 훨씬 더 많이 가지고 있음을 알 수 있다. 이렇게 콜라주 기법을 통해 얻은 다양한 인사이트는 향후 커뮤니케이션 전략에 반영할 수 있다.

(2) 만화기법(cartoon test)

만화기법은 응답자들을 만화의 주인공과 동일시되도록 유도하여 어떤 대상에 대한 응답자의 태도를 밝히도록 요구하는 기법이다. 응답자에게 제시되는 만화의 주인공은 대체로 구체적인 표정이나 성격을 암시하지 않음으로써 중립적으로 나타내는데 이것은 응답자로 하여금 등장인물과 자신을 동일시하게끔 하는 데에 도움이 된다. 보다 구체적으로, 조사대상과 관련된 상황에서 한 사람은 응답자의 생각을 유발하는 내용이 적혀 있는 대화 **풍선**을 가지며, 다른 한 사람은 아무것도 적혀 있지 않은 빈 풍선을 갖는다. 이때 응답자는 이 상황에서의 자신의 태도를 표현하기 위하여 빈 풍선에 자신의 반응을 글로 써넣도록 요구받는다.

만화기법에서는 등장인물들을 항상 중립적으로 나타낼 뿐 아니라, 배경 자체도 응답자가 배경을 자유롭게 해석할 수 있도록 구성한다. 자료 수집은 주로 훈련된 조사자에 의한 개인인터뷰를 통해 이루어지는데, 조사자는 자신의 개인적 가치판단이 응답자에게 영향을 미치지 않도록 유의해야 한다.

(3) 심리그림(psychodrawing)

심리그림은 특정 제품, 서비스, 브랜드 사용과 관련된 느낌을 그림으로 그리는 기법이다. 맥캔 에릭슨(McCann-Erickson) 광고대행사는 바퀴벌레 살충제의 조사에서 살충제를 많이 사용하는 지역에 거주하는 주부들에게 바퀴벌레에 대해서 어떻게 생각하는지 그림을 그려서 설명하라고 한 적이 있다. 이때 여성들은 바퀴벌레를 남자들과 동일시하였는데, 이 남자들은 집에 귀가하여 밥이나 달라고 하며 귀찮게 하거나 자신을 버린 남자들로 묘사되었다. 이 결과는 바퀴벌레 살충제의 형태에 있어서도 디스크 타입보다는 스프레이 타입을 더 좋아하는 것으로 연결되었는데, 왜냐하면 사용자들은 바퀴벌레 살충제를 사용했을 때에 자신들 앞에서 바퀴벌레(=남편)가 꿈틀대며 죽는 모습을

눈으로 직접 보기 원했기 때문이다.[4)]

The Mind of a Roach Killer

The McCann-Erickson ad agency asked women to draw and describe how they felt about roaches. The agency concluded from the drawings that the women identified the roaches with men who had abandoned them and thus enjoyed watching the roaches-men squirm and die. That's why, the agency figured, that women prefer spray roach killers to products that don't allow the user to see the roach die.

"ONE NIGHT I just couldn't take the horror of these bugs sneaking around in the dark. They are always crawling when you can't see them. I had to do something. I thought wouldn't it be wonderful if when I switched on the light the roaches would shrink up and die like vampires to sunlight. So I did, but they just all scattered. But I was ready with my spray so it wasn't a total loss. I got quite a few...continued tomorrow night when night time falls."

"I TIPTOED quietly into the kitchen perhaps he wasn't around. I stretched my arm up to the light. I hoped I'd be alone when the light went on. Perhaps he is sitting on the table I thought. You think that's impossible? Nothing is impossible with that guy. He might not even be alone. He'll run when the light goes on I thought. But what's worse is for him to slip out of sight. No, it would be better to confront him before he takes control and 'invites a companion'."

"A MAN LIKES a free meal you cook for him, as long as there is food he will stay."

3.4 표현기법(expressive techniques)

표현기법은 응답자들에게 특정한 개념 혹은 상황을 행동이나 그림, 스토리로 표현하게 하는 투사기법이다. 표현기법의 종류로는 역할놀이, 주제통각검사, 브랜드가 사는 집, 제3자 기법이 있다.

(1) 역할놀이(role playing)

역할놀이는 응답자들에게 가상 상황을 묘사해주고 한두 사람의 응답자로 하여금 짧은 독백만을 포함하는 간단한 역할을 수행하도록 하는 기법이다. 이때 다른 사람들은 청중의 역할을 한다. 역할놀이는 응답자가 말로 표현하는 것보다 행동으로 표현하는 것이 더 용이할 때에 사용할 수 있다. 특히 집단으로 모여서 진행할 경우 사람들 간의 복잡한 상호작용을 이해하는 데에 도움이 된다. 예를 들어, 친구에게 승용차의 신규 구매에 관한 조언(무엇을, 어디에서 살 것인가, 어떻게 가격협상을 할 것인가)을 해주는 사람의 역할을

---

4) McCann-Erickson(1988).

수행하라고 요구한다고 하자. 먼저 응답자는 독백을 통하여 자신의 감정을 그가 담당하는 등장인물에 투사할 기회를 갖는다. 역할놀이에서 사용하는 요구사항이 비교적 간단하며 반응들이 대체로 녹음되기 때문에 다른 기법들에 비해 조사자의 전문성은 크게 요구되지는 않는다. 그러나 심리적 욕구나 억압된 욕망을 밝히기 위해서는 수집된 자료를 전문적으로 분석하는 능력이 필요하다.

역할놀이는 어린이를 상대로도 활용될 수 있는데 어린이(특히 유아)는 언어적 기술이 부족하지만 다른 방법으로 자신을 표현할 수 있다. 예를 들어, 여자 어린이에게 지난번 어머니와 함께 슈퍼마켓에 갔던 일을 연기하도록 하거나, 장난감 전화로 친구를 불러 방금 광고된 새 장난감이나 어머니가 사준 과자를 묘사하도록 할 수 있다.

심리극(psychodrama)은 역할놀이를 발전시킨 것으로 본래 집단치료의 도구로서 개발된 것이다. 몇 명의 응답자들을 대상으로 만족하거나 불만족한 소비자의 역할을 연기하도록 요구할 수 있으며, 이에 덧붙여 다른 응답자들은 청중으로서 배우에 의해 연기되는 역할을 주목하게끔 한다. 조사자는 역할 수행자뿐만 아니라 청중들의 피드백에 대한 자료도 함께 수집하여 분석할 수 있다.

(2) 주제통각검사(TAT : thematic apperception test)

주제통각검사는 그림을 자극물로 사용하여 그림 속에 나타난 인물과 그 인물의 행동을 응답자가 설명하도록 하는 기법이다. 주제통각검사는 임상조사와 소비자조사에서 가장 널리 사용되는 표현기법 중 하나이다. 프로이드의 정신분석학에 근거하여 개인이 지니고 있는 인성의 내용을 상상력을 통해 밝히고자 한다.

주제통각검사는 다른 제품과 연관된 질적 속성에서의 통찰력을 얻는 데 적절한 기법이며, 기관이나 상징의 이미지, 제품이나 브랜드에 대한 소비자의 태도를 조사하는 데에 적절하다. 주제에 맞는 사진들이나 만화로 구성되어 있으며, 다소 모호한 상황에서 제시된다. 응답자들에게 묘사된 사람들 중 하나의 역할을 가정하고, 사진 속 인물이 생각하고 말하고 행동하는 것에 대한 이야기를 구성해보라고 한다. 또한 그들에게 묘사된 장면이 의미하는 바와

사례 클리어라실(Clearasil)

DMB&B 광고대행사가 클리어라실(Clearasil) 광고주의 의뢰를 받아서, 여드름에 관해 10대들이 어떻게 느끼는가를 알아보고자 주제통각검사를 실시했다. 10대들에게 얼굴에 흉터가 있는 사람의 사진을 보여준 후, 사진 속의 사람에 대해 설명하게 했다. 결과에 따르면, 10대들에게 여드름의 의미는 사회적 고립과 다른 존재가 되는 것으로 나타났다. 이에 따라 DMB&B는 캠페인의 내용을 10대들이 클리어라실을 사용하면 일상생활로 빨리 돌아올 수 있다는 것을 담았다. DMB&B의 관계자는 클리어라실의 주 타깃인 10대들에게 여드름과 여드름 치료법에 대해 물었다면 얻을 수 없는 정보였을 것이라고 설명했다.

(자료 : 모리슨, 2006)

시간이 흐른 뒤 어떤 일이 발생했겠는가를 자세히 설명해보라고 한다.

이러한 기법은 **로샤의 잉크반응검사**(Rorschach inkblot test)와 유사하지만 이는 근본적으로 심리분석과 심리치료에 사용되는 것으로 소비자조사에는 널리 사용되지 않는다. 주제통각검사는 소비자조사에서 소비자들에 관련된 통찰력을 얻는 데에 성공적으로 활용되어 단어, 비주얼 자료 등과 같은 카피테스트 분야에 적절하게 사용된다. 주제통각검사는 숙련된 전문가에 의해 장시간의 개인인터뷰를 통하여 수행되며 수집된 자료는 심리학자에 의해 해석되어야 한다. 따라서 연구비용을 절감하기 위하여 일반적으로 소표본이 사용된다.

(3) 브랜드가 사는 집(The house where the brand lives)

브랜드가 사는 집 기법은 응답자에게 브랜드를 하나씩 소개하고, 각 브랜드들이 나타내는 집에 대해 표현하도록 하는 기법이다. 이 기법은 브랜드의 이미지에 관한 통찰력을 제공한다는 장점이 있으며, 아울러 시장 기회요인도 제공하는 유용성이 있다.

사례

맥주 브랜드 실험 사례 : 롤링 락(Rolling Rock) vs. 버드와이저(Budweiser)

두 맥주는 전 세계적으로 유통되며, 비슷하게 평가되는 미국산 제품이다. 조사 결과, 버드와이저의 이미지가 롤링 락보다 약간 더 상류층에 가까웠다. 버드와이저는 좀 더 널리 알려진 맥주이고, 주로 중산층이 애용하며, '일반적인' 소비자들이 선택하는 맥주이다. 반면에 롤링 락은 노동자 계층에게 보다 맞는 맥주이고, 시장에서 자신만의 틈새시장을 구축하고 있으면 그 시장에서 잘 팔린다는 것을 알 수 있었다. 이러한 결론은 크리에이티브 전략에 활용될 수 있을 것이다.

Budweiser	Rolling Rock
중산층	보다 작고 약간 낡은 집
교외지역	도시에 있음
크지는 않지만 잘 관리	잡초가 무성
가족들이 함께 살고 있음	주변에 사람이 없고 혼자인 것처럼 보임
주말을 집에서 즐기는 사무직 노동자	일반적 공장 노동자
고풍스런 분위기의 거실	낡은 의자들이 있는 거실
축구경기 진행중인 ESPN채널, 와이드 TV	WTBS의 레슬링 경기에 맞춰진 작은 TV

(자료 : 모리슨, 2006)

(4) 제3자 기법(The 3rd person techniques)

제3자 기법은 응답자에게 제3자의 입장에 있다고 가정하도록 요구한 후 질문에 응답하게 함으로써 응답자가 답하기 어렵거나 숨기고 싶어 하는 응답자의 의견을 제3자의 입장을 통해 드러내게 하는 기법이다. 이 기법을 사용한 가장 유명한 사례는 1950년에 실시된 메이슨 헤어(Mason Haire)의 **쇼핑목록법 조사**이다.

사례 Mason Haire의 쇼핑목록법(shopping list) 조사

Haire는 네스카페 인스턴트 커피에 대한 소비자의 실제 신념 및 감정을 밝혀내고자 하였다. 이 조사를 시작하게 된 동기는 네스카페 인스턴트 커피의 초기 판매실적 저조에 대한 원인을 조사한 결과에서 비롯되었다. 이 조사에서는 소비자들에게 인스턴트 커피를 사용하는지의 여부와 사용하지 않는 경우 어떤 점을 싫어하는지 질문했다. 제품을 좋아하지 않는다고 답변한 대부분의 사람들은 그 이유로 맛을 싫어하기 때문이라고 응답했다. 그러나 미각 테스트의 결과에 따르면 소비자들이 인스턴트 커피의 맛을 괜찮게 생각한다는 것으로 나타났기 때문에 이 답변은 납득하기 어려웠다. 소비자들이 인스턴트 커피를 사용하지 않는 실제 이유를 파악하기 위해 Haire는 쇼핑목록법을 고안해 냈다. 즉, 여섯 개의 동일한 품목의 쇼핑목록을 만들고, 쇼핑목록 1에는 맥스웰 하우스 원두커피를, 쇼핑목록 2에는 네스카페 인스턴트 커피를 추가로 포함시켰다.

쇼핑목록 1

햄버거 1과 1/2파운드
원더 식빵 2개
당근 묶음
럼포드 베이킹 파우더 1캔
맥스웰 하우스(원두커피)
델몬트 복숭아 2캔
감자 5파운드

쇼핑목록 2

햄버거 1과 1/2파운드
원더 식빵 2개
당근 묶음
럼포드 베이킹 파우더 1캔
네스카페(인스턴트 커피)
델몬트 복숭아 2캔
감자 5파운드

두 개의 그룹에게 위 목록 중 하나를 주고 다음과 같이 질문했다. '쇼핑목록을 읽어보고, 이 식료품을 구매한 여성의 특징을 묘사할 수 있을 때까지 상황을 투사해보라' 그 후 조사대상자들로 하여금 자신이 상상한 사람의 특징과 인격을 간단히 묘사하도록 했다. 이에 대한 답변들을 자주 언급된 범주로 대분류하여 본 결과, 두 가지의 매우 대조적인 프로필이 나타났다.

	쇼핑목록 1 (맥스웰 하우스)	쇼핑목록 2 (네스카페)
게으르다	4%	48%
구매와 계획을 잘 못 세운다	12%	48%
검소하다	16%	4%
좋은 아내가 아니다	0%	16%

Haire는 이 결과에 따라, 인스턴트 커피는 가정에서 만드는 커피와 가족사랑이라는 전통으로부터 멀어짐을 나타내는 것으로 해석했다. 달리 말하면 그 당시에 인스턴트 커피의 '노동절감(시간절약, 간편성)'이라는 측면은 상품의 강점이라기보다는 고객의 전통을 침범하는 부담스러운 존재로서 비추어졌다. 소비자들에 대한 직접질문에서는 소비자들이 이런 사실을 드러내기를 꺼렸지만, 다른 사람들에게 자신의 감정을 투사하도록 한 간접질문에서는 실제 감정을 표현한 것이다.

결국 원래 조사결과에 따르면 일반 커피에 대한 인스턴트 커피가 취해야 할 포지셔닝은 '편이성'이라는 차별점과 '맛'이라는 유사점을 구축하는 것이었을 것이다. 그러나 투사실험 결과에 의하면, 사용자 이미지에 있어서도 유사점을 만드는 것이 필요했고, 그 결과 주부들이 보다 중요한 가사활동에 전념할 수 있도록 시간에 쫓기는 것에서 해방될 수 있다는 방식으로 네스카페 인스턴트 커피를 광고하는 캠페인을 전개했으며 비로소 인스턴트 커피는 폭발적 성장을 거두게 되었다.

사례 컨티넨털 항공사(Continental Airlines)

한 항공사의 조사에 따르면, 응답자에게 항공여행을 두렵게 생각하는지를 직접적으로 질문하였을 때에는 두렵다는 응답은 거의 없었다고 한다. 비행기를 타지 않는 이유는 두려움 때문이 아니라 비용, 날씨, 불편함 등이라고 대답했다. 그러나 이 답변은 응답자들이 조사자의 질문에 대하여 혹 사회적으로 바람직한 응답을 하게끔 하는 욕구 때문에 제시되었을 수도 있다는 가정 하에 후속 조사가 실시되었다.

두 번째 조사에서는 (자신이 아니라) 다른 사람들이 항공여행을 두려워한다고 생각하는지를 질문하였는데, 대다수의 사람들이 두려워할 것이라는 답변이 나왔다. 이러한 유형의 질문은 응답자로 하여금 자신의 느낌을 다른 사람에게 투사시킴으로써, 자신의 자아를 보호할 수 있는 기회를 제공하는데, 응답자가 사실은 항공여행을 두려워하면서도 다른 사람들의 비웃음거리가 될까 봐 두려워서 사실을 인정하려 들지 않을 가능성에 대비하는 것이다.

9·11사건 이후 항공기 탑승객의 수가 크게 감소했지만, 컨티넨털 항공사는 안전관리를 더욱 강조하고 기내에서 승객들의 안도감을 높임으로써, 항공기 탑승의 두려움 문제를 해결해 승객 감소의 위기를 잘 헤쳐갈 수 있었다.

(자료 : Malhotra, 2007)

주요 용어

투사법(projective techniques)
단어연상법(word association)
의인화법(personification)
직유법(analogies)
문장완성법(sentence completion)
이야기 완결법(story completion)
콜라주 기법(collage)
만화기법(cartoon test)
심리그림(psychodrawing)
역할놀이(role playing)
주제통각검사(TAT : thematic apperception test)
제3자 기법(The 3rd person techniques)

요 약

1. 투사법은 투사적 기법을 줄인 말로 응답자 스스로도 잘 인식하지 못하는 개인적인 욕구, 감정, 동기, 가치관 등이 밖으로 표출될 수 있도록 유도하는 심리학적 기법이다. 응답자에게 직접 질문을 던지는 대신에 그림, 단어, 역할 등 제3의 간접적 자극물을 사용하여 응답자가 자신의 생각, 마음, 의견을 이 자극물에 투사하게 함으로써 응답자의 진실한 반응을 표현하게 하는 방법이다.

2. 소비자조사에서는 일반적인 설문조사를 이용할 경우 응답자들이 사회적으로 용인되는 응답으로 일관하여 솔직한 소비자의 마음을 파악하기가 어렵다고 판단될 때 소비자들로부터 진실한 반응을 얻기 위해 투사법이 사용된다.

3. 투사법의 장점은 가설을 일반화하고 보완하고 검증하는 데 유용하고, 다른 조사법에 비해 상대적으로 적은 인지적 활동을 응답자에게 요구하여 폭 넓은 응답자를 대상으로 실시할 수 있다는 점이다.

4. 투사법의 단점은 데이터 해석을 위해 훈련된 전문가가 필요하고, 상상력을 요하는 활동의 경우 때때로 참여를 꺼리는 응답자들이 발생할 수 있으며, 신뢰도에 대해 논란의 여지가 있다는 점이다.

토의문제

1. 브랜드를 선정하여 고객 세분화를 위한 소비자조사에 적용할 수 있는 투사법을 실시해보고, 고객 세분화의 기준을 제시하시오.

2. 투사법 사용 시 응답자의 적극적인 참여를 유도할 수 있는 방법에 대해 생각해보시오.

참/고/문/헌

마가렛 A. 모리슨 (2006), 『광고의 질적 연구방법론』, 서울: 커뮤니케이션북스.

삼성경제연구소 (2003) "불황 때는 팔릴 문건을 만들어라-고객 마음을 읽는 마케팅 조사기법", 『CEO Information』, 제405호,

LG경제연구소 (2009), "고객 통찰력 확보를 위한 소비자 조사 기법", 『LG Business Insight』, 25.

MBC애드컴 (2003), 7/8월호.

Belk, R. W. (Ed.) (2007), *Handbook of qualitative research methods in marketing*, Edward Elgar Publishing.

Belk, R. W. (2017), "Qualitative Research in Advertising," *Journal of Advertising*, 46 (1), 36-47

Boddy, C. (2005), "Projective techniques in market research: valueless subjectivity or insightful reality," *International Journal of Market Research*, 47(3), 239-254.

Donoghue, S. (2000), "Projective techniques in consumer research," *Journal of Family Ecology and Consumer Sciences*, 28, 47-53.

Haire, M. (1950), "Projective techniques in marketing research," *Journal of Marketing*, 14(5), 649-656.

Malhotra, Naresh K. (2007), *Marketing Research: an applied orientation* (5th ed), NJ: Pearson Prentice-Hall.

McCann-Erickson (1988), "The Mind of a Roach Killer," *The Wall Street Journal*, May 14(3), Colonial Contest, London: Routledge.

Morrison, Margaret, Eric Haley, Kim Sheehan, and Ronald Taylor (2011), *Using Qualitative Research in Advertising: Strategies, Techniques, and Applications*, Los Angeles, CA: Sage.

Steinman, R. B. (2009), "Projective techniques in consumer research," *International Bulletin of Business Administration*, 5(1), 37-45.

Walker, Rob. (2009), S.U.V. and Sympathy, *The New York Times Magazine*, March 16.

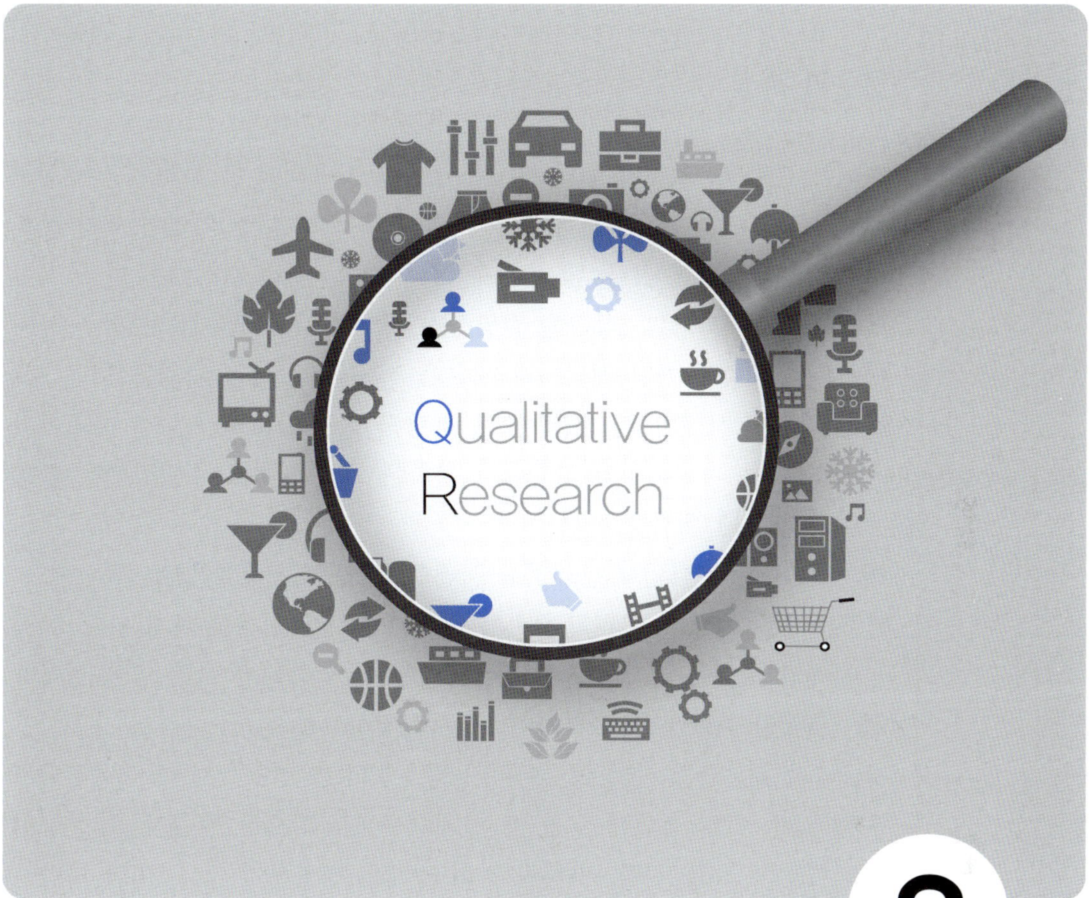

제 8 장

사례연구(Case Study)

1 사례연구의 이해

1.1 사례연구의 특징

사회학, 인류학, 교육학 등의 분야에서 많이 활용되어 온 사례연구는 최근에 경영학에서도 인터넷 마케팅, 고객 서비스, 광고에 대한 기업의 책임 등의 분야에 많이 활용되어 왔다. 많은 경우 사례연구는 특정 시점에서 한 조직이나 개인이 직면하고 있는 상황을 설명하기 위해서 사용되는데, 이 경우 사례연구는 특정 상황에 어떤 개념이나 이론을 적용할 수 있는 기회를 제공해준다(Sayre, 2001). 사례연구는 질적 혹은 계량적 접근이 모두 가능한 기법이지만, 이 책에서는 자연주의적 관점에서 문화에 기반한 자료 수집방법을 활용하는 질적 조사에 초점을 둔다.

해석주의적 패러다임에 근거하여 사례연구방법을 적용할 경우, 다루게 되는 연구문제는 '어떻게, 그리고 왜?'에 대해 질문하는 형태를 띠게 된다. 예를 들어, 사례연구는 특정 사례에 관해서, "어떤 여건 하에서 어떤 일이 일어나며, 왜 그런 일이 발생하는가?"라는 질문에 답하고자 한다. 따라서 사례연구는 지금까지 충분한 조사가 이루어지지 않은 대상을 연구하는 데 적합하다고 할 수 있으며, 이런 측면에서 볼 때 사례연구에서 다루는 현상과 그 현상이 발생하는 장소, 기간, 사람, 과정들 간의 경계는 명확하지 않다. 또한 다양한 정보원으로부터 수집된 자료들이 활용되기 때문에 역동적으로 변화하는 현상을 연구하기에 특히 적합한 접근법이라고 할 수 있다(Yin, 1994).

연구자는 특정 사례의 연구를 통해 연구대상이 되는 제품이나 소비자집단에 대한 이해의 폭과 깊이가 커지며, 이를 토대로 비슷한 속성을 지니는 유사한 사례를 더욱 잘 이해할 수 있게 되어 그 사례에서 발견되었던 쟁점들과 문제들을 향후 더욱 용이하게 다룰 수 있게 된다.

애플과 IBM의 사례를 살펴보자. 1984년 애플은 당시로서는 획기적인 화면과 본체가 합쳐진 일체형 디자인의, 자판이 아닌 마우스로 조작하는 맥킨토시 컴퓨터를 출시하였다. 또한 당시 PC시장을 장악하던 IBM을 조지 오웰의 소설 『1984』 속 빅 브라더에 비유하며 여전사를 연상시키는 여성이 거대한 망치로 빅 브라더 영상을 깨트리는 광고를 내보냈다. 이 광고를 통해 시장을 지배하며 강력한 브랜드 자산을 보유한 IBM이 오히려 소비자의 선택을 억압하는 빅 브라더, 즉 부정적인 이미지의 기업으로 전락해버린 반면, 애플의 혁신적 이미지에 열광하는 지지자들은 급증하게 되었다. 이렇듯 애플과 IBM의 사례, 즉 강력한 브랜드 자산을 가진 기업이 상대적으로 약하지만 혁신적인 도전자를 만났을 때 어떤 현상이 발생하였고 어떻게 대응했는지에 대한 사례를 이해하고 나면, 연구자는 다른 유사한 사례를 더욱 잘 분석할 수 있으며, 의미 있는 시사점들 역시 잘 도출할 수 있을 것이다.

사례연구를 수행하기 위해서는 다음과 같은 문제점들을 고려해야 한다.

- **연구대상의 선정** : 사례연구는 연구자가 장기간에 걸쳐 관여를 해야 하는 경우가 많기 때문에 연구환경의 선정 자체가 어렵고, 특히 기업들은 연구자들이 기업의 비밀정보에 접근하는 것을 원치 않기 때문에 이런 문제가 발생하지 않도록 미리 신경을 써야 한다.
- **사례의 범위** : 연구자는 사례의 시점과 종점을 설정할 필요가 있다. 범위가 명확하지 않으면 어떤 자료들을 포함시켜야 할지 결정하기 어려울 수가 있다.
- **정보의 양** : 너무 많은 정보는 오히려 사례 분석을 어렵게 할 수 있기 때문에 자료수집표(data collection matrix) 등을 활용하여 정보의 양을 적정하게 유지할 필요가 있다.

사례연구는 비교적 장시간에 걸쳐서 진행되는 심층인터뷰 자료뿐 아니라 책자, 신문, 잡지기사, 관찰 등과 같은 다양한 원천을 통해 수집된 자료를 활용하며, 이런 심층적, 포괄적 자료 수집과정을 통해 '**제한된 시스템**(bounded system)'을 조사한다. 여기서 '제한된 시스템'이란 특정 시간이나 장소에 한정된 대상에 대한 연구라는 것을 의미한다. 사례의 배경(context)은 물리적, 사회적, 역사적 또는 경제적 환경이 될 수 있다. 사례연구의 주요 관심사는 주로 '특정한 상황 하에서 무슨 일들이 일어나고 있는가? 또 왜, 어떻게 그런 일들이 발생하는가?'에 대한 해답을 구하는 것이다. 예를 들어, 소비자가 맥주 브랜드를 선택할 때에 혼자 마실 때와 친구와 함께 마실 때 선택하는 브랜드가 동일한지, 또 동일하지 않다면 어떤 상황에서 어떤 브랜드를 선택하며 왜 특정 브랜드를 선택하는지에 대해 연구할 경우에는 사례연구가 적합할 수 있다.

좋은 사례연구란 어떤 특정한 환경 하에서 그 환경을 지배하는 여러 가지 요인들을 밝혀내면서 그 사례의 독특한 측면을 제시하고, 보다 폭넓은 분야에 적용할 수 있는 지식을 제공하는 것이라고 할 수 있다. 사례연구의 일반적인 특성은 다음과 같다(Daymon and Holloway, 2002).

- 현실에서 일어나는 실제 사례에 초점을 맞춘다.
- 해당 사례에 대한 깊이 있는 탐색이 가능하다.
- 사례는 특정한 시간과 장소에 한정되어 있다.
- 다양한 자료 원천을 사용한다.
- 관계를 탐색하면서 전체적인 관점을 갖는다.
- 중요하고 특이한 대상뿐만 아니라 당연시되는 대상에 초점을 맞출 수도 있다.
- 이론의 형성과 검증에 유용하다.

1.2 사례연구의 장점

사례연구는 다음과 같은 장점들을 가지고 있다(Sayre, 2001). 첫째, 사례연구는 기업이나 소비자가 직면한 상황에 대한 설명을 제공한다. 즉, 직접 조사할 수 없는 쟁점들에 대해 연구자는 사례연구를 통해 기업 및 소비자를 둘러싼 환경에 대한 다양한 정보를 얻을 수 있다. 둘째, 사례연구를 통해 특정 이론을 적용하고, 검증하고, 더 나아가서 새로운 이론을 창출할 수 있다. 연구자가 초기에 염두에 두고 있던 연구문제는 사례 분석을 준비하는 과정에서 변하기도 한다. 셋째, 연구자는 사례연구를 진행하면서 다양한 자료 수집과 분석 활동들을 포함할 수 있기 때문에 분석 결과에 대해 효과적인 상호 검증 및 확인이 가능해진다. 또한 사례연구에서는 서로 다른 이론적, 방법론적 구조들이 하나의 체계로 통합될 수 있기 때문에 다양한 증거들을 제시할 수 있다는 장점이 있다.

1.3 사례연구의 종류

1.3.1 연구 접근방법에 따른 구분

연구 접근방법에 따라 사례연구는 귀납적 사례연구와 연역적 사례연구로 나눈다. 귀납적 접근에서는 이론을 구축하기 위한 탐색적 연구를 진행할 때 기존 이론을 사용하지 않는다. 연역적 접근에서는 자료 수집기간 전 구축된 이론들을 검증하기 위한 방향을 설정할 때 기존 이론을 활용한다.

귀납적 사례연구는 연구과정이 유연하고 그때그때의 상황에 따라서 연구문제나 질문들이 변화될 수 있다는 특징을 가진다. 반면 **연역적 사례연구**에서는 면접을 시작하기 전 질문들이 확정되며, 가설을 설정하기 위해 기존의 이론들을 적극적으로 활용해야 한다. 또한 실증자료는 이미 설정된 가설들을 검증하기 위해 수집되어야 하며 일단 연구가 시작되면 연구방향이 변해서는 안 된다. 따라서 모든 면접에는 표준화되고 일관된 프로토콜이 사용되어야 한다.

연역적 접근과 귀납적 접근 중 하나만을 선택하는 것은 바람직하지 않다. 만약 귀납적인 접근법만을 취한다면, 각각의 사례에 대해 다른 연구 질문을 사용했기 때문에 개별 연구에서 도출된 결과를 비교하기가 어렵게 된다. 그리고 연구의 결과가 이미 존재하고 있던 이론을 재발견하는 데 그칠 수 있으며, 따라서 고객의 문제에 해결책을 제시하지 못하거나 학문적 연구에 새로운 공헌을 하지 못할 수 있다. 결국 순수한 귀납적 접근법만을 고집하여 기존 이론을 전혀 고려하지 않으면, 이미 존재하는 이론에서 얻을 수 있는 이득을 활용할 수 없다. 반면 연역적 접근만을 고집하게 되면 새롭고 유용한 이론을 구축할 수 없다. 결론적으로 사례연구를 진행할 때 가장 바람직한 접근법은 귀납법과 연역법을 적절히 활용하는 것이다. 즉, 연역적 접근과 귀납적 접근은 가치를 창출하기 위해서 서로가 반드시 필요한 상호 보완적인 관계에 있다고 할 수 있다(Emory and Cooper, 1991).

1.3.2 연구 목적에 따른 구분

사례연구는 목적에 따라 세 가지 형태로 구분될 수 있다(Stake, 1995). **본질**

적 사례연구(intrinsic case study)는 이론의 구축이나 어떤 현상에 대한 이해보다는 관심의 대상이 되는 주제를 더욱 잘 이해하기 위해 수행된다. 이 때 연구대상이 되는 사례는 그 독특성으로 인해 사례 자체만으로도 흥미가 있다고 판단된다. **도구적 사례연구**(instrumental case study)는 어떤 쟁점에 대해 안목을 제공하거나 이론을 개선하기 위한 목적으로 진행된다. 여기서 사례는 특정 이슈를 예증하기 위한 도구적 역할을 수행한다. 마지막으로 **집단 사례연구**(collective case study)의 경우에는 전체를 구성하는 각각의 사례연구가 독립적으로 진행된다. 집단 사례연구를 통해 연구자는 보다 광범위한 쟁점에 대해 더 깊게 이해할 수 있다.

2 사례연구의 실행

2.1 사례연구의 준비 및 계획

2.1.1 분석단위의 결정

사례연구의 설계에 있어서 분석단위의 선정은 임시적이며, 분석단위의 결정은 연구문제와 밀접한 관련이 있다. 만약 연구가 한 소비자가 어떤 행동을 하느냐에 대한 것이라면 분석단위는 개인이 된다. 또한 둘 이상의 사람들이나 제품 또는 브랜드들을 포함하는 경우에는 소비자 집단 또는 브랜드가 분석단위가 된다. 따라서 사례연구에서 연구자는 개별 소비자의 브랜드 선호의 변화, 브랜드 충성도의 원천, 브랜드 공동체의 형성과 진화 등 주제에 따라 분석단위를 개별 소비자, 브랜드, 또는 브랜드 공동체 등으로 규정할 수 있다. 또한 분석단위는 연구과정이 진행됨에 따라서 바뀔 수도 있다.

2.1.2 연구문제의 제시

사례연구에 대해 다음과 같은 이슈 및 토픽 문제를 제시할 수 있다(Asmussen and Creswell, 1995).

(1) 이슈 문제

- 무엇이 발생했는가?
- 그 사건에 대한 책임은 누구에게 있는가?
- 해당 기간 동안 그 사건에 대해 사람들은 어떻게 반응했는가?
- 이 사건을 이해하는 데 도움을 주는 이론적 구조는 무엇인가?
- 이 사례의 독특한 구조는 무엇인가?

(2) 토픽 문제

- 이 사례를 어떻게 기술할 것인가?
- 자료 수집 결과 어떤 테마들이 나타나는가?
- 이러한 테마들을 사회적, 심리학적 이론과 관련하여 어떻게 해석할 것인가?

2.1.3 연구 사례의 선정

사례를 선정하는 기준에는 여러 가지가 있을 수 있다. 그 독특성으로 인해 사례 자체만으로도 흥미 있다고 판단되는 본질적 사례를 선택할 수도 있고, 어떤 특정한 이슈를 예증하기 위한 도구적 사례를 선택할 수도 있으며, 특정한 문제나 과정, 사건에 대해 서로 상이한 관점을 제시해 줄 수 있는 사례들을 선정할 수도 있다. 또는 어떤 환경이나 사람들의 특정한 특성을 부각시키기 위해 극단적인 사례를 선정할 수도 있다. 이 외에도 비교적 접근이 용이하고 연구하기 좋은 환경을 제공하는 사례를 선택할 수도 있다. 실제로 이 방법은 많은 질적 연구자들에 의해서 사용되는 방법이다. 그러나 이처럼 실용적인 방법이 앞서 제시한 다른 기준들에 우선해서 적용되거나, 해당 사례를 선택한 것을 정당화하는 수단이 되어서는 안 된다.

사례의 선정은 사례연구의 초점이 무엇인가에 따라서도 달라진다. 데이먼과 할로웨이(Daymon and Holloway, 2002)는 사례연구의 초점에 따른 사례 선정기준을 다음의 네 가지로 제시하였다.

- **문제 상황** : 문제가 되는 상황에 초점을 맞추기 위한 사례를 선택한다. 이때의 연구목적은 문제 상황에 대한 실용적인 해결책을 제시하는 것

이며, 이를 위하여 문제가 되는 원인들을 확인한다.

- **중요하거나 독특한 사건** : 사례연구의 초점은 경영학 분야의 특정 이론이나 지식을 지지해 주거나, 또는 반대로 그것을 반증할 수 있는 중요하거나 독특한 사건이 될 수 있다. 예를 들면, 어떤 기업이 엄청난 예산을 들여서 통합적 마케팅 커뮤니케이션 전략이 필요한 캠페인을 벌이는 경우, 사례연구자는 서로 다른 커뮤니케이션 수단들이 어떻게 상호 보완적인 역할을 하는가에 관한 중요한 지식을 도출할 수 있다.
- **일상적이고 평범한 상황** : 일상적이고 당연시되는 대상을 사례연구의 초점으로 삼을 수도 있다. 무슨 일이 어떻게 일상적인 것으로 받아들여지고 있는가를 탐색함으로써, "왜 어떤 지역의 소비자들은 특정 브랜드에 충성적이고, 다른 지역의 소비자들은 그렇지 않은가?"와 같은 문제들을 이해하는 데 도움을 줄 수 있다.
- **이론의 형성과 검증** : 사례연구의 초점이 이론의 형성에 있다면 이론의 검증에 적합한 사례를 선택할 수 있다. 그러나 일부러 그러한 이론을 지지해줄 만한 사례를 선정해서는 안 되며, 정말로 그 이론을 검증해 줄 수 있는 사례를 선정해야 한다.

사례 선정은 단수 사례, 복수 사례 모두 가능하다. 하나의 사례만을 다루는 것은 그 사례에 대한 깊이 있는 탐색의 기회를 제공한다. 잉(Yin, 1994)은 다음과 같은 경우에는 하나의 사례만을 다루는 것이 적합하다고 제시하였다.

- 해당 사례가 어떤 이론의 조건들을 만족하는 유일한 사례이기 때문에, 그것을 확인하거나 반증하는 것이 매우 중요한 경우
- 해당 사례가 매우 드물거나 극단적 예에 해당하는 것이어서, 그 사례가 아닌 다른 사례를 통해서는 연구의 목적을 달성할 수 없을 경우
- 해당 사례가 학문적 접근을 위한 매우 독특한 접근을 제공하기 때문에, 그 사례가 아닌 다른 사례를 통해서는 중요한 사회과학적 문제를 조사할 기회가 없을 것이라고 판단될 경우

그러나 일반적으로는 하나의 사례보다는 복수의 사례를 다루는 경우가 많은데, 그 이유는 사례들 간의 교차분석이 가능하고, 이를 통해 보다 풍부한

이론적 기반을 형성할 수 있기 때문이다. 또한 서로 다른 사례를 비교함으로써 그 차이점과 유사점을 탐색해 볼 수도 있다. 많은 연구자들이 일반화를 목적으로 여러 개의 사례를 다루기도 한다. 그러나 사례의 수가 많아질수록 각각의 사례에 대한 깊이 있는 분석이 어려워지므로, 사례연구 고유의 장점을 살리지 못할 가능성도 높아질 뿐더러 질적 연구의 특성상 일반화라는 목적은 큰 의미를 갖지 못한다.

그렇다면 구체적으로 몇 개의 사례를 다루는 것이 적합한 것인가? 사례의 수에 관해서는 기존 연구자들 사이에 합의가 존재하지 않는다. 대체로 연구자들은 적은 수의 사례를 다루는 것으로는 이론을 형성하기가 힘들기 때문에 최소한 4개 이상의 사례를 다룰 것을 제안하였으며, 10개 이상의 사례를 다루는 것은 비용이 많이 들고 수집되는 자료의 양이 방대해지기 때문에 적합하지 않다고 보았다.

2.1.4 시간과 장소의 결정

연구자는 특정 사례를 선정하게 되면, 시간과 장소에 대한 적절한 한계를 결정짓고 제시해 주어야 한다. 이것은 해당 연구가 어디서 시작되고 어디서 끝나는지 알려주기 위한 것이므로, 시간과 장소의 한계를 신중하게 결정해야 할 필요가 있다. 이렇게 사례의 범위를 결정함으로써, 연구자도 그 범위 내에서 발생하는 일들에만 집중할 수 있게 된다. 사례가 특정한 사건이라면 그 사건이 발생한 장소와 사건에 연루된 사람들에 대해서 기술해야 할 것이다. 연구자는 연구가 진행된 명확한 기간을 제시해야 한다. 연구의 초점은 어떤 특정한 사건이 될 수도 있고, 어떤 특정 상황에 대한 장기적인 과정이 될 수도 있다. 연구의 초점이 장기적인 과정이라면, 사례연구가 그 장기적인 과정 중의 어떤 시점을 대상으로 하였는지, 그리고 그렇게 한 이유는 무엇인지에 대한 근거도 제시할 수 있어야 한다.

사례연구에서 장소의 선택은 중요한 문제이지만, 이때의 장소가 반드시 물리적 실체를 가질 필요는 없다. 사례연구에서 연구대상은 특정 사건, 과정, 활동, 프로그램, 또는 여러 명의 개인들이 될 수도 있다.

2.2 사례연구의 실행

2.2.1 자료의 수집과 분석

사례연구는 사례에 대한 전체적인 그림과 깊이 있는 통찰을 제공해야 하는 만큼, 가장 다양한 수단을 활용한 자료 수집이 요구된다. 사례연구에서의 자료 수집은 관찰, 인터뷰, 시청각 자료, 문서, 보고서 등을 통해 광범위하게 이루어진다.

사례의 분석에는 두 가지 방법이 있는데, 사례 전체를 대상으로 하는 **총체적 분석**(holistic analysis)과 사례의 한 측면만을 분석하는 **내재적 분석**(embedded analysis)으로 나눌 수 있다. 사례의 분석 결과는 특정 주제나 이슈에 대한 분석과 사례에 대한 연구자의 해석이나 주장을 포함하며, 사례에 대한 자세한 서술의 형태로 나타난다. 연구자는 주요 사건들의 시간적 순서에 따른 배열 등을 통해 이야기를 서술하며, 주요 사건들보다 세부적인 관점의 더 작은 사건들도 제시한다. 복수의 사례를 다루는 사례연구에서는 개별 사례에 대한 분석(within-case analysis)을 토대로 **교차사례분석**(cross-case analysis)이 이루어진다. 일반적으로 각 사례에 대해 자세히 기술한 다음 각 사례 내에서 나타나는 테마들을 확인하며, 그러한 테마들을 중심으로 전체적인 분석을 하게 된다. 즉, 각 사례들을 종합적으로 비교하여 사례의 의미를 해석하여 제시하는 사례 간 비교분석을 한다.

연구자의 본격적인 분석력이 필요한 부분은 교차사례분석 부분이다. 연구보고서의 개별 사례에 대한 분석은 주로 기술로 이루어지지만, 교차사례분석을 다루는 부분에서는 개별 사례들 간에 어떤 차이점이 왜 존재하는지에 대한 상세한 분석과 설명이 제시되어야 한다. 사례들 간 차이에 대한 결론을 내리기 위해서 인터뷰 내용을 인용하는 경우도 많다. 분석을 위해 '내용분석' 방법이 사용되며, 코드의 형성을 위해 기존 이론들을 활용하게 된다.

사례연구에서는 해당 사례와 그 환경에 대한 상세한 설명이 제시되어야 한다. 연구하고자 하는 사례가 특정 사건을 시간의 흐름에 따라서 순차적으로 배열할 것이라면, 사건 전개에 따른 각 단계에 대해 다양한 자료 원천을 분석할 필요가 있을 것이다. 사례연구에서는 해당 사건이 발생한 배경이 중요하다.

스테이크(Stake, 1995)는 사례연구에 대한 네 가지 형태의 자료 분석과 해석 과정을 제시하였다.

① **범주적 통합**(categorical aggregation) : 사건과 관련된 의미들을 찾아내기 위해 자료들을 몇 개의 범주들로 묶는다.

② **직접적 해석**(direct interpretation) : 각각의 사건들에 대해서 해당 사건에만 초점을 맞추어 그 의미를 탐색한다.

③ **유형의 설정**(establishing patterns) : 두 개 이상의 범주에 대해 이들 간의 관련성을 찾아내어 표 등으로 그 관련성을 제시한다.

④ **자연주의적 일반화**(naturalistic generalization) : 사람들이 해당 사례로부터 스스로 시사점을 얻거나, 또는 그 사례를 다른 경우에 적용해볼 수 있도록 일반화하여 제시한다.

2.2.2 연구보고서의 구성

사례연구에는 정형화된 구조가 존재하지 않는다. 어떤 사례연구는 이론을 제시하기도 하고, 다른 사례연구는 단순히 사례를 상세히 기술하기도 한다. 또 어떤 사례연구는 분석적 내용을 담거나 다른 사례들과의 비교를 시도하기도 한다.

스테이크(Stake, 1995)는 사례연구의 일반적인 구성을 다음과 같이 제시하였다.

① 독자들이 타인의 경험을 상상하고 연구 현장에 있는 듯한 느낌을 주도록 짧은 이야기(vignette)를 도입부에 제시한다.

② 연구에서 다루고자 하는 이슈, 목적, 그리고 연구방법론에 대해 독자들이 이해할 수 있도록 제시한다.

③ 사례의 배경이나 맥락에 대해 상세히 기술한다.

④ 독자들이 사례를 이해할 수 있도록 몇 개의 중요한 이슈들을 제시한다.

⑤ 앞에서 제시된 중요한 이슈들을 깊이 있게 검토한다. 연구자는 확정적, 또는 비확정적인 증거들을 제시할 수 있다.

⑥ 사례로부터 무엇을 이해했는지를 기술한다.

⑦ 마지막으로 짧은 이야기(vignette)와 함께 연구자의 경험(experiential note)을 제시하고, 해당 보고서가 복잡한 사례에 대해 연구자 개인이 바라본 하나의 단면에 불과함을 언급하면서 마무리한다.

3 사례연구에 대한 질적 평가

스테이크(Stake, 1995)는 사례연구가 문화기술적 연구보다 연구의 질을 확보하기 위해 비교적 많은 검증의 과정을 필요로 한다고 하였다. 사례연구의 질을 확보하는 방법으로 보통 **삼각측량기법**을 활용한다. 삼각측량기법은 의심이나 논란의 여지가 있는 부분에 대하여 자료원, 연구자, 이론, 그리고 방법론의 네 가지 요소에 대한 추가적인 확인을 한다. 이 외에도 **참여자 검증**(member checking)을 활용할 수 있다. 참여자 검증은 연구자가 참여자에게 분석결과를 보여주는 방식으로 이루어진다. 사례연구에서 이 과정은 주로 자료수집 이후에 이루어지는데 일반적으로 이 과정에서는 참여자로부터 많은 피드백을 받지 못하는 것으로 나타났다.

4 사례연구의 구체적 적용 사례

사례 **한식 및 한국 여성상과 미디어**

Song(2016)은 양식으로 대변되는 외래 음식문화가 국내에 도입되면서 야기되었던 한식 및 전형적인 한국 여성상의 변화에 주목하였고, 이런 변화를 음식 관련 미디어의 역할에 초점을 맞춘 사례연구를 통해 분석하였다. 그는 음식 관련 미디어 중 세 개의 차별적인 미디어를 선택하여 각 미디어에 속한 사례들을 분석하였다.

1990년대의 요리책, 2000년 이후의 베이킹 블로그, 2010년의 TV 드라마 중 하나인 '파스타'를 사례연구의 대상으로 선정하였고, 각 사례 분석을 통해 한식 및 한국 여성상의 변화를 파악하였다. 1993년에 발간된 『며느리에게 주는 요리책』은 구시대의 엄마들이 젊은 세대에게 유입된 양식 문화를 수용하면서도 한식 고유의 가정요리를 보존하기 위해 요리책을 어떻게 활용하는지를 보여주었다.

또한 2000년대 베이킹 블로그를 분석하여 블로거인 엄마들이 베이킹 기술과 식재료에 대한 지식을 배우고 토론하기 위해 커뮤니티를 형성하는 방법을 조사하였다. 이 사례연구를 통해 베이킹 자체가 현대적이고 서구적인 문화임에도 불구하고, 블로그를 이용하는 여성들이 여전히 전통적인 유교문화권 내에서 요구되는 어머니상과 타협하고 이를 유지하려고 하는 경향이 있음을 확인하였다.

마지막으로 드라마 '파스타'에 대한 사례연구를 통해서는 이탈리안 파스타 자체가 유학을 통해 축적할 수 있는, 즉 상위에 위치하는 문화자본의 지위를 가진다는 점을 제시하였다. 또한 이 드라마는 파스타를 포함한 고급 양식이 소비되는 모습을 보여주며, 젊은 한국 여성들이 열망하는 이상적인 상류층의 라이프스타일을 매력적으로 표현한다는 것을 발견하였다. 그리고 이 드라마는 한국 음식문화의 위계적 질서 내에서 전통 한식 및 해외 음식 사이의 상대적 지위에 대한 논쟁을 불러일으키기도 했다.

세 개 미디어에 대한 사례연구를 통해 한국의 음식문화와 전형적인 여성상은 서구문화에 대한 일반적인 수용으로 변화된 것이 아니라, 전통 한국문화와 외래문화가 동등한 입장에서 상호작용을 하는 과정에서 변화해왔다는 결론이 도출되었다. 이를 통해 음식 관련 미디어는 한국 여성들이 음식문화 및 이상적인 여성상을 정립하고, 변화시키는 데 중요한 역할을 수행했다는 것을 파악할 수 있었다.

(자료 : Song, 2016)

5 결정적 사건 기법(Critical Incidence Technique: CIT)

5.1 결정적 사건 기법 개요

플래너건(Flanagan, 1954)이 제안한 CIT는 소비자의 언어를 통해, 그들이 기억하고 있는 인상적인 경험의 긍정적 혹은 부정적인 속성을 분석하는 기법이다. 설문조사(survey)와 같은 정량적 방법론은 구조화된 질문지를 통해 응답자를 분석한다. 반면 CIT는 응답자의 언어를 통해 그들의 경험을 기술하게 함으로써 소비자의 경험을 보다 생생하게 구체적인 형태로 수집할 수 있는 방법이다. 또한 실제 사례들의 내용 분석을 통해 소비자의 경험에 영향을 미칠 수 있는 긍정적 혹은 부정적 요소들을 실증적으로 탐색할 수 있다. 특정 사례에 초점을 맞추기보다 다양한 사례가 공통적으로 보여주는 현상 그 자체를 분석하기 때문에, 특수성에 치우칠 염려가 적다. 즉, 소비자 경험의 대표성 및 일반화에 초점을 맞춘다는 점에서 질적 방법론보다 객관적인 결과를 제시할 수 있다.

CIT 절차는 처음 제시된 이래로 크게 변화되지 않았으며, 문제 정의, 연구설계, 자료 수집, 분석 및 해석, 결과 보고의 5가지 단계로 구성된다.

① **문제 정의** : 연구자는 연구의 일반적인 목적을 설정한 후 이 연구목적에 CIT가 적합한 방법인지 판단한다. CIT는 연구주제를 탐색하고자 할 때 주로 이용되므로 보다 광범위한 목표를 두고 실행된다.

② **연구설계** : 응답자에게 어떠한 상황과 관련된 결정적 사건을 기술하도록 할 것인지에 대한 세부 사항 및 적절한 표본의 선정 등의 연구계획을 설정한다.

③ **자료 수집** : 응답자에게 사건에 대해 정확하고 상세하게 기술하도록 요청하여 관련된 자료들을 수집해나간다. 이때 응답자로 하여금 충분히 자세하게 서술하도록 하는 것이 필요하며, 또한 어떤 사건들을 결정적인 것들로 포함시킬 것인가에 대한 기준을 명확히 세워 양질의 자료를 확보하는 것이 필요하다. 자료 수집의 방법으로는 FGI, 심층면담, 설문 등이 주로 활용된다.

④ **분석 및 해석** : 내용분석(content analysis)를 통하여 자료들의 상호 연관성을 고려하여 분류한다. 연구자들은 자료들을 반복적으로 읽은 후 보다 큰 카테고리와 그룹들로 사건들을 분류한다. 분류자들의 상호 간 신뢰성을 조사하고, 때에 따라서는 표본을 둘로 나누어서 한 표본으로는 카테고리 분류를 하고 다른 표본으로는 그 분류방식이 맞는지 확인하는 용도로 사용할 수도 있다.

⑤ **결과 보고** : 결과에는 분류기준, 기존 문헌 및 이론과의 관련성, 미래 연구의 제안이 포함된다. 이 외에도 연구의 목적과 연구 주제, 자료 수집 방법, 응답자의 특성, 자료의 특성, 자료의 품질, 자료 분석 절차가 포함되어야 한다.

CIT는 다른 연구방법과는 달리 응답자의 응답을 주어진 틀 안에 끼워맞추는 것이 아니라, 응답자의 관점을 그대로 수용하여 자료를 수집한다. 따라서 내용 자체가 소비자의 생생한 경험담들이며 따라서 현상의 본질을 파악하기 용이하다. 또한 다수의 주요 사건에 초점을 맞추느라 간과할 수 있는 소수의 특정 사건들까지 놓치지 않고 분석할 수 있다. 이와 더불어 소비자의 느낌, 개인 감정, 정체성 등 이성보다는 감성 중심적인 자료를 수집할 수 있으며, 행동에 대한 동기, 서비스에 대한 만족 및 불만족 등 추상적인 개념에 대하여 보다 구조화된 측정을 할 수 있다. 그리고 관찰법에 비하여 더 저렴한 비용으로 시행할 수 있다는 장점이 있다.

반면 응답자의 기억에 의존하여 자료를 수집하기 때문에 결정적 사건이 정확하게 묘사되지 않을 수 있다는 한계점이 존재한다. 특히, 최근에 일어난 사건 위주로 기술되기 때문에 시간이 많이 흐른 과거의 사건에 대한 정보를 얻기에는 적합하지 않다. 또한 수집된 자료가 서술형식으로 기술되어 있기 때문에 자료를 분석하고 요약하는 데 시간이 많이 걸린다는 단점도 있다. 뿐만 아니라, 응답자의 언어를 해석하는 사람이 잘못 이해하거나, 해석자의 의도가 가미되어 응답자의 의도가 제대로 반영되지 못할 가능성이 있다. 또한 연구조사가 독자적으로 이루어질 수 없으며, 다른 질적 연구방법과 함께 활용되어야 한다는 점도 CIT의 한계점 중의 하나이다.

5.2 결정적 사건 기법의 적용 사례 : 크루즈 여행 고객의 재구매의도

CIT는 서비스 산업의 고객들을 대상으로 많이 적용되어 왔다. 이 중 크루즈 산업에 적용한 예를 들면 다음과 같다. 포화상태인 크루즈 업계에서 경쟁력을 잃지 않기 위해서는 무엇보다 기존 고객을 유지하고, 고객의 재이용률을 높이는 것이 중요하다. 페트릭 등(Petrick et al., 2006)의 연구에서는 크루즈 승객의 재구매의도에 영향을 주는 변수가 무엇인지 파악하기 위하여 CIT를 활용하였다. 사례에서는 응답자가 직접 기술한 총 776건의 크루즈와 관련한 결정적 사건들이 수집되었다. 연구자는 수집된 사건들을 긍정적, 부정적 사건으로 분류하여 분석하였다. 결론적으로 연구자는 한순간의 긍정적 혹은 부정적인 사건이 크루즈 승객의 서비스 경험의 전반을 지배한다는 사실을 발견하게 되었다. 서비스 마케팅에서는 이 순간을 **진실의 순간**(Moment of Truth : MoT)이라고 부른다. 또한 MoT가 승객들의 만족감, 느끼는 가치, 주변인에게 추천할 의향, 재구매의도 등에 영향을 끼치는 변수로 작용함을 밝혀냈다. 더 나아가 고객을 꾸준히 유지하기 위해서는 긍정적인 사건요인보다 부정적인 사건요인에 대한 철저한 관리가 필요하다는 결론을 도출하였다. 즉, 서비스와 관련한 부정적 요인에 대해서는 특별한 사후관리가 이루어져야지만 고객들의 재구매를 독려할 수 있음을 밝혔다. 이런 결과는 다음과 같은 일련의 질문을 통하여 파악할 수 있다.

첫째, 고객으로서 항공사, 호텔, 레스토랑 등 서비스 기업의 직원과 접촉하여 만족/불만족 경험을 한 경우를 생각해보아라.

둘째, 이 사건이 언제 일어났는가?

셋째, 이 사건이 구체적으로 어떤 상황 하에서 일어났는가?

넷째, 직원은 정확히 무엇을 말했거나 어떻게 행동했는가?

다섯째, 이 과정에서 만족/불만족을 느낀 이유는 무엇이었는가?

주요 용어

사례연구(Case Study) 귀납적 사례연구 연역적 사례연구
본질적 사례연구 도구적 사례연구 집단 사례연구
총체적 분석 내재적 분석 교차사례분석
삼각측량기법 참여자 검증 결정적 사건 기법(CIT)

요 약

1. 사례연구는 특정 시점의 조직 및 개인이 직면한 상황을 설명하기 위해 수행되며, 이를 통해 발견된 쟁점과 문제들을 연구자가 유사 사례에서 더욱 용이하게 다룰 수 있게 해준다.
2. 사례연구는 연구 접근방법에 따라 귀납적 사례연구와 연역적 사례연구로 나눌 수 있으며, 가장 바람직한 방법은 이 두 방법을 상호 보완적으로 활용하는 것이다.
3. 사례연구의 질을 확보하는 방법으로 보통 삼각측량기법을 활용하며, 이 외에도 참여자 검증 역시 활용할 수 있다.
4. 결정적 사건 기법(CIT)은 응답자로 하여금 자신의 언어를 통해 서술하게 함으로써 그들의 경험을 보다 생생하고 구체적인 형태로 수집할 수 있는 방법이다.

토의문제

1. 사례연구를 위한 연구문제를 선정하고, 구체적인 실행을 위한 연구제안서를 작성하시오. 분석단위, 연구 접근방법, 분석에 사용되는 사례의 수 등을 명확하게 제시하시오.
2. 소비자행동 측면에서 결정적 사건 기법을 활용될 수 있는 다양한 분야를 제시해보고, 그 중 한 분야를 골라 5단계 절차에 따라 연구보고서를 작성해보시오.

참/고/문/헌

Asmussen, K. J. and J. W. Creswell, (1995), "Campus response to a student gunman," *Journal of Higher Education*, 66, 575-591.

Bitner, M. J, B. H Booms, and M. S. Tetreault (1990), "The service encounter: diagnosing favorable and unfavorable incidents," *Journal of Marketing*, 54(1), 71-84.

Daymon, Christine and Immy Holloway (2002), *Qualitative Research Methods in Public Relations and Marketing Communications*, London and New York, Routledge.

Emory, C. W. and D. R. Cooper (1991), *Business Research Methods* (4th ed), Irwin, Boston.

Flanagan, J. C. (1954), "The Critical Incident Technique," *The Psychological Bulletin*, 51(4), 327-358.

Gremier, D. Dwayne (2004), "The critical incident technique in service research," *Journal of Service Research*, 7(1), 65-89.

Petrick, J. F., C. Tonner, and C. Quinn (2006), "The Utilization of Critical Incident Technique to Examine Cruise Passengers' Repurchase Intentions," *Journal of Travel Research*, 44(3), 273-280.

Sayre, Shay (2001), *Qualitative Methods for Marketplace Research*, London, Sage.

Song, H. (2016), "South Korean food and women in glocalization: a case study in the role of food media," PhD(Doctor of Philosophy) thesis, University of Iowa.

Stake, R. E. (1995), *The Art of Case Study Research*, Thousand Oaks: Sage Publications.

Yin, R. K. (1994), *Case study research: Design and methods* (2nd ed.), Newbury Park, CA: Sage Publications.

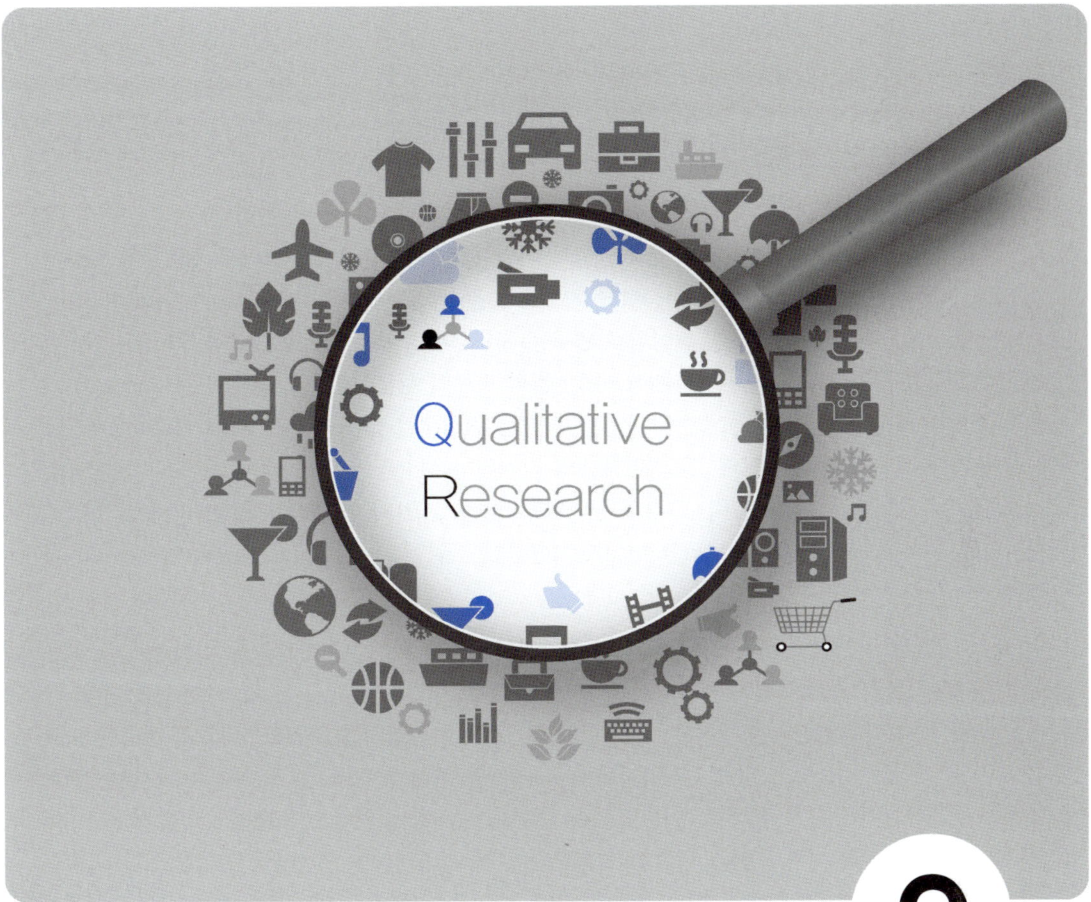

제 9 장

생애사(Life History)

도입사례

퍼니어(S. Fournier)의 소비자 생애사 연구

이 연구에서 퍼니어는 현상학적 심층인터뷰를 통하여 소비자의 생애를 분석하였고, 이를 통하여 개별 소비자가 상표와 갖는 관계가 어떻게 형성되었는지 파악할 수 있었으며, 이를 보다 일반화하여 소비자가 상표와 갖는 관계를 다양한 측면에서 제시하였다. 또한 소비자-상표 간 강력한 관계란 어떤 것인지를 설명할 수 있었다.

퍼니어가 활용한 현상학적 면접은 개인의 경험과 이런 경험들을 바탕으로 하나의 세계관을 형성하게 되는 방법들을 연구하는 학문인 현상학을 기초로 하는 심층인터뷰의 일종이다(Fournier, 1998; Thompson and Haytko, 1997). 현상학적 연구는 자연주의적(naturalistic), 해석적(interpretive) 연구방법 등의 명칭으로도 불리며 총체적 시각, 질적 자료의 사용, 귀납적 분석, 상황(context) 의존적 관찰과 해석이라는 특징을 갖는다. 심층인터뷰는 형식적인 접근보다는 개방적이고 친밀한 대화를 통하여 자료를 얻기 때문에, 응답자 내면의 감정이나 생각을 외부의 방해요인 없이 자연스럽게 알아낼 수 있다는 장점이 있다. 그리고 딜타이(Dilthey, [1910] 1977)는 이러한 연구방법이 조사자가 다른 사람의 경험(lived experience)을 이해하는 일반적인 방법으로 이용될 수 있다고 하였다.

즉, 소비자의 생생한 삶의 경험에서 도출되는 브랜드 관계에 대한 주관적 의미를 이해하는 데 현상학적 심층인터뷰가 가장 적합한 방법이라고 할 수 있겠다. 이런 관점에서 본 연구에서는 개인의 진술을 통해 가족관계, 성장배경, 가치관, 친구관계 등 개인적, 전반적인 라이프스타일과 경험적 측면을 수정된 라이프-히스토리 사례 연구(Denzin, 1978)를 통해 살펴보고, 그 속에 녹아 있는 모든 브랜드 관계를 총체적으로 분석하여 의미 있는 브랜드 관계를 발견하고 도출해내고자 하였다. 이 연구에서는 소비자와 브랜드 간의 관계를 설명하기 위한 연구대상을 여성들로 한정하였다. 이처럼 연구대상자의 선정에 있어 여성만으로 한정한 이유는 기존 연구에서 여성이 남성보다 대인관계와 브랜드 관여도 측면에서 더 강한 관계를 나타냈기 때문이다(Guest, 1964; Sherrod, 1989).

자료 수집은 심층인터뷰를 통해 진행되었으며, 면접은 크게 두 가지 유형의 정보를 얻고자 설계되었다. 첫 번째, 개별 응답자의 삶의 배경(life history)과 관련하여 인구통계학적 요소, 현재 상황, 성장 배경, 살아오는 과정에서의 주요한 변화, 가치관, 대인관계 등 응답자의 개인적 특성에 대한 이해를 돕기 위한 주요 경험과 결정 사항들에 대해 일인칭 관점으로 묘사한 자료의 수집이다. 두 번째, 응답자의 삶의 배경하에서 브랜드 사용을 통한 구체적 관계 형성에 대한 정보를 얻고자 하였다. 여기에는 실제 구매행동을 포함한 태도와 감정, 특정 상표에 대한 태도 등이 포함된다. 이러한 정보를 얻기 위해 각 참여자가 자신의 라이프스타일과 경험을 자연스럽게 표현할 수 있도록 하였으며, 그 흐름을 방해하지 않는 개방형 면담 형식을 취하였다.

인터뷰는 응답자가 원하는 장소에서 시작 전 연구목적을 충분히 설명해주고 편안한 상태로 응답할 수 있도록 자연스러운 대화 형식으로 진행되었다. 가급적 일상적인 문제에서 출발하도록 하였고, 응답자들에 따라 질문의 순서를 조정하면서 유동적으로 진행하였다. 이때 면접자의 역할은 앞서 정해진 개략적인 주제를 크게 벗어나지 않도록 하는 선으로 제한하였다. 면접 중의 대화 내용은 피면담자에게 미리 양해를 구한 후 휴대용 녹음기로 녹음하여 자료의 내용을 보존하였다.

또한 일대일 개별 심층인터뷰로 녹음된 데이터의 모든 내용을 텍스트 형태의 사본(transcript)으로 만든 후, 사본을 여러 차례 읽고 개별 사례 분석(Idiographic Analysis)을 실시하였다. 이 단계에서는 개인의 일인칭 진술을 통하여 라이프스타일, 라이프 테마 등 개인의 정체성과 관련된 사항을 밝히고, 브랜드의 사용 경험과 태도 등에서 개별적이고 총체적인 브랜드 관계를 도출하였다. 특히 의미 있는 브랜드 관계들이 강조되고, 그 관계의 이면에 있는 원인을 살펴보고자 하였다. 이를 통해 개인의 브랜드 포트폴리오를 응답자의 정체성 문제와 연결시키려는 시도를 병행하였다. 개별 사례분석을 통하여 소비자의 삶의 경험의 수준에서 전체적인 브랜드 관계의 역할을 분석한 후, 다음 단계에서는 교차사례분석(Cross-case Analysis)을 통하여 각 브랜드 관계의 패턴 그리고 관계의 질적 차원에 영향을 미치는 요소를 중심으로 분석하여 소비자-브랜드 관계를 구조화하였다. 이상의 자료를 결과로 제시하기 전에 분석과 해석 과정을 반복하여 연구자의 주관적인 편견을 제외하도록 노력하였다.

1 생애사 연구의 이해

1.1 생애사의 정의 및 역사적 전개과정

생애사란 한 개인이 자신의 삶에 대하여 다른 사람에게 이야기한 것을 기록한 것을 말한다. 생애사는 과거와 현재와 미래라는 **시간성**(temporality)과 개인의 경험과 요구를 사회적 요구보다 중요시하는 **주관성**(subjectivity)을 지닌 하나의 **이야기**(narrative)이다. 생애사의 주제는 개인의 경험과 타인과의 관계이며, 자기성찰적 서술을 바탕으로 단순히 과거를 이야기하는 것이 아니라 현재 시점에서의 과거에 대한 해석과 통찰을 제시한다. 뿐만 아니라 미래의 삶을 어떻게 전망하고 있는지를 보여준다.

생애사의 역사적 전개과정을 살펴보면 다음과 같다. 1920년대 사회학자인 윌리암 아이작 토마스(William Isaac Thomas)와 플로리안 자나니에키(Florian Zananiecki)는 사회문제를 연구할 때 연구자의 시각이 아니라 문제를 직접 경험한 사람의 시각에서 수집된 자료를 바탕으로 하여야 한다고 주장했다. 1967년 글래이저(B. Glaser)와 스트라우스(A. Strauss)가 기반이론을 체계화한 이후 생애사 연구는 탄력을 받기 시작했으며, 1980년대에는 콜리(M. Kohli) 등의 노력으로 생애사 연구가 더욱 활발해졌다.

인류학에서의 생애사 연구는 사라져가는 인디언 문화를 보존하기 위한 목적으로 진행되었으며, 특히 인디언 중에서 중요한 인물에 대한 생애사 연구들이 진행되었다. 1980년대 중반부터는 페미니스트 인류학자들을 중심으로 여성들의 생애사 연구가 주목을 받게 되었으며, 여성학에서는 최근에도 생애사 연구를 활발하게 진행하고 있다.

마케팅에서는 1980년대에 랑방(M. Lavin)과 알치디컨(T. Archdeacon)이 최초로 생애사 연구를 진행하였고, 이후에도 생애사 연구는 소비자행동 연구에 부분적 또는 보완적으로 많이 활용되어 왔다.

1.2 생애사 연구의 종류

생애사 연구는 심층인터뷰를 통해 얻은 내용을 바탕으로 화자의 삶을 해석하고 재구성하는 구술 생애사 연구와 자서전, 전기, 일기, 편지글, 비망록과 같은 문서기록을 중심으로 하는 문서 생애사 연구로 나눌 수 있다.

1.2.1 구술 생애사

구술 생애사는 심층인터뷰나 일상적 대화를 통해 수집한 자료를 활용하는데, 구술자가 태어나서 현재까지 살아온 삶에 대한 기억을 바탕으로 연구를 진행한다. 구술자료라는 이유로 단순히 심층인터뷰의 내용을 문자화하는 것으로는 충분하지 않다. 구술 내용 이외에도 구술자의 몸짓, 억양, 표정 등에도 많은 정보가 담겨 있을 수 있기 때문이다. 특히 이런 정보들은 구술자에 대한 사회적 지위나 계층 등에 대한 특성을 파악할 수 있게 도와준다. 또한 구술은 그 특성에 따라 구술이 진행되는 상황에 많은 영향을 받는다. 대표적으로 같은 구술자를 대상으로 심층인터뷰를 시행하더라도, 면담자가 누구인지 혹은 면담이 진행되는 시간과 장소에 따라 그 내용이 달라질 수 있다.

구술자료는 현재 시점에서 과거의 경험을 회상하여 얻어지는 자료이기 때문에 주관적인 성격이 강하다고 할 수 있으며, 이러한 특성 때문에 대표성과 신뢰성이 부족할 수 있다. 하지만 구술자료가 가진 주관성과 개인성이 생애사 연구에서 그 자료의 가치를 높여준다고 할 수 있는데, 이는 구술사 자체가 개인의 시각을 통해 사회와 구조를 바라보는 연구방법이기 때문이다. 개인은 사회적 상황 속에서 존재한다. 따라서 사회적 맥락과 구조와 밀접하게 엮여 있고, 따라서 순수하게 개인적인 삶이란 없다고 할 수 있다. 주관적이고 개인적인 자료를 이용한 생애사 연구를 통해 문제에 직면한 내부자의 시각에서 그 문제를 바라볼 수 있다는 데 그 의의가 있다.

구술자료의 또 다른 특징은 구술자와 연구자 간의 상호작용을 통해 자료가 생성된다는 것이다. 계량적 방법과 달리 자료의 생성에 있어 상호작용이 필수적이기 때문에 구술 생애사는 결국 구술자와 연구자가 공동작업을 진행하는 것으로 이해할 수 있다. 구술자료는 구술이 행해지는 상황에 큰 영향을 받기 때문에 연구자와 구술자의 관계가 어떠한가에 따라 자료의 내용이 달라질 수 있다. 구술 생애사 연구에서 구술자의 역할은 연구자의 질문에 단순히 수동적으로 대답하는 것이 아니다. 오히려 연구자가 구술자의 서술을 방해하지 않도록 조심해야 하는 입장에 있다. 구술자는 능동적으로 자신의 이야기를 풀어나가며 과거의 삶을 해석한다. 따라서 구술 생애사 연구는 구술자와 연구자의 공동작업이며, 구술자의 역할을 정보제공자라기보다는 공동 저자로 보는 것이 더욱 타당할 것이다. 구술 생애사 연구는 구술자와 연구자의 공동작업이기 때문에, 이 두 사람 간의 관계가 신뢰를 바탕으로 형성될 필요가 있으며, 연구자는 구술자를 존중하고 내용의 작성과 편집 과정에 참여할 수 있는 기회를 제공하는 것이 바람직할 것이다. 실제로 많은 연구들이 심층인터뷰 과정에서 얻은 자료를 바탕으로 연구자의 해석과 분석을 통해 얻어진 결과물을 구술자에게 보여준 후 구술자의 생각과 의견을 다시 결과물에 반영하고 있다.

1.2.2 문서 생애사

문서 생애사는 구술자료가 아닌 자서전, 전기, 일기, 편지, 비망록과 같은 문서기록들을 활용한다. 문서 생애사의 대상은 개인뿐 아니라 제품이 될 수도 있다. 제품이 대상이 될 경우, 먼저 연구대상 시기의 책, 매거진, 신문기사 등의 이차적 자료가 주된 자료가 된다. 통상적인 경우 이 이차적 자료와 일차적 자료들을 적절하게 결합하여 연구하는 것이 일반적이다.

필립스의 연구(Phillips, 1993)에서는 여성들의 속옷과 여성 스포츠 간의 관계를 이해하기 위해 역사적 접근법을 채택했다. 연구시점은 1988년으로서 그리프스 조이너(Florence Griffith-Joyner)가 100미터 육상에서 경이적인 경기 기록을 세운 때였다. 100년 전만 해도 여성은 신체적으로나 생리적으로 활동적인 운동에 적합하지 않다는 견해가 일반적이었다. 위생상의 이유로, 세탁기를 이용한 온수세탁이 가능해지고 울로 만들어진 내의에서 유발되는 미생물 등을 제거할 수 있는 세제가 발명될 때까지 여성은 격렬한 운동을 제대로 할 수가 없었다. 이 연구는 면이 울을 대체하고 코르셋이 브래지어로 교체되며 속바지에 신축성 있는 고무밴드를 활용하게 되는 일련의 변화가 여성들이 더욱 편안한 상태에서 시합에 임할 수 있도록 했다는 것을 밝혔다. 즉, 여성의 의복 중 특히 속옷이 시간의 경과에 따라 어떻게 변화했는지를 추적함으로써, 역사적으로 속옷의 변화와 기술의 발전이 여성 스포츠의 부상에 큰 도움을 주었다는 것을 입증했다.

문서 생애사 연구에서 유념할 것은 자료로서 활용되는 문서들이 위조된 것이 아니라 과연 **진정성**(authenticity)을 가진 자료인지를 판단하는 것이다. 일기나 책, 신문기사 등의 문서가 정말 그 당시에 작성된 것이라면 자료에는 그 시대 상황에 맞는 문체나 시대성을 나타내는 단어들이 사용되었을 것이다. 진정성은 진품과는 구분되는 개념이다. 진품이 뜻하는 것은 그 문서가 위조되지 않았다는 것이다. 예를 들어, 만약 한 사람이 어떤 자동차를 직접 운전해보지도 않고 이 자동차를 타본 것처럼 검토한 기사를 썼다면, 이 기사는 위조가 된 것이 아니기 때문에 진품이라고 할 수 있다. 그러나 실제로 자동차를 운전해보지 않고 쓴 것이기 때문에 그 기사는 진정성이 없다. 따라서 진정성이 있는 자료는 신뢰할 수 있는 자료라는 것을 뜻한다. 진정성이 있는 기록은 복사될 수도 있고, 그 복사본이 원래 진본인 것처럼 다른 나라에 팔릴 수도 있다. 이때 이 자료는 진본의 내용을 담고 있기 때문에 진정성이 있는 자료라고 할 수 있지만, 복사가 된 자료이기 때문에 진품이라고는 할 수는 없다. 따라서 연구자는 단순히 진품만이 아닌 진정성이 있는 자료를 구별해내고 활용할 수 있는 능력을 갖추어야 할 것이다.

2 소비자조사에서의 구술 생애사 연구

2.1 구술 생애사 연구의 실행 및 결과 해석

구술 생애사 연구에 사용되는 면접법은 **심층인터뷰**인데, 심층인터뷰에서는 구술자의 과거에서부터 현재까지의 태도나 행동에 대한 평가나 해석에 초점을 맞추며 대개 한 번의 면접에 3시간에서 5시간 정도의 시간이 소요될 수 있다. 면접을 하는 동안 연구자는 구술자들에게 과거의 기억과 경험 속으로 깊이 파고들어 갈 것을 요청한다. 그 내용으로는 다음과 같은 것들이 있을 것이다.

- 브랜드, 제품이나 카테고리에 대한 어린 시절의 기억
- 성장기에 중요한 역할을 했던 부모나 선생님이 특정 제품이나 카테고리에 대해 어떻게 이야기했는가?
- 시간이 흐름에 따라 자신의 취향과 선호가 어떻게 변화되었는가?
- 자신이 가진 지각과 선호가 다양한 경험에 의해 어떻게 변화되었는가?

생애사적 접근을 **'이야기 분석**(story analysis)'이라고 언급한 스타인버그(Steinberg, 1997)는 흥미로운 사례를 보고했다.

> 초점집단에서 어떤 여성이 자신이 와인을 마시는 이유가 그 맛을 좋아하기 때문이라고 말했다. 심층인터뷰에서 우리는 그녀에게 알코올 음료를 처음 마셨을 때의 경험을 회상해달라고 요청했다. 그 여성은 그녀의 아버지가 와인은 여성이 마실 만하고, 사회적으로도 와인을 마시는 것은 용인될 수 있다고 조언하면서 그녀에게 와인을 마실 것을 권했던 기억을 회상해내었다. 그녀는 현재 남녀가 섞여 있는 자리에서 와인이 아닌 맥주나 더 독한 알코올 음료를 마시는 것에 대해서 여전히 불편해한다.

이를 통해 알게 된 것은 이 여성이 와인을 마시는 것이 와인의 맛 자체를

좋아하기 때문이 아니라, 어린 시절 큰 영향을 미친 아버지가 와인에 대해 한 이야기 때문이며, 이것이 그녀가 현재 와인을 선호하게 된 이유라는 것이었다. 또한 여성이 마실 만한 술 중에 사회적으로 용인이 되는 술이 와인이라는 가르침 때문에 남녀가 같이 있는 자리에서는 다른 종류의 술을 마시는 것을 불편해한다는 것 역시 밝혀지게 되었다.

2.2 구술 생애사의 적용 분야

구술 생애사 연구는 신제품 개발, 제품 포지셔닝, 브랜드 이미지에 대한 연구에 있어 유용하게 사용된다(Steinberg, 1993; Atkinson, 1998; Riessman, 1987). 생애사 면접은 매우 정교한 자전적 탐사이기 때문에, 문제의 진단 혹은 성숙기 브랜드나 가치가 손상된 브랜드에 다시 활력을 불어넣는 전략을 개발하는 데 효과적이다. 소비자의 브랜드나 제품에 대한 선호는 이 제품이나 브랜드를 처음 접했을 당시의 경험과 연관되어 있는 경우가 많으며, 생애사 면접을 통해 현재 형성된 소비자의 제품이나 브랜드에 대한 습관이나 선호가 어떻게 형성되었는지를 파악할 수 있다. 예를 들어, 예전에는 소고기를 먹었으나 지금은 야채와 치킨, 생선만 먹는다고 말하는 소비자가 있다면, 심층인터뷰를 통해 이 소비자의 식습관의 변화를 추적할 수 있다. 이를 통해 연구자는 이 소비자가 어린 시절부터 소에 대해 동정적인 기억을 많이 가지고 있었다는 것을 발견할 수 있으며, 그 결과 이 소비자가 소고기를 먹지 않게 된 원인을 보다 정확하게 파악할 수 있다.

2.3 구술 생애사의 구체적 적용 사례 : 한국 소비자와 맥주 브랜드 사이의 관계 분석

현상학적 면담을 활용한 생애사 연구를 통해 소비자의 라이프 이벤트 및 라이프 테마가 특정 대상에 대한 태도 형성 및 구매행동에 미치는 영향을 면밀히 분석할 수 있다. 특히 맥주 브랜드를 대상으로 소비자-브랜드 관계를 도출한 사례는 다음과 같다.

한국 시장에는 다양한 맥주 제품이 판매되고 있고, 성별 및 연령에 관계없이 많은 소비자들이 맥주를 즐기고 있다. 이런 상황에서 고객이 맥주 브랜드에 대해 가지는 **브랜드 충성도**가 어떤 원천에 의해 형성되며, 소비자와 브랜드 사이의 관계 유형을 파악하는 것은 브랜드 관리에 대해 시사점을 줄 수 있다. 김재일 등(2004)은 한국의 소비자와 맥주 브랜드 사이의 관계를 다양한 유형으로 나누어 검토해 보고, 이 관계를 통해 브랜드 충성도의 동태적 본질과 다양한 양상을 확인하였다. 이 연구에서는 현상학적 면담을 활용한 개인의 진술을 바탕으로 가치관, 성장배경, 대인관계 등의 경험적 측면과 브랜드 충성도의 양상을 파악하였다. 심층인터뷰의 내용은 조사대상자들의 동의하에 모두 녹음기에 기록되었으며, 그 내용은 텍스트 형태의 녹취록으로 바뀌어 분석되었다. 각 조사대상자에 대한 개별 사례 분석을 통해 라이프스타일 및 라이프 테마 등과 관련된 사항을 추출하고, 브랜드 태도 및 사용 경험을 바탕으로 브랜드 관계를 도출하였다. 이후 **교차사례분석**을 통해 각 브랜드 관계의 유형 및 질적 차원의 정도를 분석하고, 이를 바탕으로 소비자—브랜드 관계의 맥락에서 브랜드 충성도를 파악하였다. 총 8명을 대상으로 연구가 진행되었으며, 각 조사대상자가 이용하는 맥주 브랜드와 맺는 관계유형과 브랜드 충성도의 강도, 이에 영향을 미쳤던 라이프 이벤트 및 테마 등을 도출하였다.

이 연구는 한국 소비자들의 브랜드 충성도 형성에 향수적 애착(nostalgic attachment)이 중요함에 주목했는데, 이는 퍼니어(Fournier, 1998) 및 퍼니어와 야오(Fournier and Yao, 1997) 등의 연구에서는 부각되지 않았던 한국 소비자들만의 차별적 요소였다. 즉, 과거에 경험한 라이프 이벤트가 향수를 일으키고, 이는 소비자가 해당 브랜드에 대해 강한 애착을 갖게 하는 중요한 역할을 수행함을 밝혀내었다. 또한 소비자의 라이프 테마나 자아 이미지가 맥주 브랜드에 대한 충성도와 깊은 관련이 있음을 확인하였다. 조사에 참여한 한 여성은 자신은 '보헤미안 성향'을 추구하며, 이 라이프 테마와 관련한 특정 브

랜드에 대해 충성도가 높았다. 또한 다른 여성은 자신이 추구하는 '스포티하고 쿨한 이미지'와 부합하는 특정 브랜드 맥주를 선호하였다.

그리고 한국 소비자들의 브랜드 충성도는 여러 질적 차원에 기반하고 있음을 파악하였다. 조사에 참여한 두 남성은 모두 같은 브랜드에 대해 강한 충성도를 보였는데, 한 사람은 '깨끗한 물과 깔끔한 맛'에 대한 신념, 즉 브랜드 파트너 품질이 핵심 차원을 형성한 반면, 다른 사람은 이러한 브랜드 파트너 품질과 자아연관성이 브랜드 관계의 중요한 차원을 함께 형성하고 있었다.

이러한 결과는 실무적 시사점 역시 제시해줄 수 있다. 예를 들어, 브랜드 관리자는 소비자에게 브랜드와 관련된 풍성한 스토리를 제공할 필요가 있으며, 만약 직접적인 스토리를 제시할 수 없다면 브랜드와 관련된 과거 경험이나 추억을 떠올리게 하는 커뮤니케이션 전략 등의 활용을 고려해볼 수 있을 것이다.

주요 용어

생애사(Life History) 구술 생애사 문서 생애사
심층인터뷰 진정성(authenticity) 이야기 분석(story analysis)
교차사례분석

요 약

1. 생애사란 한 개인이 자신의 삶에 대하여 다른 사람에게 이야기한 것을 기록한 것을 말하며, 시간성(temporality)과 주관성(subjectivity)을 지닌 하나의 이야기(narrative)이다.
2. 생애사 연구는 심층인터뷰를 통해 얻은 내용을 바탕으로 화자의 삶을 해석하고 재구성하는 구술 생애사 연구와 문서기록을 중심으로 분석하는 문서 생애사 연구로 나눌 수 있다.
3. 구술 생애사 연구는 신제품 개발, 제품 포지셔닝, 브랜드 이미지 분석 등 마케팅의 다양한 분야에 활용된다.

토의문제

1. 구술 생애사 연구를 위한 주제를 선정하고, 연구제안서를 작성하시오. 연구목적, 방법, 면접대상자의 프로파일 등을 구체적으로 제시하시오.
2. 문서 생애사 연구에서 진품이기는 하지만 진정성이 없는 자료를 선택할 수 있는 경우를 떠올려보고, 이로 인해 발생할 수 있는 문제점을 제시하시오.

참/고/문/헌

김재일, 권영서, 서준용 (2004). "소비자-브랜드 관계와 브랜드 충성도에 관한 정성적 연구," 『한국마케팅저널』, 6(4), 27-57.

류은주 (2009). "가정폭력피해여성들의 생애사 연구: 자립과 자립 이후의 사회적응을 중심으로," 『한국가족복지학』, 26, 5-34.

박성희 (2004), 『질적 연구방법의 이해(생애사 연구를 중심으로)』, 원미사, 서울.

윤택림 (2004), 『문화와 역사 연구를 위한 질적연구 방법론』, 아르케, 서울.

Atkinson, Robert (1998), *The Life Story Interview* (Qualitative Research Methods Series 44), Beverly Hills, CA: Sage.

Crapanzano, Vincent, Yasmine Eragas and Judith Modell (1986), "Personal Testimony: Narrative of the Self in the Social Sciences and the Humanities," *Items of Social Science Research Council*, 40(2).

Denzin, Norman K. (1978), *The Comparative Life History Method in The Research Act*, ed. N. Denzin, New York: McGraw Hill, 214-255.

Dilthey, W. (1977), "The understanding of other persons and their expressions of life," in W. Dilthey, *Descriptive psychology and historical understanding* (R. Zaner & K. Heiges, Trans.), The Hague: Martinus Nijhoff. (original work published 1910)

Fournier, Susan (1998), "Consumers and their Brands," *Journal of Consumer Research*, 343-373.

Fournier, Susan and Julie L. Yao (1997), "Reviving brand loyalty: A reconceptualization within the framework of consumer-brand relationships," *International Journal of Research in Marketing*, Vol. 14, 451-472.

Glaser, Barney G. and Anselm L. Strauss (1967), *The discovery of grounded, theory. Strategies for qualitative research*, Chicago: Aldine(dt. 1998: *Grounded Theory. Strategies for qualitativer Forschung*, Bern: Huber).

Guest, Lester. P. (1964), "Brand loyalty revisited: A twenty-year report," *Journal of Applied Psychology*, 48(April), 93-97.

Kohli, M. (1981), Zur Theories der biographischen Selbst-und Fremdthematisierung, Matthes, J. (ed): *Lebenswelt und soziale Problem. Verhandlungen des 20. Deutschehn Soziologentages zu Bremen 1980*, Frankfurt und New York, Campus.

Lavin, M., and T. Archdeacon (1989), The relevance of historical method for marketing research. In E. Hirschman (Ed.), *Interpretive consumer research*, Provo, UT: Association for Consumer Research.

Mariampolski, Hy. (2001), *Qualitative market research: a comprehensive guide*, London, Sage.

Phillips, J. (1993), "History from below: Women's underwear and the rise of women's sports," *Journal of Popular Culture*, 27(2), 129-146.

Riessman, Catherine Kohler (1987), *Narrative Analysis* (Qualitative Research Methods Series 7), Beverly Hills, CA: Sage.

Sayre, Shay (2001), *Qualitative Methods for Marketplace Research*, London, Sage.

Sherrod, Drury (1989), "The Influence of Gender on Same-Sex Friendships," in *Review of Personality and Social Psychology*, Vol. 10, Clyde Hendrick(ed.), *Close Relationships*, Newbury Park, CA: Sage, 164–186.

Steinberg, Lois (1993), "Story analysis in qualitative research," *Quirk's Marketing Research Review*, 7(10), 16–17, 46.

Steinberg, Lois (1997), "Learning from customers' story," *Quirk's Marketing Research Review*, 11(10), 38, 40–41.

Thompson, Craig J. and Diana L. Haytko (1997), "Speaking of Fashion: Consumers' Uses of Fashion Discourses and the Appropriation of Countervailing Cultural Meanings," *Journal of Consumer Research*, 24(1), 15–42.

Yoo, C. I. (1993), "Life Histories of Two Korean Women Who Marry American GIs," Doctoral dissertation, University of Illinois at Urban-Champaign.

PART 4

소비자 질적 조사의 기법과 활용

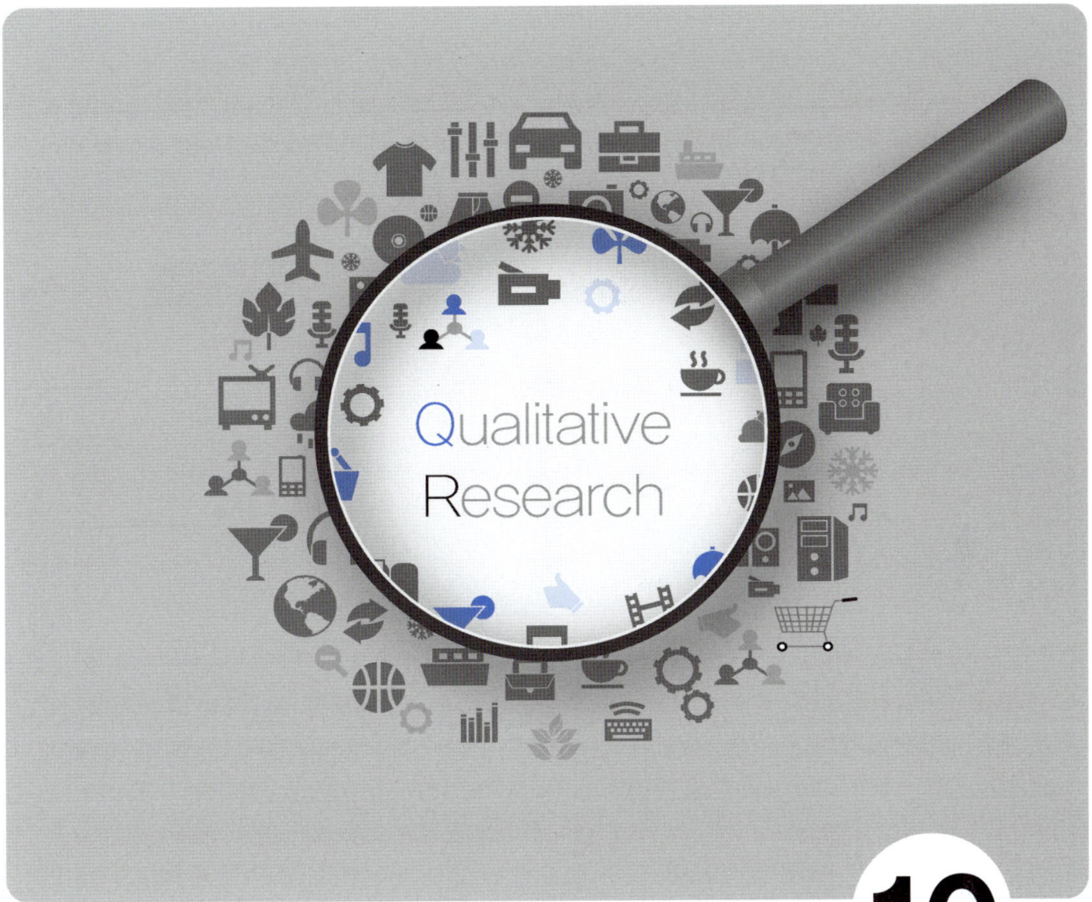

제 10 장

기호학(Semiotics)의 이해와 활용

도입사례 BT의 장거리전화 캠페인

영국의 대표적 통신사업자 BT는 고객들의 전화사용량을 증가시키기 위한 광고 전략을 고안하기 위해 전화 통화에 대한 영국인들의 특징을 기호학 및 질적 연구를 통하여 조사하였다. 기호학의 이항 대립관계를 이용한 분석 결과, 아래 표와 같이 커뮤니케이션 문화에 빅 토크(Big talk)와 스몰 토크(Small talk)로 대립되는 가치가 존재함을 발견하게 되었다.

빅 토크(Big talk)	스몰 토크(Small talk)
• 중요한	• 하찮은(중요하지 않은)
• 남성의	• 여성의
• 이성적인	• 감성적인
• 진지한	• 사소한
• 공식적인−적절한	• 비공식적인−부적절한
• 의미 있는	• 의례적인
• 자기억제	• 자기탐닉
• 근면성실	• 게으름
• 업무	• 여가

먼저, 빅 토크는 중요하고, 진지한 대화를 의미한다. 주로 남성들의 담론 형태이며, 공식적이고 의미 있는 공적인 대화이다. 반면, 스몰 토크는 가벼운 수다나 잡담을 의미한다. 빅 토크에 비하면 중요도가 매우 낮고, 여성들의 담론 형태라고 흔히 규정지어진다. 감정 중심적이며, 비공식적이고 사적인 대화라고 할 수 있다. 이를 바탕으로 질적 연구를 진행한 결과, 남성뿐만 아니라, 여성 또한 스몰 토크에 대해 부정적인 평가를 내린다는 것을 알 수 있었다. 남성의 경우에는 중요하고 진지한 대화를 막는 스몰 토크는 돈과 시간을 낭비하게 만드는 주범이라고 생각한다. 뿐만 아니라, 스몰 토크에서 다루어지는 이야기들은 신뢰성이 낮은 이야기라는 인식이 강해, 스몰 토크에 대해 부정적인 평가를 한다. 빅 토크 중심의 커뮤니케이션을 하는 남성에게 있어서 이는 당연하게 생각되어진다. 그러나 스몰 토크를 즐겨 하는 여성이 스몰 토크에 대해 절하된 평가를 한다는 것은 다소 아이러니하다. 여성들은 스몰 토크에서 다루어지는 내용 자체가 그다지 중요하지 않고 사소한 것이라는 것이라고 느끼고 있었기 때문에 자신들의 스몰 토크에 대해서 그다지 좋은 평가를 내리지는 않는다는 것을 알 수 있었다. 또한, 남성과 여성을 대상으로 FGI를 진행하는 중에, 빅 토크와 스몰 토크에 대한 이미지를 형상화할 것을 요청하였다. 그 결과, 빅 토크는 정사각형, 직사각형, 상자 등 기하학적인 형상을 띠고 있었다. 반면, 스몰 토크는 곡선형 또는 원형의 모양을 가지고 있었다. 이를 통해 빅 토크는 이성적이고 명료한 특징을 가지고 있으며, 스몰 토크는 감성적이고 전하고자 하는 바가 모호하다는 특징을 가지고 있다는 결론을 내릴 수 있었다.

빅 토크와 스몰 토크에 대한 태도는 전화 이용행태에도 그대로 적용되었다. 남성은 전화를 업무를 수행하기 위한 수단으로 여긴다. 반면, 여성은 친교를 목적으로 전화를 사용한다. 또한 스몰 토크를 경시하는 문화적인 관습은 전화 사용량을 증대시키고자 하는 BT의 광고전략을 이행하는 가장 큰 장애물이었다. BT의 광고전략은 스몰 토크에 대한 이미지를 개선한는 것이 급선무였다. 이를 위해 BT는 기호학 분석 및 질적 연구를 통해 스몰 토크를 막고 있는 주요 원인을 규명하고자 하였다.

첫째, 가정전화의 소유권이 남성에게 있다는 것이었다. 당시, 영국의 가정들은 전화를 개통할 때, 그 소유주의 이름을 남성으로 하는 경우가 많았다. 소유주는 남성이지만, 가정 내에서 전화를 많이 사용하는 주체는 여성이나 아이들이다. 이들은 대부분 가까운 이웃에게 전화를 할 때 전화를 사용한다. 남성들은 공적인 업무를 위한 커뮤니케이션에 주로 전화를 사용했기 때문에, 굳이 가까운 이웃에게 전화를 한다는 것을 이해하지 못 하였고, 여성들도 거리낌 없이 전화를 사용하는 것에 제약을 느끼고 있었다.

둘째, 스몰 토크를 경시하는 남성들의 습성이다. 영국 남성은 청교도적 프로테스탄티즘의 윤리를 중시하는 경향이 있다. 그래서 근면성실함을 최고의 가치로 생각한다. 이러한 가치는 커뮤니케이션에도 고스란히 적용되었다. 빅 토크라는 개념 속에 나타나는 그들의 담론 문화도 청교도적 윤리가 담겨있다고 할 수 있다. 그들의 담론 규칙은 '단어를 낭비하지 말고, 짧고 분명하게 말해야 하며, 긴 이야기를 단축하여 요점만 이야기해야 한다'는 것이다. 자기 억제적인 성향이 드러나는 빅 토크의 성격과는 달리, 스몰 토크는 자기 탐닉적인 성향이 강하다. 이러한 점 때문에 남성들은 자연스럽게 스몰 토크를 경시하며 꺼린다. 일례로, 남성은 직장 동료들과 함께 있을 때, 전화를 받는 것은 매우 부끄러운 일이라고 생각한다. 그래서 사적인 전화도 마치 공적인 전화처럼 가장하여 받는다. 이처럼, 스몰 토크에 대한 부정적인 태도는 오랜 세월 지속되어온 것이기 때문에, BT가 당면한 가장 큰 장애물이자, 해결해야 할 과제이다.

셋째, 세대별로 전화에 대한 태도가 다르다는 점이다. 55세 이상의 집단은 전쟁의 위협 속에서 유소년기를 보냈다. 그들에게 전화가 없는 가정환경이란 당연한 것이었다. 전화를 하기 위해서는 집에서 멀리 떨어진 공중전화에 가야만 했다. 그러므로 당시 전화기는 부와 사치의 상징이었다. 이러한 유소년기의 인식은 그들이 성인이 된 후에도 쉽게 바뀌지 않았다. 현재는 손쉽게 사용할 수 있는 기기가 되었음에도 불구하고 마음 편히 사용할 수 없었던 것이다. 베이비 붐 세대라고도 일컬어지는 40대 집단 또한 비슷한 양상을 보인다. 이들 세대만 해도 부모세대(55세 이상 집단)와는 달리 가정 내에 전화가 있었다. 하지만 부모세대의 가치관을 물려받아, 필요한 용건이 있는 경우에만 전화를 사용해야 한다는 인식이 있었다. 따라서 스몰 토크보다 빅 토크가 필요한 경우에만 전화를 사용하는 것이 습관화되었다. 오직 30세 이하의 세대만이 전화 커뮤니케이션에 익숙해져 있었고 전화는 오늘날 휴대폰이 의미하는 것처럼 이미 그들의 삶의 일부로 자리 잡고 있었다. 그들에게 있어서 전화가 없는 세상이란 휴대폰이 없는 세상처럼 상상할 수조차 없었다. 이들은 스몰 토크와 빅 토크에 상관없이 전화를 사용하는 데에 거리낌이 없었다. BT의 목표는 모든 세대가 전화를 스몰 토크에 사용하도록 하는 것이었으며 전화에 대한 이러한 세대별 태도 차이를 좁히기 위한 방안이 필요하였다.

넷째, 스몰 토크를 경시하는 언어적 관습이다. 한 단어 속에 부정적 혹은 긍정적 이미지가 정착되기까지 오랜 시간이 필요하다. 다시 말해, 언어에 담겨져 있는 부정적 혹은 긍정적 의미들은 오래도록 그 단어에 대한 태도가 부정적 혹은 긍정적으로 이어져 왔음을 반증한다. 스몰 토크를 평가절하 하는 태도가 뿌리 깊게 박혀있다는 것은 스몰 토크를 표현하는 단어들을 통해서도 알 수 있다. 주로, '수다, 잡담, 한담, 험담, 가십, 쓸데없는 말, 감언, 지껄임 등'의 표현들은 스몰 토크와 함께 사용되거나 스몰 토크와 동일한 의미로 사용된다. 이러한 단어들은 부정적인 이미지가 강하다. 스몰 토크에 대해 부정적인 인식이 형성되지 않았던 사람들도 위와 같은 단어들을 사용하면서 무의식중에 스몰 토크에 대한 부정적 인식을 가지게 된다.

이러한 장애물을 뛰어 넘어, 스몰 토크에 대한 부정적 인식을 불식시키고 전화 사용량을 증진시키려면 어떠한 광고 전략이 필요할 것인가? 이전까지 BT의 광고전략은 영국의 담론 문화에 발맞추어 빅 토크에만 초점을 맞추어왔다. 남성적이고 진지하고 공적인 대화를 중시하는 광고 전략을 시행했다. BT는 남성중심적이었던 커뮤니케이션 문화에서 벗어나, 좀 더 넓은 관점에서 광고전략을 고안하고자 했다. 또한 긴 세월 동안 지속되어 오던 스몰 토크를 경시하는 태도로부터 탈피하고자 하였다. BT는 기호학을 활용하여 광고 전략의 프레임을 기획하였고, 'It's Good to Talk(대화란 좋은 것이다)'라는 광고 캠페인이 탄생하게 되었다.

광고 캠페인의 주요 내용은 여성의 전화사용을 정당화하고, 남성에게도 더 많은 전화 사용을 독려하는 것이었다. 이를 위해 이성적 커뮤니케이션보다 감성적 커뮤니케이션을 강조하는 등 이제껏 경시되어왔던 스몰 토크의 가치를 재조명하며 가치를 높이고자 했다. 빅 토크와 스몰 토크를 감성적인 프레임을 통해 대조함으로써, 빅 토크가 줄 수 없는 스몰 토크의 강점을 강조하였다. 또한, 광고 모델인 밥 호스킨스(Bob Hoskins)는 관계를 증진시키기 위한 좋은 커뮤니케이션 방법을 알려주는 가이드 역할을 하였다. 항상 객관적 입장에서 커뮤니케이션의 중요성을 설파하는 광고 모델의 모습은 BT라는 한 기업의 캠페인이라는 사실을 잊게 만들었다. 회사의 제품 정보는 보조적으로 제공하면서, 객관적 느낌을 유지하기 위한 노력을 기울였다. 광고 모델의 객관성은 영국인들의 소통에 대한 태도를 변화시키는 가장 큰 역할을 하였다. 만약 주관적 느낌 혹은 제품을 광고한다는 느낌이 강하게 나는 광고를 진행했다면, 설득력은 감소했을 것이다. 결론적으로 기호학을 활용한 BT의 광고전략은 성공적으로 이루어졌고, 이 광고 캠페인은 영국의 커뮤니케이션 패러다임의 전환에 큰 공헌을 하였다.

1 기호학의 이해

1.1 기호학의 의의

인간은 매일 **기호**(sign) 속에서 살아간다. 기호를 통하여 의미를 전달하고 전달받으며 의사소통을 한다. 인간과 인간의 삶 자체가 기호라고 할 수 있으며, 인간의 감정과 사고가 모두 기호현상으로 나타난다. **기호학**(Semiotics)은 기호에 의해 일어나는 커뮤니케이션 현상을 다루는 학문인데, 인간이 기호를 엮어 의미 있는 상징체를 창조하기 때문에, 그 상징체의 창조와 의미작용(signification)이 어떻게 이루어지는가를 연구하는 학문이다. 기호학이라는 용어는 희랍어 *semios*(sign)에서 유래하였으며 원래는 의학적 용어로 증상을 의미하였다.

기호학은 커뮤니케이션과 문화를 이해하는 데 도움을 주는데 다른 질적 조사방법들이 주로 인사이드-아웃(inside-out)의 관점을 사용하는 것과 달리 기호학은 아웃사이드-인(outside-in)의 관점을 사용한다. 전통적 질적 조사방법에서는 인터뷰와 관찰을 통하여 소비자의 내면에 있는 것(inside)을 태도와 신념 등의 형태로 외부로 끌어내고자 한다(out). 기호학적 조사에서는 소비자의 외부에 있는 것(outside) – 특히 문화적 요인 – 이 어떻게 소비자의 마음 속에 들어가게 되었는가(in)를 조사한다.

예를 들어, 붉은 색 포장의 제품을 중국 소비자에게 제시하였을 때 대부분의 소비자들이 이 제품을 행운을 가져다주는 제품이라고 받아들였다면 그 이유는 다분히 중국인들이 공유하는 문화와 관련이 있다고 볼 수 있다. 중국인들에게 있어서 붉은 색은 예전부터 행운을 가져다주는 색깔로 인식되어 신년이 되면 집을 붉은 색으로 치장하는 관습도 있다. 기호학적 조사를 통해 사람들이 의식적, 무의식적으로 소통하는 방식을 파악하여 포장, 광고, 신제품 개발에 적용할 수 있다.

그럼에도 불구하고 기호학이 다른 질적 조사방법에 비해 주목받지 못한 이유는 기호학이 구조 언어학자와 인류학자와 같은 전문가들이 주로 연구실에서 진행하는 작업으로서 소비자조사를 통해 얻을 수 있는 것이 별로 없다고 보았기 때문이다. 물론 전통적인 구조주의적 기호학적 관점에서 어떤 문화적 코드를 해독하려면 전문가가 코딩 시스템에 의거해서 해독해야 한다고 보았기 때문에 기호학적 조사는 전문가의 영역에 있다고 할 수도 있다. 그러나 최근의 사회적 기호학적 관점에서는 의미라고 하는 것이 불변의, 고정적인 것은 아니며 어떤 문화적 코드와 관련 있는 의미를 파악하기 위해서 소비자 인터뷰와 같은 질적 조사방법이 필요하다고 본다. 본서에서는 이런 관점에서 기호학적 조사를 질적 조사방법의 주요한 방법 중의 하나로 제시하고자 한다.

질적 소비자조사에서 기호학은 다음과 같은 장점을 갖는다. 첫째, 소비자 문화가 어떻게 소비자행동에 영향을 미치는지 파악할 수 있다. 즉, 소비자들이 광고, 포장, 디자인에 대하여 나타내는 반응을 해석하고 그 이유를 파악하게 한다. 둘째, 소비자와 메시지 간의 관계, 메시지가 어떻게 해석되며 어떻게 처리되고 제품에 어떤 영향을 미치는가에 대해 파악하는 데 도움이 된다.

특히 기호학적 방법론은 마케팅의 진단 및 처방과 관련하여 다음과 같은 유용성을 갖는다.

첫째, 자사의 광고에 대한 기호학적 분석을 통해 기업이 제품에 담고자 하는 광고 메시지가 의도했던 의미작용을 획득하고 있는지 검토할 수 있다. 또한 광고 속에서 사용되고 있는 가치와 개념이 소비자의 기억에 각인 되게끔 하는 전략을 제공한다.

둘째, 경쟁사 광고에 대한 기호학적 분석을 통해 경쟁사 광고가 제품에 부여하는 의미작용을 파악하고 소비자에게 명시적·비명시적으로 전달되는 개념과 가치를 파악할 수 있다. 이러한 조사는 경쟁사가 소비자에 대해서 올바른 접근을 하고 있는지의 여부를 가려주며, 기업의 커뮤니케이션 정책을 위한 합리적인 전략선택 및 새로운 광고 캠페인을 정교화하는 데 기여한다.

셋째, 사회적 담론에 대한 기호학적 분석을 통해 소비자가 특정 상품에 대해 작동하는 의미작용을 파악할 수 있다. 소비자가 이 제품에 대해 무엇을 알며, 어떤 상상을 하며, 어떤 결과를 기대하고, 어떤 환경에서 사용하고, 어떠한 만족이 충족되기를 기대하는지에 대한 정보를 제공한다. 자사와 경쟁사의 광고 메시지의 커뮤니케이션 임팩트를 파악하여 신규 캠페인과 커뮤니케이션 정책을 재수립하고 수정하는데 도움을 준다.

넷째, 이상의 세 가지 기호학적 분석을 통합하여 제품에 대한 커뮤니케이션 전략의 지각도를 작성하게 해준다. 이는 상품의 수용과 새로운 특성, 기업의 상품체계에서 비어 있는 공간을 파악할 수 있게 해주고, 신상품 개발 등 변화의 경향을 확인하고 기업의 커뮤니케이션 정책을 재설정하는 것을 돕는다.

1.2 기호학의 이해

기호학에서 기호는 커뮤니케이션 관계에서 참여자들 사이에 별도로 존재하는 인간 커뮤니케이션의 요소이다. 기호는 한 참여자의 마음속에 있는 어떤 것을 대신하는 요소이며, 수용되면 다른 참여자의 마음속에 있는 어떤 것을 대신하게 되는 요소이다. 기호는 깃발과 같이 어느 위치나 집단을 알리는 표시로 사용될 수도 있고, 사람들의 모임, 어떤 사건, 동물의 발자국, 수학부호, 의학적 징후 등이 나타내는 어떤 것일 수도 있다. 또한 기호는 아이디어, 지시, 개념 등 무형의 정보도 제공한다.

현대 기호학은 크게 두 줄기로 발전하여 왔는데, 그 근원을 소쉬르(Saussure)와 퍼스(Peirce)에 두는 것이 일반적이다. 유럽의 기호학을 이끈 소쉬르는 기호라고 하는 것이 물질적 기표(예 : 소리)와 추상적 개념의 자의적 연상이 만들어낸 것이라고 보았다. 예를 들어, '자동차'라는 발음이 처음부터 자동차라는 물체에 고유하다기보다는 전적으로 언어의 어의 코드(code)가 만들어낸 것이라고 본다. 본래부터 존재하는 자연적 의미라고 하는 것은 없으며 의미는 자연의 산물이 아니고 문화의 산물이라고 본다. 따라서 브랜드 로고의 정확한 의미는 관습이나 관례에 따라 코드화된 것이라고 할 수 있다.

소쉬르는 기호를 생각(idea)을 표현하는 것으로, 기호표현과 기호내용의 결합체로서 의미소통을 위한 고안물이라고 하였다. 즉, 소쉬르는 기호를 기표(記表, signifier)와 기의(記意, signified)의 두 요소가 결합하여 만들어지는 것으로서, 기표는 무엇을 표현하기 위한 실체적 요소로 형식을 말하는 것이고 기의는 기호가 대변하는 정신적 개념으로 의미되어지는 내용을 말한다. 소쉬르의 2차원적 기호는 시적 이미지, 신화, 영화 등과 같은 많은 미디어의 의미구조를 분석하는 모델이 되었다.

미국 기호학의 선구자인 퍼스는 기호의 **삼각모델**을 제안하고 기호(sign), 기호가 해석될 수 있는 논리적 틀인 해석소(interpretant), 기호가 대변하는 개념인 대상(object)의 3요인을 들었다. 또한 기호와 대상 간의 관계에 근거하여 기호를 도상기호, 지표기호, 상징기호의 3가지 유형으로 나누었다. 어떤 기호가 그 대상과의 유사성을 바탕으로 존재한다면 그것은 도상(圖像, icon)이라고 할 수 있고, 그 유사성이란 대상체와 비슷하게 보이거나 비슷한 소리나 이미지라고 할 수 있다. 대상체와 실존적 연결을 이루고 있는 기호를 지표(指標, index)라고 하는데, 그 대상에 의해서 실지로 영향을 받고 그 사실에 의하여 그 대상의 기호로서 기능하는 것을 말한다. 상징(象徵, symbol)은 임의로 만들어진 관념이나 기호로 기호와 대상체 사이에 유사성이나 연관 없이 약속에 의해서 작용한다.

소쉬르를 중심으로 한 **구조적 기호학**과 달리 최근에 질적 조사연구에 더 적합한 기호학적 조류로서 나타난 **사회적 기호학**은 사람들이 어떻게 자신들이 경험한 기호들을 이해하고 이 기호들로 무엇을 하고자 하는지 알고자 한다. 구체적으로 사회적 기호학은 의미를 부여하기 위해 다양한 시각적 영상, 구어적/문어적 텍스트, 음악이나 동작들이 단독으로 또는 복합적으로 활용되는지 연구한다. 구조적 기호학과는 달리 사회적 기호학은 소비자 인터뷰 등 조사를 적극 활용한다.

2 기호학적 조사의 실행

기호학적 조사는 크게 두 단계를 거친다. 1단계에서는 조사팀과의 브레인스토밍을 통해 연구과제와 관련된 다양한 아이디어들을 추출하고 이 아이디어들을 공통점에 따라 몇 개의 주제로 묶는다. 그 후 이 주제들이 연구팀에 국한된 것인지 또는 문화의 한 부분인지 파악하기 위해서 다양한 텍스트와 이미지들을 방송, 신문, 인터넷 등을 통하여 수집한다. 이 과정을 통해 어떤 주제가 문화적으로 현저하고 내용이 풍부한지, 다른 주제들은 문화적으로 두드러지지 않고 빈약한지 판별한다.

2단계는 분석단계로, 수집된 자료들을 분해하여 의미를 파악하는 과정이다. 이 단계에서 기호학의 여러 가지 분석기법들을 사용한다.

첫 번째 기법은 기호(시각적, 언어적, 청각적)와 이 기호들이 어떻게 작용하는지 분석하는 것이다. 두 번째 기법은 커뮤니케이션 코드와 이 코드들이 어떻게 작용하는지 분석하는 것이다. 예를 들어, 교통신호등의 적색이 무엇을 의미하는지는 신호등 코드에 따라 판단할 수 있는 것처럼 어떤 기호의 의미를 파악하기 위해 이미 확립된 코드를 참조할 수 있다. 그런데 기존의 코드가 없거나 불완전한 형태로 존재한다면 일반적 관례에 따라 해석하게 된다. 세 번째 기법은 이항분석(binary analysis)이다. 이항분석에서는 대상을 반대의 관계(예 : 선, 악), 대비(예 : 사과와 오렌지), 보완적 관계에 따라 구분한다. 예를 들어, 브랜드를 여성적-남성적, 전통적-현대적, 클래식-첨단 등의 이항으로 구분하여 포지션을 확인할 수 있고, 더 나아가 빈 공간에 주목하여 전략적 기회를 발굴할 수도 있다.

네 번째 기법은 사람들이 의미를 부여할 때에 통상 어떤 친근한 유형이나 구조 – 스토리, 진위 판단, 자아 이미지 – 에 반응한다는 점에 착안하여 이런 일반적 관례를 사용하는 것이다. 첫째, 기호들의 집합체를 스토리로 보고 이 스토리들이 갖는 공통적, 예측가능한 유형을 찾을 수도 있고, 둘째, 이 기호들이 우리가 아는 세상을 제대로 나타내고 있는지 진위 판단을 내릴 수도 있으며, 셋째, 우리나 집단의 자아이미지와 부합하는지 검토할 수 있다.

기호학적 조사의 실행과정을 예를 들어 살펴보자. 어떤 조사에서 사람들의 버스 이용에 관련된 편견과 잘못된 생각들을 기호학적 조사를 통해 파악하고자 하였다. 1단계 자료 수집 결과 나타난 주제 중의 하나는 범죄의 공포였다. 2단계에서 버스 이용과 관련된 문화적으로 다양한 스토리들을 분석하였다. 스토리 중에는 버스 정류장에서 버스를 기다리는 10대들은 피해자로 서술되는 경우가 많은 반면 버스에 탄 10대들은 가해자로 묘사되는 경우가 많았다. 또한 버스기사가 친절하고 다정한 여성으로 나타난 경우도 있고, 난폭하고 무능한 남성으로 묘사되기도 하였다. 이 스토리들을 분석하여 버스 이용과 관련된 다양한 편견과 그릇된 생각들에 대한 통찰을 얻을 수 있었다. 이런 스토리들은 질적 인터뷰를 통하여 얻게 되는데 이때 인터뷰의 초점은 소비자들의 태도나 가치를 파악하는 것이 아니고, 이 태도와 가치들이 결합하여 어떤 문화적 범주를 형성하게 되는지를 파악하는 것이다. 이런 점에서 기호학은 연구자 단독의 분석과 해석으로만 이루어지지 않고 소비자가 연구자와 함께 문화의 분석과 해석에 참여하는 것이 필요하며 이것이 기호학이 질적 조사방법의 주요한 기법 중 하나로 받아들여지는 근거가 된다.

3 기호학의 활용

기업과 소비자, 또는 소비자와 소비자 사이의 상호작용은 기호를 이용한 의미의 교환행위라고 할 수 있다. 즉, 소비자의 세계는 소비자와 기업이 문화적 공간과 시간 속에 감추어진 기호와 상징으로 된 '의미의 그물(a web of meanings)'이라고 할 수 있다. 결국 기업의 입장에서 보면 소비자들에게 보다 효과적으로 커뮤니케이션될 수 있는 기호를 발견하고 연구하고 구성하여야 하는 것이다. 광고 등에 필요조건을 갖춘 기호의 발견은 어렵지 않지만, 이것은 기존의 시장조사 방법과 통계학 등 계량적 분석방법에 의존한 결과인 경우가 많다. 하지만 광고에서의 표현을 통하여 진정으로 소비자들에게 원하는 방향으로 의미가 생성되게 하기 위한 충분조건을 갖춘 기호의 구성은 쉽지 않다. 의도에 부합하는 감성적이고 사회문화적이며 정성적 특성을 찾아내기 위한 조건으로 기호학적 접근은 유용하다. 이런 측면에서 마케팅과정은 소비자 욕구를 충족시킬 수 있는 기호를 찾아내어 제품이나 서비스로 개발하여 광고, 전시 등 또 다른 기호전달과정을 통하여 시장에 출시하는 것이라고 할 수 있다.

3.1 제품에 대한 기호학적 접근

제품은 경제적 기능 외에 문화적·상징적 기능을 가지고 있다. 기술 발전으로 제품의 기술적 기능은 평준화되면서, 감성적 측면이 부각되고 소비자들의 심리적 욕구나 감성적 취향을 충족시키는 것이 매우 중요한 요소가 되었다. 따라서 기호학의 문화과학(cultural science)적 측면은 제품생산 특히 디자인 측면에서 효과적인 방법론이 된다.

제품의 기호학적 구조를 다음과 같이 제시할 수 있다. 첫째, '기표'로서의 제품은 물질, 기술, 디자인, 색상, 브랜드 등으로 구성된다. 둘째, '기의'로서의 제품에는 외연적 의미와 내포적 의미가 있다. **외연적 의미**는 제품의 표면적 의미로서 주로 제품의 기술적·기능적 의미(실용적, 실체적 의미)를 말하는 것으로 소비자의 물질적 욕구에 부응한다. **내포적 의미**는 제품의 심층적이고 숨겨진 의미로서, 비물질적이고 상징적인 의미를 말하는 것으로, 소비자의 심리적 욕구에 부응한다.

사회적으로 제품 자체는 중요한 기호로서 제품 자체의 기능이나 미적 가치뿐만 아니라 사회·물리적 요소로 중요한 의미를 가지고 있으며, 소비의 이데올로기에 큰 영향을 준다. 이미 제품은 사용가치 외에 상징적 가치나 기호적 가치의 존재를 인정받고 있다. 하나의 제품, 즉 디자인 결과물을 그 자체로 물리적 현상과 사회경제적·시대적 배경 및 관습과 전통 등의 정신적 현상으로 구분할 수 있는데, 물리적 현상은 기표이고 정신적 현상은 기의라고 볼 수 있다. 경제적이며 실용적이고 기술적인 외연적 의미와 사회·문화적이며 심미적인 측면, 즉 심리적·감성적인 내포적 의미에 부합하는 제품 콘셉트의 과정을 도식화하면 [그림 10-1]과 같다. 기호학적 제품생산과정은 해석과정(interpretation process)과 생산과정(production process)으로 나눌 수 있는데, 해석과정은 기호의 관찰 과정을 거친 의미의 해석과정이고 생산과정은 의미의 생산과 실제적인 기호의 생산으로 나눌 수 있다. 기업은 시장환경

▌그림 10-1▐ 기호학적 제품생산과정

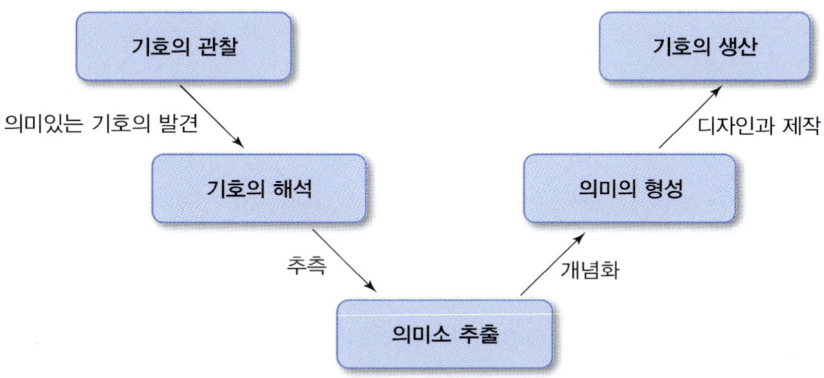

내의 의미 있는 기호를 추론적 인지과정을 통해 유의한 마케팅 정보로 전환하거나 추론적 인지 메커니즘을 통해 제품 개념화하여 소비자의 욕구에 부합하는 제품으로 완성하여 출시하는 것이다.

사례 레드 불(Red Bull)

레드 불(Red Bull) 사례를 통해 브랜드 로고와 패키징에 담긴 기호학에 대해 살펴보고자 한다. 첫째, 레드 불의 브랜드 로고에 담긴 의미를 파악해보자. 서양문화에서 황소는 힘, 야수, 정력, 남성성, 분노 등을 상징한다. 황소(Bull)는 불같은 성미를 가지고 있으며, 앞뒤 가리지 않고 달려드는 느낌이 강하다. 황소 앞에 붙는 레드(Red), 빨간색은 열정, 흥분, 강렬함 등을 의미한다. 빨간색은 사랑을 의미하기도 하는데, 때로는 증오와 분노를 의미하기도 한다. 이러한 의미를 결합한 레드 불, 붉은 황소는 분노에 찬, 흥분에 찬 황소를 상징하기도 하고, 활동적이고도 폭력적인 황소, 피투성이 황소, 전쟁에 미친 황소 등으로 해석될 수 있다. 이러한 이미지는 에너지 드링크에 완벽하게 들어맞는 이미지라고 할 수 있다.

이러한 브랜드 로고를 통해 레드 불이 주로 젊은 남성을 표적으로 삼고 있음을 알 수 있다. 공격적이고, 적대적이고, 경쟁적인 느낌이 담긴 이 에너지 드링크는 젊은 남성들의 피를 끓어오르게 만들 것이다. 로고를 자세히 살펴보면, 두 마리의 붉은 황소가 머리를 맞대고 경쟁하고 있다. 한 마리의 황소가 아닌 두 마리의 황소를 경쟁하는 구도를 만든 것은 공격적이고 경쟁적인 성격을 극대화하여 보여주기 위한 의도가 담기어 있다. 특히 이 황소들은 모두 수컷 황소들로, 암컷 황소를 차지하기 위하여 경쟁하는 모습이라고 한다. 이는 여성에게 매력적인 남성을 표방하며, 남성성을 강조하는 효과를 가져다준다. 그림을 살펴보면, 선을 최소한으로 사용하여 단순하고 만화적으로 표현한 것을 알 수 있다. 다소 공격적이고 폭력적으로 보일 수 있는 경쟁구도를 사회에서 용인할 수 있는 수준으로 조정하기 위하여 최대한 단순하고 절제된 느낌으로 표현한 것이다.

레드 불의 패키징에도 기호학적 의미가 담겨있다. 캔의 규격은 250ml로 다소 작은 사이즈이다. 이는 자그마한 크기에도 강한 효력을 지니고 있다는 의미를 함축하고 있다. 다시 말해, 효력을 위하여 크기가 중요한 것이 아니라는 것이다. 은색과 푸른색을 배열한 패키징은 메탈 느낌이 나도록 디자인되었다. 이는 기다란 원형으로 생긴 총알(full metal jacket)을 본떠 디자인된 것으로, 파괴력이 강한 총알을 연상시킨다.

레드 불은 브랜드 로고와 패키징을 통해 나타난 기표가 공격적, 경쟁적 남성성과 강한 효력이라는 기의를 일관되게 잘 제시하고 있다. 이러한 일관된 이미지가 소비자에게 잘 전달이 되어, 출시된 이후 꾸준히 높은 성장률을 보이며 시장을 선점해나갔다. 현재 164개국에서 레드 불 제품을 만날 수 있으며, 2015년 전 세계 에너지드링크 시장에서 26% 점유율을 달성하며 1위 자리를 굳건히 지키고 있다.

3.2 브랜드 심벌마크에 대한 기호학적 접근

퍼스는 기호의 유형을 도상, 지표, 상징의 세 유형으로 분류하였다. 모든 기호는 이 기호 유형의 특성을 하나만 가지고 의미작용 한다기보다는 이 세 가지 기호유형의 특성이 유기적으로 조합되어 의미작용을 한다. 따라서 퍼스의 이론을 근거로 브랜드 심벌마크의 유형을 '도상성'이 강한 심벌마크, '지표성'이 강한 심벌마크, '상징성'이 강한 심벌마크로 구분하였다.

첫째, '도상성'이 강한 심벌마크는 구체적 대상물(대상체)의 형태가 직접적으로 심벌마크의 형태로 발현되어 심벌마크가 그 대상(기업체)의 어떤 성질을 유사성을 바탕으로 표현한 경우이다. 예를 들어, Lacoste, LG 등의 상표가 이에 해당된다.

| 그림 10-2 | 도상성이 강한 심벌마크

LACOSTE

LG

둘째, '지표성'이 강한 심벌마크는 대상에 의해서 실제로 영향을 받고 그 사실에 의하여 기업의 심벌마크로 존재하며 직접적 관계가 있는 기표와 기의의 결합(원인관계)으로 이루어져 있고, 일방적이고 직접적으로 기업이미지를 지시하며 주의를 기울이게 하는 성질이 강하다. 삼성, 맥도날드 등의 예를 들 수 있다.

| 그림 10-3 | 지표성이 강한 심벌마크

셋째, '상징성'이 강한 심벌마크는 심벌마크와 대상(기업) 간에 어떤 유사성이나 연관 없이 자의로 만들어져 약속이나 습관, 일반적 상식이나 사회적 계약에 의해서 기호작용을 하는 경우를 말하며 나이키, 오리온 등의 예를 들 수 있다.

| 그림 10-4 | 상징성이 강한 심벌마크

3.3 광고커뮤니케이션에 대한 기호학적 접근

광고의 함축적 의미를 파악하기 위해 기호학을 활용할 수 있다. 유명 남성잡지에 나타난 남성 향수 광고를 기호학적 관점으로 분석해 봄으로써, 기표(signifier)와 기의(signified)에 대해 파악할 수 있다.

첫 번째 광고는 디오르(Dior)의 남성 향수, "Dune Pour Homme" 광고이다.

이 광고에는 브랜드의 정체성과 남성성을 상징하는 모델이 기표로서의 역할을 담당하고 있다. 푸르른 바닷가와 하늘, 그리고 하얀 모래언덕(프랑스어로 dune)이 펼쳐진 배경은 몽환적인 감성으로 표현되고 있다. 남성 모델은 모래언덕에 무릎을 꿇고 앉아 있다. 그림의 좌측에는 향수가 소개되고 있다. 향수 밑에 있는 문구의 의미는 “자유의 본질(Essence of Freedom)”이다. 우리는 “자유”라는 단어가 이 광고가 독자에게 전달하고자 하는 주요 개념이라는 것을 쉽게 유추할 수 있다. 자유를 효과적으로 표현하기 위하여, 모델의 행동 또한 자유로운 모습으로 그려냈다. 사진 속 남성 모델은 상의의 단추를 끝까지 채우지 않고, 하나의 단추만을 잠근 채로 해변가에 혼자 앉아 있다. 그를 둘러싼 여유로운 느낌은 “자유”라는 개념과 일치한다. 또한 몽환적이고 유토피아 같은 배경 또한 자유와 일관된 메시지를 전달해주는 기표이다.

하지만 시각적인 표현으로만 광고가 구성되었다면, “자유”라는 메시지가 성공적으로 전달될 수 없었을 것이다. 광고에 “자유의 본질”이라는 문구가 삽입되었기 때문에 독자들은 “자유”와 이를 상징하는 기표와의 연결고리를 찾아낼 수 있다. 이 광고에서는 제품의 기능, 속성, 특징 등이 광고에 간접적으로 표현되었다. 예를 들어, 광고 모델, 광고의 배경, 색상 등의 시각적인 수단을 활용하여 함축적이고 상징적으로 광고 메시지가 표현되었다. 이에 반해 다음의 두 번째 광고는 직설적이고 직접적으로 광고의 메시지를 표현한다는 점에서 이 광고와는 다르다.

두 번째 광고는 다비도프(Davidoff)의 남성 향수, 쿨 워터(Cool Water) 광고이다. 일단 제품의 명칭에서부터 제품의 속성을 서술적이고 묘사적으로 나타내고 있다. 쿨 워터라는 명칭을 통해 시원하고도 자연적인 느낌, 청량하고도 순수한 느낌을 받을 수 있다. 제품 명칭과 일관되게 광고 또한 푸른색 계열의 시원하고 청량한 느낌으로 채워져 있다. 남성 향수라는 것을 이야기해주듯 남성 모델을 기용하였다. 남성 모델 또한 시크하고 쿨(cool)한 매력을 가진 모델로 선정하였다. 또한 수분감, 청량감을 강조하기 위해 물방울을 순간

포착하여 사진 속에 담아내었다. 물방울을 기표로 활용하여, 광고를 보고 있는 독자들에게 마치 향수의 촉감까지도 전달되는 듯한 느낌을 주고 있다.

위의 사례들을 통해, 광고에 활용되는 기표의 역할에 대해 알아보았다. 기표는 제품 이미지에 적합하게 디자인될 뿐만 아니라, 광고에 나타나는 텍스트와도 깊은 관계를 맺고 있다. 따라서 기표를 효과적으로 디자인하기 위해서는 제품의 이미지에 대한 이해가 선행되어야 한다. 또한 광고의 메시지를 명료하게 전달하기 위하여 광고 텍스트와 기표의 앙상블이 이루어져야 한다. 이와 더불어 광고에 사용되는 색상, 제품의 명칭 등도 기표로서 활용되며, 서술적이고 묘사적인 기능을 수행한다는 것을 알 수 있다.

주요 용어

기호(sign)	기호학(Semiotics)	소쉬르(Saussure)
구조적 기호학	기표(記表, signifier)	기의(記意, signified)
퍼스(Peirce)	삼각모델	사회적 기호학

요 약

1. 기호학은 기호에 의해 일어나는 커뮤니케이션 과정을 다루는 학문으로서 기호학적 조사를 통해 문화적 요인이 어떻게 소비자 마음속에 들어갔는지 파악한다.
2. 기호학의 접근방법에는 소쉬르의 구조적 기호학, 퍼스의 삼각모델, 사회적 기호학의 접근방법을 들 수 있다.
3. 기호학적 조사과정의 첫 번째 단계에서는 연구과제와 관련된 다양한 아이디어들을 추출하고, 몇 개의 공통된 주제로 묶으며, 이 주제들이 문화적으로 얼마나 현저한지 판별한다. 두 번째 단계는 수집된 자료들을 분해하여 의미를 파악하는 분석단계이다.
4. 기호학적 분석을 통하여 소비자 욕구를 충족시킬 수 있는 기호를 찾아내고 이를 신제품 개발, 광고, 브랜드 전략에 활용할 수 있다.

토의문제 : Fidji 사례

왼쪽 그림의 광고는 여성패션잡지 『보그(*Vogue*)』에 실린 기라로쉬(Guy Laroche)의 향수 피지(Fidji)의 광고이다.

1. 이 광고를 기호학적 관점에서 분석해보라. 구체적으로 기호학적 관점에서 도상, 지표, 상징이 나타내는 바를 설명하라.
2. 이 광고는 기호학을 어떻게 활용하고 있는가?

참/고/문/헌

Alexander, Monty (1995), "Big Talk, Small Talk: BT's Strategic Use of Semiotics in Planning its Current Advertising," *Journal of the Market Research Society*, 37(2), 91-102.

Burger, Arthur Asa (2000), "Ads, Fads, and Consumer Culture: Advertising's Impact on American Character and Society," *Rowman & Littlefield*, 103-108.

Clare, Alexander (1998), *A Semiotic Analysis of Magazine Ads for Men's Fragrances*, https://brianair.wordpress.com/publishing/semiotic-analysis-of-magazine-adverts-for-mens-fragrances/

Mick, D. G. (1986), "Consumer research and semiotics: exploring the morphology of signs, symbols, and significance," *Journal of Consumer Research*, 196-213.

Mick, D. G., J. E. Burroughs, P. Hetzel and M. Brannen (2004), "Pursuing the meaning of meaning in the commercial world: an international review of marketing and consumer research founded on semiotics," *Semiotica*, 152, 1-74.

Nardin, M. and Richard D. Zakia (1987), "Semiotics, Advertising and Marketing," *Journal of Consumer Marketing*, 4(Spring), 5-12.

Oswald, Laura R. (2012), *Marketing Semiotics: Signs, Strategies, and Brand Value*, Oxford.

제 11 장

래더링(Laddering) 기법

래더링을 이용한 나가노 시계점 광고

선물용 시계를 주로 파는 나가노 시계점(長野時計店)의 광고 '겨울' 편(2006)에서는 "시간의 상인(時の商人)"이라는 헤드라인 아래 다음과 같은 바디카피를 덧붙이고 있다.

> 그 상인은 시간을 팔고 있었다. "어서 오세요. 시간을 사시겠어요? 1분부터 주문 받습니다."
> 어떤 남자는 상인으로부터 1시간을 샀다. 한 시간을 산 남자는, 그것을 독서의 시간으로 썼다.
> 어떤 여자는 1주일을 샀다. 1주일을 산 여자는, 그것을 해외여행에 썼다.
> "10년을 갖고 싶은데" 어떤 노인이 상인에게 물었다.
> "손님, 10년이라면 꽤 비싼데요."
> "상관없네. 10년 치 주게."
> 10년을 산 노인은, 그것을 병에 걸린 아내에게 양보했다.
> 시간에 드라마를(時に、ドラマを). 나가노

나가노 시계점 광고에서는 시계를 직접 팔려 하지 않고 시간의 철학을 알려준다. 1분, 1시간, 1주일, 10년, 시간의 점층법을 통해 시간의 가치를 되돌아보게 한다. 병든 아내의 생명을 연장하려고 노인이 10년 치 시간을 사서 아내에게 선물했다는 대목에 이르면 감동하지 않을 수 없다. 이 광고의 백미(白眉)다. 더 놀라운 것은 시계점 광고인데 단 한 개의 시계도 보여주지 않았다는 점이다. 제품을 보여주지 않음으로써 오히려 시계의 가치를 돋보이게 했다.

이 광고에서는 래더링(laddering) 원리를 활용했다. 래더링이란 제품의 속성을 바탕으로 '왜?'라는 질문을 계속해 나가며 혜택과 가치를 알아보는 사다리식 질문법이다. '속성 → 혜택 → 가치'의 과정을 거쳐 어떤 제품인가에서 어떤 가치를 지닌 제품인가로 바뀌게 되는데, 이 광고에서는 시계의 속성을 시간의 가치로 승화시키는 데 성공했다. 나가노 시계점에 가서 시계를 사면 같은 시계라도 더 특별한 의미가 있을 것 같다. 이 광고는 1958년에 창업한 나가노 시계점의 이미지를 바꾸는 데 결정적인 영향을 미쳤다. 시계라는 제품이 아닌 시간의 가치를 팔았기에 가능한 일이었다.

(자료 : 초이스 경제, "시간을 잘 사고파는 상인", 김병희 칼럼, 2017.4.24 수정 인용)

1 래더링의 이해

1.1 래더링 조사의 개념

래더링(laddering) 조사는 사람, 브랜드, 광고 등 특정 대상에 대해 사람들이 인식하고 있는 **속성**(attribute), **편익**(benefit), **가치**(value)들이 계층적으로 어떻게 연결되어 있는지 파악하는 방법이다. 예를 들어, 왜 아이폰을 구매하는지(속성), 그 이유가 구매자에게 왜 중요한지(편익), 그 편익이 구매자에게 제공하는 궁극적인 가치(가치)는 무엇인지, 나아가 이러한 요인들이 어떤 계층적 구조를 이루는지를 1 : 1 인터뷰를 통해 단계적(속성 → 편익 → 가치)으로 찾아나가는 조사방법이다.

이 같은 래더링 조사를 통해 소비자가 특정 제품 구매 시 중요하게 생각하는 속성과 추구하는 가치와의 연결고리를 파악할 수 있는데, 이는 소비자들의 제품 구매 행위가 제품 속성의 획득을 통한 결핍의 충족뿐 아니라 자신의 신념, 가치를 실현하고 강화하려는 목적도 있음을 알려 준다. 따라서 래더링 조사는 특정 제품이나 브랜드에 대한 소비자들의 인식을 계층적으로 이해할 수 있어서 브랜드 전략 수립이나 커뮤니케이션 전략 수립에 도움이 된다. 한마디로 래더링 조사는 소비자가 특정 브랜드를 선택하는 기준이 그 사람의 신념이나 가치와 어떻게 연결되는지 파악하는 데 효과적인 방법이며, 래더링 조사결과는 소비자와의 커뮤니케이션 전략을 수립하는 데 효과적으로 활용된다.

1.2 래더링 조사와 수단목적사슬의 관계

래더링 조사는 **수단목적사슬**(means-end chain) 이론에 바탕을 두고 있다. 더 구체적으로는 수단목적사슬 이론에 근거한 인터뷰 방법 또는 수단목적사슬 관계를 확인하는 조사방법을 래더링 조사라 할 수 있다.

Reynolds와 Gutman(1988)이 발표한 수단목적사슬 이론의 핵심은 소비자들이 제품을 구매할 때 제품의 물리적 속성 자체보다 해당 속성을 통해 획득하는 혜택이나 가치를 더 중요한 구매기준으로 삼는다는 것이다. 또한 소비자 구매의사결정 과정에서의 인지구조를 제품의 속성, 속성으로 인해 나타나는 결과로서 편익, 그 편익이 강화시켜주는 개인적인 가치 등 세 가지 요인 간 **계층구조**로 설명한다. 여기서 속성이란 색깔, 무게, 크기, 칼로리, 속도와 같은 주로 제품의 물리적 특성을 의미하며, 편익은 제품의 물리적 특성이 가져다주는 기능적 편익과 정서적 편익, 사회적 편익을 포괄하는 광의의 혜택, 결과를 의미한다. 가치는 소비자의 신념이나 세계관으로 소비자의 전반적인 행동방향을 제시하는 역할을 한다.

래더링 조사는 이와 같은 계층적 인지구조, 즉 제품의 속성을 자신이 지향하는 신념, 가치와 어떻게 연결시키고 해석하는지를 수단목적사슬 이론에 근거하여 파악하는 구체적인 조사방법이다. 래더링 조사방법과 수단목적사슬 이론 간의 이러한 관계로 인해 조사현장에서는 래더링과 수단목적사슬 이론을 동일한 개념으로 혼용하기도 한다. 하지만 수단목적사슬 이론은 사람들의 인지구조를 계층적으로 설명하는 이론이며, 래더링 조사는 이러한 이론에 근거한 1 : 1 심층인터뷰 방법이다.

래더링 조사방법은 이러한 특징으로 인해 특히 브랜드와 관련된 소비자 연구와 실무에서 많이 사용된다. 계층구조의 중간단계에 해당하는 편익 중 정서적 편익과 사회적 편익이 브랜드가 제공하는 대표적 편익인데, 래더링 조사는 이러한 편익을 소비자가 추구하는 가치, 지향하는 세계관과 연결시켜 해당 브랜드에 대한 소비자 태도와 행동을 구조적으로 이해하는 데 도움을 줄 수 있기 때문이다.

2 래더링의 실행

2.1 래더링 조사 절차

래더링 조사는 **인터뷰**를 통해 진행되는데 크게 다음의 세 가지 단계를 거친다. 특정 브랜드를 대상으로 하는 래더링 조사의 경우 먼저 특정 브랜드를 구매하는 기준 또는 대안 평가 시 중요하게 고려하는 기준이 무엇인지 질문하여 소비자가 특정 브랜드에 대해 특징적으로 인식하는 속성(attribute)을 파악한다. 다음으로 이렇게 파악한 여러 속성들이 응답자(interviewee) 자신에게 왜 중요한지 다시 질문함으로써 각 속성이 소비자에게 제공하는 구체적인 편익(benefit) 또는 결과(consequence)를 발견한다. 마지막으로 이러한 편익이 또 왜 중요한가를 질문하여 해당 브랜드가 소비자에게 주는 가치(value) 또는 소비자가 해당 브랜드를 구매하며 기대하는 궁극적인 가치가 무엇인지 발견한다.

스타벅스 아메리카노에 대한 래더링 조사 절차를 예로 들면 다음과 같다.

조사자 : 왜 스타벅스 매장을 자주 이용하시나요?

응답자 : 스타벅스 매장에서만 경험할 수 있는 고급스러운 여유가 있어서요.

조사자 : 고급스러운 여유가 왜 중요한가요?

응답자 : 여유로움, 그것도 고급스러운 여유를 느낄 때면 몸과 마음이 충전되는 것 같습니다.

조사자 : 몸과 마음이 충전되는 것이 왜 중요한가요?

응답자 : 다시 에너지 넘치는 모습을 동료들에게 보일 수 있으니까요.

조사자 : 왜 동료들에게 에너지 넘치는 모습을 보여야 하나요?

응답자 : 리더로서 매력적으로 보이고 싶고, 또 믿음을 주고 싶으니까요.

조사자 : 왜 동료들에게 매력과 믿음을 주고 싶나요?

응답자 : 매력과 믿음을 주어야 성공할 수 있어요. (궁극적 가치)

래더링 조사는 위의 예와 같이 조사자(interviewer)와 응답자 간 1 : 1 인터뷰 방식으로 진행되며, '그것이 당신에게 왜 중요한가요?'라는 질문과 그에 대한 응답을 반복하는 과정을 거치면서 하나의 '**사다리 오르기**'가 종료된다. 인터뷰 과정에서 응답자들의 75%는 보통 2~3개의 연결관계를 나타내는 반면 나머지 25%는 1개의 연결관계를 만드는 것으로 알려져 있다. 인터뷰는 일반적으로 50분~70분이 소요되며, 응답자에 따라 변수가 많은 만큼 인터뷰 전 과정의 녹음은 필수적이다. 인터뷰는 보통 20명 이상을 대상으로 진행된다.

한편 래더링 인터뷰를 할 때는 응답자가 최대한 편한 분위기에서 자유롭게 자신의 생각과 느낌을 말할 수 있도록 준비하고 배려해야 한다. 무엇보다도 속성－편익－가치의 계층구조 파악이 세 번의 질문으로 가능하다고 생각해서는 안 되는데, 조사자의 조급한 태도는 응답자로 하여금 불안감과 긴장을 유발하며 불신감까지 초래할 수 있다. 이는 결국 응답자의 실제 의도와 관계없이 조사자에 순응적인 응답을 하게 하거나, 아예 마음의 문을 닫아 필요한 응답을 왜곡하는 결과로 이어질 수 있다. 따라서 인터뷰는 철저히 응답자 중심으로 응답자가 이끌어간다는 느낌으로 진행할 필요가 있는데, 이는 응답자가 편히 답변할 수 있는 질문을 하고, 응답자가 원하는 방법과 순서, 속도로 답할 수 있게 할 때 가능하다. 또한 응답자가 말한 내용에 조사자가 다른 의미를 부여하거나 응답자에게 다른 해석을 강요해서는 안 되며, 조사자가 원하는 방향으로 응답을 유도해서도 안 된다. 응답자가 말한 내용 그 자체를 그대로 인정하고 가급적 많은 의견을 도출할 수 있어야 응답자의 수단목적사슬을 정확히 파악할 수 있다.

2.2 래더링 기법(techniques)

래더링 과정을 진행하다 보면 질문 내용, 응답자의 태도나 사고수준 등에 따라 더 이상의 인터뷰 진행이 힘들거나 더 상위단계 개념들을 도출하는 데 어려움을 겪을 수 있다. Reynolds와 Gutman(1988)이 제시한 래더링(인터뷰) 6가지 기법은 이러한 어려움을 극복하는 데 효과적이다. "와인쿨러(winecooler)"[1] 제품에 대한 래더링을 통해 6가지 래더링 기법을 설명하면 다음과 같다. 각 기법별 래더링 과정에서 도출된 속성(Attribute), 편익/결과(Consequence), 가치(Value)는 해당되는 내용에 각각 표기를 하였다.

① 기법 1: 상황 자극

응답자가 해당 제품을 사용하는 실제 상황을 생각하면서 여러 이야기를 할 때 효과적인 래더링이 진행된다. 이는 연구의 핵심이 제품이 아닌 사람이기 때문이다. 따라서 제품 소비와 가장 관련성이 높은 상황을 유도해서 이를 인터뷰의 초점으로 사용할 필요가 있다.

조사자 : 친구들과의 주말 파티에서 와인쿨러를 더 많이 마실 것 같다고 언급하셨는데요. 왜 그런 건가요?

---

1) 와인쿨러 : 와인에 소다수, 과일 주스, 얼음 등을 넣어 만든 칵테일.

응답자 : 글쎄요. 다른 혼합음료보다 와인쿨러의 알코올 량이 적고(A) 또 포만감(A)이 있어서 적은 양을 천천히 마실 수 있기 때문인 것 같습니다.

조사자 : 친구들과 있을 때 알코올을 조금만 섭취하면 무엇이 좋은가요?

응답자 : 그런 생각은 안 해봐서 잘 모르겠습니다.

조사자 : 친구들과의 파티상황을 고려하면서 왜 그런지 생각해보시겠어요? 가장 최근에 친구들과의 파티에서 와인쿨러를 마셨던 적이 언제인가요?

응답자 : 지난 주말입니다.

조사자 : 네. 지난 주말에는 왜 쿨러를 마셨나요?

응답자 : 오랫동안 술을 마실 것 같았고, 또 취하고 싶지는 않아서요(C).

조사자 : 지난 주말 파티에서 취하지 않는 것이 왜 중요했나요?

응답자 : 파티에서는 친구들과 얘기하면서 친목을 다지고 싶고(C), 새로운 친구도 사귀고 싶었거든요. 그런데 내가 취해버린다면 내 스스로 나를 웃음거리로 만들어버릴까봐 그래서 사람들이 다음부턴 나를 초대하지 않을까 걱정이 됐습니다. 그룹에 속하는 것(V)이 저한테는 아주 중요하거든요.

② 기법 2: 부재(不在) 상정

응답자들의 사고나 응답이 특정 수준을 넘어서지 못할 때는 응답자로 하여금 특정 대상이 없는 경우를 생각하게 유도하는 방법이 효과적이다. 이때 응답자들은 말하지 못한 중요한 내용을 말로 표현할 수 있다.

조사자 : 퇴근 후 집으로 올 때는 풍성한 맛(A) 때문에 쿨러를 더 좋아한다고 말씀하셨는데요. 퇴근 후에 풍성한 맛이 좋은 이유가 무엇인가요?

응답자 : 그냥 좋아요. 열심히 일했고 만족스런 뭔가를 마시면 기분이 좋은 거지요.

조사자 : 퇴근 후에 만족스런 뭔가를 마시는 것이 왜 중요한가요?

응답자 : 왜냐면… 그냥 즐기는 겁니다.

조사자 : 만약 쿨러를 마실 수 없다면 무엇을 마실 것 같습니까?

응답자 : 아마 맥주겠죠.

조사자 : 퇴근 후 집으로 올 때 맥주에 비해 와인쿨러가 더 좋은 점은 무엇인가요?

응답자 : 만약 맥주를 마시기 시작하면 그만 마시기가 어렵습니다. 밤늦게까지 계속 마실거예요. 하지만 와인쿨러를 마시면 배가 불러 쉽게 그만 마실 수 있습니다(A). 게다가 저녁식사를 많이 먹지 않아도 되구요.

조사자 : 그렇다면 왜 밤늦게까지 마시는 것을 원하지 않으신가요?

응답자 : 계속 마시게 되면 보통 일찍 잠에 빠지게(C) 되는데 그렇게 되면 아이들이 잠든 후 아내와 이야기할 기회(C)를 갖지 못하게 됩니다. 아내와 좋은 관계를 유지하고 또 좋은 가정생활(V)을 계속하기 위해서는 하루 종일 집안일로 힘들게 보낸 아내와 얘기하는 시간이 매우 중요합니다.

③ 기법 3: 부정적 래더링

대부분의 경우, 래더링 절차는 응답자가 하는 행동과 응답자가 느끼는 방식을 조사함으로써 진행된다. 그러나 반대로 응답자가 특정 행동을 하지 않거나 특정 방식으로 느끼고 싶지 않은 이유를 조사하면서도 많은 것을 얻을 수 있다. 이런 방법은 응답자 자신이 특정한 일이나 행동을 왜 하는지 분명하게 말할 수 없는 경우에 특히 유용하다.

조사자 : 12온스 크기와 16온스 크기의 차이를 말씀하셨는데요. 어떤 크기를 더 좋아하시나요?

응답자 : 저는 항상 12온스 크기(A)를 삽니다.

조사자 : 12온스 크기를 구매하시면 뭐가 좋은가요?

응답자 : 그냥 습관적으로 구매하는 건데요.

조사자 : <u>그럼 16 크기는 왜 사지 않았을까요?</u>

응답자 : 제가 마시기에는 양이 너무 많은데다(C) 다 마시기 전에 따뜻해지니까요(C). 그럼 전부 버려야(C)만 하거든요.

조사자 : 그럼 버릴 때 기분이 어떤가요?

응답자 : 돈을 낭비(C)하는 거라 화가 나죠.

조사자 : 당신에게 돈이 중요한가요?

응답자 : 제가 가계를 책임지고 있고, 그래서 지출이 제대로 되도록 챙기는 것도 제 책임(V)이니까요.

④ 기법 4: 시간회귀(시간후퇴)

응답자를 시간상 뒤로 이동시키는 것은 응답자가 자신의 감정과 행동에 대해 비판적으로 생각하고 말로 표현할 수 있게 하는 효과적 방법이다.

조사자 : 바에서 자주 쿨러를 드신다고 했는데, 왜 그런거죠?

응답자 : 그 이유를 생각해 본 적이 없어서. 그냥 주문합니다.

조사자 : 2년 전과 비교할 때 음주습관에 차이점이 있나요?

응답자 : 예. 이제는 다양한 종류의 술을 마십니다.

조사자 : 왜죠?

응답자 : 대학에 오기 전에는 맥주만 보였거든요.

조사자 : 그럼 지금은 왜 쿨러를 마시나요?

응답자 : 지금은 경력이 쌓였고, (외출) 갈 때는 동료들과 함께 갑니다. 와인쿨러를 마시는 것이 맥주를 마시는 것보다 더 좋아 보이거든요.

조사자 : 왜죠?

응답자 : 병 모양(A)과 화려한 라벨(A)은 맥주를 마시는 것보다 더 여성스럽거든요(C)

조사자 : 그게 왜 중요한가요?

응답자 : 이제는 내가 일할 때 세련된 이미지(C)를 가지는 것이 중요합니다. 저는 제 동료들처럼 되고 싶거든요(V).

⑤ 기법 5: 3인칭 조사(제3자 조사)

응답자가 자신의 동기를 정의하기 힘들거나 명확하게 말하기 어려울 때는 유사한 상황에서 응답자 자신이 알고 있는 다른 사람들이 어떻게 느끼는지 물어봄으로써 효과적으로 응답을 유도할 수 있다.

조사자 : 친구집 파티에서 와인쿨러를 마셨다고 했는데, 왜 거기서 와인쿨러를 마시나요?

응답자 : 그냥, 친구들 파티에 가면 와인쿨러가 있으니까요?

조사자 : 다른 건 왜 안 마시나요?

응답자 : 그냥 와인쿨러만 마셔요.

조사자 : <u>친구들이 파티에 와인쿨러를 준비하는 이유가 뭐라고 생각하세요?</u>

응답자 : 아마 우리들에게 좋은 인상(C)을 주려고 한건 아닐까요? 와인쿨러가 비싸거든요(A). 와인쿨러는 가격이 비쌀수록 품질(C)이 좋습니다.

조사자 : 친구들은 왜 다른 사람들에게 좋은 인상을 주려는 걸까요?

응답자 : 와인쿨러는 새롭기 때문에 대부분 지위를 상징(C)한다고 할 수 있습니다.

조사자 : 친구들이 지위의 상징을 가지게 되는 것에 무슨 가치가 있나요?

응답자 : 내 친구들은 항상 다른 사람들보다 잘하고 싶어 합니다. 아마도 자존심(V)과 관련이 있을 겁니다.

⑥ 기법 6: 재지시(침묵과 확인)

응답자가 성실하게 답변하지 않거나 질문을 중요하게 생각지 않는 경우에는 조사자의 침묵이 응답자로 하여금 더 적합하거나 명확한 답을 찾도록 노력하게 하는 효과적 수단이다. 또한 응답 내용에 대한 확인(예 : 응답자가 한 말을 반복해서 따라하는 것)은 보다 명확하게 다시 답변해 줄 것을 요구하는 직접적인 재지시 방식이다.

조사자 : 와인쿨러의 카보네이션(A)을 좋아한다고 했는데, 어떤 점이 좋은가요?

응답자 : 특별히 좋은 점은 없는데요.

조사자 : 그럼 왜 와인쿨러의 카보네이션을 좋아하나요?

응답자 : 특별한 이유 없어요.

조사자 : <u>('침묵')</u>

응답자 : 생각해보니 카보네이션이 와인쿨러를 상쾌(C)하고 바삭바삭(C)하게 하는 것 같습니다.

조사자 : 그게 왜 중요하죠?

응답자 : 특히 잔디를 깎는 작업 후에 갈증을 없애주고(C) 기운을 차리게 해줍니다.

조사자 : <u>기운을 차리게 해준다는 말이 무슨 말인가요? ('확인')</u>

응답자 : 내가 싫어하는 일을 끝낸(V) 데 대한 보상(C)을 의미합니다.

2.3 래더링 조사결과 분석

인터뷰 내용을 분석할 때는 무엇보다 응답 내용의 공통 특징을 파악하여 하나의 범주로 묶어 나간다. 예를 들어, 소비자에게 자동차를 구매하는 기준을 질문했을 때, '에어백 품질', '충돌시험 등급', '자동브레이크 성능', '졸음운전 알람기능' 등의 답변이 있었다면, 이러한 구매기준들은 '안전성'이라는 하나의 범주로 묶을 수 있다. 이렇게 자동차 구매를 위한 핵심속성으로 '안전성'을 도출하였다면 계속적인 래더링을 통해 '안전성'이 제공하는 소비자 편익을 찾아내고 나아가 '안전성'을 통해 획득 가능한 가치까지 찾아낼 수 있다. 이를 정리하면 [그림 11-1]과 같이 나타낼 수 있다.

Ⅰ그림 11-1Ⅰ 래더링 단계

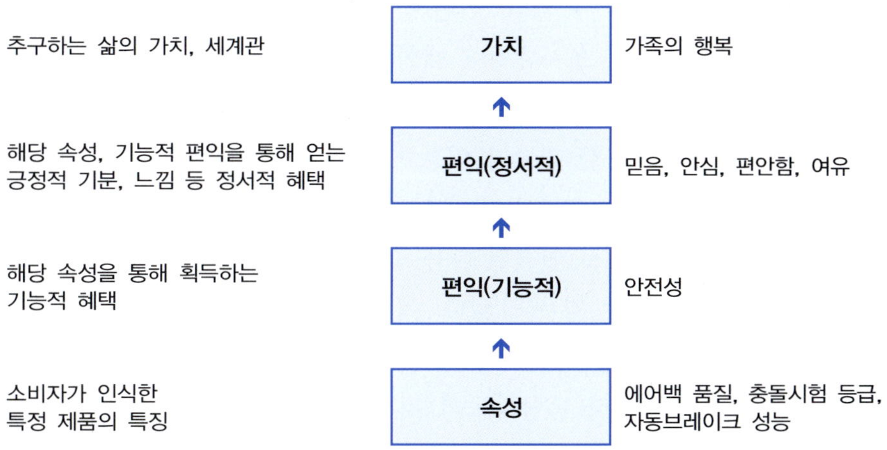

인터뷰 내용의 분석을 통해 도출된 각 단계별 키워드(요약코드)를 분석하면 해당 제품의 속성, 기능적 편익, 정서적 편익, 가치관을 파악할 수 있다. 속성, 편익, 가치관을 단계별로 배치하고, 이들 간 연관관계를 파악하여 선으로 연결한 것을 **래더링 사슬**이라고 한다. [그림 11-2]는 초콜릿 제품에 대한 래더링 결과를 래더링 사슬로 나타낸 예이다. 인터뷰에서 많은 사람들이 해당 연관관계를 언급할수록 연결선의 두께를 굵게 하는 작업을 반복하면서 지속적으로 진행하면 래더링 사슬이 완성된다.

▌그림 11-2▐ 래더링 사슬 예

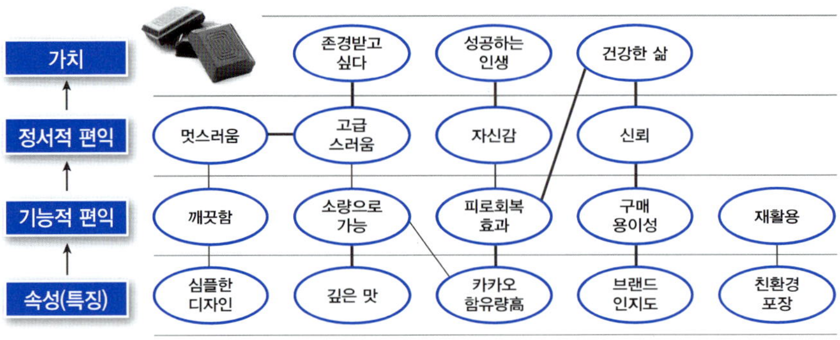

래더링 사슬에 가급적 많은 속성이 도출되고 이들이 여러 편익으로 연결된 다음 최종적으로 여러 가치들로 이어진다면 래더링 조사가 성공적으로 진행되었다고 볼 수 있다. 이런 경우 속성에서 가치까지 오르는 사다리 수가 많아지는데 이는 조사대상에 대한 응답자의 연상경로가 많음을 의미한다. 응답자가 소비자인 경우 이러한 사다리 수가 많을수록 해당 브랜드나 제품이 소비자에게 제공할 필요가 있는 다양한 속성과 가치의 관계를 파악할 수 있다.

한편, 모든 속성이 편익을 거쳐 가치로 연결되는 것은 아니다. 속성에서 기능적 편익으로 연결된 다음 중단되는 경우나 속성에서 정서적 편익으로 연결되고 멈추는 경우도 있다. 여러 속성이 있어도 가치까지 연결되는 사다리 수가 적어서 위로 갈수록 좁아지는 사다리를 나타내는 래더링 사슬이라면 해당 제품에 대한 응답자들의 지각이 긍정적이라고는 할 수 없다.

3 래더링 조사결과 활용

래더링 조사결과 자사 브랜드와 관련하여 도출된 속성 수가 많지 않다면 해당 브랜드에 대한 소비자들의 경험이 적고 인식 수준이 낮은 것으로 해석할 수 있다. 또한 도출된 속성들이 상위의 편익들로 연결되지 않는다면 이들 속성이 해당 브랜드의 자산 형성에 도움이 되지 않는다고 할 수 있다. 따라서 래더링 사슬이 도출되면 소비자 관점의 브랜드 자산 수준을 가늠해 볼 수 있으며, 부족한 속성의 수, 상위단계로 연결되지 않거나 약한 연결관계를 나타내는 속성이나 편익을 파악하여 브랜드 자산을 강화하는 데 활용할 수 있다. 예를 들면, 자사 브랜드가 집중적으로 소구하고 있는 속성이나 특성이 도출되지 않는다면 커뮤니케이션 방법을 수정해야 한다.

자사 브랜드에 대해 도출된 속성이 기능적 편익과의 연결에 그치면, 기능적 편익이 정서적 편익으로 연결될 수 있는 커뮤니케이션이 필요하고, 이들 편익이 가치로 연결되지 않는다면 적합한 가치로 이어질 수 있는 커뮤니케이션이 필요하다. 위의 래더링 사슬 예를 활용한다면, 속성과 기능적 편익 연결단계에 머물러 있는 '친환경 포장(속성)'과 '재활용(기능적 편익)'의 관계를 '신뢰(정서적 편익)'와 '건강한 삶(가치)'에 연결될 수 있도록 '모두의 건강을 생각하는 믿을 수 있는 브랜드'라는 메시지로 커뮤니케이션을 전개할 수 있다. 이 같은 방법으로 여러 경쟁 브랜드의 래더링 사슬을 그려보면 자사 브랜드의 상대적 경쟁력 수준을 파악할 수도 있으며, 상위단계의 편익이나 가치로의 연결경로를 찾아 자사 브랜드만의 차별적 브랜드 콘셉트(concept)와 메시지를 도출할 수 있다.

4 래더링 조사의 특징과 한계

래더링 조사는 수단목적사슬 이론에 바탕을 둔 인터뷰 방법인 만큼 속성 → 편익 → 가치에 이르는 경로단계를 효과적으로 밟아갈 수 있도록 적합한 순서로 질문이 배치되고 표준화된 질문지를 사용한다. 따라서 응답자의 응답 내용에 따라 질문의 순서와 내용이 달라지는 다른 질적 조사방법들과 달리 래더링은 사실상 구조화된 질적 조사방법의 특징을 띤다.

한편 래더링 조사는 제품 속성을 기반으로 소비자가 추구하는 편익과 가치관까지 파악할 수 있는 효과적인 질적 조사방법이지만, 인터뷰 진행과 인터뷰 결과분석에 소요되는 시간이 길어서 신속한 의사결정이 필요한 기업현장에서는 사용하기 불편하다는 단점이 있다. 또한 수단목적사슬 구조에 따라 인터뷰를 진행할 수 있는 전문 조사자 부족, 장시간 인터뷰에 응할 응답자 섭

사례 브랜드 래더링(brand laddering)

Tom Fishburne은 이 그림을 통해 브랜드 래더링이 콘칩 브랜드에도 세계평화의 가치를 담을 수 있다고 풍자하고 있다. 브랜드 래더링은 수단목적사슬 이론에 근거하여 브랜드의 편익과 가치를 연결시키는 대표적인 브랜드 자산 제고 방법이지만 제품 자체에 의해 실제로 지원되지 않는 정서적 편익이나 가치를 브랜드 래더링의 목표로 삼는다면 소비자의 계층적 인식구조(속성-편익-가치)에 제대로 반영되지 못할 가능성이 크다. 이러한 상황을 "**브랜드 자아도취**(ego tripping)"라고 하는데, 브랜드 자아도취가 시사하는 바는 소비자가 수용할 수 없는 과도한 의미를 브랜드에 억지로 부여해서는 안 된다는 것이다.

(자료 : Marketoonist, https://marketoonist.com)

외 어려움, 래더링 조사절차와 래더링 사슬에 대한 타당성과 신뢰성 문제, 인터뷰 내용에 대한 주관적 해석과 조사결과 일반화 문제 등도 래더링 조사가 극복해야 할 한계점이다.

주요 용어

속성(attribute)	편익(benefit)	가치(value)
연관관계	계층	수단목적사슬(means-end chain)
인터뷰	래더링 사슬	

요 약

1. 래더링 조사는 사람, 브랜드, 광고 등 조사대상에 대해 사람들이 인식하고 있는 속성, 편익, 가치들이 계층적으로 어떻게 연결되어 있는지 파악하는 방법이다.
2. 래더링을 위한 인터뷰는 크게 세 단계로 구성되는데, 조사대상에 대해 조사 참여자가 가진 속성 파악, 속성을 바탕으로 나타나는 편익 발견, 편익이 제공하는 가치 파악의 순서로 진행된다.
3. 래더링 인터뷰를 위한 구체적 기법으로는 상황 자극, 부재 상정, 부정적 래더링, 시간회귀, 3인칭 조사, 재지시 등이 있다.
4. 래더링의 결과물은 래더링 사슬이며, 이는 인터뷰 과정에서 도출한 다양한 속성, 편익, 가치들을 단계별로 배치하고, 이들 간 연관관계를 선으로 연결하여 나타낸 것을 의미한다.
5. 래더링 사슬이 완성되면 조사대상에 대한 조사 참여자들의 인식을 계층적으로 이해하고 활용할 수 있다. 예를 들어 부족한 속성의 수, 상위단계로 연결되지 않거나 약한 연결관계를 나타내는 속성, 편익을 파악하여 조사대상에 대한 조사 참여자들의 인식을 파악하고 이를 변화시킬 수 있는 커뮤니케이션 전략을 수립할 수 있다.

토의문제

1. 본인이 가장 좋아하는 특정 브랜드를 대상으로 본인이 가진 속성-편익-가치를 구체적으로 도출해보자.

2. 본문에서 제시한 6가지 래더링 인터뷰 기법 외 응답자의 관여를 높일 수 있는 추가적인 방법들로 어떤 것들이 있는지 논의해보자.

3. 본문의 "콘칩" 래더링 사례와 같은 브랜드 자아도취를 방지하기 위해서는 래더링 설계 시, 래더링 인터뷰 시 각각 어떤 방안들이 필요한지 토의해보자.

참/고/문/헌

소데카와 요시키 (2016), “상품은 인생의 가치와 연결되어 있다,” HS Adzine, ARCHIIVE/WEBZINE 2016.

초이스 경제, “시간을 잘 사고파는 상인”, 김병희 칼럼, 2017.4.24.

Grunert, K. G., S. C. Beckman and E. Sørensen (2001), “Means-end chain and laddering: an inventory of problems and an agenda for research,” in J. C. Olson, & T. J. Reynolds(Eds.), *Understanding consumer decision making: the means-end approach to marketing and advertising strategy*, pp. 63-90, Mahwah, NJ: Erlbaum.

Grunert, K. G. and S. C. Grunert (1995), “Measuring subjective meaning structures by the laddering method: theoretical considerations and methodological problems,” *International Journal of Research in Marketing*, 12, pp. 209-225.

Reynolds, T. J. and J. Gutman (1988), Laddering theory, method, analysis, and interpretation, *Journal of Advertising Research*, 28(1), pp. 11-31.

Reynolds, T. J., C. Dethloff and S. J. Westberg (2001), Advances in laddering, in T. J. Reynolds and J. C. Olson(Eds.), *Understanding consumer decision making—The means-end approach to marketing and advertising strategy*, pp. 91-111, Mahwah, NJ: Lawrence-Earlbaum Associates.

https://marketoonist.com

제 12 장

잘트만 은유유발기법(ZMET)

도입사례

현대자동차 프로모션

2009년 초 미국시장 전체 매출이 40% 감소하는 경제위기 속에서 미국 현대자동차의 매출은 2008년 대비 4.9%나 증가했다. 이는 2009년 초에 실시한 Assurance 캠페인의 영향이 컸다. 당시 실직에 대한 두려움으로 소비자들은 자동차를 사지 않았다. 막연한 불안감을 안고 있던 잠재고객들에게 현대자동차는 Assurance 캠페인을 펼침으로써 이들이 자신의 구매를 정당화할 수 있게 했다. 캠페인의 주요 내용은 현대자동차의 신차를 할부로 구매하는 고객이 1년 이내에 실직하거나 파산하면 고객은 차만 반납하고 추가적인 금융비용은 부담하지 않아도 된다는 것이다.

이 캠페인은 현대자동차 마케터들이 2008년 10월 실시한 FGI를 토대로 설계되었다. 리먼브라더스 파산으로 촉발된 경제위기 때문에 FGI 참여자들의 화두는 실직에 대한 두려움임을 파악하였다. 비슷한 시기에, Olson Zaltman Associates에서는 경제위기 이후 소비자들의 내면 깊숙이 숨겨져 있는 은유(metaphor)를 파악하기 위해 2008년 10월과 2009년 2월에 45명의 소비자를 대상으로 ZMET 조사를 실시하였다. 조사 참여자들은 조사에 오기 전 현재의 미국 경제에 대한 생각과 느낌 그리고 경제위기가 개인의 삶에 어떤 영향을 미치는지 표현하는 그림을 6~8개 갖고 올 것을 요청받았다. ZMET 조사 결과 3가지 은유–제어할 수 없는 힘(force), 거대한 변화(transformation), 그리고 앞으로도 상당 기간 지속될 긴 여정(journey)–가 사람들 마음속에 깊이 깔려 있는 것으로 나타났다.

첫 번째 은유인 '힘'은 현재 미국이 보편적 생활방식을 파멸시킬 수 있는 경제적 폭풍 속에 있다는 것을 의미하며, 두 번째 은유인 '변화'는 사람들이 갖고 있던 꿈과 자신감이 산산조각 났고 경제는 붕괴되었으며, 더 이상 지금까지의 미국이 아니라는 것을 의미한다. 세 번째 은유인 '여정'은 미국이 쇠퇴기에 접어들었으며 사람들이 경제위기의 직격탄을 맞게 되었고, 회복에는 많은 시간이 필요할 것임을 의미한다.

현대자동차의 Assurance 캠페인은 이 같은 부정적 인식을 극복하기 위하여 "우리가 당신과 함께 합니다"라는 메시지를 소비자들에게 전달하였다. 이는 소비자들의 내면에 깔려 있는 제어할 수 없는 힘, 거대한 변화, 긴 여정이라는 3개 은유를 잘 활용한 성공적인 캠페인이 되었다. 소비자가 예상치 못한 거대한 힘에 직면하게 되면 자동차 할부금 지불 불능이라는 거대한 재무적 변화를 맞게 되는데, 이를 극복해나가는 긴 여정에서 현대자동차가 도움이 될 수 있다는 메시지를 전달할 수 있었기 때문이다.

(자료 : Walker, 2009 수정 인용)

1 ZMET의 이해

1.1 ZMET의 필요성

소비자조사에서 빈번하게 발생하는 문제는 바로 소비자의 말과 행동이 다르다는 점이다. 이를 소비자의 의도적 왜곡으로 치부할 수 없다. 왜냐하면 소비자는 자신의 욕구, 느낌, 생각을 말과 글이라는 언어적 수단을 통해 충분히 표현하는 데 한계가 있기 때문이다. 즉, 묻는 말에 대답을 제대로 하는 것도 힘들다.

그렇다면 왜 소비자들은 자신의 욕구를 말이나 글로 충분히 표현하지 못할까? 가장 큰 원인은 사람들이 말이나 글로 표현할 수 있는 것은 자신이 의식할 수 있는 영역에 국한될 뿐 잠재의식 영역에 저장된 많은 정보는 제대로 표현하지 못한다는 데 있다. 이는 **인지장벽**(cognitive barrier)으로 설명할 수 있다. 인지장벽은 크게 의도적 거부와 비의도적 거부로 나눌 수 있다. **의도적 거부**는 자신의 개인적인 경험을 의도적으로 공개하지 않는 것으로 낯선 사람들과의 FGI나 처음 보는 사람과의 짧은 인터뷰, 묻는 질문에만 답하게 되어 있는 설문조사로는 극복하기 힘든 인지장벽이다. 조사 참가자가 자신의 사적 경험을 조사자에게 제대로 공개하도록 하기 위해서는 조사자는 조사 참가자와 신뢰감 또는 라포(rapport)를 형성해야 하고, 더불어 조사 참가자가 사적인 경험을 충분히 표현할 수 있는 수단과 시간적 여유가 있어야 한다.

반면 **비의도적 거부**는 조사 참가자가 자신의 사적 경험을 문자적 언어로 표현하는 데 장애가 있는 것으로, 자신의 욕구를 몰라 욕구를 표현하기 어려운 경우다. 바로 이 비의도적 거부가 사람들의 말과 행동 사이에 차이를 발생시키는 가장 큰 이유이다. 이를 극복하고 사람들이 표현하지 못하는 잠재의식 속 이야기를 끌어내기 위해 조사 참가자 친화적인 도구들, 즉 이미지나 그림 등을 활용해 사람들이 가진 **은유**(metaphor)를 확인하고 해석할 필요가 있다. 여기서 은유란 특정 대상(사물, 사람, 개념 등)을 다른 대상으로 지각하는 현상을 의미하는 것으로, '직장'을 '전쟁터'로, '유명인'을 '스타'로, '어려운 상황'을 '난파선'으로, '반복적인 일'을 '음식의 재탕, 삼탕' 등으로 표현하는 것이 좋은 예이다.

조사자는 사람들이 특정 대상에 대해 말할 때 은유를 사용하도록 유도해서 잠재의식 영역에 있는 그들의 사고와 감정을 의식할 수 있는 수준으로 끌어올릴 수 있으며, 의식적 차원에서 사람들의 사고와 감정을 살펴볼 수 있다. 따라서 은유는 문자적 언어가 제대로 표현하지 못한 중요한 사고나 감정을 표면화시키는 수단이라 할 수 있다. 정신의학자나 임상심리학자가 환자의 무의식적 경험을 의식적 차원으로 끄집어내 표현 가능한 형태로 만드는 과정 또한 이러한 은유추출을 기반으로 하고 있다. 이와 같이 사람들의 잠재의식, 무의식 영역 속 이야기, 정보를 은유라는 수단을 이용해 의식적 차원으로 이끌어내는 조사방법을 **은유추출기법**이라고 하며, 하버드대 Gerald Zaltman 교수가 개발한 **ZMET**(Zaltman Metaphor Elicitation Technique)이 대표적 기법으로 활용되고 있다.

사례 Oticon의 The Delta 보청기

보청기의 타깃은 청력을 잃기 시작하는 40~50대이며, 이들은 보청기가 필요함에도 불구하고 사용을 꺼리는 경향이 있다. 안경은 '당연히' 착용을 하지만, 보청기는 '부끄러운 것'으로 인식된다. Oticon은 이러한 혐오 문제를 해결하기 위해, 2004년 Olson Zaltman Associates에 의뢰하여 ZMET 조사를 실시하였다.

주된 내용은 "청력의 손실에 대해 어떻게 생각하는가? 보청기에 대해 어떻게 생각하는가? 보청기 구매를 중도에 포기하게 된 이유는 무엇인가?"였다. 조사 참여자들이 가져온 그림과 사진을 통하여 알게 된 사실 하나는 청력에 문제가 있는 사람들이 두 개의 서로 다른 세계를 인식하고 있다는 것이다. 자신들의 세계는 청력의 문제가 있는 세계이고, 일반 사람들은 그런 문제가 없는 이상적 세계이며 그 두 세계 사이에는 (은유적 표현으로) '벽이나 문 또는 갭'이 있어서 자신들이 함께 하고 싶은 그 이상적 세계로의 진입을 막고 있다는 것이다. 또 다른 은유적 표현으로 용기 그림들을 사용하였는데, 이는 자신들이 갇혀 있고 자유를 속박당하고 있다는 것을 표현한 것이었다. 그래서 자신들은 이 세계 속에 갇혀 있기 때문에 이 세계를 탈출하고 싶은 욕망을 갖고 있다는 것이다. 다른 이미지들 중에서 많이 선택된 것들로는 이상적 상태에 대한 욕망이었다. 이들 이미지는 평안함, 빛, 장벽을 무너뜨리는 것들이었다.

이러한 ZMET 결과를 바탕으로 Oticon은 새로운 캠페인을 전개하였는데 헤드라인은 '새로운 세계로 들어서라. 새로운 삶이 시작된다(Open up to a new world, your new life starts)'였다. 이 메시지가 의미하는 바는 보청기 착용이 이상적 세계로 진입하는 도구가 된다는 것이었다.

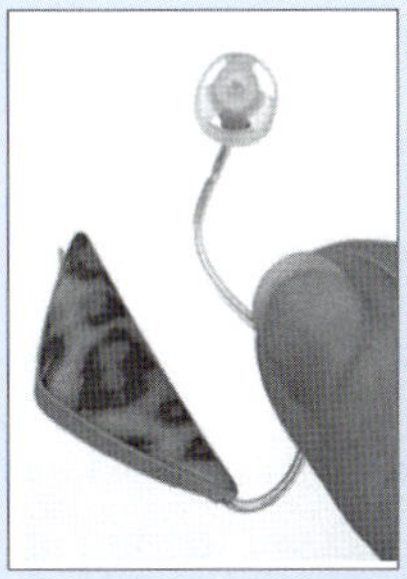
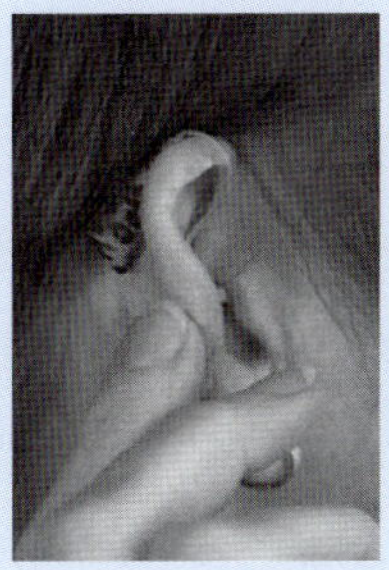

한편, 보청기 비사용자의 심층인터뷰에서 보청기를 착용한다는 것을 "나는 문제가 있다, 늙었다는 네온사인을 이마에 붙이는 것"으로 생각한다는 결과를 얻었다. 이런 편견을 가진 사람들이 정말 원하는 것은 거의 식별이 어려운 작은 보청기 착용이나 사용이 편안한 보청기였다. Oticon사는 이런 문제를 해결하기 위해 전혀 새로운 스타일의 제품인 Delta를 출시하였다. Delta는 귀고리처럼 보이는 보청기이며 색상도 다양하여 자신의 머리카락 색깔 또는 캐릭터에 맞는 색상을 선택할 수 있다.

(자료 : Eisenberg, 2006)

1.2 ZMET의 개념

ZMET은 Zaltman 교수가 인지심리학, 뇌생리학, 신경생물학, 언어학 등에 기반해 개발하고 미국 상무부에 특허 등록한 조사방법으로, 사람들의 잠재의식에 위치해 있는 정보들을 은유를 통해 추출해서 사람들의 반응을 개념화하는 조사방법이다. 은유는 사람들이 자신의 생각이나 느낌, 감정을 표현하는 핵심 수단이기 때문에 사람의 마음을 이해하는 데 매우 중요한 역할을 한다. 즉, 그림, 이미지로 표출된 은유는 문자로 표현하지 못하는 사람들의 사고와 감정을 제대로 반영하여 나타낼 수 있기 때문에, 다른 방법으로는 파악하기 어려운 잠재의식 속 깊은 정보를 파악하고 이해하는 데 효과적인 수단이다. 따라서 소비자 은유를 정확하게 파악하고 있다는 것은 소비자 욕구 충족에 필요한 가장 정확한 지도를 갖고 있음을 의미한다. 이미 많은 기업에서 신제품 개발, 브랜드 포지셔닝 설정, 광고전략 수립, 광고효과 분석을 위해 ZMET을 활용하여 소비자 은유를 파악하고 있다. ZMET 활용사례를 몇 가지 살펴보면 다음과 같다.

모토롤라는 2001년 새로운 보안시스템 개발을 위해서 ZMET을 사용하여 소비자들이 생각하는 보안시스템의 은유적 측면을 이해하고자 하였다. 참여자들은 인터뷰를 하러 오기 전에 자신이 안전할 때와 안전하지 않을 때에 어떻게 느끼는지를 나타내는 그림이나 사진을 가져오라고 요청받았다. 이 요청에 대하여 많은 참여자들이 "개"의 이미지가 담긴 그림과 사진을 갖고 왔다. 개는 충성스럽게 인간을 지키는 동물로 편안함과 안전함을 나타낸다. 이는 충성스러운 동물이 자신들을 지켜준다는 인식과 보호받는 느낌을 의미한다. 이 조사결과로 모토롤라는 보안시스템의 포지셔닝 설정에 있어 중요한 시사점을 확보할 수 있었다. 즉, 기존의 기술적 특성을 강조하던 포지셔닝에서 벗어나 포지셔닝의 초점을 친구나 동반자라는 정서적 이미지에 두었다. 브랜드명도 "The Talkatron"에서 "The Watchdog"으로 변경하였다.

코카콜라는 2001년 소비자들이 코카콜라에 대해 어떻게 생각하는지 ZMET을 사용하여 조사하였다. 기존에 실시했던 FGI와 설문조사에서 Coke의 이미지는 "에너지 충전, 갈증해소, 해변의 즐거움"이었다. 그러나 ZMET 조사에서는 기존에 알려진 이미지뿐만 아니라 이와 상반된 "고요함, 쓸쓸함, 정신 이완"이라는 이미지도 함께 나타났다. 또한 "많은 사람으로 붐비는 축구경기장에서 명상하고 있는 불교 수도자"라는 새로운 이미지도 나타났다. ZMET 조사를 통해 'Two drinks in one"(하나의 음료에 두 가지의 상반된 이미지가 들어 있다)을 받아들인 코카콜라는 "우리는 이제까지 코카콜라의 절반만을 마케팅하고 있었다"고 평가하였다.

Zaltman의 대표적 은유

Zaltman(2008)은 약 30개국에서 12,000회 이상의 ZMET 과제 수행을 통해 성별, 종교, 문화, 연령, 직업을 불문하고 존재하는 7개 은유를 확인하였다.

① 균형(또는 불균형, balance or imbalance)

조정하거나 상쇄하는 힘으로서 원래 있어야 하는 상태를 의미하며 심리적, 신체적, 미적, 사회적 균형 등을 포함한다. 예를 들어 차분하고 평화로운 기분이라고 할 때는 심리적 균형을 의미하며, 피곤함, 비만을 표현할 때는 신체적 불균형, 자신의 처우나 관계에 대한 불만은 사회적 불균형을 나타낸다.

[예] 소화제에 대한 은유

"나는 고칼로리 음식을 먹으면 나중에 그 대가를 치른다는 사실을 알고 있어요."

→ 탐욕이라는 죄가 그 대가를 치러 상쇄된다는 도덕적 균형을 은유

"절제가 그 열쇠이지요. 적당한 음식량이 어느 정도인지 알아야 합니다. 또 어떤 음식과 함께 먹어야 하는지도 알아야 합니다."

→ 너무 많지도 적지도 않게 먹어야 한다는 물질적 균형과 어울리는 음식을 먹어야 한다는 체계적 균형을 은유

② 변환(transformation)

애벌레가 나비로 변화되는 것처럼 특정한 상태나 지위가 변하는 것을 의미하는데 각각의 상태는 바람직한 속성과 그렇지 않은 속성을 모두 포함하고 있다. 약한 몸이 운동을 통해 근육질의 몸매로 변하는 신체적 변환, 종교를 통해 완전히 다른 삶의 태도를 갖게 되는 심리적 변환을 비롯하여 자녀들을 건강한 성인으로 성장(변화)시키려 노력하는 부모의 변환적 역할을 예로 들 수 있다. 이러한 변환을 사람들은 선호할 수도 있고 거부할 수도 있다.

③ 여정(journey)

힘들 수도 편할 수도 있고, 예상치 못한 장소를 들를 수도 있으며, 우연히 누군가를 만날 수도 있고, 계획된 일정대로 갈 수도 있지만 다른 일정으로 바뀔 수도 있는 여행의 특징을 포괄하는 은유이다. 긴 여정으로 은유되는 대표적 대상이 인생이다. 프로스트의 시에 나오는 것처럼 사람들 앞에 놓인 많은 여정은 미지의 것일 수도 있지만, 예측 가능한 것일 수도 있으며, 순식간일 수도 있고 아주 느릴 수도 있다.

④ 용기(container)

용기의 기능은 물건을 안에 두는 것과 밖에 두는 것이다. 용기가 사람들을 보호할 수도 있고 구속할 수도 있으며, 열 수도 있고 닫을 수도 있으며, 긍정적일 수도 있고 부정적일 수도 있다. 용기는 육체적, 정신적, 사회적 상태를 모두 포함한다. 신체적으로 건강한 상태일 수도 있고 병약한 상태일 수도 있으며, 정신적으로 좋은 기분일 수도 있고 나쁜 기분일 수도 있으며, 타성에 젖어서 나쁜 습관에서 벗어나지 못할 수도 있고, 좋은 가문에 태어날 수도 있다. 사람들은 프라이버시를 중시하지만 다른 사람이 자신을 꿰뚫어 보고 있을 수도 있다고 생각한다.

⑤ 연결(connection)

연결은 소속감을 포함하며, 단절(disconnection)은 소외감을 포함한다. 어떤 집단의 일원일 수도 있고 아닐 수도 있다. 영웅과의 동일시나 유명인사에 근접할 수도 있고, 관계가 깨지는 것일 수도 있다. 내 것(상표, 팀, 후보, 사람)을 지칭할 때에는 소유를 의미할 때도 있다. 거리감과 다른 사람으로부터의 분리는 단절을 나타낸다. 친구를 잃을 수도 있고, 애완동물을 잃어버릴 수도 있으며, 실직할 수도 있다. 연결과 단절이라는 주제는 결혼과 이혼, 입양과 임신, 자녀의 대학 진학, 그리고 선물을 주고받을 때 주요한 주제가 된다.

⑥ 자원(resource)

사람들은 생존을 위해 자원을 필요로 한다. 유아기에 양육하는 사람들이 없으면 애기는 죽고 만다. 가족과 친구는 힘들 때 도움이 되는 자원이다. 여러 제품과 서비스, 지식과 정보는 중요한 자원이다. 휴대폰이나 스마트폰을 생명선이라고 하는 사람도 있다. 자원은 자연적일 수도 있고 인위적일 수도 있다.

⑦ 통제(control)

사람들은 자신이 자신의 삶을 통제하고 있다는 것을 느끼고 싶어 한다. 때로는 성공하기도 하고 때로는 실패한다. 중병이 엄습하면 무력감을 느끼기도 하지만, 이것이 내 인생을 망칠 수는 없다고 결연히 일어서기도 한다. 사람들은 어떤 습관이나 중독에 대하여 통제 불가능하다고 할 수도 있다. 사회적 규범이 집단 상호작용을 통제하기 위해 세워질 수도 있고, 이 규범을 따르지 않는 사람들은 구속할 수도 있다.

자료 : 1. Gerald Zaltman(2003), *How Customers Think: Essential Insights into the Mind of the Market*, Harvard Business School Press; 노규형 옮김(2009), 소비자의 숨은 심리를 읽어라, 21세기 북스.
2. Zaltman, G., and Zaltman, L. H(2008), *Marketing metaphoria: What deep metaphors reveal about the minds of consumers*, Harvard Business Press; 이진원 옮김(2010), 마케팅 메타포리아: 소비자의 마음과 행동을 지배하는 7가지 은유, 21세기 북스.

2 ZMET 실행

ZMET은 인터뷰가 핵심수단이며 인터뷰는 준비단계, 실행단계, 분석단계 등 3단계로 진행된다. 준비단계에서는 주제 선정, 조사 참가자 섭외, 인터뷰 준비 등이 이루어지고, 실행단계에서는 실제 인터뷰를 진행하게 된다. 마지막 분석단계에서는 인터뷰 내용(녹취록)에 대한 분석과 분석결과에 근거한 공유 개념도를 도출하고 조사보고서를 작성한다.

ZMET 수행에 소요되는 기간은 조사 주제의 난이도에 따라 달라지지만 일반적으로 표본크기 12명 기준으로 약 7주 정도의 기간이 소요된다. 조사 주제 선정부터 조사 참가자 섭외, 인터뷰 준비 등 사전단계 진행에 약 2주 정도가 필요하며, 실제 인터뷰가 진행되는 실행단계에는 1주, 녹취록 분석 및 공유개념도 도출 등이 이루어지는 분석단계에는 3주, 보고서 작성에 1주 등 총 7주가 소요된다.

ZMET의 절차와 내용을 노규형(2009), 정효명(2004)의 연구를 기준으로 정리하면 다음과 같다.

2.1 준비단계

우선은 조사 주제에 적합한 조사 참가자를 섭외해야 한다. 조사가 그림을 이용하기 때문에 참가자 선정이 까다롭지는 않지만, 가급적 조사 주제에 대한 관여도가 높은 사람이 참여해야 풍성하고 다양한 **구성개념**(construct)을 추출할 수 있다. ZMET의 표본크기는 보통 12명에서 20명 정도의 적은 수를 대상으로 하더라도 충분한 결과를 도출할 수 있다. 사람들은 자신만의 고유한 방식으로 자신의 사고와 감정을 표현하지만 근본적으로는 많은 공통점을 공유하고 있는데다, 사람들의 장기기억 속에 저장되는 주요 개념 수는 제한되어 있기 때문에 이러한 주요 개념들을 도출하기 위하여 많은 수의 표본이 필요하지 않기 때문이다.

Eastman Kodak, Dupont, GM사에서 1993년에 실시한 일대일 심층인터뷰에서는 인터뷰 참여자 수가 늘어날수록 도출되는 핵심 구성개념의 수도 늘어나지만, 참여자가 12명일 때 도출된 핵심 구성개념의 수가 참여자 수 99명, 100명이 되어도 더 이상 늘어나지 않음을 확인한 바 있다.

조사 참가자 섭외가 이루어지고 나면 다음은 섭외한 조사 참가자들에게 조사 주제와 절차, 예상 소요시간 등을 구체적으로 알려주고, 특히 조사에 참여할 때 어떤 그림을 가져와야 하는지 알기 쉽고 정확하게 안내한다. 조사 참가자가 조사 주제와 관련된 그림을 고르는 과정은 조사 주제와 관련하여 조사 참가자의 잠재의식 영역에 저장되어 있는 구성개념을 활성화시키는 역할을 하기 때문에 ZMET의 진행과 결과 품질에 큰 영향을 미친다. 따라서 조사 참가자가 그림을 선택할 때는 그림 속에 조사 참가자의 느낌, 감정, 생각이 고스란히 담길 수 있도록 사전에 구체적으로 요구할 필요가 있다. 예를 들어, 커피에 대한 조사 참가자의 생각이나 감정을 가장 잘 나타내는 그림을 가져오게 할 때 "커피에 대한 당신의 생각이나 감정을 잘 나타내는 그림"으로 요구하기보다 "커피를 마실 때 당신이 자주 경험하는 느낌이나 떠오르는 생각을 잘 나타내는 그림", "당신이 커피를 마시고 싶은 상황을 잘 나타내는 그림" 등으로 요구하는 것이 더 효과적이다. 또는 "주택보안시스템에 대한 본인의 생각과 느낌을 가장 잘 표현해주는 그림"보다는 "안전할 때와 불안할 때 드는 본인의 느낌과 생각을 가장 잘 표현해주는 그림"을 요구하는 것이 더 효과적인 방식이다.

2.2 실행단계

실행단계는 조사 참가자들이 가져온 그림이나 사진에 대해 조사 참가자와 인터뷰를 실시하는 6단계로 진행된다.

첫 번째는 **스토리텔링**(storytelling) 단계로 조사 참가자가 가져온 여러 장의 이미지에 대한 생각과 느낌, 가져온 이유, 주제와 이미지와의 관계 등을 듣고 소비자가 주제와 관련해서 갖고 있는 구성개념을 추출하는 단계이다. 보통 2시간에 걸친 ZMET 인터뷰에서 1시간 정도 소요되는 스토리텔링은 가장 중요한 단계이다. 조사자의 역할은 조사 참가자의 속내를 있는 그대로 받아들이고 속내를 잘 이야기할 수 있게 하는 데 있으며, 조사 참가자를 가르치거나 조사 참가자의 답변을 자기식대로 해석해서는 안 된다. 인터뷰는 주로

사례 쇼핑에 대한 스토리텔링

(출처 : http://www.tourtips.com)

진행자 : 이 그림에서 쇼핑에 대한 당신의 생각과 관계있는 것은 어떤 점인가요?

참여자 : 여기 이 부분이 잔잔하고 투명해서 편안하지만 들어가면 들어갈수록 헤어나지 못하고 빠져들게 된다는 느낌을 나타내고 있습니다. 쇼핑은 처음에는 재미가 넘치지만 어느 순간 너무 깊이 들어와 중독되었다는 느낌을 경험할 수가 있거든요.

진행자 : 쇼핑에 중독되었다는 것은 구체적으로 어떤 경험인가요?

참여자 : 흡연자들이 금연하지 못하는 것과 같지 않을까요? 이유 없이 생각나고 쇼핑하지 않으면 불안하고 집중이 안 되는 그런 느낌.

진행자 : 쇼핑중독 현상 때문에 일상생활에서 겪게 되는 불편함이나 부정적인 결과로는 어떤 것들을 들 수 있나요?

래더링(laddering) 방식을 통해 진행하는데, 기존 래더링 방식과 차이점은 조사 참가자가 직접 선택해서 가져온 이미지를 이용하고 이들이 가진 은유를 중심으로 한다는 데 있다.

두 번째 단계는 참여자의 이야기를 추가적으로 촉진시키기 위해 **삼각비교**(triad) 또는 **그림 간 비교**를 실시하는 단계다. 참여자가 가져온 여러 이미지 중에서 유사성이 높은 이미지 2개를 고르게 하고, 이들과 차별적인 이미지 1개를 고르게 한 다음 이들 간 유사성과 차이점을 조사 주제의 관점에서 이야기하도록 한다. 이는 사람들이 자신의 경험을 이해할 때 범주화 단계를 거친다는

사례 스마트폰에 대한 삼각비교

(출처 : http://blog.kcomwel.or.kr, http://www.zeiss.co.kr, http://stores.auction.co.kr)

진행자 : 위의 사진과 아래 두 가지 사진의 의미상의 차이점은 무엇입니까?

참여자 : 아래 두 사진은 다른 사람과 관련된다는 점에서 유사하지만, 이것이 제품의 실용적 가치와는 차이가 있어서 위의 사진과 구분을 했습니다. 눈을 나타낸 사진은 다른 사람의 시선을 즐기고 싶다는 의미이고, 화려한 구두 사진도 다른 사람들에게 과시하고 싶다는 의미입니다. 한마디로 과시적인 제품이라는 뜻입니다. 반면 숟가락 사진은 필수품이기 때문에 실용적인 제품이라는 의미입니다.

진행자 : 그렇다면 스마트폰은 양면적 속성(ambivalence)을 모두 가졌는데, 과시적 속성과 실용적 속성 중 어떤 성격이 더 강한 것 같습니까?

점에서 의미 있는 방법으로, 이를 통해 스토리텔링 단계에서 미처 파악하지 못한 구성개념들을 추가적으로 추출할 수 있다.

세 번째 단계는 조사 참가자가 가져온 이미지만으로는 자신의 생각이나 느낌을 충분히 표현하지 못한 경우를 고려해서, 그림이나 사진에서 추가로 포함될 수 있거나 포함하고 싶은 내용을 묻는 **이미지 확장** 단계이다.

"**진행자** : 이 사진의 바깥쪽에는 무엇이 있을 것 같습니까? 또는 이 사진을 확장한다면 무엇을 집어넣고 싶으십니까?"

이 방식은 조사 참가자가 그림에 대해 갖고 있는 생각이나 느낌을 잠시 흐트러뜨림으로써 자신의 잠재의식 영역에 있는 구성개념과 관련된 감정을 자극하는 효과가 있다. 이를 통해 새롭게 파악된 내용들은 조사 주제와 관련하여 조사 참가자가 갖고 있는 생각과 느낌을 더욱 잘 나타낼 수 있다.

네 번째 단계는 조사 참가자의 생각이나 느낌을 잘 나타낼 수 있는 이야기나 동영상을 만들어 이야기 속에서 조사 참가자가 가진 은유를 추가적으로 도출하는 단계이다.

> "**진행자** : A브랜드(조사 대상 브랜드)와 B브랜드(경쟁 브랜드), 조사 참가자 자신이 등장하는 영화의 한 장면을 이야기로 만들어 보세요."

이야기는 조사 참가자 자신과 조사 주제가 관련된 특정 상황(예 : 본인이 특정 브랜드를 처음 접한 상황)의 구성을 통해, 해당 이야기 속 등장인물들의 행동, 심리, 해당 상황이 발생한 배경, 기대하는 결말 등을 구체적으로 언급하게 하는 방식이다. 이 단계에서의 핵심은 조사대상에 대한 조사 참가자의 구체적인 생각과 느낌이 이야기 속에 잘 표현될 수 있어야 한다는 것이다.

다섯 번째 단계는 이전의 이야기 방식 대신 사람의 **오감**을 이용하는 방식이다. 말로는 구체화하기 힘든 잠재의식 속 내용을 의식적 차원으로 표현할 수 있는 수단인 시각, 청각, 후각, 촉각, 미각 등을 이용하는 것이다. "A브랜드를 소리로 표현하면 어떤 소리가 가장 어울리는 소리일까요?"와 같이 조사 주제 또는 조사대상을 가장 잘 표현하는 감각적 느낌을 질문하고 이를 통해 오감에 비유되는 은유를 발견하는 방식이다. 중요한 것은 조사대상이나 주제

사례 아이폰을 오감으로 표현

청각 : 엘가의 "위풍당당"행진곡과 같은 웅장한 음악소리 (의미 : 월등함)

후각 : 호텔 로비에서 맡게 되는 은은하면서 고급스러운 향수냄새 (의미 : 고급스러움)

촉각 : 고급호텔에 전시된 도자기 겉면 같은 부드러움 (의미 : 부드러움)

미각 : 깊고 강하며 진한 초콜릿 맛 (의미 : 신뢰할 수 있는)

색 : 차가우면서 변함이 없어 보이는 은회색 (의미 : 자신감)

에 대한 객관적 오감(예 : 콜라의 톡 쏘는 맛)을 파악하는 것이 아니라 그 대상이나 주제에 대한 조사 참가자의 주관적인 생각이나 느낌을 표현하는 오감(예 : 콜라의 귀가 뻥 뚫리고 속이 시원한 맛)을 파악하는 것이다.

마지막 단계는 조사 주제에 대한 조사 참가자의 생각과 느낌이 압축적으로 표현될 수 있도록 조사 참가자가 가져온 여러 그림을 하나의 **이미지**로 통합하는 단계다. 이 단계에서 전문 디자이너의 도움과 컴퓨터 프로그램을 이용하여 작업이 이루어진다. 이때 통합 또는 합성되는 이미지는 보기 좋고 그럴싸한 이미지가 아니라 조사 주제와 관련된 조사 참가자의 생각이 잘 반영되어 나타날 수 있는 이미지여야 한다. 합성이미지가 완성되면, 조사 참가자는 합성이미지를 처음 보는 사람에게 설명하듯 구체적으로 설명하며, 조사자는 조사 참가자의 설명 속에서 조사 참가자의 의사결정 기준, 준거 틀을 파악한다.

사례 하이테크 제품에 대한 통합이미지

진행자 : 이 그림과 관련해서 하이테크 제품에 대한 생각과 느낌을 설명해주시겠습니까?

참여자 : 전체적인 그림을 사람이 반투구를 쓰고 있는 모양으로 나타내어 하이테크 제품이 사람을 보호하는 기능을 하는 것이라고 표현했습니다. 또한 이미지 한가운데에 "주인공 – 당신입니다"라는 문구를 배치해 하이테크 제품은 나를 위한 기능과 편익을 제공해주고 나를 주인공으로 대우하는 제품이라

는 의미를 나타냈습니다. 그러면서도 커다란 눈을 정중앙에 배치해서 언제나 나를 감시하는 불편한 존재임을 나타냈고 동시에 반투구 모양을 물음표 모양으로 표현하여 하이테크 제품이 사용이 어렵고 어떻게 발전해갈지 모르는 복잡한 제품임을 표현했습니다.

진행자 : 이 통합이미지가 나타내는 하나의 주제가 있다면 무엇일까요?

참여자 : 편리함과 불편함의 양면성.

진행자 : 그렇다면 양면성을 주제로 하이테크 제품의 별명을 붙인다면 어떤 별명일까요?

참여자 : "가까이 하기엔 너무 먼 당신" 정도.

(자료 : 이보미, 2006 수정 인용)

사례 듀퐁 스타킹

팬티스타킹용 섬유를 생산하는 듀퐁은 기존의 시장조사기법을 활용한 결과 대부분의 여성들이 팬티스타킹 착용을 싫어한다는 결과를 얻었다. 그러나 이 회사의 마케팅 담당자들은 기존의 조사가 빠뜨리고 있는 여성의 잠재의식에 숨겨진 니즈가 있을 것이라는 의구심을 갖고, 팬티스타킹을 착용한 여성 20명을 선발하여 ZMET을 실시했다. 인터뷰 주제로 "당신은 팬티스타킹을 구매하여 착용하는 것에 대해 어떤 생각을 하며, 또 어떤 느낌을 갖는가?"라는 질문을 선정하였다. 이때 조사에 참여한 여성들은 나무에 매달린 스틸밴드, 배배 꼬인 전화기 코드, 단단한 플라스틱 포장에 들어 있는 울타리 말뚝 등 상상하기 그리 어렵지 않은 이미지들을 선택했다. 그들은 또한 빈 벽에 걸린 두 개의 아프리카 마스크, 땅에 쏟아진 아이스크림, 고급 승용차, 꽃이 화병에 평화스럽게 꽂혀 있는 사진들도 선택했다.

전문 ZMET 인터뷰어가 두 시간에 걸친 집중적인 인터뷰를 통해 각각의 그림 속에 숨겨진 여성들의 잠재니즈를 분석한 결과 여성들이 팬티스타킹 착용을 싫어한다는 점 외에 또 다른 심리를 발견할 수 있었다. 즉, 여성들은 나일론에 대하여 좋아함과 싫어함이라는 양면적 감정을 갖고 있었다. 듀퐁 담당자들은 다른 연구들에서는 결코 얻을 수 없었던 통찰력을 획득할 수 있었는데, 일례로 플라스틱 포장에 들어있는 울타리 말뚝 이미지에서는 팬티스타킹이 사용자를 날씬하고 키가 큰 느낌이 들게 한다는 것을, 아이스크림은 스타킹의 올이 나가는 것 때문에 발생되는 난처함을, 비싼 자동차는 사치스러운 느낌을 나타냄을 파악할 수 있었다. 한 여성의 합성이미지는 정원용 호스에 둘러싸인 쿠키 자르는 칼이 실크 드레스를 배경으로 놓여 있는 장면이었는데 우아함에 대한 동경과 불편함을 동시에 보여주는 것이었다. 이러한 그림에 나타난 소비자의 마음을 래더링을 통해 확인해 본 결과 여성들은 남성들에게 섹시하게 보이고 싶어 한다는 심리를 읽어낼 수 있었다. 이런 발견을 통해 팬티스타킹 메이커들과 소매업자들이 직장여성의 이미지를 슈퍼우먼으로 표현하던 당시의 광고패턴에 변화를 주어 '섹시함과 유혹적인 이미지'도 포함시키기 시작했다. 이러한 광고콘셉트의 변경은 상당한 성과를 거둘 수 있었다

(출처 : 정효명, 2004)

2.3 분석단계

조사 참가자와의 인터뷰 내용은 모두 녹음 후 녹취록으로 정리된다. 분석단계는 이들 녹취록을 읽고 핵심적인 구성개념들을 도출하는 단계다. **구성개념**이란 조사 참가자들이 조사대상에 대해 평소 생각하고 느낀 바를 이미지를 이용해 설명한 내용들로 그 생각이나 느낌을 연구자가 포착하여 표현한 개념이다. 최소 12명을 대상으로 하는 2시간 이상의 개별 인터뷰 결과물(녹취록)은 그 양이 매우 방대해서 여러 명의 연구자 간 협업이 필요하며, 이는 연구기간의 단축뿐 아니라 분석의 객관성 제고를 위해서도 필요하다.

분석단계의 최종 결과물은 **공유개념도**(consensus map)로, 전체 녹취록에서 도출된 다양한 구성개념들 간의 관계를 정리한 도식이다. 공유개념도에서는 조사 대상, 조사 주제에 대해 조사 참가자들이 공유하고 있는 생각이나 느낌의 집합, 공유하고 있는 심리구조 등을 파악할 수 있다. 공유개념도와 구성개념이 중요한 의미를 갖는 것은 개별적 구성개념이 아닌 다른 구성개념과의 관계를 보여주기 때문이다.

공유개념도 작성은 먼저 인터뷰 참여자별 녹취록을 단어 단위로 분석한 다음 참여자별 **심리지도**(mental map)를 만들고, 이를 분석 프로그램(예 : 메타포리아 등)에 입력하여 인터뷰 참가자들이 공유하고 있는 **노드**(구성개념)와 노드 간 연관성 정도를 추출한다. 공유개념도는 개인이 아닌 타깃 집단이 공유하고 있는 생각, 느낌 등 심리구조를 나타내는 것으로, 인간의 사고나 감정

사례 공유개념도

마정미와 천현숙(2012)은 ZMET을 활용하여 18대 대통령선거 주요 후보자(문재인, 안철수, 박근혜)의 이미지에 대한 유권자의 공유개념도를 도출한 바 있다.

아래 그림은 당시 문재인 후보에 대한 유권자들의 공유개념도를 나타내고 있다. 그림에서 알 수 있듯이 다른 구성개념들과 빈번하게 연결되는 핵심 구성개념은 친근함, 소통됨, 온화함이며 특히 모든 구성개념들과 긴밀하게 연결되는 핵심 구성개념은 친근함임을 알 수 있다. 눈에 띄는 특징으로는 왼쪽은 친근함, 온화함, 사람냄새 남 등 주로 인간적인 면 중 긍정적 속성을 가진 구성개념들로 이루어져 있고, 오른쪽은 슬픔과 걱정, 속을 알 수 없음, 세력이 약함 등 부정적 속성의 개념들로 구성되어 있다는 점이다. 그리고 양쪽을 연결하는 구성개념은 높은 지지도와 청렴함인 것을 알 수 있다. 이러한 공유개념도는 문재인 후보에 대한 유권자들의 생각과 느낌을 나타내는 구체적인 정보로서 후보 단일화 기준이나 선거 캠페인 전략 수립에 효과적으로 활용될 수 있다.

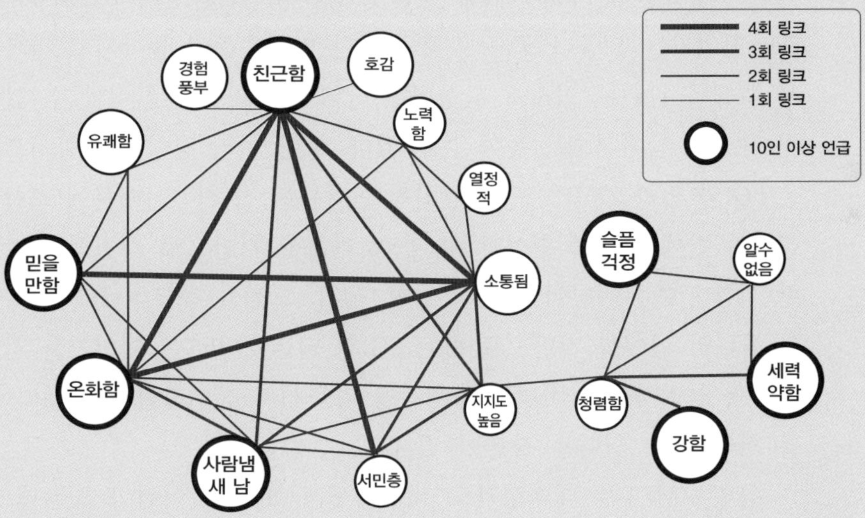

(자료 : 마정미·천현숙, 2012)

이 표면적으로는 다양해 보이지만, 심층적 차원에서는 서로 공유하고 있는 보편적 구조가 존재한다는 구조주의적 패러다임에 기초하고 있다. 따라서 기업이 소비자들의 공유개념도를 파악하고 있다면, 소비자의 마음을 훔칠 수 있는 지도를 갖고 있는 것과 같다.

3 ZMET의 특징

이 외에 ZMET이 가진 특징을 정리하면 다음과 같다. 먼저, 여러 명을 대상으로 하는 인터뷰라는 점에서 ZMET과 FGI는 유사하지만 인터뷰 진행을 위한 사전 준비단계와 실제 인터뷰 진행방식, 인터뷰 내용에 대한 해석방식 등에서는 매우 큰 차이가 있다. 무엇보다도 FGI에서는 참여자들이 FGI 장소에 도착해서야 조사 주제를 알게 되는 경우가 많은 반면 ZMET에서는 참여자들에게 조사 주제를 미리 알려서 주제에 대해 생각할 시간을 주고 관련된 이미지 자료를 준비해 가져올 것을 요청한다. 이 과정에서 ZMET 참여자들은 FGI 참여자들과 달리 조사 주제에 대한 인식수준이 높아지고 결과적으로 조사 주제와 관련된 인지가 활성화된 상태로 인터뷰에 참여할 수 있어 인터뷰의 품질이 상대적으로 높아질 수 있다. 또한 여러 명이 토론방식으로 진행하는 FGI와 달리 ZMET은 1:1 방식의 인터뷰로 진행되기 때문에 조사자와 조사 참가자 간에 라포를 형성할 수 있고, 라포를 기반으로 개별적인 발언에 충분한 시간까지 부여받아 자신의 경험, 생각, 느낌을 충분히 표현할 수 있다. 뿐만 아니라 언어를 기반으로 하는 FGI와 달리 ZMET은 이미지를 기반으로 함으로써 참여자들의 비의도적 거부를 약화시켜 참여자들의 잠재의식 속 욕구를 파악할 수 있다는 장점이 있다.

한편 ZMET은 래더링과도 비슷하면서 또한 차이점이 있는데, 래더링이 수단목적사슬(means-end chain) 이론에 근거하여 조사 주제와 관련된 특정 속성, 편익, 가치들이 계층화되어 있는 구조를 찾아내는 방법인 반면, ZMET은 조사 주제 관련 구성개념들 간의 연결망 구조를 찾아내는 방법이라는 점에서 차이가 있다. 다만 ZMET 역시 인터뷰 과정에서는 래더링 방식으로 진행한다는 점에서 래더링의 개량형이라고도 할 수 있다.

주요 용어

인지장벽	비의도적 거부	잠재의식
은유(metaphor)	심층은유	은유추출
인터뷰	스토리텔링(storytelling)	래더링(laddering)
이미지	삼각비교(triad)	이미지 확장
오감분석	이미지 통합	구성개념
노드	공유개념도(consensus map)	

요 약

1. 소비자는 자신의 욕구나 느낌, 생각을 말과 글이라는 언어적 수단을 통해 충분히 표현하지 못한다. 잠재의식 영역의 정보를 표현하지 못하는 인지장벽을 겪기 때문이다.

2. 소비자들이 표현하지 못하는 잠재의식 속 이야기를 끌어내기 위해서는 이미지와 같은 소비자 친화적 도구를 활용해 잠재의식 속 은유를 도출하고 해석하는 조사방법이 필요하다.

3. 소비자들의 잠재의식, 무의식 영역 속 정보를 은유라는 수단을 이용해 의식적 차원으로 이끌어내는 조사방법을 은유추출기법이라고 하며, ZMET이 대표적 기법으로 활용되고 있다.

4. ZMET은 인터뷰가 핵심수단이며 주제 선정, 조사 참가자 섭외, 인터뷰 준비 등이 이루어지는 준비단계, 인터뷰가 진행되는 실행단계, 인터뷰 내용 분석과 소비자들이 공유하는 심층은유(공유개념도)를 도출하는 분석단계 등 3단계로 진행된다.

5. ZMET 실행단계는 준비해온 이미지를 활용한 스토리텔링, 스토리텔링 결과를 보완할 수 있는 이미지 삼각비교(triad), 준비한 이미지 바깥 이야기까지 도출할 수 있는 이미지 확장, 조사 참가자의 구체적인 느낌과 생각 파악을 위한 이야기/동영상 제작, 말로는 구체화하기 힘든 잠재의식 속 내용을 의식적 차원으로 표현하게 하는 오감분석, 조사 참가자의 생각과 느낌이 압축적으로 표현될 수 있는 이미지 통합의 순서로 진행하게 되며, 여러 단계를 거치면서 조사 참가자들이 가진 다양한 심층은유를 도출하게 된다.

토의문제

1. 우리의 일상적 대화 속에서 쉽게 찾을 수 있는 '은유'가 어떤 것들이 있는지 생각해보고, 왜 그런 은유를 사용하는지, 그런 은유들이 실제 의미하는 바는 무엇인지 논의해보자.
2. 코카콜라사에서 ZMET을 통해 확인한 "Two drinks in one"을 브랜드 커뮤니케이션에 활용하기 위한 방안을 논의해보자.
3. FGI, 래더링, ZMET 3개 방법의 유사점과 차이점은 무엇인지 생각해보고, 각 방법이 가장 적합한 조사 주제를 도출해보자.

참/고/문/헌

김원용 · 송은주 · 유은경 (2009), "ZMET방법을 사용한 청소년 휴대전화 이용의 차원에 관한 연구", 『한국디자인포럼』, 23, 301-312.

노규형 (2009), 소비자 마음에서 은유를 찾다, R&R 창간 20주년 기념자료집.

마정미 · 천현숙 (2012), "18대 대통령선거 후보 이미지에 대한 대학생 유권자의 공유개념도," 『광고연구』, 95, 398-432.

이보미 (2006), 소비자의 양면적 태도에 대한 탐색적 연구, 서울대학교 석사학위논문.

정효명 (2004), "새로운 고객니즈 이해수단 : ZMET", Competitive Edge in Brand Marketing Strategy.

제럴드 잘트먼 (2003), *How customers think* ; 노규형 옮김 (2009), 『소비자의 숨은 심리를 읽어라』, 21세기 북스.

제럴드 잘트먼 · 린제이 잘트먼 지음 (2008), *Marketing metaphoria: What deep metaphors reveal about the minds of consumers* ; 이진원 옮김 (2010), 『마케팅 메타포리아: 소비자의 마음과 행동을 지배하는 7가지 은유』, 21세기 북스.

최순화 (2003), 불황 때는 팔릴 문건을 만들어라 -고객 마음을 읽는 마케팅 조사기법, 『CEO Information』, 제405호, 삼성경제연구소.

Catchings-Castello, G. (2000), "The ZMET alternative," *Marketing Research*, 12(2), 6.

Eisenberg, Anne (2006), The Hearing Aid as Fashion Statement, *The New York Times Magazine*, September 24.

Walker, Rob (2009), S.U.V. and Sympathy, *The New York Times Magazine*, March 16.

Zaltman, G. (2003), *How customers think: Essential insights into the mind of the market*, Harvard Business Press.

Zaltman, G., and L. H. Zaltman (2008), *Marketing metaphoria : What deep metaphors reveal about the minds of consumers*, Harvard Business Press.

http://w3.randr.co.kr/zmet/index.asp

http://www.tourtips.com

http://blog.kcomwel.or.kr

http://www.zeiss.co.kr

http://stores.auction.co.kr

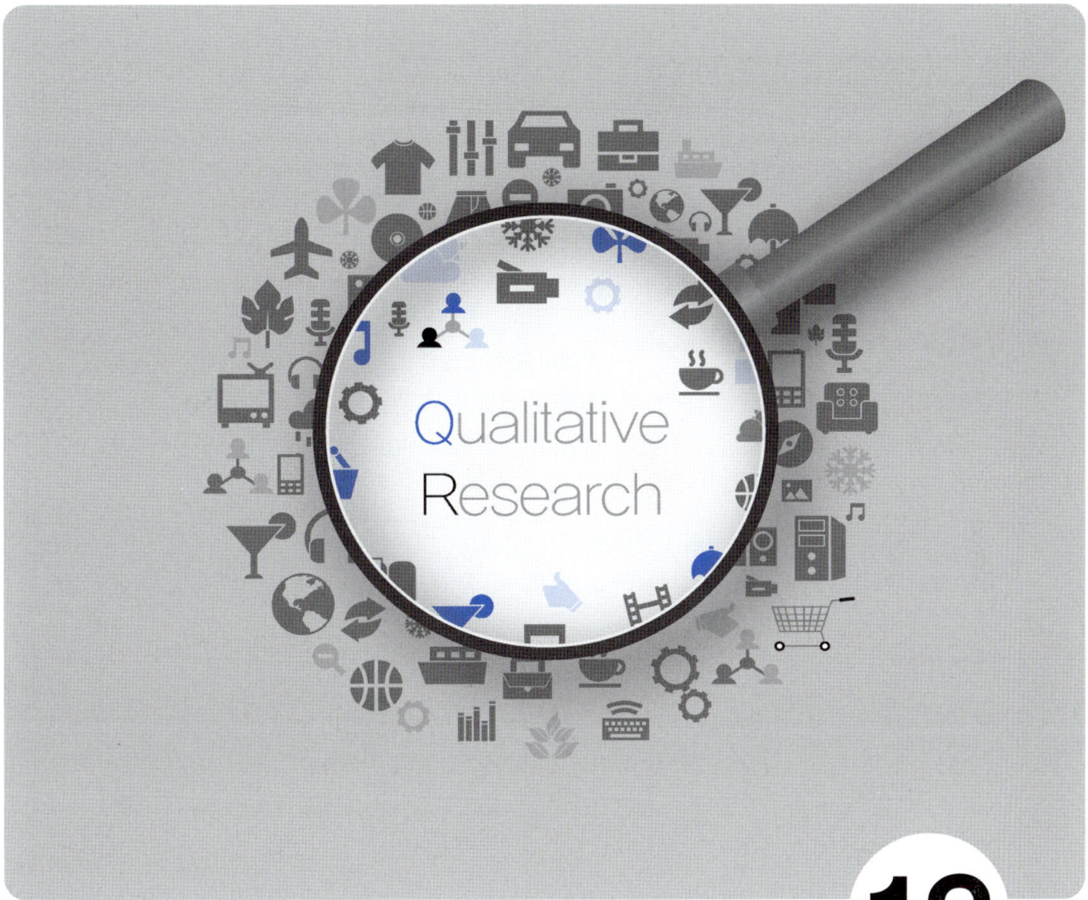

제 13 장

네트노그라피(Netnography)

도입사례 스와치(Swatch) : 소비자의 감성 분석

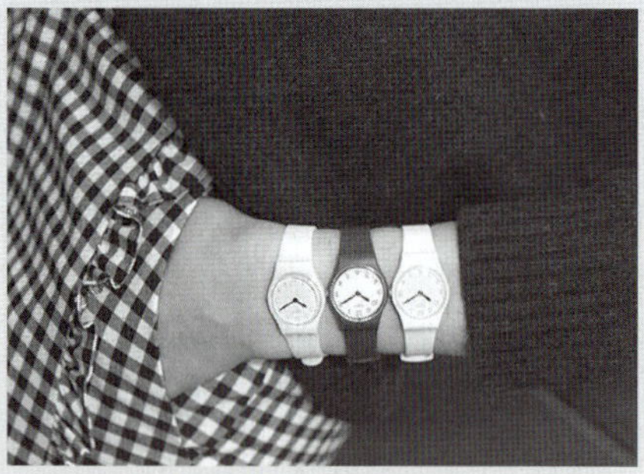

스위스 시계 브랜드인 스와치(Swatch)가 표방하는 가치는 트렌디하고 패셔너블하면서도 가격이 저렴한 시계를 소비자에게 제공하는 것이다. 그러나 브랜드에서 추가하는 가치가 소비자들에게도 동일하게 인식된다는 보장은 없다. 스와치는 '소비자들이 가지고 있는 브랜드 인식이 스와치가 추구하는 바와 동일한가?'에 대한 답을 얻기 위해 네트노그라피를 통한 소비자의 감성 분석을 실행하였다. 스와치는 자료를 수집하기 위해 온라인 포럼과 페이스북에 업로드된 스와치 관련 게시글을 수집하여, 그 게시글에 나타난 작성자의 스와치에 대한 이미지를 긍정, 부정으로 분류하였다. 그리고 긍정적인 이미지의 원인이 무엇인지, 부정적인 이미지의 원인은 무엇인지 분석하였다.

분석 결과, 스와치에 대해 긍정적인 이미지를 가지고 있는 이유는 다음과 같았다. 첫째, 타인에게 선물하기 좋은 제품이다. 둘째, 패셔너블하고 트렌디하다. 셋째, 품질이 좋다. 반면, 스와치에 대해 부정적인 이미지를 가지고 있는 원인으로는, 불친절한 고객 서비스, 낮은 품질, 갖고 싶지 않음 등의 결과가 나왔다.

네트노그라피 조사를 통해, 스와치가 깨달은 것은 품질에 대한 의견이 상반된다는 것이다. 품질은 스타일이나 패션과 같은 주관적 지표에 비해서 객관적인 성격이 강하다. 그렇기 때문에 품질에 있어서 상반된 이미지를 가지고 있다는 것은 브랜드 이미지가 일관성 있게 받아들여지지 않고 있음을 반증하고 있는 것이다. 스와치의 품질에 대해 부정적으로 반응하는 심층적인 이유를 분석해 본 결과, 스와치 시계의 가격이 저렴한데, 품질까지 저렴하다는 인식이 소비자의 인식 구조에 자리함을 파악할 수 있었다. 아무리 저렴한 가격을 추구한다고 하지만 품질이 나쁘다는 인상을 지우지 못한다면 향후 스와치의 브랜드 이미지에 크나큰 손상을 초래함은 당연하다. 스와치는 네트노그라피 조사 결과를 바탕으로 품질개선에 대한 필요성을 깨달았다. 그리고, 품질을 개선하여 추구하고자 하는 브랜드 이미지(즉, 트렌디하면서도 저렴한 가격의 시계)를 고수하며 시계 브랜드 시장에서 확실한 포지셔닝을 할 수 있었다.

1 네트노그라피의 이해

1.1 네트노그라피의 등장 배경 및 정의

제3부의 제5장에서 살펴보았듯이, 에스노그라피는 사회학, 문화학, 소비자 조사학 등 사회과학분야에서 상용되고 있는 인류학적 방법론이다. 자연스럽게 표출되는 연구대상의 모습을 포착함으로써 소비자의 관습이나 내면을 이해할 수 있다는 점에서 에스노그라피는 마케터들에게 매력적인 조사방법이다. 하지만 에스노그라피는 현장에 직접 방문해야 한다는 장소적인 제약과 6개월에서 2년 이상의 시간이 소요된다는 시간적 제약, 이와 더불어 막대한 비용이 발생한다는 단점이 있다. 에스노그라피의 장점은 그대로 두고, 단점은 보완할 수 있는 방법으로 등장하게 된 것이 바로 네트노그라피다.

네트노그라피(netnography)는 인터넷(Internet)과 에스노그라피(Ethnography)의 합성어로, 1998년 로버트 코지넷(Robert V. Kozinets)에 의해 제안된 방법이다. 에스노그라피의 관점을 현실 세계가 아닌 인터넷이라는 온라인 공간에 적용시킨 것이 네트노그라피다. 연구자는 블로그, 채팅방, 게시판 등의 온라인 커뮤니티를 활용하여, 커뮤니티 상에서 이루어지는 브랜드, 상품군 등에 대한 소비자들의 생각과 정보교환 과정 등을 관찰하게 된다. 네트노그라피를 활용한 연구결과는 마케터들에게 유용한 통찰력을 제공한다.

1.2 네트노그라피의 특징

인터넷 공간을 매개로 발생하는 다양한 현상, 소비자의 행동에 대해 탐색하는 네트노그라피는 다음과 같은 세 가지 특징을 가지고 있다. 첫째, 연구자는 언제 어디서든지 연구대상에 접속 및 관찰할 수 있다. 네트노그라피는 현장이 아닌 온라인 공간에서 이루어지는 관찰이기 때문에 현장 연구에서 가장 큰 단점으로 거론되었던 장소적, 시간적 제약은 존재하지 않는다. 다시 말해, 연구자는 원하는 시간에 언제든지 온라인 커뮤니티에 접속하여, 커뮤니티에서 활동하고 있는 소비자들의 행동을 관찰하면 되는 것이다.

둘째, 온라인상에서는 순수관찰이 용이하다. 에스노그라피와는 달리 온라인 공간에서 연구자는 자신을 드러내지 않은 채 관찰을 진행할 수 있다. 참여를 배제한 채 장기간 동안 연구대상을 살펴볼 수 있기 때문에 객관적인 시각으로 연구대상을 분석할 수 있다. 순수관찰만을 활용해도 충분한 연구자료를 구할 수 있다는 편리함 때문에 연구대상과의 거리를 유지하는 객관적인 관찰이 필요한 경우, 네트노그라피의 방법을 활용할 수 있다.

연구자가 원한다면 커뮤니티에 직접 참여하면서 연구대상과의 소통을 통해 연구자료를 수집할 수도 있다. 온라인 커뮤니티는 제품, 브랜드 등에 대한 유사한 선호도를 가진 사람들이 모인 공간이기 때문에 연구대상과 유대관계를 형성하기 훨씬 더 용이하다. 이렇게 형성된 유대관계를 통해 보다 자연스럽게 연구대상의 가치관이나 라이프스타일을 포착할 수 있으며, 연구문제에 대한 심층적인 묘사와 설명을 가능하도록 한다.

셋째, 다른 조사방법에 비해 보다 쉽게 풍부한 연구자료를 얻을 수 있다. 네트노그라피를 통해 얻어지는 연구자료는 커뮤니티 회원들의 대화기록, 게시물, 댓글, 인터넷 메시지 등이 있다. 커뮤니티가 활발하게 운영될수록 더 많은 자료를 얻을 수 있다. 또한 이 자료들을 따로 기재하지 않아도 된다는 장점이 있다. 에스노그라피의 경우, 현장에서 일어난 일들을 비디오, 음성녹음, 문서 작성 등으로 기록해두어야 하지만, 네트노그라피는 온라인상에서 이루어지는 연구대상의 행동이 모두 문자의 형태로 기록되고 있기 때문에 따로 기재할 필요가 없다. 이러한 점에서 네트노그라피는 유용하고 편리한 조사방법이라고 할 수 있다.

2 네트노그라피의 실행

에스노그라피의 실행 절차와 유사하게 네트노그라피 또한, 연구 설계, 표본 선정, 자료 수집 및 분석, 자료 해석의 검증의 순서로 이루어진다. 그러나 에스노그라피와 달리 온라인상에서 이루어지는 관찰은 현장 연구에 비해 제약이 많이 없기 때문에 연구자의 의도에 따라 수행 절차가 유연하게 이루어질 수 있다. 하지만 과도한 연구자의 개입은 연구결과에 왜곡을 가져올 수도 있는 만큼, 네트노그라피 본연의 유연성을 적절히 활용하면서도 엄정한 연구 지침을 가지고 연구에 임해야 할 것이다.

2.1 연구 설계

본격적인 조사에 앞서 연구의 필요성과 목적을 확립해야 한다. 네트노그라피의 연구과정은 가설의 검증이 아니라 관찰을 통한 귀납적 발견에 기반한다. 그렇기 때문에 연구의 목적이 가설검증이나 인과관계를 파악하기 위한 경우 적합하지 않다. 반면 현상을 기술하고 소비자의 생각을 청종하는 것이 연구의 목적인 경우에는 네트노그라피가 적합한 방법이라고 할 수 있다.

일례로, 스킨케어 화장품 회사 바이어스도로프(Beiersdorf)의 니베아(Nivea)의 사례를 보자. 130년간 축적되어 온 기존의 제품개발방식으로는 혁신적인 제품 개발이 불가능하다고 판단하여, 니베아는 혁신적인 제품 아이디어를 얻기 위한 연구의 필요성을 느끼게 되었다. 이들 연구의 주요 목적은 소비자의 잠재적 니즈를 파악하는 것이었다.

이 목적을 달성하기 위해 니베아는 고객의 목소리를 듣고, 고객의 의견을 개념화함으로써 아이디어를 얻고자 하였다. 이러한 목적에 부합되는 연구로 온라인 커뮤니티를 활용한 네트노그라피 연구가 진행되었다. 연구 결과 니베아는 '피부자극이 적고, 옷감에 흔적이 남지 않는 데오도란트'라는 아이디어를 얻을 수 있었고, 이 아이디어를 기반으로 개발된 제품은 큰 성공을 거두게 되었다. 이처럼 연구 설계 당시 연구의 필요성과 목적을 명확히 하여 적절한 연구를 실행하는 것은 성공적인 결과를 위한 첫걸음이라고 할 수 있다.

2.2 표본 선정

구체적으로 어떠한 문제에 대해 조사하고 싶은지가 정해지면, 그에 적합한 **온라인 커뮤니티**를 선정해야 한다. 이때 온라인 커뮤니티에 대한 사전 지식이 필요하다. 커뮤니티에 대한 지식이 충분하지 않게 되면, 수집되는 자료가 연구의 방향과 맞지 않을 수 있기 때문이다. 연구에 적합한 자료를 수집하는 데 걸림돌이 되지 않도록, 연구 주제와 관련된 커뮤니티에 대해 충분히 조사한 이후에 연구대상이 되는 커뮤니티를 선정해야 한다. 이를 위해서는 커뮤니티의 성격 파악이 우선되어야 한다. 커뮤니티는 크게 두 가지로 그 성격을 구분할 수 있다.

먼저, **정보중심 커뮤니티**이다. 이 커뮤니티의 주요 목적은 정보 및 지식 교환이다. 정보 위주의 커뮤니티에서는 게시글 위주의 형태로 커뮤니케이션이 진행되게 된다. 다시 말해, 커뮤니티 회원이 게시판에 글을 올리면, 답글 혹은 댓글을 다는 방식으로 소통이 이루어진다. 이는 정보 교환의 정도, 과정 등에 관한 연구의 경우에 적합한 커뮤니티라고 할 수 있다.

이와 달리 사람들과 대화하고 소통하는 것이 주목적인 커뮤니티가 있다. 바로 **관계중심 커뮤니티**이다. 공통의 관심사를 가지고 있는 사람들이 관계를 맺기 위해 커뮤니티 활동을 공유하는 경우, 그 커뮤니티를 관계중심의 커뮤니티라고 정의할 수 있다. 야구나 축구 등의 운동 동호회, 아이돌 팬 카페 등을 예로 들 수 있다. 그러나 비단 관심사나 흥미를 공유하는 것뿐만 아니라, 자신의 일상을 공유하는 커뮤니티 또한 관계중심의 커뮤니티에 포함된다. 즉, 하루에 있었던 황당한 경험을 공유하거나, 재미있는 일화를 기재하는 등 자신의 이야기를 하는 것이다. 이를 통해 유대관계를 형성하며, 그 가운데에서 자신이 몰랐던 정보나 소식을 얻을 수도 있게 된다. 자료중심의 커뮤니티가 게시판(bulletin board) 형태로 운영된다면, 사교 목적의 커뮤니티는 채팅방(chat room)이나 멀티유저 던전(multi-user dungeon) 형태로 운영된다.

이 외에도 커뮤니티의 규모가 어느 정도인지, 활발하게 참여하는 회원 수가 어느 정도인지, 커뮤니티의 회원들 간의 소통이 활발하게 이루어지고 있는지, 커뮤니티 상의 자료의 질이 좋은지 등도 고려하여 커뮤니티를 선정해야 한다.

2.3 자료 수집

연구목적에 맞는 커뮤니티를 선정하게 되면, 연구자는 본격적으로 자료 수집에 착수하게 된다. 네트노그라피에서 자료 수집의 대상은 온라인 공간 속에서 이루어지는 커뮤니케이션 내용이다. 온라인 커뮤니티 회원들의 대화 목록, 댓글, 채팅 로그 등이 이에 해당된다. 활발한 커뮤니케이션이 이루어질수록 자료의 양은 매우 방대하다. 방대한 자료 속에는 연구자에게 불필요한 자료들도 포함되어 있는데 이는 정보중심의 커뮤니티보다 사교중심의 커뮤니티에서 더 심하게 나타난다. 사교중심의 커뮤니티에서는 정보교환이 주된 목적이 아니고, 일상생활을 공유하는 것이기 때문에 연구문제와 연관되어 있는 주제(on-topic)가 있지만, 연구와 관련 없는 주제(off-topic) 또한 존재하기 때문이다. 그렇기 때문에 연구자는 이 두 가지 주제를 분류하여, 연구목적과 관련된 자료만을 추출해야 한다.

연구목적 이외에도 연구대상의 성격에 따라 수집된 자료를 분류할 수 있다(Kozinets, 1999). 연구대상의 성격은 구매행동에 대한 관심 정도와 커뮤니티에 대한 관여도에 의해 네 가지의 성격으로 구분된다.

구매행동에 대한 관심 \ 커뮤니티 관여도	낮음	높음
높음	**애호가** (Devotee)	**내부자** (Insider)
낮음	**여행자** (Tourist)	**참여자** (Mingler)

자료 : Kozinets, 1999.

먼저, **여행자**(Tourist)이다. 이들은 커뮤니티와의 연결고리가 약하며, 구매행동에 대해서 큰 흥미를 느끼지 않는다. 커뮤니티 내에서 글을 작성하는 비율은 가장 낮다. 글을 작성하더라도 대부분 일상생활에 관련된 내용으로, 연구목적과는 무관할 가능성이 가장 높다. 다음으로 **참여자**(Mingler)이다. 이들은 커뮤니티와 깊은 관계를 맺고 있기 때문에 커뮤니티 활동에 적극적으로 참여한다. 그러나 구매행동에 대한 관심은 적기 때문에 커뮤니티 활동이 구매행동에 이르지는 못한다. 반면 **애호가**(Devotee)의 경우 구매행동에 대한 관심 정도는 매우 높다. 그렇지만 온라인 커뮤니티 집단에 대한 관여도가 낮다. 다시 말해 커뮤니티 회원들이 그들의 구매행동에 영향을 끼치는 준거집단으로 작용하지는 않는다. 마지막으로, 구매행동에 대해 관심을 갖고 있을 뿐만 아니라 온라인 커뮤니티에서도 활발한 활동을 하는 **내부자**(Insider) 집단이 있다.

연구에서 유용하게 활용되는 자료는 애호가와 내부자 집단이 작성한 자료이다. 이 자료들은 온라인 커뮤니티의 성격을 잘 반영하고 있으며, 이들의 가치관, 신념 등을 이해할 수 있는 자료가 되기 때문이다. 이들은 커뮤니티의 여론 주도자로서, 이들의 말은 커뮤니티 회원들에게 공신력이 있다. 그렇기 때문에 여행자와 참여자를 애호가 혹은 내부자 등급으로 업그레이드시킬 수 있는 힘을 가지고 있다. 그러므로 마케터들이 이들의 마음을 사로잡게 되면, 구전효과를 톡톡히 볼 수 있을 것이다.

2.4 자료 분석

본격적인 분석을 진행하기에 앞서 연구목적 및 연구대상의 성격에 의해 분류 및 추출된 자료들은 분석에 용이한 형태로 재구성되어야 한다. 이를 위해 연구주제와 연관된 게시글의 수, 게시글의 성격, 조회수, 댓글 수, 댓글 반응 등을 살펴보고 기록해야 한다. 특히 게시글의 성격, 댓글 반응 등은 긍정적, 부정적, 중립적인 성격으로 분류하여야 한다. 이는 어떠한 반응이 가장 우세하였는지, 그 원인은 무엇이었는지를 규명할 때 유용하게 활용될 수 있다.

또한 자료의 내용을 명확하게 하기 위한 수정작업이 필요하다. 수집된 자료들은 모두 문자의 형태로 이루어져 있기에 문자적인 한계가 존재한다. 예를 들어, 자료 내용에 중의적인 내용이 포함되어 있거나, 단편적으로 내용을 파악하면 제대로 된 해석이 불가능한 자료가 있을 수 있다. 이때에는 상황적 문맥과 인과관계를 종합적으로 살펴보고 자료를 재구성해야 한다. 이는 자료 해석의 왜곡을 방지하기 위해 꼭 필요한 사전조치라고 할 수 있다.

재구성된 자료는 질적 연구의 분석방법에서 빈번하게 활용되는 NVivo나 Atlas.ti 등의 소프트웨어 프로그램을 통해 분석할 수 있다. 이를 통해 요인분석, 자료 연결, 이론 설계 등의 작업이 가능하다. 하지만 컴퓨터 프로그램을 이용하게 되면 자료가 단순화되면서 자료 본연의 상징적인 의미 등이 훼손될 수 있다는 단점이 있다. 네트노그라피의 장점을 극대화시키기 위해서는 프로그램에 의존하기보다 자료의 은유적인 표현과 상징적인 해석에 보다 많은 시간과 노력을 쏟아야 할 것이다.

2.5 자료 해석의 검증

네트노그라피는 온라인상의 마케팅 관련 행위들을 포착함에 있어 유일무이한 방법이라고 할 수 있다. 인터넷을 매개로 하여, 마케팅과 관련된 주제들에 대해 사람들이 어떤 식으로 생각하고 의견을 공유하는지 살필 수 있기 때문이다. 하지만 수집된 자료에 대한 신뢰성을 검증하기 위해서, 연구자의 자료 수집 및 분석 과정이 합리적이었는지에 대한 평가가 필요하다. 그 이유는 네트노그라피의 관찰대상에서 해답을 찾을 수 있다.

네트노그라피의 관찰대상은 엄밀히 말해 커뮤니티 회원이 아니다. 커뮤니티 상에 게시되는 글들이 관찰대상이다. 그러므로 네트노그라피는 에스노그라피처럼 현장에서 연구대상을 둘러싼 모든 것을 관찰하는 것이 아닌 연구대상이 문자를 통해 표현하는 행동양상만을 관찰하는 **문자적 담론**이라고 할 수 있다. 따라서 문자적 담론을 통해 드러나는 연구대상의 가치관, 신념, 내면세계에 대한 해석이 연구결과를 좌우하게 된다. 해석에 대한 신뢰성을 검증하기 위해서 연구자는 관찰된 대화의 상황과 문맥의 인과관계를 파악하여, 신뢰성 있는 자료로 재구성하여야 한다. 이러한 점이 전통적 에스노그라피와 구별되는 특징이라고도 할 수 있으며, 네트노그라피가 까다롭다고 여겨지는 이유이기도 하다.

그러므로 네트노그라피를 진행할 때 연구자는 언제나 자료 해석에 있어서 연구자의 주관적인 관점이 과도하게 개입되지 않도록 그 상황적 문맥을 파악하는 데에 주의해야 할 것이다. 그리고 잘못된 인과관계를 통한 자료의 왜곡이 일어날 가능성을 배제해서는 안 된다. 다시 말해, 네트노그라피의 결론 부분에서 온라인 가상공간에서 이루어진 문자적 담론이 지니고 있는 한계점에 대해서 반드시 언급해야 한다.

3 네트노그라피 연구윤리

네트노그라피는 다른 질적 연구조사방법에 비해 엄격한 연구윤리가 요구된다. 심층인터뷰, FGI(Focus Group Interview, 초점집단인터뷰 혹은 초점집단면접), 에스노그라피는 사람과 직접적으로 소통하며 연구를 진행하기 때문에 연구대상의 동의가 없다면 연구를 할 수 없다. 연구를 하기 전에는 연구목적에 대해 밝히지 않더라도, 조사가 마무리된 이후에는 연구대상에게 연구의 본 목적이 무엇이었는지 밝혀야 할 의무가 있다.

하지만 네트노그라피의 경우 이러한 의무 이행을 소홀히 할 가능성이 있다. 예를 들어, 온라인상에서는 얼굴을 드러나지 않는다는 점을 이용하여 연구자가 자신의 정체성과 연구목적을 밝히지 않은 채 연구조사를 진행할 수 있다. 하지만 윤리적인 측면에서 연구대상의 사전 동의 없이 진행된 조사는 도리에 어긋나는 일이며, 개인의 권리를 침해하는 일이다. 아무리 관찰을 진행하는 대상이 개방형 커뮤니티라고 하더라도 연구자는 자신의 연구목적을 밝혀야 한다.

하물며 사적인 이야기가 공유되는 커뮤니티에서 연구가 진행될 경우, 연구윤리가 제대로 준수되지 않는다면 큰 문제가 야기될 수 있다. 일례로, 연구자가 연구대상의 사전 동의 없이 개인의 민감한 문제에 대한 정보를 자신의 연구결과에 기재했다고 하자. 이때 해당 자료를 작성한 사람은 자신도 모르는 사이에 정보가 유출되었다는 점에 당혹감을 감출 수 없을 것이다. 이처럼 연구대상 중에는 분명 커뮤니티 상에 게재한 글이 커뮤니티 외에 다른 곳에 유포되거나 공개되는 것을 원치 않는 사람이 있을 것이다. 그러므로 연구자는 연구대상의 동의하에 조사를 진행해야 하며, 관찰된 자료의 결과를 공개하기 전에 연구대상의 사생활(privacy)을 위협하는 요소는 없는지 재차 검토하여야 할 것이다.

요약하자면, 연구윤리와 관련된 위험요인을 통제하기 위해 다음의 항목들이 지켜져야 한다. 첫째, 연구자는 조사가 진행되는 동안 커뮤니티 회원들에게 자신의 존재, 가입사실, 소속, 연구 의도를 밝혀야 한다. 둘째, 연구자는 연구대상의 비밀을 유지해야 할 의무가 있으며, 연구대상의 익명성을 보장해야 한다. 셋째, 연구자는 연구대상으로부터 연구결과에 대한 피드백을 요청해야 한다. 마지막으로, 커뮤니티 회원들에게 연락하여 커뮤니티에 작성된 글을 인용해도 되는지에 대한 동의를 구해야 한다.

4 네트노그라피의 적용 : 현대인의 커피 소비 트렌드에 대한 분석

온라인 커뮤니티의 규모와 종류는 점차 다양해지고 있으며, 커뮤니티를 이용하여 정보를 공유하는 사용자들의 숫자도 급증하고 있다. 이러한 추세가 계속됨에 따라, 네트노그라피의 활용 잠재력은 무궁무진하다. 네트노그라피를 성공적으로 적용시킨 다음의 사례를 살펴보자.

커피 소비량이 급증하는 현상의 본질을 이해하기 위해, 네트노그라피를 활용하여 현대인의 커피 소비 트렌드를 분석하고자 하였다. 먼저, 연구목적에 맞는 커뮤니티를 선정하기 위해 'alt.coffee', 'alt.food.coffee', 'rec.food.drink.coffee'의 세 커뮤니티를 비교하였다. 이 중에서도 커피 문화를 잘 반영하고 있는 'alt.coffee'를 선정하였다. 이 커뮤니티는 회원수가 55,939명에 달하며, 가장 많은 트래픽(traffic) 수를 보이고 자료량도 가장 방대했다. 이 중 내부자의 비율이 매우 높고, 내부자들은 여론 선도자로서의 역할을 수행하고 있었다. 이 외에도 다른 커뮤니티에 비해 참여자, 여행자의 수도 가장 많이 보유하고 있었다. 연구자는 1998년 2월부터 33개월 동안 커뮤니티를 관찰하였고, 그 밖에 커피 관련 웹 페이지와 블로그 등의 관찰을 병행하였다.

커뮤니티에 올라온 자료 중, 실제로 분석에 이용된 자료는 179개의 게시글이었다. 이 게시글들은 주로 2000년 7월부터 11월에 작성된 것이다. 자료의 내용은 모두 커피의 소비 양상과 관련된 것으로, 본인의 커피 취향을 시로 표현하거나, 스타벅스에서의 당혹스러웠던 경험을 기술하는 등 다양하고 풍성한 내용이 포함되어 있다.

추출된 자료들을 분석함으로써 다음의 결과를 얻을 수 있었다. 먼저, 소비자가 커피를 크게 두 가지 종류로 분류하여 인식한다는 것이다. 첫 번째 종류는 집이나 직장에서 즐겨 마시는 커피, 즉 일반 커피(basic coffee)이다. 이는 종이 필터가 필요 없는 커피로, 커피를 제조하는 데 시간과 노력이 많이 소모되지 않는다. 일반 커피는 커뮤니티 상에서 이슈화되거나, 커피 애호가들의 관심을 끌지 못한다. 두 번째 종류는 카페에서 구매하여 마시는 커피, 즉 프리미엄 커피이다. 이 중에서도 커뮤니티 상에서 많이 언급되는 프리미엄 커피는 에스프레소다. 카페라떼, 카라멜 마끼아또 등 커피의 종류는 매우 다양하지만, 그 중에서도 만드는 과정이 까다로워 전문성이 필요하다고 여겨지는 것은 에스프레소이다. 그렇기 때문에 소비자들의 인식구조에서 에스프레소는 커피 중에서 가장 고급스러운 이미지로 자리하고 있다.

다음으로, 커피 소비패턴의 변화에 대해서 포착할 수 있었다. 커피의 맛에 별다른 흥미나 관심을 보이지 않던 소비자들이 점차 커피의 맛에 대해 관심을 갖기 시작한 것이다. 그래서 맛있고 고급화된 커피를 제공한다면, 카페에 가서 비용을 지불하고 커피를 구매할 용의가 있다는 것을 알 수 있었다. 이와 더불어 커피의 소비패턴에 **디드로 효과**(Diderot effect)를 발견할 수 있었다. 집에서도 질 좋은 커피를 내려 마시기 위해 초반에는 초보자용 커피 머신을 구매한다. 하지만 이로는 부족함을 느끼고, 또 다른 새로운 물건을 사기 시작하는 것이다.

이처럼 네트노그라피는 커피 제조사 및 커피 관련 서비스업 종사자들에게 많은 시사점을 주었다. 우선 네트노그라피를 통해 소비자의 커피에 대한 인식구조와 소비패턴의 변화를 발견할 수 있었다. 더 나아가 소비자들의 욕망의 단계를 지도화함으로써, 소비자의 다음 소비행위를 예측할 수 있도록 해 주었다.

주요 용어

네트노그라피(netnography)	온라인 커뮤니티	정보중심 커뮤니티
관계중심 커뮤니티	여행자(tourist)	참여자(mingler)
애호가(devotee)	내부가(insider)	문자적 담론

요 약

1. 네트노그라피는 인터넷과 에스노그라피의 합성어로, 에스노그라피의 관점을 현실 세계가 아닌 인터넷이라는 온라인 공간에 적용시킨 것이다. 연구자는 블로그, 채팅방, 게시판 등의 온라인 커뮤니티를 활용하여, 커뮤니티 상에서 이루어지는 브랜드, 상품군 등에 대한 소비자들의 생각과 정보교환 과정 등을 관찰하게 된다.

2. 온라인상에서 이루어지는 관찰은 현장 연구에 비해 제약이 많이 없기 때문에 연구자의 의도에 따라 수행 절차가 유연하게 이루어질 수 있다. 하지만 과도한 연구자의 개입은 연구결과에 왜곡을 가져올 수도 있는 만큼, 네트노그라피 본연의 유연성을 적절히 활용하면서도 엄정한 연구지침을 가지고 연구에 임해야 할 것이다.

3. 네트노그라피 조사의 표본을 선정하기 위해서는 연구목적에 적합한 온라인 커뮤니티를 선정해야 한다. 정보중심 커뮤니티의 주요 목적은 정보 및 지식 교환으로, 게시글 위주의 형태로 커뮤니케이션이 진행된다. 관계중심 커뮤니티는 사람들과 대화하고 소통하는 것이 주목적이며, 공통의 관심사를 가진 사람들이 관계를 맺기 위해 커뮤니티 활동을 공유한다.

4. 자료들을 분석에 용이한 형태로 재구성하기 위해 연구주제와 연관된 게시글의 수, 게시글의 성격, 조회수, 댓글 수, 댓글 반응 등을 살펴보고 기록하며, 긍정적, 부정적, 중립적인 성격으로 분류한다. 문자적 담론을 통해 드러나는 연구대상의 가치관, 신념, 내면세계에 대한 해석이 연구결과를 좌우하게 된다. 해석에 대한 신뢰성을 검증하기 위해서 연구자는 관찰된 대화의 상황과 문맥의 인과관계를 파악하여, 신뢰성 있는 자료로 재구성하여야 한다.

토의문제

1. 에스노그라피와 비교해서 네트노그라피 조사 결과를 해석할 때에 발생할 수 있는 한계점에 대해 생각해보자.
2. 에스노그라피보다 네트노그라피를 사용하는 것이 더 유용한 경우에 대해 생각해보자.

참/고/문/헌

Kozinets, Robert V. (1999), “E-Tribalized Marketing?: The strategic implications of virtual communities of consumption,” *European Management Journal*, 17(3), 252-264.

Kozinets, Robert V. (2002), “The field behind the screen: Using netnography for marketing research in online communities,” *Journal of Marketing Research*, 39(1), 61-72.

Nguyen, Pham Minh Chau (2013), “The Contributions of Netnography in New Product Development,” *Master's Thesis, Turku School of Economics*, University of Turku.

Osofsky, M. (2011), “Swatch Netnography: A Look at Consumer Sentiment in Social Media,” *Social Media*, 9, 31-35.

Rutsky, Randolph L. (1999) *High technē: Art and Technology from the Machine Aesthetic to the Posthuman*, (Vol. 2), University of Minnesota Press.

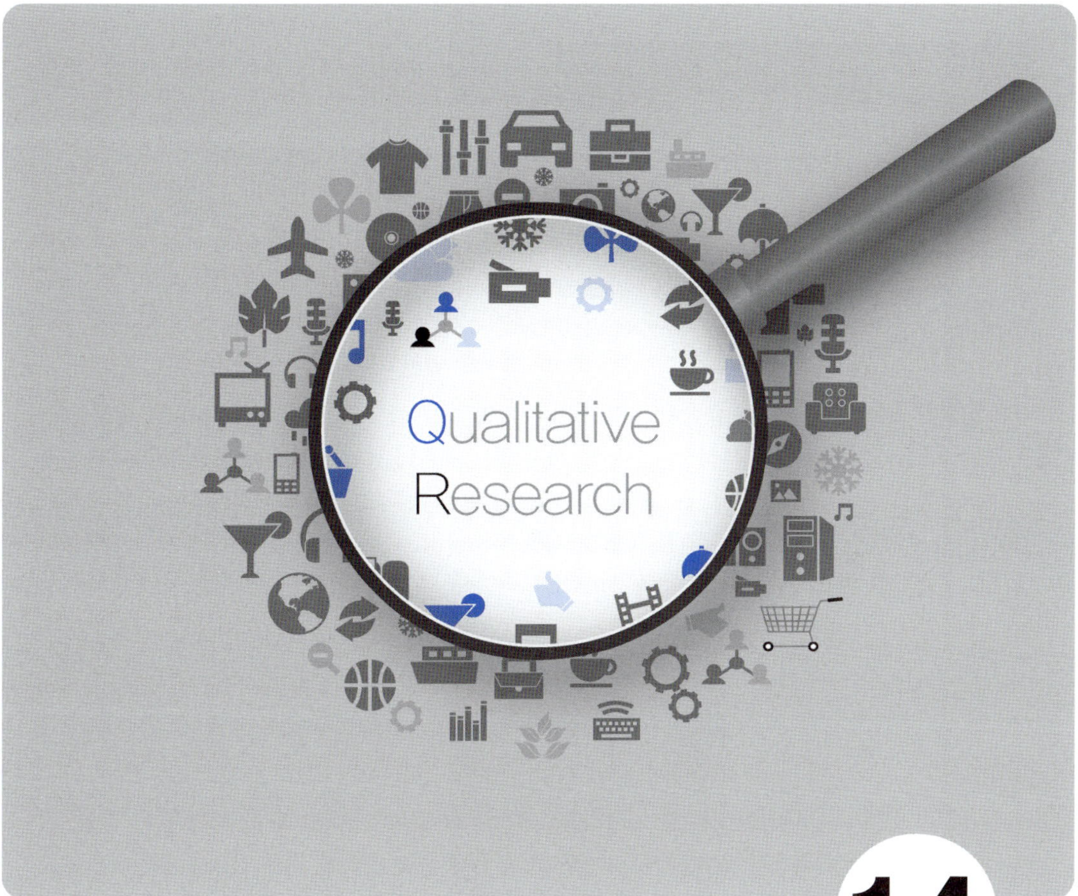

제 14 장

뉴로마케팅(Neuromarketing)

도입사례 **기아 'K7' 작명소? fMRI와 시선추적기에 물어봐!**

기아차는 야심작 K7을 출시하면서 브랜드 이름을 짓기 위해 신차의 스타일, 지향점, 콘셉트 등을 가장 잘 나타낼 수 있는 영문자 및 숫자의 이상적 조합을 찾고자 하였다. 이를 위해 한국인 100명과 외국인(한국 거주 3년 이상의 자가운전자) 100명을 합쳐 모두 200명의 소비자를 대상으로 설문, 시선추적기, fMRI 세 가지 방법으로 연구를 실시했다.

먼저 설문을 통해 여러 후보군 중에서 호감이 가는 차명을 선택하도록 했다. 설문 취지를 밝힌 만큼 연구 참여자들이 기아차에게 부정적인 답변을 하지 않는 경향이 높다는 점을 보완하기 위해 시선추적기를 함께 사용했다. 시선추적기로 참여자의 시선이 실제 어디에 가장 오래 머물렀는지를 연구한 것이다. 설문 결과와 시선추적 결과를 종합해 최종 후보군(K, T, N, Y, Z)을 가려냈다. 참여자들이 설문에서 선택한 후보와 시선추적 결과 시선이 오래 머문 후보를 합산한 것이다.

과학적 엄밀성을 더하기 위해 최종 후보군에 대한 참여자들의 뇌반응을 fMRI를 활용해 측정했다. fMRI로 촬영한 결과 T, K를 보여줬을 때 '어떤 대상을 선호할 때 반응을 보이는 뇌 영역'이 가장 활성화되었다. T는 다른 외국 업체가 이미 상표등록을 한 것으로 밝혀져 결국 최종적으로 K를 선택하였다.

기아차에 따르면 'K'는 다양한 의미를 내포하고 있다. 우선 KIA와 Korea의 첫 글자이다. '강함, 지배, 통치'라는 뜻의 그리스어 'Kratos'의 첫 글자로 '경쟁력 있는 신차로 다른 차들을 능가하겠다'는 기아차의 목표를 담고 있다. 숫자 7은 일반적으로 대형 차급을 의미하며 행운의 숫자로도 대중적 선호도가 높다. K7의 브랜드명은 브랜드 정체성뿐만 아니라 최첨단 신경과학 기술을 활용하여 소비자의 무의식까지 반영하여 결정한 것이다.

(자료 : 이코노미플러스, 2010)

1 뉴로마케팅의 이해

뉴로마케팅(neuromarketing)이란 뇌신경을 의미하는 뉴로와 마케팅이 결합된 신조어다. 뇌 영상 촬영, 뇌파 측정, 시선추적, 말초신경계 반응 측정 등 뇌과학과 신경과학 기술을 이용하여 소비자의 뇌 세포 활성이나 자율신경계 변화를 측정하여 소비자 심리 및 행동을 이해하고, 이를 마케팅에 활용하는 것이다. 뉴로마케팅은 소비자 구매행동의 상당 부분은 자신도 모르게 내재되어 있는 잠재의식에 의해 이루어진다고 보고 있으며 이러한 소비자의 잠재의식을 과학적으로 탐구하고자 한다.

뉴로마케팅은 세계 유수 언론과 기업들에 의해 잠재력을 인정받고 있다. *Fortune*지는 뉴로마케팅을 미래 10대 기술로 선정하였으며, *BusinessWeek*, *Forbes*, *The New York Times* 등도 음료, 식품, 화장품, 패션, IT, 자동차 등 다양한 산업 영역에서 뉴로마케팅이 사용되는 현황을 기획시리즈로 보도한 바 있다. P&G, 코카콜라, 네슬레, 유니레버, 나이키, LVMH, 혼다, 20세기 폭스 등 세계적 기업들은 뉴로마케팅을 적극 활용하고 있다.

국내 기업들도 화장품, 전자, 이동통신, 인터넷 포털 서비스 기업 등을 중심으로 뉴로마케팅이 확대되는 추세다. 아모레퍼시픽은 자사 제품에 대한 소비자의 뇌 반응을 분석해 브랜드 리뉴얼에 활용한 바 있다. 아모레는 해외 명품 브랜드와 자사 브랜드의 제품 사진, 광고를 실험 대상자들에게 제시하고 뇌 영상을 분석한 결과, 자사 브랜드는 해외 브랜드에 비해 감성 영역인 우뇌 반응이 예상보다 약해 친밀감이 부족하다고 판단했다. 이러한 결과를 바탕으로 신제품의 광고 모델 이미지, 용기 디자인, 매장 분위기를 친밀한 느낌으로 바꿈으로써 시장에서 성공을 거두기도 했다.

2 뉴로마케팅의 사용 분야

뉴로마케팅은 마케팅에서 STP(segmentation, targeting, positioning)에서부터 제품개발, 디자인 개선, 광고 효과 측정, 매장 동선 및 디스플레이 개선,

웹사이트 UI 개선에 이르기까지 다양하게 사용된다. STP시 사람 뇌의 정서 반응을 토대로 시장을 세분화(segmentation)한 후 우리 제품에 대하여 긍정적인 정서 반응을 보이는 집단을 표적집단으로 삼고(targeting), 해당 표적집단에게 긍정적 정서 반응을 유발하는 메시지를 중심으로 포지셔닝(positioning)한다.

혼다의 'ASV-3'는 뉴로마케팅을 제품 디자인에 활용한 대표적인 예다. 사람의 뇌에는 얼굴을 인식하는 신경회로인 '얼굴뉴런'이 있어서 얼굴과 유사한 형태에 민감하게 반응한다. 이러한 사실에 착안하여 혼다는 오토바이의 정면을 사람 얼굴 모양으로 만들면 오토바이가 달려오고 있다는 사실을 보다 빨리 인지하여 사고를 미연에 방지할 수 있을 것으로 보고 정면에서 보면 '화가 난 사람의 얼굴' 같은 디자인의 오토바이 'ASV-3'를 개발했다. fMRI를 이용해 관찰해 보니 얼굴 모양 디자인의 경우 사람의 얼굴을 봤을 때와 비슷한 뇌 반응을 일으켜 상대편 차가 오토바이를 발견할 가능성이 43%나 향상되었다고 한다.

3 사용되는 도구

제2부의 '제2장 관찰'에서 살펴본 바와 같이 뉴로마케팅에 사용되는 장비는 크게 세 종류로 나눌 수 있다. 첫째, 눈동자나 동공의 움직임, 목소리 같은 미세한 신체적 반응을 측정하는 도구로 시선추적기, 동공측정기(pupilometer), voice pitch analyzer가 있다. 둘째, 땀과 같은 말초신경계의 반응을 측정하는 도구로 피부전도도 반응 기술(Galvanic Skin Response, 이하 GSR)이 있다. 셋째, 외부자극에 따른 뇌의 반응을 측정하는 도구로 기능적 자기공명영상장치(functional magnetic resonance imaging, 이하 fMRI), 양전자 방사 단층촬영(Positron-emission-tomography, 이하 PET), 뇌파검사(electroencephalography, 이하 EEG) 등이 있다. fMRI와 PET는 뇌에서의 대사활동을 관찰하는 도구이고, EEG는 뇌에서 전기적 활동을 측정하는 도구이다.

3.1 시선추적기

시선추적기(Eye-tracker, Eye-tracking monitor, Gaze Tracking monitor)는 사람의 시선의 움직임을 추적하여 자극에 대한 반응을 연구하는 기기이다. 제품이나 광고를 제시하고 사람의 눈동자 움직임을 관찰하면 어떤 제품(의 부분)이나 광고(의 부분)에 관심을 기울이는지 파악할 수 있다. 사람들이 어떤 부분을 얼마나 오랫동안 응시하는지 파악하면 효과적인 디자인이나 광고 제작이 가능하다. 한 냉장고 업체는 시선추적기를 사용해 소비자의 시선이 제품의 어느 부분을 가장 먼저 바라보는지, 이후 시선이 어떠한 경로로 움직이는지, 시선이 가장 오래 머무는 부분은 어디인지를 분석하였다. 분석 결과를 토대로 소비자의 시선을 사로잡을 수 있도록 냉장고를 디자인했다. 한 유통업체는 소비자에게 휴대용 시선추적기와 카메라를 장착시키고 소비자가 자유롭게 매장에서 쇼핑을 하도록 한 후, 소비자의 동선과 시선의 움직임을 측정하였다. 측정 결과를 분석해서 최적의 동선, 디스플레이, PPL에 대한 정보를 얻을 수 있었다. 마트나 백화점에서 중앙통로 입구에서 오른쪽으로 45도 꺾어진 방향에 많이 팔아야 하는 상품을 진열하는 것도 이러한 동선과 시선추적 결과를 반영한 것이다. 네티즌의 시선을 끄는 것이 중요한 인터넷 업체와 인터넷쇼핑몰도 시선추적기를 사용한다. 이들은 인터넷 홈페이지와 광고에 대한 네티즌의 시선을 추적함으로써 홈페이지와 광고의 인터페이스를 최적화할 수 있다.

시선추적기는 고글을 착용해야 하는 접촉식 시선추적기(고글형 시선추적기)와 고글 착용이 필요 없는 비접촉식 시선추적기로 나뉜다. 고글형 시선추적기는 이동하는 사람의 시선추적이 가능하다는 장점이 있어서, 매장이나 거리에서 소비자의 시선 움직임 측정 시 적합하다. 비접촉식 시선추적기는 고글 착용의 부담이 적다는 장점이 있고 이동하지 않는 사람을 대상으로 모니터에 제시된 광고, 제품, 웹디자인에 대한 반응을 평가하는 데 적합하다.

접촉식 시선추적기
자료 : http://www.seasiainfotech.com/blog/eye-tracking-technology/

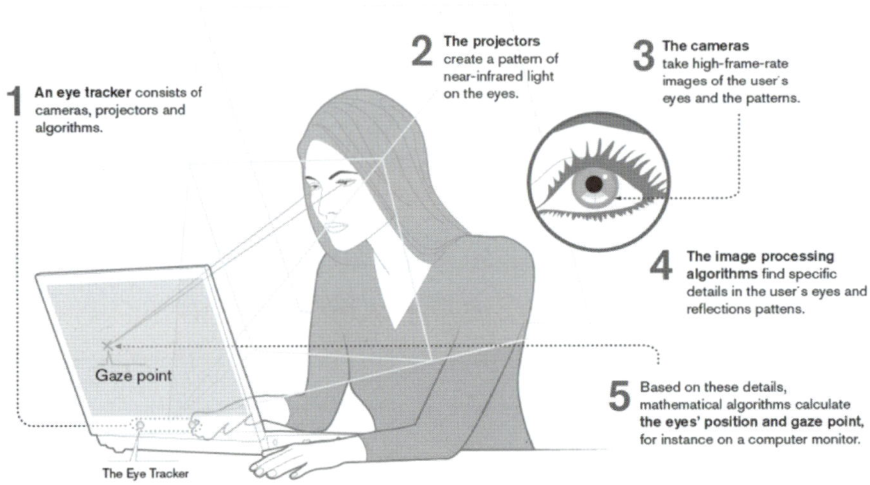

비접촉식 시선추적기
자료 : https://www.tobii.com/group/about/this-is-eye-tracking/

3.2 동공측정기

동공측정기(Pupilometers)는 사람의 동공의 확대·축소를 관찰하는 도구이다. 어떤 대상에 대하여 관심이 있거나 긍정적인 평가를 할 때 동공이 확대된다는 사실에 착안하여, 동공의 크기 변화, 크기 변화의 속도나 지속시간을 통해 심리적 상태를 유추한다. 제품이나 광고를 보여줬을 때 동공의 크기가 확

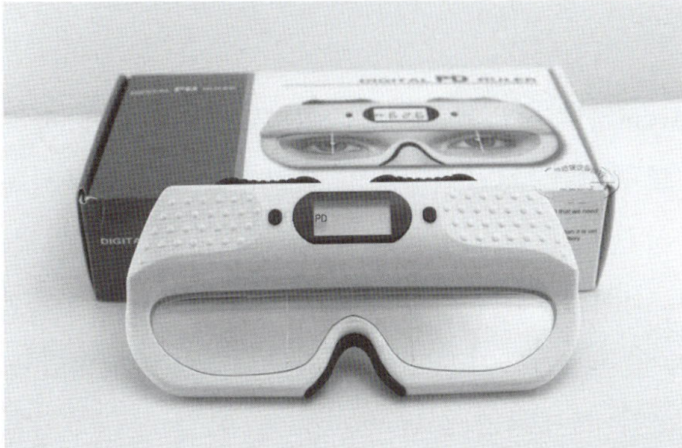

자료 : https://www.ebay.com/itm/Digital-PD-meter-pupilometer-Optical-PD-ruler-LCD-Display-centrometer-Optometry-/262689066891

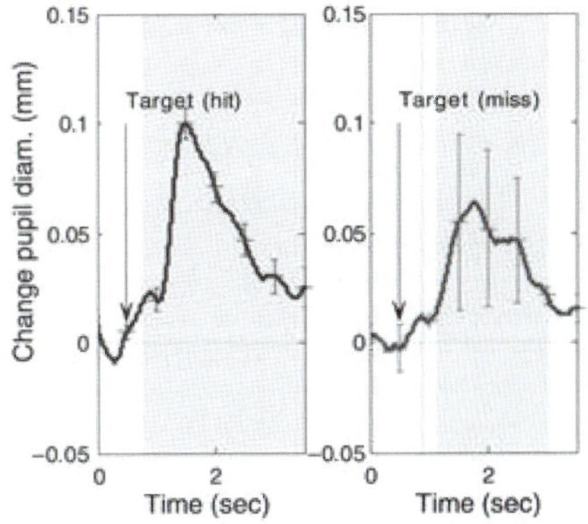

자료 : http://jov.arvojournals.org/article.aspx?articleid=2121365

대되면 해당 제품이나 광고에 관심을 보이는 것이고, 특히 동공의 크기가 확대되는 속도가 빠르고 확대된 지속시간이 길수록 관심의 정도가 큰 것으로 해석할 수 있다.

3.3 Voice Pitch Analyzer

Voice Pitch Analyzer는 사람 목소리의 주파수가 변하는 것을 통해 감정 변화를 파악하는 기계이다. 떨림, 긴장, 흥분의 정도에 따라 목소리의 주파수가 변한다는 사실에 착안해서 마이크를 장착한 컴퓨터를 통해 자극에 대한 사람의 감정적 반응을 측정하는 방법이다.

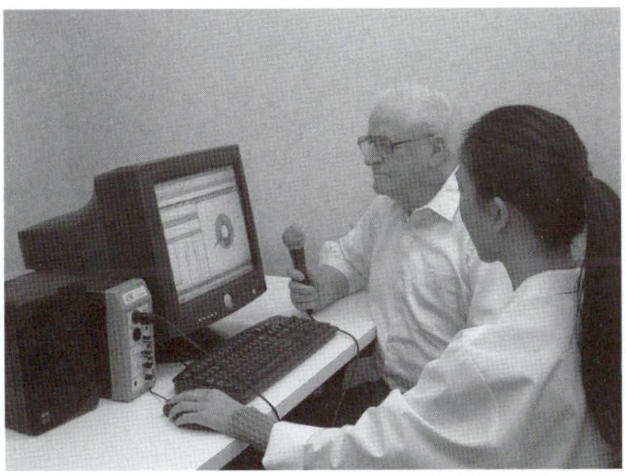

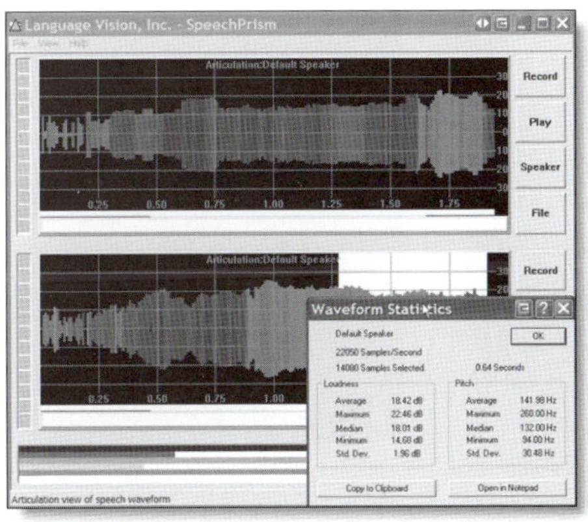

3.4 피부전도도 반응 기술

피부전도도 반응 기술(Galvanic Skin Response : GSR)은 심리상태에 따른 신체전기의 변화를 측정하는 도구이다. 교감신경계와 부교감신경계로 구성된 자율신경계는 사람의 의지와 상관없이 감정적 동요에 의해 자동적으로 몸 상태를 조절한다. 즉, 흥분할 때, 긴장할 때, 감정적 동요를 일으킬 때 자율신경계가 반응을 하며, 이런 반응의 하나인 신체전기 변화를 GSR이 측정한다. GSR이 거짓말탐지기용으로 많이 사용되는 것도 거짓말을 하면 무의식적으로 긴장하게 되고 긴장하면 교감신경계가 활성화되기 때문이다.

마케팅에서는 소비자에게 두 개의 전극을 부착한 후 자극(예 : 광고, 슬로건, 제품, 포장 등)을 보여주거나 쇼핑을 하게 한다. 제시된 자극에 대해 혹은 쇼핑 과정에 감정적 반응(관심, 흥분 등)이 발생하면 땀이 나고, 땀이 나면 전기저항이 증가하고, 이러한 저항의 변화는 피험자에게 부착한 전극을 통해 탐지된다. 즉, 전기저항 정도에 따라 자극(예 : 광고, 슬로건, 제품, 포장 등)에 대한 소비자의 관심 정도를 유추할 수 있다. 예를 들어, 노트북 PC 매장에서 고객이 점원의 설명을 듣다가 노트북의 무게에 대한 부분에서 GSR 그래프가 최고조에 이르렀다가 잠시 뒤 진정되면 그 소비자는 노트북의 무게를 중요시

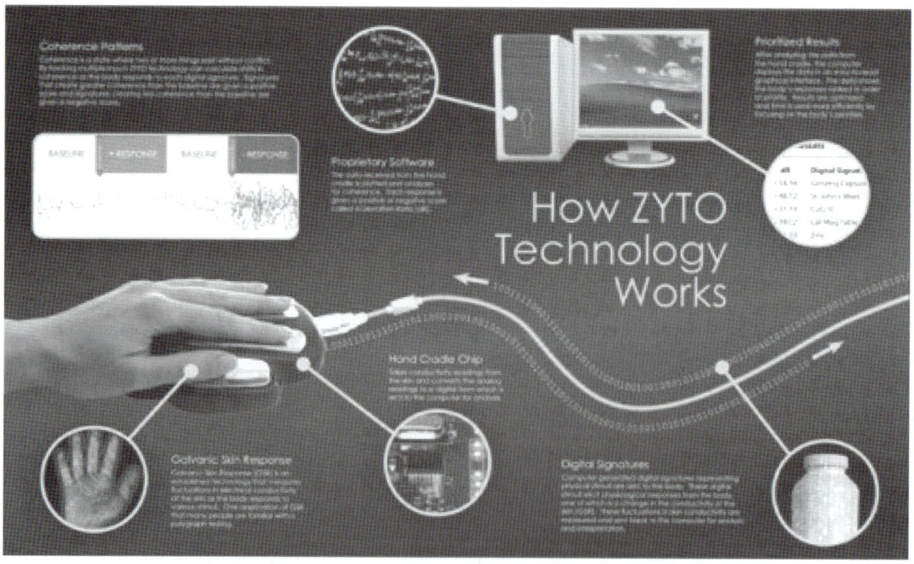

자료 : https://sciencebasedmedicine.org/galvanic-skin-response-pseudoscience/

하는 것이다. 이처럼 GSR은 소비자가 중요시하는 정보가 무엇인지, 어떤 광고 자극이 소비자에게 어필하는지에 대한 정보를 제공한다.

3.5 기능적 자기공명영상장치

기능적 자기공명영상장치(functional magnetic resonance imaging : fMRI)는 의료용 MRI 스캐너로 뇌세포가 소비하는 혈중산소량을 측정함으로써, 뇌의 활성화된 영역을 실시간으로 알 수 있는 장치이다. 자극(광고, 브랜드, 제품 등)을 제시하기 전과 후에 특정 뇌 영역을 반복 촬영한 후, 두 번째 영상에서 첫 번째 영상을 제외하면 자극을 통해 활성화된 뇌 영역이 어디인지 파악할 수 있다. 사람의 뇌는 부위에 따라 기능이 나누어져 있기 때문에 활성화된 영역을 통해 어떤 인지적·감정적 반응을 보이는지 알 수 있다. 예를 들어, 이성의 사진을 보고 호감을 갖게 되면 보상영역(전두엽의 눈 뒤쪽에 위치)이 활성화될 것이고 역겨움을 느낀다면 Insula라는 영역이 활성화될 것이다.

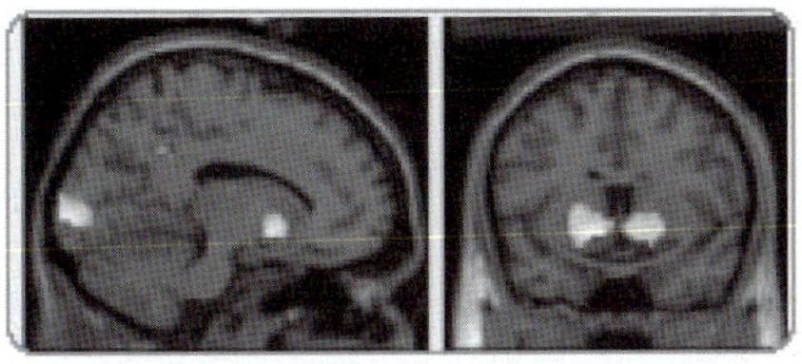

뇌의 보상센터에 속하는 배쪽 줄무늬체를 실험참가자의 머리 오른편(왼쪽)과 뒤에서 촬영한 영상(오른쪽).
자신은 돈을 받고 상대방은 받지 못했을 때 이 영역이 가장 활발하게 활동했다.

코카콜라와 펩시에 대한 비교연구는 fMRI를 활용한 대표적인 연구이다. 연구팀은 먼저 블라인드 테스트를 실시하면서 소비자의 뇌를 촬영했다. 본인이 마신 콜라가 어떤 브랜드인지 모르는 상태에서 콜라를 마셨을 때는 코카콜라와 펩시를 마신 집단 모두 동일한 뇌 영역(전두엽에서 보상 반응을 담당하는 영역)이 활성화되었다(뇌의 영역에서 달콤한 맛은 보상을 의미한다). 그러나 브랜드를 알고 콜라를 마시자 코카콜라를 마실 때는 전두엽 외에도 중뇌와 대뇌에 있는 정서 및 기억을 담당하는 영역(전전두엽과 해마)이 활성화되지만, 펩시를 마실 때는 그렇지 않았다. 맛의 차이가 크지 않음에도 코카콜라의 매출이 높은 이유가 브랜드에 대한 경험을 바탕으로 소비자가 코카콜라를 선택하기 때문이라는 사실을 실험적으로 확인시켜준 것이다.

3.6 양전자 방사 단층촬영

양전자 방사 단층촬영(Positron-emission-tomography : PET)은 인체의 생화학적 변화를 영상화할 수 있는 핵의학 분야의 영상기술장치이다. 대부분의 질병은 해부학적인 형태 변화가 생기기 전에 기능적인 변화와 생화학적인 변화가 일어나는데 PET는 생화학적인 변화 이상을 찾아낼 수 있어 각종 질병의 조기 진단 및 미세한 변화를 알 수 있다. PET는 신경세포에서의 신진대사의 절차를 분석함으로써 fMRI와 비슷한 용도로 사용될 수 있다.

3.7 뇌파검사

뇌파검사(electroencephalography : EEG)는 뇌의 자발적 전기활동을 측정하는 방법이다. 두피에 전극을 붙이면 이 전극이 뇌의 신경세포의 활성화로 전기흐름이 발생할 때 이를 측정함으로써 뇌의 활성화 정도를 알 수 있는 검사법이다. 마케팅에서는 소비자의 두피에 전극을 붙인 후 영화나 광고를 보여주면서 뇌파를 측정하면 소비자가 어떤 장면에 관심을 보이고 몰입하는지 알 수 있다. 왼쪽 그림은 시선추적기와 EEG를 사용하여 영화 <도둑들>의 예고편에 대한 소비자의 반응을 측정한 것이다. 뇌파가 활성화된 부분을 통해 소비자가 어떤 장면에서 몰입하고 있는지 알 수 있을 뿐 아니라 각 장면의 어떤 시각자극에 주의를 기울이는지 알 수 있어서 효과적인 예고편 편집이 가능하다.[1)]

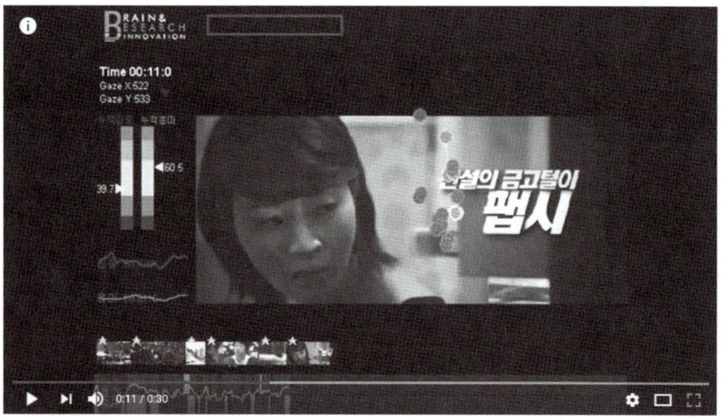

자료 : https://youtu.be/WNneRINq2XQ

1) 브레인앤리서치 홈페이지

주요 용어

뉴로마케팅(Neuromarketing)
피부전도도 반응 기술(GSR)
뇌파검사(EEG)
시선추적기(Eye-tracker)
기능적 자기공명영상장치(fMRI)

요 약

1. 뉴로마케팅(Neuromarketing)은 뇌신경을 의미하는 뉴로와 마케팅의 합성어다. 뇌 영상 촬영, 뇌파 측정, 시선추적, 말초신경계 반응 측정 등 뇌과학과 신경과학 기술을 이용하여 소비자의 뇌 세포 활성이나 자율신경계 변화를 측정하여 소비자 심리 및 행동을 이해하고, 이를 마케팅에 활용하는 것이다.

2. 시선추적기(Eye-tracker)는 시선의 움직임을 추적하여 자극에 대한 반응을 연구하는 기기이다. 광고나 제품을 제시했을 때 소비자의 눈동자 움직임을 관찰함으로써 소비자들이 어떤 부분을 얼마나 오랫동안 응시하는지 파악하면 효과적인 광고자극이나 디자인이 가능하다.

3. 피부전도도 반응 기술(GSR)은 심리상태에 따른 신체전기의 변화를 측정하는 도구이다. 교감신경계와 부교감신경계로 구성된 자율신경계는 사람의 의지와 상관없이 감정적 동요에 의해 자동적으로 몸 상태를 조절한다. 즉, 흥분할 때, 긴장할 때, 감정적 동요를 일으킬 때 자율신경계가 반응을 하며, 이런 반응의 하나인 신체전기 변화를 GSR이 측정한다.

4. 기능적 자기공명영상장치(fMRI)는 의료용 MRI 스캐너로 뇌세포가 소비하는 혈중산소량을 측정함으로써, 뇌의 활성화된 영역을 실시간으로 알 수 있는 장치이다. 사람의 뇌는 부위에 따라 기능이 나누어져 있기 때문에 활성화된 영역을 통해 사람들이 어떤 인지적·감정적 반응을 보이는지 알 수 있다.

5. 뇌파검사(EEG)는 뇌의 자발적 전기활동을 측정하는 방법이다. 두피에 전극을 붙이면 이 전극이 뇌의 신경세포의 활성화로 전기흐름이 발생할 때 이를 측정함으로써 뇌의 활성화 정도를 알 수 있는 검사법이다.

토의문제

1. 신제품 개발에 뉴로마케팅을 활용한 사례를 찾아보고, 추가적인 방법들에 대해 토의해보자.
2. 광고 제작에 뉴로마케팅을 활용한 사례를 찾아보고, 추가적인 방법들에 대해 토의해보자.

참/고/문/헌

삼성경제연구소 (2010), "뇌과학과 경영의 만남-뇌과학 활용 마케팅," 『SERI 경영노트』, (39).
LG경제연구소 (2009), "마케팅과 뇌과학의 만남-뉴로마케팅," 『LG Business Insight』, 2월호.
이코노미플러스 (2010), "기아차 신형 세단 'K7' 작명 스토리," 『이코노미플러스』, 12월호.

Deppe, M., W. Schwindt, H. Kugel, H. Plassmann, and P. Kenning (2005), "Nonlinear responses within the medial prefrontal cortex reveal when specific implicit information influences economic decision making," *Journal of Neuroimaging*, 15(2), 171-182.

Kenning, P., H. Plassmann, and D. Ahlert (2007), "Applications of functional magnetic resonance imaging for market research," *Qualitative Market Research: An International Journal*, 10(2), 135-152.

브레인앤리서치 홈페이지(http://www.bnr.co.kr)

제 15 장

신제품 개발

도입사례

IT기업들의 인류학적 접근법 활용

인텔(Intel)은 상호작용·경험연구소장이라는 직함을 가진 문화인류학자를 고용하고 있다. 문화인류학 박사인 제네비브 벨(Genevieve Bell) 소장은 인텔에서 새로운 반도체 칩과 소프트웨어 개발에 참여하고 있다. 기술자들에게 전 세계 사람들이 컴퓨터나 전화기 등 전자기기들을 사용하는 방법이나 습관 등에 관한 지식을 제공해, 새 시장에 쉽게 진입할 수 있도록 도와주는 일을 하고 있다. 그녀는 인텔에서 인류학자들로 구성된 한 연구팀을 진두지휘하고 있다. 그 팀은 전 세계에서 기술이 사용되는 서로 다른 양태들을 관찰·분석해, 개발팀의 제품 설계에 반영되도록 돕는다.

일례로 과거 미국에서는 자녀 교육을 위해 발달 초기에 컴퓨터를 사줘야 한다는 인식이 일반적이었다. 그러나 중국인들은 정반대로 생각했다. 그들은 자녀들이 일찌감치 만다린어를 학습하기 원하며, 사용 통제가 힘든 컴퓨터는 '주의를 산만하게 하는 방해물' 정도로 여겼다. 당시 아시아 7개 지역의 100개 가정을 방문 조사한 인류학자 제네비브 벨은 컴퓨터를 대하는 태도가 문화에 따라 다르다는 사실을 발견했다.

컴퓨터를 대하는 중국 부모의 태도에 대한 벨의 발견은 인텔의 중국용 PC 론칭으로 이어졌다. 인텔이 출시한 중국 가정교육용 PC에는 터치스크린이 장착돼 있어, 만다린어 쓰기를 학습할 수 있다. 다음 관건은 컴퓨터 사용을 어떻게 통제하는지 여부였다. 개발자들은 당초 소프트웨어 기반의 PC 잠금장치를 고려했으나, 벨은 중국에서 '열쇠와 자물쇠'가 지니는 '권위의 상징'으로서의 중요성에 대해 조언했다. 이에 따라 인텔은 소프트웨어 잠금장치 대신 눈에 보이는 물리적인 잠금 메커니즘을 사용했다. 부모들이 방의 다른 장소에서도 컴퓨터 사용 여부를 쉽게 확인할 수 있어 좋은 반응을 얻었다.

소비자의 취향과 관점이 다르다면? "그들을 다루는 전략도 달라야만 한다." 소비자들을 보다 잘 이해하기 위해 사회과학을 이용하는 미국 대기업들이 늘고 있다. 그들은 전통적인 소비자조사로 밝히지 못한 일종의 통찰을 사회과학을 통해 얻을 수 있다고 믿는다. 벨 소장은 인텔이 스마트TV시장으로 이동하는 데도 중요한 역할을 하고 있다. 이들은 거실에서 TV를 즐길 시점의 행동 연구와 TV 시청이 컴퓨터 앞에 있을 때와 어떻게 다른지에 대한 연구를 통해 제품 개발에 도움을 주고 있다.

벨 소장은 연구에 필요한 통찰력을 연구소에 앉아서만 얻는 것이 아니다. 그녀는 말레이시아 쿠알라룸푸르에서 기도할 때 휴대전화로 메카의 방향을 파악하는 이슬람교도 소년을 만난 사실을 연구소에 전달했다. 벨은 "인류학자들이 갖는 이점은 소비자에 대한 편견이 없고 신선한 관점을 제공해 줄 수 있다는 점"이라고 설명했다. 그는 "어떤 현실을 판단하고 분석하는 데 있어 항상 민족지학적인 스토리를 찾기 위해 노력하고 있다"며 "전적으로 그 사람이 속한 세계에 귀를 기울이면 핵심적인 특수성을 찾아낼 수 있다"고 말한다.

잠재적인 소비자에 대한 정보 수집에 사회과학을 사용하는 것은 새로운 접근은 아니다. 복사기 제조업체인 제록스(Xerox)는 1979년 인류학자 루시 서치맨(Lucy Suchman)을 고용해 고객들의 직장을 방문하고 업무 행태를 관찰하게 했다. 이를 통해 기술자들이 쉽게 사용할 수 있는 복사기를 제조할 수 있었다. 마이크로소프트나 IBM, 휴렛패커드 등도 인류학자나 민속학자가 시스템이나 소프트웨어 개발자들과 함께 일하도록 하고 있다.

세계 최대 소프트웨어 업체인 마이크로소프트도 소비자의 시각을 이해하기 위해 사회과학적인 방법을 차용하고 있다. 영국 제품 플래너인 쉐넌 뱅스(Shannon Banks)는 글로벌 연구팀을 이끌며, 세계 IT 전문가들의 니즈(needs)를 분석하고 있다. 뱅스는 "아무리 실험실에서 열심히 연구를 수행한다 해도 소비자들의 고통 지수나 본인들조차 인식하지 못하는 근본적인 필요성 등을 발견할 수 없다"며 직접적인 관찰에 기반한 분석을 강조했다. 일례로 뱅스가 이끄는 MS 연구팀은 하루를 꼬박 경찰차 안에서 보냈다. 이는 경찰들의 일상을 파악하기 위한 프로젝트의 일환이었다. 그들은 하루의 동반 관찰을 통해 경찰들이 범죄 장소를 약 30분간 수기로 묘사해, 후에 컴퓨터로 옮긴다는 것을 알게 됐다. 관찰조사를 통해 발견된 이와 같은 사실들은 개발자들에게 일종의 피드백으로 작용한다. 그리고 그 중 고려할 만한 사항들은 MS 오피스의 다음 버전에 반영되었다.

(자료 : 조선일보, 2005년 8월 24일자 기사, "인텔은 왜 인류학자를 고용했을까?"; 연합뉴스, 2010년 9월 23일자 기사, "인텔은 왜 인류학자를 고용했을까" 등의 내용을 발췌 요약)

1 신제품 개발에서 소비자 질적 조사의 의의

1.1 신제품 개발에서 질적 조사의 필요성

신제품 개발은 대부분의 기업에게 성장과 발전을 위해 필수적인 활동이다. 그리고 신제품 개발이 성공을 거두기 위해 소비자의 욕구를 파악하고 이를 반영해야 한다는 것은 익히 알려져 있는 핵심 지침이다. 이에 따라 많은 기업들이 오래전부터 소비자의 곁에서 소비자의 목소리에 귀를 기울이기 위해 노력한다. 그런데 소비자의 목소리에 귀를 기울이는 것만으로 소비자의 욕구를 제대로 파악하고 있다고 장담할 수 있을까? 심지어 혹자는 말로 표현된 소비자의 욕구는 이미 누군가가 해결해 주었을 것이라는 견해를 제기하기도 한다.

이러한 인식은 '대부분의 소비자들이 자신들의 경험이나 지식에 바탕을 둔 제한적인 관점만을 갖고 있기 때문에 신제품 개발과 관련된 욕구를 표현하는 데 한계가 있다'는 사실에서 출발한다. 소비자들이 아직 다가오지 않은 미래를 상상하는 것은 힘든 일이다. 만약 소비자들이 미래를 상상한다고 해도 그 상상에는 한계가 있을 수밖에 없다.

심지어 하이테크 마케팅에 관한 한 기사에는 '고객을 무시하라(ignore your customers)'는 제목이 등장하기도 했다. 그렇다면 실제로 하이테크 제품의 마케팅에서 소비자의 욕구를 중요시하는 시장지향성이 바람직하지 않다는 이야기일까? 그렇지 않다. 신제품의 수용을 결정하게 될 소비자의 욕구를 제대로 고려하지 않고 소비자의 선택을 기다리는 것은 무모한 판단일 것이기 때문이다. 이는 '소비자가 표현하는 피상적인 욕구가 아니라 소비자가 표현하지 않더라도 참된 잠재욕구를 파악해야 한다'는 의미로 해석해야 한다. 따라서 표현되지 않는 참된 욕구를 파악하기 위한 특별한 노력이 필요하다. '소비자가 무엇을 말하는지를 무시하고 오히려 소비자가 무엇을 하는지를 살펴보는 것(ignore what customers say, and rather, watch what they do)'이 필요하다. 즉, 소비자의 표현에 의존하는 전통적인 소비자조사의 한계를 인정하고 소비자의 잠재욕구를 파악하는 '고도의 시장지향성'이 필요하다. 이를 통해 시장과 소비자에 대한 통찰력을 확보하는 것이 신제품 개발 성공의 핵심 요인이 될 것이다.

최근 신제품 개발 정보를 획득하기 위해 수행되는 소비자조사방식도 크게 변화하고 있다. 시장에 대한 통찰력을 구하는 과정에서 전통적인 소비자조사 기법의 한계가 부각되고 있다. 물론 전통적인 조사기법들도 나름대로의 강점을 갖고 있다. 예를 들어, 서베이를 활용한 정량조사는 통계적 검증을 통한 객관화와 수치화된 예측 자료를 도출할 수 있다. 그렇지만 혁신적인 제품을 개발하기 위해 필요한 통찰을 제공할 만큼 충분히 깊이 있는 정보를 제공해 주지는 못한다.

이에 따라 질적 성격을 갖는 대안적인 조사기법에 대한 관심이 고조되고 있는 것이다. **에스노그라피**(ethnography)로 대표되는, 관찰(observation)에 초점을 맞춘 기법들을 신제품 개발을 위한 조사에 활용하는 경우가 점차 증가하고 있다. 도입사례에 언급한 바와 같이 인텔은 일찍이 문화인류학, 사회심리학 등을 활용한 질적 조사 정보를 신제품 개발에 활용해 왔다. 휴대폰 제조업체인 노키아도 아프리카 지역에서는 마을별로 전화를 공유한다는 점을 관찰하여, 내구성이 뛰어나고 개인별 메뉴 저장이 가능한 휴대폰을 개발하였다. 이러한 변화는 많은 IT기업들에서도 나타나고 있다.

1.2 에스노그라피를 활용한 신제품 기회의 발견

에스노그라피를 활용한 소비자 질적 조사는 신제품 개발을 위한 아이디어를 탐색하기에 매우 적합한 방법이다. 앞서 언급한 바와 같이 소비자들이 제품에 대한 만족 혹은 불만족의 구체적인 이유를 표현하는 것은 매우 드문 일이기 때문이다. 더군다나 소비자들이 제품의 개선점이나 신제품이 갖추었으면 하는 특성에 대해 깊게 고민할 가능성도 낮다. 따라서 소비자들로부터 신제품 개발의 단서나 힌트를 직접적으로 얻을 수 있을 것이라 기대하기 어렵다.

결국 소비자들을 주의 깊게 관찰하고 이를 해석하여 **신제품 기회**를 탐색하는 조치가 필요하다. 소비자들이 제품의 개선점이나 바라는 신제품의 모습에 대해 이야기하지는 못하더라도 자연스럽게 단서를 표출할 수는 있기 때문이다. 매리엄폴스키(Mariampolski)는 에스노그라피를 통해 파악할 수 있는, 만족스럽지 못한 제품을 대하는 소비자행동의 예시로 다음과 같은 항목들을 제시하고 있다. 이러한 내용들은 신제품 개발에 있어 중요한 기회를 발견해낼 수 있는 시사점을 제공해준다.

첫째, 제품을 조합해 사용하는 형태의 소비자행동을 들 수 있다. 소비자들은 자신들의 욕구를 충족해줄 수 있는 단일 제품이 없으면 여러 제품을 조합해 활용하는 방식을 택하기도 한다. 스스로 제품을 조합해 해결책을 모색하는 것이다. 예를 들어, 마루 청소를 할 때 액체 식기세척 비누와 세탁용 표백제를 섞어서 효과적인 세제를 만들어 쓰기도 한다. 이렇게 섞어 쓰는 것은 얼룩을 제거하면서 살균효과를 동시에 얻기 위해서이다. 또한 욕실을 청소할 때 세제를 활용해 청소를 마무리하면서 방향제를 분사하는 것이 관찰되기도 한다. 이렇듯 소비자들이 스스로 제품을 조합해 사용하는 것은 신제품 개발에 중요한 단서를 제공해준다.

둘째, 만족스럽지 못한 결과를 그냥 받아들이는 무관심의 형태로 나타나는 소비자행동을 들 수 있다. 제품이 만족스럽지 못하면 많은 소비자들은 해당 결과를 어쩔 수 없는 것으로 여기며 받아들이는 반응을 보인다. 예를 들어, 완벽한 욕실 청소가 가능하면 좋겠다고 생각은 하지만 어느 정도 깨끗한 청소 수준을 받아들이기도 한다. 또한 완벽한 청소를 위해 매우 힘든 노동을 해야 할 필요가 있다고 판단되면 제품의 사용지침을 완벽하게 따르지 않는 모습을 보이기도 한다. 즉, 최상의 결과를 얻기 위해 힘들게 노력하기보다 적정한 결과를 얻기 위해 최소한의 노력을 기울이기도 하는 것이다. 이러한 소비자행동 패턴은 신제품 개발에서 '힘든 노력을 하지 않아도 최상의 결과를 가져온다'는 점을 주목해야 한다는 시사점을 제공한다.

셋째, 해당 문제를 회피하려는 소비자행동을 들 수 있다. 소비자들은 만족스러운 제품을 찾지 못하면 해당 문제를 회피하려는 반응을 보이기도 한다. 예를 들어, 컴퓨터나 가전제품 청소를 효과적으로 할 수 있는 제품이 없으면 아예 컴퓨터나 가전제품을 청소하는 데 관심을 보이지 않는다. 기름때가 묻어 얼룩이 잘 지워지지 않는 옷은 아예 다른 용도로 사용하기도 한다. 따라서 신제품 개발 담당자는 이러한 현상을 파악하고 이를 해결해줄 수 있는 제품을 기획할 필요가 있다.

넷째, 이상적인 제품을 상상하는 소비자행동을 들 수 있다. 소비자들은 제품이 완벽한 솔루션을 제공해주지 못하면, '이러한 제품이 있으면 정말 좋겠는데……'라고 생각만 하는 반응을 보이기도 한다. 그리고 미래에 완벽한 제품이 나올 때가지 완벽한 만족을 미루게 된다. 예를 들어, 스마트폰에 음성인식 기능이 도입되기 전에 소비자들은 스마트폰을 사용할 때 직접 타이핑하거나 버튼을 누르는 것보다 음성인식을 통해 원하는 작업을 하고 싶다는 상상을 한다. 샤워할 때 다양한 각도에서 물이 동시에 분사되면 이상적일 것 같다는 상상을 할 수 있다. 따라서 신제품 기획 담당자들은 이상적인 제품에 대한 소비자들의 희망사항을 파악하고 향후 추구해야 할 제품 개발의 방향으로 설정할 필요가 있다.

본 장에서는 관련 조사기법 중 가장 대표적이라고 할 수 있는 '감정이입 디자인'과 '선도사용자 프로세스'를 중심으로 신제품 개발에서 소비자 질적 조사를 활용하는 방법을 설명하고자 한다.

2 감정이입 디자인(empathic design)

2.1 감정이입 디자인의 의의

신제품을 개발할 때 소비자의 욕구 파악은 필수적이다. 기업들은 소비자의 욕구를 제대로 파악하기 위해 많은 노력을 하고 있다. 그런데 소비자들의 표현되지 않는 내면의 진정한 욕구를 파악하는 것은 쉽지 않다. 특히 이러한 욕구가 현재가 아니라 미래에 발현될 것이라면 더욱 파악하기 어렵다.

감정이입 디자인은 이러한 어려움을 해결하는 데 도움을 주기 위해 개발되었다. 이 기법의 출발점은 욕구를 파악할 때 관찰이 갖는 이점에 있다. 제품이나 서비스를 사용하는 소비자들을 잘 관찰하는 것이 소비자들의 이야기를 듣는 것보다 정확한 욕구를 파악할 수 있다는 점에 주목한다.

소비자들의 잠재욕구를 말이나 글로 표현하는 것은 쉽지 않다. 소비자들이 현재의 사용 환경에 너무 익숙해서 새로운 솔루션을 요구할 생각조차 못할 때도 있다. 따라서 묻고 답하기에 의존하는 커뮤니케이션 방식의 소비자 조사보다 관찰을 통한 소비자조사가 욕구를 파악하기에 보다 적합한 방법일 수 있다.

특히 감정이입 디자인은 관찰 중에서도 참여관찰을 통해 정보를 수집한다. 소비자들이 제품이나 서비스를 사용하고 있는 자연스러운 환경에서 관찰을 실시한다. 이를 통해 관찰이 갖고 있는 객관성이라는 장점을 극대화하고, 인위적인 관찰로는 포착할 수 없는 정보를 얻을 수 있다. 예를 들어, LG전자는 미국 가정의 빨래습관에 대한 참여관찰조사를 통해 유리덮개로 안을 들여다 볼 수 있는 대용량 트롬세탁기를 출시해 큰 성공을 거두었다.

기존 소비자조사가 문자나 숫자 중심으로 자료를 수집하는 반면, 감정이입 디자인은 시각 정보(visual information)를 중심으로 한 감각

정보를 핵심적인 자료로 활용한다. 예를 들어, 자동차를 처음 타 보았을 때 소비자가 지각하는 향기와 소리는 자동차에 대한 첫인상을 결정짓는 데 큰 역할을 한다. 고급 자동차를 구매하기 위해 처음 시승하는 소비자에게 고급 가죽에서나 날 것 같은 향기는 긍정적인 첫인상을 준다. 차문을 열고 닫을 때 나는 육중한 소리는 중후한 이미지를 가늠하는 잣대가 될 수 있다. 세계적인 명성을 얻고 있는 할리 데이비슨 오토바이의 엔진소리가 강렬하고 독특한 이미지를 제공하는 것과 같은 맥락이다. 따라서 자동차나 오토바이 제조기업들은 이렇듯 감각적인 영역에까지 세심한 주의를 기울여야 한다. 그런데 이와 같은 내용들을 기존 소비자조사기법으로 제대로 파악할 수 있을까?

또한 전통적인 소비자조사는 분야별로 독자적으로 정보를 수집하여 이를 결합하는 반면, 감정이입 디자인은 조사 참여자들 간 **창조적 상호작용**(creative interaction)이라는 메커니즘을 활용한다. 감정이입 디자인은 다양한 분야에서 전문성을 갖는 조사자들로 팀을 구성하여 소비자의 사용 환경에 직접 참여하면서 관찰을 통해 정보를 수집한다. 따라서 정보 수집과정에 두 가지 유형의 상호작용이 발생한다. 사용자와 조사자 간 상호작용이 발생하고, 조사에 참여하는 조사자들 간의 상호작용도 발생한다. 이러한 상호작용은 분리된 형태로 개별 정보를 수집하는 것보다 더욱 의미 있는 정보를 획득할 가능성을 높이고, 정보들 간의 융합, 상승효과를 얻을 수 있게 한다.

감정이입 디자인은 1997년 레오나드(Leonard)와 레이포트(Rayport)가 '하버드 비즈니스 리뷰(*Harvard Business Review*)'라는 저널에 게재한 "Spark Innovation through Empathic Design"이라는 글이 소개된 후 급격하게 확산되었다. HP, IBM, 인텔, 제록스 등 많은 하이테크 기업들이 활발히 활용하고 있다.

종합해 보면, 감정이입 디자인이란 "조사자가 소비자의 사용 환경에 참여하여 감정이입(empathy)을 통해 시장을 발견하고 진정한 욕구를 파악하는 체계적인 과정"이라고 정의할 수 있다. 조사자가 소비자의 사용 환경에 직접 참여하여 소비자의 관점에서 보고 느끼면서 잠재욕구를 파악하는 방법이다. 즉, 현재 사용 환경에 대한 심도 깊은 이해를 통해 미래의 모습을 예측하고, 미래 환경에서 부각될 소비자의 잠재욕구를 발견하는 것이다.

2.2 감정이입 디자인의 유용성

감정이입 디자인은 다음과 같은 측면에서 유용성을 갖는다.

첫째, 사용 환경에 대한 통찰을 제공한다. 감정이입 디자인을 통해 소비자들이 어떤 상황에서 어떤 기능을 사용하는지 객관적으로 파악할 수 있다. 우리나라가 정보통신 분야에서 선도적인 위치에 있던 2000년대 초반, 한 글로벌 소프트웨어 기업은 대한민국에서 정보통신기기의 활용에 관한 관찰조사를 실시했다. 일상생활을 관찰할 수 있도록 허락한 소비자들을 대상으로 조사를 실시하기 위해 미국 본사에서 사회과학자를 포함한 조사팀을 파견했다. 조사팀은 수일간 이들 소비자들을 계속 쫓아다니며 관찰을 진행했다. 소비자들이 일상생활을 하는 동안 어떤 상황에서 어떤 정보통신기기와 기타 도구를 꺼내 어떻게 사용하는지를 파악했다. 이러한 조사를 통해 향후 정보통신 하드웨어와 소프트웨어가 어떤 모습으로 발전해 나가야 할지에 관한 정보를 수집했다. 감정이입 디자인을 통해 얻어진 정보는 신제품에 포함되어야 할 기능, 사용자 인터페이스의 설계 방향, 제품 개선에 관한 아이디어, 표적시장과 해당 표적시장에서의 포지셔닝 전략 등을 수립하는 데 결정적인 단서를 제공해준다.

둘째, 미처 파악하지 못했던 제품 사용에 대한 아이디어나 사용상의 문제를 발견하는 데 도움을 준다. 소비자들은 자신들의 선호나 상황에 맞추어 제품을 변경하거나 결합하여 사용하기도 한다. 예를 들어, 청소년들은 자신들에게 편리하고 본인의 상황에 부합되는 나름의 방식으로 스마트폰을 사용한다. 이를 잘 관찰하면 청소년에게 매력적으로 어필할 수 있는 신제품 개발 아이디어를 얻을 수 있다. 그리고 소비자들은 습관적으로, 무의식적으로 제품을 사용하기 때문에 사용상의 문제를 느끼기는 하지만, 이를 기억하거나 말로 표현하지 못할 가능성이 크다. 따라서 참여관찰을 하게 되면 자연스러운 환경에서 소비자의 '표현되지 않는 욕구(unarticulated needs)'를 발견할 수 있다. 예를 들어, 청소년들이 어떠한 기능을 사용할 때 불편한 표정을 짓는지 관찰하면 향후 해결해야 할 문제를 파악할 수 있다.

셋째, 소비자가 중요시하는 무형의 속성을 발견할 수 있다. 감정이입 디자인을 통해 소비자들이 제품을 사용하면서 느끼는 감정, 중요시하는 가치를 발견할 수 있다. 소비자들에게 제품의 기능적인 속성이 얼마나 중요한지 파악하는 것도 중요하지만, 이 외에 감성적인 측면의 미묘한 반응도 이해할 필요가 있다. 예를 들어, 자동차 시트의 촉감이 주는 의미, 스마트폰의 그립감이 주는 느낌은 기능적인 속성보다 중요성이 낮은 속성으로 간주되지만, 소비자의 선택을 좌우하는 결정적인 속성이 될 수도 있다.

사례 LG전자의 참여관찰을 통한 신제품 개발

LG전자 LSR연구소 김지희 선임연구원은 2003년 러시아의 일반 가정에서 1주일간 숙식하면서 현지인들이 어떻게 생활하는지 관찰했다. 하루는 생일파티를 준비하는 가족들에게서 이상한 모습을 발견했다. 파티가 열리기 3시간쯤 전에 가게에서 사 온 보드카를 냉장고의 냉동실에 넣어두는 것이었다.

이유를 물어본 김 연구원은 “보드카를 냉동실에서 여러 시간동안 두면 걸쭉한 젤(gel)과 비슷한 상태가 되는데, 이때 마시면 입 안에 들어가면서 곧바로 녹는 느낌이 좋다”는 답을 들었다. 보드카는 차갑게 마시는 것이 제격인데, 한참 동안 냉동실에 넣어두고 기다리기는 불편하다는 반응이 나왔다. 김 연구원은 이 사실을 본사에 알렸다. 상품개발팀은 연구를 거듭한 끝에 냉동실 안에 보드카와 같은 술을 20~30분 안에 차갑게 해주는 ‘급속냉각 공간’을 별도로 설치한 신제품 냉장고를 개발했다. 이 제품은 러시아와 동구권 국가는 물론 국내에서도 좋은 반응을 얻었다.

LG전자가 지난 1989년 설립한 LSR연구소는 신제품 개발의 새로운 방향을 제시하고 있다. LSR은 ‘life soft research’의 약자로 소비자들의 시시콜콜한 일상생활을 자세하게 연구하여 신제품 개발의 기초 아이디어를 제공하는 역할을 한다.

미국 시장에서 돌풍을 일으키고 있는 드럼세탁기 ‘트롬’도 미국인의 생활습관 연구에서 출발했다. 5~6년 전까지만 해도 드럼식 세탁기는 유럽에서 주로 사용하는 제품이었고, 미국에선 각광받지 못했다. 대신 미국인들은 ‘봉 세탁기’를 주로 사용했다. 봉 세탁기는 세탁통의 중앙에 설치한 날개 모양의 막대를 좌우로 회전시켜 세탁을 하는 방식이다. LSR연구소는 어떻게 하면 미국에서도 드럼세탁기를 판매할 수 있을지 연구했다. 연구원들이 미국 가정의 빨래 습관을 관찰한 결과 몇 가지 특이한 사항을 발견했다.

우선 미국인이 대용량 세탁이 가능한 봉 세탁기를 주로 사용하는 것은 청바지 같은 옷을 자주 갈아입어 빨래의 양이 많기 때문이었다. 세탁기가 돌아가는 중간에 세탁기의 덮개를 열어 빨래가 잘 되는지 확인하고, 세탁기와 건조기를 별도로 두고 사용하는 것도 특징이었다. 반면 당시 미국에서 판매되는 드럼세탁기는 용량이 적고 세탁기 내부를 밖에서 볼 수 없는 제품이 대부분이었다.

이 같은 조사결과에 따라 LG전자는 10~15kg짜리 초대형 드럼세탁기 '트롬'을 개발했다. 세탁통 내부가 보이는 유리로 된 덮개를 설치해 세탁기를 열지 않고도 세탁과정을 언제든지 확인할 수 있도록 했다. 세탁기와 같은 모양의 건조기도 함께 개발했다. LG전자는 이 제품을 2005년 미국에 출시, 2006년 100만대를 판매했다. 2007년에는 200만대 판매가 예상되는 등 큰 성공을 거두고 있다.

LSR연구소는 국내 소비자의 생활습관도 유심히 관찰한다. 김남훈 주임연구원은 지난 2005년 국내 가정을 방문해 주부들을 관찰했다. 아침에 TV를 많이 보는 주부들 곁에 앉아 같이 TV를 봤다. 몇 주일 동안 아침방송에서 계속 에어컨 필터에 세균이 많다는 내용이 나왔다. 주부들이 고개를 끄덕이는 모습을 보고 "그래, 바로 이거야"하며 반짝이는 아이디어가 떠올랐다. "에어컨을 깨끗하게 해주는 기능을 넣으면 잘 팔리겠다는 생각이 들었죠." LG전자는 2007년 에어컨이 자동으로 필터 청소를 하는 신모델 '플래티넘 휘센 에어컨'을 출시했다. 이 제품은 에어컨을 켤 때 나는 퀴퀴한 냄새를 없애는 기능도 갖췄다. 에어컨 내부에 남아있는 수분이 냄새의 원인이란 점에 착안, 에어컨을 끄면 바깥의 열을 이용해 내부의 수분을 증발시키도록 했다.

타임머신TV는 소비자들이 TV를 보다가 다른 용무로 자리를 뜨는 일이 빈번하게 발생한다는 것을 관찰해서 개발 아이디어를 얻은 사례다. 이 제품은 TV를 켜면 자동으로 방송화면을 녹화하는 기능이 들어 있다. 축구의 골 장면이나 야구의 홈런 장면을 놓친 경우 리모컨만 누르면 간단히 해당 화면을 감상할 수 있다. 이후 일본 등 해외에서도 비슷한 기능의 TV가 나왔다.

휴대폰 카메라를 개발할 때 국가별로 조금씩 차이를 두어야 한다는 것도 해외 각국을 돌아다니면서 조사한 결과다. 서승교 선임연구원은 "같은 인물 사진을 찍어도 한국·일본 소비자들은 얼굴이 희게 나오는 것을 좋아하는 반면, 유럽 사람들은 얼굴이 붉게 나오는 것을 선호한다는 사실을 알아냈다"고 말했다. 이 같은 보고는 LG전자가 2004년에 출시한 100만 화소 카메라폰에 반영됐다.

소비자를 장기간 관찰할 때에는 카메라를 이용하기도 한다. LSR연구소는 3년 전 북미지역 40여 가정에 카메라를 설치, 주민들이 냉장고를 어떻게 이용하는지 관찰했다. 그 결과 냉장고 위쪽의 냉동실보다 아래쪽의 냉장실 문을 더 자주 열고 닫는다는 것을 발견했다. LG전자는 냉동실과 냉장실의 위치를 바꾼 냉장고 신제품 '프렌치 디오스'를 개발, 미국 시장을 빠르게 파고들었다.

LSR연구소의 이철배 소장은 "LG전자의 에어컨·TV·냉장고·세탁기 등이 세계 최고 수준에 오르면서 소비자들을 관찰 · 연구하는 기능이 더욱 중요해졌다"고 말했다. 90년대 중반까지만 해도 국내 전자제품은 일본 제품을 따라가기 바빴다. 그런데 2000년대 들어 국산 제품이 세계 1~2위에 오르면서, '이제는 무엇을 따라 신제품을 만들어야 하는가'라는 새로운 문제에 봉착했다. "소비자에게서 해답을 찾기로 했습니다. 소비자가 제품을 어떻게 사용하는지 자세하게 관찰해 불편한 점을 하나씩 개선해 가는 거죠."

LSR연구소는 소비자 일상생활을 다양한 관점에서 관찰한다. 연구원들의 전공이 디자인 · 심리학 · 경영학 · 사회학 등으로 다양한 것도 이 때문이다. 석사 이상 고(高)학력자가 70% 이상이고, 여성 인력이 절반에 이르는 것도 특징이다. 소비자행동을 연구, 다양한 방법으로 트렌드를 찾아낸다. 해외 소비자 연구를 위해 연구소 인력의 10~20%는 항상 출장 중이다.

(자료 : 조선일보, 2007년 6월 22일자 기사, "신제품 개발 주도하는 생활의 재발견")

2.3 감정이입 디자인의 절차

레오나드(Leonard)와 레이포트(Rayport)(1997)는 감정이입 디자인의 일반적인 절차로 다음과 같은 다섯 단계를 제시하였다.

첫째, 다양한 분야의 전문가, 실무자(마케팅, 연구개발부서 등)가 참여하여 관찰을 실시하는 단계이다. 이 단계 수행을 위해서는 누구를 관찰할 것인지, 누가 관찰할 것인지, 어떤 행동을 관찰할 것인지를 명확하게 결정해야 한다. 즉, 관찰대상, 관찰 참여자, 관찰 행동에 대한 결정이 필요하다.

관찰대상을 선정할 때는 고객, 비고객, 고객의 고객, 집단의사결정에 참여하는 다양한 역할 수행자를 고려해야 한다. 일반적으로 고객이 우선 고려대상이지만 비사용자의 비사용 이유를 파악하는 것이 중요할 수도 있다. 또한 산업재(industrial goods)의 경우에는 고객의 고객, 집단의사결정 참여자를 추가적으로 관찰해야 한다. 즉, 경쟁상황, 제품의 성격, 산업의 특성에 따라 주된 관찰대상은 달라질 수 있다. 따라서 누구를 관찰하는 것이 가장 의미 있는 시사점을 얻을 수 있을지, 보다 결정적인 역할을 수행할 욕구는 누구에게 나올 것인지를 고민할 필요가 있다.

다음으로 관찰 참여자를 정할 때도 다양한 대안들을 고려해야 한다. 어떤

한 분야에 있고, 어떠한 교육을 받았고, 어떠한 성향인지에 따라 관찰하는 사람의 관점이 다를 수 있다. 동일한 상황을 관찰해도 각기 다른 측면의 정보에 주목한다. 각자의 배경이 다르면 관점도 다를 수밖에 없는 것이다. 예를 들어, 디자이너는 공간과 형태에, 엔지니어는 기계적인 상호작용에, 인체공학 전문가는 신체 자세에 보다 주목할 가능성이 높다. 따라서 다양한 분야의 전문가들과 실무자들로 구성된 팀을 활용하는 것이 바람직하다. 실제로 항공 서비스 경험에 대한 조사에는 조종사와 승무원뿐만 아니라 사회과학자, 정보관련 전문가가 팀을 구성하여 관찰을 수행한다. 물론 이렇듯 다양한 배경의 전문가들로 구성된 팀의 구성도 중요하지만 참여자들이 적절한 자세를 갖는 것도 중요하다. 관찰 참여자들은 오픈 마인드를 가져야 하고, 적절한 관찰기술을 갖추고 매사에 호기심을 가질 필요가 있다.

어떤 행동을 관찰할 것인지를 결정할 때 가장 중요한 것은 자연스러운 환경에서 관찰해야 한다는 점이다. 부득이하게 인위적으로 특정 환경을 조성하고 행동을 관찰할 수밖에 없는 경우도 있지만, 가능한 왜곡이 발생하지 않도록 관찰해야 한다.

감정이입 디자인의 유용성을 극대화하기 위해서는 선입견을 최대한 배제하면서 자연스럽게 사용 환경과 사용 행태를 면밀히 관찰해야 한다. 폭넓게 관찰대상을 검토하고, 다수의 전문가들로 구성된 팀원들이 유연한 자세를 갖고 자연스러운 환경에서 관찰해야 한다.

둘째, 데이터를 수집하고 수집된 정보를 정리하는 단계이다. 묻고 답하는 방식에 의존하는 전통적인 소비자조사와 달리 감정이입 디자인에서는 사진, 동영상 등의 시각적인 정보가 빈번하게 활용된다. 단순한 답변으로는 포착할 수 없는 신체 언어(body language), 장면 등의 데이터도 수집해야 한다. 감정이입 디자인의 도입기였던 제록스 PARC(Palo Alto Research Center)의 연구에서도 새로운 복사기를 어떻게 작동해야 할지 몰라 소비자가 어리둥절해 하는 표정을 시각적인 정보로 수집했다. 닛산자동차의 디자인 연구에서도 사진작가들을 고용하여 다양한 지역을 여행하면서 트럭 이용 상황에 대한 사진자료를 수집하였다. 이러한 사진자료를 분석하는 과정에서 많은 트럭 운전자들이 트럭에서 간단하게 음료를 즐기는 수준을 넘어 식사를 한다는 사실을 포착할 수 있었다.

셋째, 수집된 자료를 면밀히 검토하고 분석하는 단계이다. 연구팀 구성원들은 수집한 다양한 형태의 자료를 토대로 관찰 내용의 의미를 도출하여 발표하고 토론한다. 이러한 과정에서 관찰자가 파악하지 못한 새로운 의미나 시사점을 포착할 수 있다. 새로운 시각에 따라 추가적인 확인이 필요하면 추가 조사를 실시한다. 이를 통해 신제품 개발을 위해 주목해야 할 소비자들의 잠재욕구나 문제를 보다 명확하게 규명할 수 있다.

넷째, 파악된 욕구와 문제를 해결하기 위한 아이디어를 논의하는 단계이다. 이 단계에서는 **브레인스토밍**(brainstorming)을 주로 활용한다. 해결방법을 보다 광범위하게 검토하기 위해 대안의 외연을 확장할 수 있는 접근방식을 취하는 것이다. 브레인스토밍 과정에서 해당 주제에 집중하면서도 아이디어가 폭넓게 나올 수 있도록 비판을 자제하고 거친 아이디어(wild ideas)라도 일단 거론될 수 있게 하는 분위기가 요구된다. 또한 다른 사람의 의견을 발전시키는 새로운 아이디어를 적극적으로 표현하도록 해야 한다.

다섯째, 해결방안으로 채택된 아이디어를 **프로토타입**(prototype)으로 구현하는 단계이다. 가능한 해결책에 대한 아이디어들이 나오면 이를 더욱 구체화하는 단계가 필요하다. 구체적으로 어떠한 모습을 하게 될지, 어떠한 기능을 어떻게 담으며 어떻게 사용될지를 구현해보는 것이다. 프로토타입은 팀원들 간 명확한 커뮤니케이션을 위해서도 필요하지만, 팀원 이외의 실무자들에게 해결방안을 설명하거나 잠재 소비자들의 반응을 파악하는 데 도움이 된다. 프로토타입을 구현할 때 컴퓨터 3D 시뮬레이션을 활용하기도 한다. 또한 역할연기(role-playing)를 통해 소비자의 입장에서 사용 상황을 구현해보기도 한다.

2.4 IDEO의 디자인 프로세스

세계적인 디자인컨설팅 회사인 아이디오(IDEO)는 참여관찰을 기반으로 한 디자인 개발 프로세스로 유명하다. 데이비드 켈리(David Kelley)를 중심으로 몇 개의 디자인 회사가 합병되어 세워진 회사로서, 다양한 분야의 전문가들이 팀을 이루어 혁신적인 디자인을 선보이고 있다. 초기에는 주로 컴퓨터,

가구, 사무용품, 자동차 등 소비재를 디자인하였으나, 이후 쇼핑, 금융, 의료 등 서비스 분야로 범위를 확대하여 사용자 경험(user experience)을 종합적으로 컨설팅하는 기업으로 발전하였다. 일례로 IDEO가 어떤 병원의 환경 개선을 위해 수행한 작업과정을 살펴보자. 먼저 IDEO의 사회과학자, 디자이너, 건축가 등 전문가들은 병원의 의사, 간호사들과 팀을 구성해 환자들을 관찰하고 환자의 입장에서 의료서비스를 경험했다. 이를 통해 보호자와 떨어져 홀로 검사실에서 20분 넘게 대기하는 것이 얼마나 불쾌한 경험인지를 파악했다. 그 결과 커튼으로 분리된 큰 검사실에서 여러 사람을 검사하는 구조를 제안했다. 이들의 프로세스는 지금까지 살펴 본 감정이입 디자인과 유사한 절차를 갖는다. IDEO의 **디자인 프로세스**는 다음과 같다.

1) 관찰(observation)

IDEO는 자사의 인지심리학자, 문화인류학자, 사회학자 등과 고객사의 담당자들이 참여하는 팀을 구성한다. 이들은 디자인 개발과 관련된 사용자 경험을 이해하기 위해 현장에서 다음과 같은 기법을 활용하여 관찰을 수행한다.

① 따라하기(shadowing) : 소비자의 입장이 되어 소비자를 따라해 본다.

② 행동 맵핑(behavioral mapping) : 2~3일 이상 관찰하며, 행동하는 소비자의 다양한 모습을 사진으로 기록한다.

③ 소비자 여정(consumer journey) : 소비자들이 제품, 서비스, 공간과 어떻게 상호작용하는지 추적하여 기록한다.

④ 카메라 저널(camera journals) : 제품과 관련된 소비자의 활동, 제품에 대한 인상을 잘 표현할 수 있는 사진 일기를 작성할 것을 소비자들에게 요청한다.

⑤ 극단사용자 인터뷰(extreme user interviews) : 제품이나 서비스에 대해 매우 많이 알거나 전혀 모르는 소비자, 즉 제품 사용에 있어 평범하지 않은 소비자와 대화를 나누고 제품을 사용하는 동안의 경험에 대한 이들의 평가를 기록한다.

⑥ 스토리텔링(storytelling) : 소비자들에게 사용 경험에 관한 개인적인 스토리를 말하게 하고 이를 기록한다.

2) 브레인스토밍(brainstorming)

관찰을 통해 수집된 데이터를 분석하여 아이디어를 집약적으로 도출하며 추상적인 아이디어를 구체적인 콘셉트(concept)로 만드는 과정이다. 다양한 분야의 전문가들로 구성된 팀원들이 한 회의실에 모여 브레인스토밍을 실시한다. 이때 다음과 같은 원칙을 철저히 지켜야 한다.

① 판단을 미룬다(defer Judgment) : 어떤 아이디어라도 이야기하고 수용할 수 있도록 그 아이디어에 대한 판단을 늦춘다.

② 타인의 아이디어를 발전시킨다(build on the ideas of others) : '그러나(but)'보다 '그리고(and)'에 주목하여, 타인의 아이디어를 발전시킨다.

③ 거친 아이디어를 북돋는다(encourage wild ideas) : 어떤 아이디어라도 해결의 실마리를 제공할 수 있기 때문에 거친 아이디어를 수용하고 해당 아이디어를 발전시킨다.

④ 양을 지향한다(go for quantity) : 가능한 많은 아이디어 도출을 목표로 하여, 1시간 이내에 100개 이상의 아이디어가 나올 수 있게 한다.

⑤ 시각적으로 표현한다(be visual) : 위의 사진과 같이, 다양한 색상의 포스트 잇(Post-it)에 다양한 색의 펜으로 아이디어를 요약하고 벽에 붙인다. 아이디어를 보기 쉽게 시각적으로 표현한다.

⑥ 주제에 집중한다(stay focused on the topic) : 아이디어와 관련된 토론이 항상 목표 주제에 집중할 수 있게 한다.

⑦ 한 번에 한 대화만 진행한다(once conversation at a time) : 끼어들기, 받아들이지 않기, 무시하는 태도, 무례를 예방하기 위해 한 번에 한 사람만 이야기한다.

3) 신속한 프로토타이핑(rapid prototyping)

브레인스토밍을 마치면 도출된 콘셉트를 기반으로 디자이너들이 프로토타입을 만든다. 프로토타입을 제작하는 것은 사람들에게 가능한 해결책을 가

시화해 볼 수 있게 해준다. 콘셉트에 대한 판단을 위해서는 단지 문서로 설명하는 것보다 실체를 갖는 프로토타입으로 구현하는 것이 훨씬 효과적이다. 프로토타입은 의사결정이나 혁신 추진의 속도를 높여 주는 효과가 있다.

IDEO는 프로토타입을 제작할 때 정교함보다 속도를 중요시한다. 프로토타입을 가급적 빨리 싸게 만드는 방식을 채택한다. 세부적인 것을 정교하게 만드느라 많은 수고를 하지 말고, 아이디어를 잘 표현하는 것에만 집중한다. 따라서 저렴한 골판지(cardboard)를 활용하여 견본을 만들거나 간단한 동영상으로 사용 상황을 묘사하는 방식을 주로 활용한다. 유형적인 재화뿐만 아니라 무형적인 서비스도 프로토타입을 만들 수 있는데, 소비자 경험을 묘사할 수 있는 간단한 영상을 활용할 수 있다. 다양한 사람들이 서비스를 다양한 방식으로 사용하는 시나리오를 만들고, 이러한 시나리오에서 어떠한 디자인이 필요한지를 영상으로 제작한다. 이러한 과정에서 다양한 유형의 소비자들이 각자의 역할을 수행하는 것을 묘사하는 바디스톰(bodystorm)이 실시되기도 한다.

4) 프로토타입의 정교화(refining)

최적 솔루션을 찾기 위해 IDEO는 프로토타입의 검토과정을 통해 몇 개의 대안으로 해결책을 좁혀나가는 과정을 거친다. 즉, 각 프로토타입이 갖는 핵심적인 아이디어에 초점을 맞추어 최적 솔루션을 찾는 과정을 거치는 것이다. 이렇게 선택 대안을 좁혀나갈 때 소비자들을 적극적으로 참여시킨다. 소비자들의 의견을 반영하여 아주 세밀한 부분까지 디자인 개선을 모색하게 된다. IDEO는 이러한 과정에서 가급적이면 다양한 이해관계자들로부터 합의를 도출해 낼 수 있도록 노력한다.

5) 실행(implementation)

디자인과 관련된 솔루션이 결정되면 IDEO의 강력한 기술, 디자인, 사회과학 역량을 활용하여 제품, 서비스의 디자인을 실제로 구현한다. 디자인 구현에 필요한 다양한 분야의 전문가들이 참여하여 최종적인 디자인을 구현해 낸다.

3 선도사용자 프로세스(lead user process)

3.1 선도사용자 프로세스의 의의

기업들은 지속적인 성장의 발판이 될 수 있는 미래 수익원 발굴에 많은 관심을 가지고 있다. 미래 시장을 선도해나갈 수 있는 혁신적인 신제품 아이디어를 찾기 위해 다양한 노력을 한다. 그런데 기존에 해오던 기업주도적 방식으로는 이러한 아이디어를 찾기가 점점 더 어려워지고 있다. 혁신적인 제품 개발을 위해 신제품 개발의 패러다임을 바꿔야 한다는 위기감이 확산되고 있다. 이에 따라 사용자 중심적 혁신이라는 새로운 관점이 부각되고 있다.

선도사용자 프로세스는 사용자 중심적 혁신이라는 새로운 패러다임을 활용해 제품 혁신을 위한 아이디어를 얻는 기법이다. 여기서 선도사용자(lead user)란 시장 트렌드보다 앞서 가며 평균적인 소비자보다 훨씬 높은 요구 수준을 갖는 소비자를 의미한다. 예를 들어, 자동차 제조업에서 선도사용자는 자동차 경주 팀이 될 수 있다. 자동차 경주 팀은 보다 높은 엔진 성능, 뛰어난 제동력에 매우 강한 요구 수준을 갖고 있다. 자동차 산업 내 기술에서 이러한 높은 요구 수준을 충족할 수 없을 때 다른 분야의 기술을 활용해서라도 해결책을 찾게 된다. 다른 관점에서 보면 선도사용자는 바람직한 해결책이 제시되면 가장 많은 혜택을 얻을 수 있는 사용자라고 표현할 수도 있다. 그리고 선도사용자들은 본인들을 만족시켜 줄 수 있는 신제품이 출시되기 전에 자신들 나름대로 해결책을 발견하여 활용하기도 한다.

선도사용자 프로세스는 1986년 폰 히펠(von Hippel)이 개발하여 '매니지먼트 사이언스(*Management Science*)'라는 저널에 "Lead Users: A Source of Novel Product Concepts"라는 논문을 게재하면서 세상에 알려졌다. 이 기법은 '혁신적인 제품의 콘셉트는 기업이 아닌 사용자로부터 나온다'는 사용자 혁신의 관점에 기초를 두고 있다. 선도사용자를 파악하고 이들로부터 정보를 얻기 위해 해당 시장과 관련된 다양한 분야의 사용 환경을 현장관찰(field observation)한다.

3.2 선도사용자 프로세스의 절차

선도사용자 프로세스를 실시하기 위해서 먼저 다양한 분야의 전문가로 구성된 팀을 결성한다. 보통 마케팅과 기술부서에서 차출한 4~6명의 전문가들이 팀을 이룬다. 물론 팀원들 간의 조화와 결속은 성과를 결정짓는 중요한 요소로 작용한다. 선도사용자 프로세스는 일반적으로 4단계 과정을 거치게 된다. 폰 히펠(von Hippel)에 따르면 기획 목적의 선도사용자 프로세스를 위해 각 단계별로 1~1.5개월, 전체적으로 4~6개월의 기간이 필요하다고 한다. 구체적인 절차는 다음과 같다.

첫째, 핵심적인 시장 및 기술 트렌드를 파악하는 단계이다. 본격적으로 선도사용자를 파악하기 전에 다각적인 환경 분석을 통해 배경을 파악하는 단계이다. 트렌드를 파악하기 위해 선도사용자 프로세스 팀은 해당 분야의 전문가들과 깊이 있는 토론을 한다. 이를 통해 해당 분야에서 부각되는 기술(emerging technologies), 최첨단 애플리케이션(leading-edge applications)에 대한 기초를 다진다.

둘째, 선도사용자를 확인하고 정보를 수집하는 단계이다. 선도사용자 프로세스 팀은 우선 표적시장과 관련 시장에서 선도적인 모습을 보이는 선도사용자를 파악하기 위해 욕구 해결방안에 대해 가장 높은 효용을 느낄 소비자가 누구일지 파악한다. 이를 파악하기 위해 일차적으로 직관, 설문조사, 데이터베이스 분석 등이 활용된다.

그런데 이러한 방법만으로 충분한 수준의 선도사용자를 파악하기 힘들다. 이때 **네트워킹 프로세스**(networking process)를 유용하게 활용할 수 있다. 이는 표본추출 방식 중 스노우볼 샘플링(snowball sampling)과 유사한 방식으로 먼저 파악한 선도사용자의 계속된 소개를 활용하는 것이다. 특정 주제에 대해 높은 관심을 갖는 사람들은 자신보다 그 주제를 더 잘 아는 사람을 알고 있다. 이러한 과정에서 다양한 관련 분야의 현장을 직접 방문 관찰하여 선도사용자를 다각적으로 탐색한다. 그 결과 해당 산업뿐 아니라 다른 산업에서 전문가를 탐색할 수 있다.

3M은 메디컬 이미징 제품 개발을 위해 먼저 방사선과 의사 중 전문성이 탁월한 선도사용자를 소개를 통해 파악하였다. 어려운 진단 이슈를 다루는

방사선과 의사들이 시장에 존재하는 제품의 기술보다 앞선 혁신적 방법을 사용하고 있다는 점을 고려한 것이다. 다음에는 방사선 분야의 정점에 있는 선도사용자를 통해 반도체 이미징 분야의 전문가, 패턴인식 분야의 전문가가 이미징에 있어서 선도사용자라는 점을 알게 되었다. 반도체 이미징 분야, 패턴인식 분야에서도 가장 탁월한 선도사용자를 찾아냈고, 이들을 통해 군대의 정찰 전문가들도 '패턴인식 소프트웨어를 개선하여 보다 높은 해상도를 제공하는 솔루션'을 찾는 선도사용자라는 사실을 파악할 수 있었다. 이를 그림으로 요약해 보면 다음과 같다.

▌그림 15-1▐ 선도사용자 탐색 네트워킹 프로세스

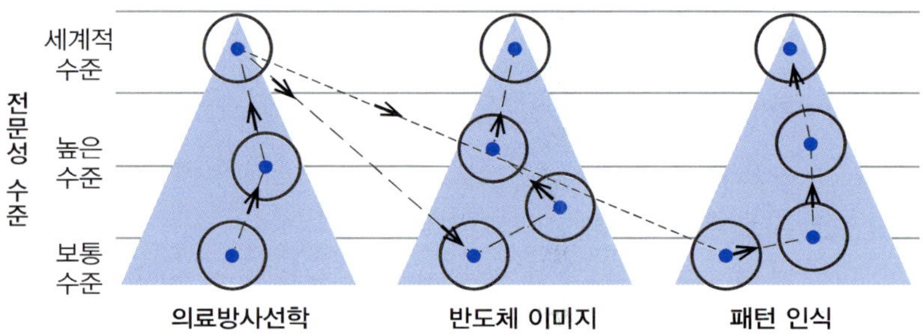

자료 : Eric von Hippel, et al.(1999)의 연구

선도사용자를 파악한 뒤 이들로부터 혁신적이고 탁월한 제품 개발에 도움이 될 정보를 수집한다. 선도사용자는 일반 소비자이면서도 전문가이기 때문에 중요한 정보를 수집할 가능성이 높다. 이러한 정보를 토대로 제품 개발 아이디어의 초안을 작성하고 이러한 아이디어가 갖는 사업 측면의 잠재력을 검토한다.

이와 같이 선도사용자를 탐문해가면서 점점 넓혀가고 이들로부터 정보를 파악하는 과정에서 현장관찰이라는 조사방법이 활용된다. 따라서 이 단계에 가장 많은 시간이 소요된다. 3M의 경우 선도사용자 확인 및 정보 수집 단계에 6개월이 소요된 적도 있다고 한다.

셋째, 선도사용자 워크숍을 통한 획기적 아이디어 모색의 단계이다. 앞서 수립한 제품 개발 아이디어의 초안 콘셉트를 검토하고, 보다 완결된 형태로 만들어가는 과정이다. 선도사용자들, 마케팅, 연구개발, 생산 등 관련 분야 전문가들이 참여하는 워크숍을 개최한다. 보통 이 워크숍은 2일 내지 3일 정도에 걸쳐 진행된다. 워크숍 참가자들은 소규모 집단 활동을 거쳐 최종 아이디어를 구체화시키는 활동에 참여한다.

앞서 언급한 사례에서 3M은 패턴인식 소프트웨어를 변형하여 보다 높은 해상도를 얻을 수 있다는 점을 확인하고, 이들과의 워크숍을 통해 최상의 제품 아이디어를 도출했다. 이를 통해 3M은 메디컬 이미징 시장에서 뛰어난 제품 개발을 위한 획기적인 돌파구를 마련하는 데 성공했다.

넷째, 선도사용자의 아이디어를 메인 시장에 접목할 수 있는지 확인하는 단계이다. 워크숍이 마무리되면 선도사용자 프로세스 팀은 더욱 정교하게 콘셉트를 가다듬고, 이러한 콘셉트가 표적시장 소비자의 욕구에 부합하는지 검토한다. 즉, 선도사용자의 아이디어가 평균적인 소비자에게 확산될 수 있는 보편성을 갖고 있는지를 확인한다. 이때 시제품을 통한 테스트가 실시되기도 한다.

3.3 극단적 소비자조사

사용자 중심적 혁신이라는 신제품 개발 조사의 새로운 패러다임은 더욱 혁신적인 조사기법을 요구한다. 에이버리(Avery)와 노튼(Norton)에 의해 제시된 '**극단적 소비자**(extreme consumers) **조사**'는 이러한 맥락에 부합하는 기법이다. 이들은 '전통적 조사는 진화적 아이디어(evolutionary ideas)를 산출해낼 수는 있지만, 혁명적 콘셉트(revolutionary innovation concepts)를 발견하기 어렵다'고 지적했다. 왜냐하면 전통적 조사가 일반 소비자의 통상적 경험을 조사하는 데 그치기 때문이다. 평균적 소비자의 평균적 경험을 파악하는 것으로는 규칙을 깨는(rule-breaking), 게임을 변화시킬(game-changing), 패러다임을 전환할(paradigm-shifting) 돌파구를 찾아내기 어렵다는 것이다.

극단적 소비자는 정규분포의 양쪽 꼬리에 위치한 소비자들을 의미한다. 제품 사용에 있어 매우 앞서 가는 사람들뿐만 아니라 매우 뒤처져 있는 사람들도 포함한다. 예를 들어, 기업이 생각해보지도 못한 창의적인 방식으로 제품을 사용하는 사람들은 물론 제품을 전혀 사용해본 적 없거나 의도적으로 거부하는 사람들도 극단적 소비자이다. 또한 자사 제품에 집착하는 광적인 열광자들(lovers)뿐만 아니라 기회만 있으면 자사 제품을 폄하하는 혐오자들(haters)도 극단적 소비자이다. 결국 선도사용자 프로세스가 앞서 가는 소비자에게 초점을 맞추고 있는 반면, 극단적 소비자조사는 양쪽 극단에 위치한 소비자 모두를 대상으로 한다.

자동차산업의 선구자 헨리 포드는 "내가 사람들에게 무엇을 원하는지 질문했다면 사람들은 '더 빨리 달리는 말'이라고 대답했을 것이다"라고 했다. 전통적인 조사기법의 한계를 주장할 때 자주 등장하는 표현이다. 세상을 변화시킬 만큼 혁신적인 제품을 개발할 때 전통적인 조사기법은 한계를 갖는다. 소비자들이 무엇을 원하는지 깨닫기도 전에 그들의 욕구를 파악하고 충족시키기 위해서는 혁신적인 조사가 필요하다는 것이다.

전통적인 조사기법의 한계를 다음의 세 가지 갭(gap)으로 표현할 수 있다.

첫째, 사실 파악과 원인 파악 간의 갭을 들 수 있다. 전통적 조사는 소비자의 지식, 태도, 행동에 관한 사실을 파악할 수는 있지만, 왜 이런 사실이 발생하는지에 관한 원인을 파악하는 데 한계가 있다. 잘트만(Zaltman)은 원인 파악의 중요성을 다음과 같은 예로 설명했다. "어떤 사람이 둥근 모양과 각진 모양 중 둥근 모양을 선호하는지 아는 것보다 왜 둥근 모양을 선호하는지 아는 것이 더욱 중요하다. 왜냐하면 이 사람이 진짜 좋아하는 이상적인 모양은 둥근 것도 각진 것도 아닌 다른 모양일 수 있기 때문이다." 에스노그라피와 같이 인간 중심적, 감정이입식 질적 조사기법은 이러한 한계를 극복하고 원인에 관한 깊은 이해를 제공해 줄 수 있다.

둘째, 인지적 접근 측면의 갭을 들 수 있다. 소비자들은 상상력 부족, 동기에 대한 인지적 접근 결여로 인해 자신이 무엇을 원하는지, 왜 구매하는지를 묘사하는 능력이 제한적이다. 소비자들은 현재 무엇인지(what is)에 지나치게 고착화되어 있어서 미래 무엇이 가능한지(what could be)를 상상하는 데 한계를 갖는다. 이러한 이유로 소비자들의 표현에 의존하는 전통적 조사는 신제품에 대한 통찰을 제공해주지 못할 가능성이 높다. 따라서 ZMET과 같은 기법을 활용하여 시각적 형태의 은유(metaphor)를 도출하거나 무의식적 동기(unconscious motivation)를 밝혀내는 질적 조사기법을 활용해야 한다.

셋째, 데이터의 일상적 패턴을 기초로 추론하는 귀납(inductive)이나 연역(deductive) 논리와 이례적인 데이터의 탐색으로부터 추론하는 귀추(abductive) 논리 간의 갭을 들 수 있다. 대부분의 전통적인 조사기법은 귀납이나 연역 논리에 의존한다. 귀납이란 견고하지만 제한적인 관찰로부터 일반화된 규칙을 추론하는 방법이고, 연역이란 일반적인 규칙에서 출발하여 구체적 상황에 규칙을 적용하고 해당 상황에서의 결과를 추론하는 방법이다. 이러한 기법들은 모두 데이터의 일상적인 패턴에 기초하고 있기 때문에 새로운 아이디어를 도출하는 데에는 한계가 있다. 반면 귀추는 전형적이지 않고 규칙을 깨는 특이한 데이터로부터 출발하여 기존의 해석을 뛰어넘는 새로운 추론을 모색하는 방법이다. 신제품 아이디어를 모색하는 조사는 이렇듯 이례적인 데이터에 주목할 필요가 있다. 앤소프(Ansoff)는 "이례적이고 변칙적인 데이터를 간과하게 되면 시장의 비연속적 흐름을 예측할 수도, 대응할 수도, 활용할 수도 없게 되는 치명적 오류를 범하게 된다"고 언급하였다. 결국 평균을 아는 것이 새로움을 추구하는 데는 크게 도움이 되지 못한다.

극단적 소비자의 유형에는 비주류 소비자(the fringe), 제품 문외한(product category virgins), 제약을 가진 고객(customers with constraints), 열광자(lovers), 혐오자(haters) 등이 포함된다. 비주류 소비자란 평균과 동떨어진 평범하지 않은 소비자를 의미한다. 예를 들어, 욕실 청소용품 소비자들 중 결벽증을 갖고 있는 소비자를 들 수 있다. 결벽증을 갖고 있는 소비자보다 더 나은 욕실 청소용품에 집착하는 소비자는 없을 것이다. 에너지드링크 레드불(Red Bull)은 일반 소비자의 맛 선호가 아니라 '밤새 춤추고 파티를 즐기고 싶은' 비주류 소비자의 맛 선호를 고려하여 일부러 약 냄새가 나는 맛을 선택했다. 제품 문외한이란 제품을 한 번도 사용해 본 적이 없거나 전혀 모르는 소비자를 의미한다. 제품 문외한은 기존 사용자들이 당연하게 생각하는 것을 엉뚱하게 질문할 수 있고 이러한 질문이 혁신의 출발점이 될 수 있다. 닌텐도(Nintendo)는 비디오 게임을 전혀 해보지 않은 소비자들로부터 닌텐도 위(Nintendo Wii) 개발 방향의 단서를 포착했다. 당연한 가정에 의문을 갖는 관찰에서 혁신의 아이디어를 찾게 된다. 제약을 가진 소비자란 임산부, 고령자와 같이 제약을 갖고 있어 기존 제품을 잘 사용하기 어려운 소비자를 의미한다. 포드 자동차의 제품 개발 엔지니어들은 시력, 청력, 동작 등을 제한하는 낙하복(jumpsuit)을 착용하고 고령자에게 적합한 운전석 설계 아이디어를 모색했다. 열광자들이 제품을 용도에 맞게 변형하여 사용하는 것을 관찰하거나 혐오자들이 제품을 혐오하는 이유를 파악하고 이를 해결하는 과정에서 혁신적 아이디어를 발견할 수도 있다.

극단적 소비자조사 수행 시 비초점집단(unfocus group) 토의, 아웃라이어 추적(shadow outliers), 감정이입 디자인, 열광자와 혐오자 대상 네트노그라피(netnography), 스스로 체험하기(go extreme yourself)와 같은 기법이 활용된다.

첫째, **비초점집단 토의**란 특이한 생각을 갖고 있는 극단적 소비자들을 6~10명 정도 모아서 최대한 다양한 의견을 듣는 것을 의미한다. 이를 위해 앞서 설명한 IDEO의 브레인스토밍 방식을 활용하고, 아이디어 스케치, 본인의 생각이나 느낌을 표현하는 사진 가져오기 등 시각화 방식을 활용한다.

둘째, **아웃라이어 추적**이란 5~6명의 극단적 소비자를 파악하여 그들이 제품이나 서비스와 상호작용하는 것을 추적하는 것이다. 제품을 구매하고 소비하는 것은 물론 일상생활까지도 관찰, 기록, 면담한다.

셋째, 앞서 언급한 **감정이입 디자인**을 활용한다. 감정이입을 위해 스스로 제약을 갖는 환경을 초래하고 사용자 경험을 시뮬레이션한다. 예를 들어, 욕실에서 샤워 후 뿌옇고 미끄러운 상황을 연출해놓고 여성용 면도기 사용을 체험하거나 거동이 불편한 옷을 입고 고령자 제품을 사용해본다.

넷째, **열광자와 혐오자 대상 네트노그라피**는 열광자와 혐오자 온라인 커뮤니티를 파악하여 대화를 발췌하고 커뮤니티 내 다양한 집단의 이야기를 분석한다. 해당 집단의 구성원들이 어떠한 가치를 갖고 어떠한 전통과 의례를 갖으며 어떠한 상호작용을 하는지 파악한다.

다섯째, **스스로 체험하기**는 1주일 동안 휴대폰을 사용하지 않고 지내기, 베이비 푸드만 먹기, 라이스 쿠커로만 음식 요리하기 등 극한을 직접 체험하는 것이다. 이를 통해 극단적 사용이 주는 신체적, 정신적 영향이나 태도와 행동 변화를 파악한다.

사례 혁신의 주인공은 선도사용자

1978년 하와이에서 열린 윈드서핑 월드컵에서 서독의 위르겐 혼셰이트 선수가 사상 최초로 공중도약을 시도했다. 파도를 탈 때 공중으로 높이 뛰어오르고 몸을 비트는 동작이었다. 그 뒤 모든 서퍼가 이 공중도약을 따라 하기 시작했다. 하지만 점프를 하면 공중에서 보드와 몸이 분리돼 다리를 다치거나 보드를 망가뜨리는 일이 잦았다. 윈드서핑 선수 출신인 래리 스탠리는 이런 불편함을 개선하기 위해 고민하다가 '보드에 발을 고정하는 끈(스트랩)을 만들면 어떨까'라는 아이디어가 떠올랐고, 스스로 제작했다. 그가 만든 끈 달린 서핑 보드는 소문을 타면서 많은 서퍼가 썼고, 마침내 스포츠용품 회사들이 본격 개발해 팔기 시작했다.

아직도 많은 기업이 '회사가 물건을 만들어 일방적으로 소비자에게 공급하고, 소비자는 그것을 쓰는 존재'라고 인식하고 있다. 그러나 최근 많은 소비자가 스탠리처럼 직접 제품을 개발·개선하는 데 적극적으로 참여하면서 전통적 패러다임이 무너지고 있다. MIT의 슬론 경영대학원 폰 히펠 교수는 이들을 가리켜 '선도사용자(lead user)'라고 일컫는다. 선도사용자는 소비자인 동시에 혁신가다. 이들은 기업이 만든 소프트웨어를 개량해서 인터넷에 무상 공개하고, 제조사가 만든 아웃도어 제품을 개량해 동호회 회원들과 함께 쓰기도 한다.

"사용자들은 제품을 쓰면서 어떤 한 기능에 더 많은 관심을 기울이고, 그 결과 그 부분에 대해 제조사보다 더 많은 정보를 갖게 됩니다. 스케이트보드가 세상에 나오기 전까지 아무도 청소년이 그런 물건을 원한다는 것을 알지 못했습니다. 그걸 만들어낸 것은 바로 아이들 자신, 선도사용자였던 겁니다. 초창기 스케이트보드 모델은 아이들 사이에서 급속히 퍼져 나갔고, 마침내 기업이 제품을 개발했습니다. 아이들이 사용하던 조잡한 형태의 스케이트보드를 개량해서 더 많은 사람이 편리하게 사용하도록 만든 겁니다. 이런 현상은 산업계 어디서나 볼 수 있습니다. 기업이 선도사용자를 더 친절하게 대해야 하는 이유입니다."

기업은 소비자가 '진정으로' 무엇을 원하는지 모르기 때문에 선도사용자들을 관찰하고 그들이 원하는 것을 파악한 뒤 상업성을 평가해 대량생산한다. 폰 히펠 교수는 이런 과정을 '혁신의 민주화'라고 표현했다. "과거에도 선도적 사용자는 항상 존재했습니다. 하지만 오늘날 선도사용자가 만든 혁신이 인터넷을 통해 급속히 번질 수 있게 되면서 훨씬 큰 파급력을 가지게 됐습니다."

폰 히펠 교수는 선도사용자를 잘 활용한 성공 사례로 레고(LEGO)를 들었다. 레고는 홈페이지를 만들어서 사용자들에게 '당신이 생각하는 새로운 디자인이 있다면 여기에 포스팅하세요'라고 사용자 혁신의 장(場)을 제공했다. 그리고 사용자들이 올린 여러 디자인 가운데서 어떤 것이 얼마나 다운로드되는지 살펴봤다. 그렇게 해서 인기 있는 레고 모델을 상품화하고, 해당 상품에는 아이디어를 낸 사람의 사진과 이야기를 명시했다.

"레고의 경우는 예외지만, 대개 업체는 선도사용자들의 훌륭한 아이디어를 발견할 경우 그냥 그것을 가져가버립니다. 그러면 사용자들은 불쾌해하거나 화를 내고 그냥 그걸로 끝이지요. 하지만 앞으로 사용자 혁신은 더욱더 활성화될 것이고, 업체는 선도사용자들을 더 친절하게 대해야 합니다. 업체는 대개 선도사용자에게 아이디어의 대가로 얼마간 비용을 지불하는 것을 매우 두려워합니다. 또 '이건 우리가 만들어낸 거야'라고 대외적으로 뻐기고 싶어 하지요. 그래서 자신의 제품 중 사용자들이 무엇인가 아이디어를 냈다고 알리기를 꺼리고요. 선도사용자들을 잠재적인 경쟁자라고 생각하고 그들에게서 위협을 받을까 두려워하기 때문입니다. 심지어 레고조차도 사용자들의 아이디어를 받아들이기 전에 회사 내부 디자이너들이 자신들의 일자리를 뺏기지 않을까 걱정했습니다. 그래서 한동안 사용자들에게 관심을 기울이거나, 그들이 아이디어를 냈다고 알리는 걸 탐탁지 않게 생각했습니다. 사실 기업에서 문화적 변화가 일어나는 건 쉽지 않은 과정입니다. 매우 시간이 걸리고, 어려운 일이지요."

조깅 스트롤러(jogging stroller)는 일반 유모차처럼 아이들을 태울 수 있지만, 바퀴가 달려서 어른이 유모차를 밀면서 달릴 수 있도록 만들어진 제품이다. 이 제품을 만든 사람은 평범한 젊은 아버지였다. 조깅을 하고 싶었지만, 아내의 등쌀에 못 이겨 아이 유모차를 밀어야 했던 그는 두 가지 일을 동시에 하기 위해 자신의 차고에서 자전거 바퀴를 떼서 유모차에 붙였다. 이 물건을 인터넷을 통해 홍보하기 시작하자, 많은 사람이 "이 물건을 어떻게 하면 구할 수 있어요?"라고 묻기 시작했다. 그는 결국 본격적으로 회사를 차려서 조깅 스트롤러를 팔게 됐다.

(자료 : 조선일보, 2014년 8월 16일자 기사, "뭘 좀 아는 '선도적 사용자' 그들이 혁신의 주인공 된다")

주요 용어

신제품 개발	에스노그라피	신제품 기회
감정이입 디자인	디자인 프로세스	창조적 상호작용
선도사용자 프로세스	네트워킹 프로세스	극단적 소비자조사

요 약

1. 신제품 개발을 위해 소비자의 표현에 의존하는 전통적인 소비자조사는 한계가 있고, 표현되지 않는 참된 욕구를 파악하기 위한 소비자 질적 조사의 필요성이 부각되고 있다.
2. 신제품 개발을 위한 소비자 질적 조사기법 중 가장 대표적인 것은 감정이입 디자인과 선도사용자 프로세스이다.
3. 감정이입 디자인은 '조사자가 소비자의 사용 환경에 참여하여 감정이입을 통해 진정한 욕구를 파악하는 과정'이다. 참여관찰, 데이터 수집 및 정리, 자료 분석, 문제 해결 아이디어 논의, 해결방안 프로토타입 개발 등의 절차를 거친다.
4. 선도사용자 프로세스는 '시장 트렌드보다 앞서가는 선도사용자를 파악하고 이들에 대한 폭넓은 현장관찰을 수행하는 과정'이다. 핵심 트렌드 파악, 선도사용자 확인 및 정보수집, 선도사용자 워크숍, 메인시장의 접목 가능성 확인 등의 절차를 거친다. 선도사용자 프로세스에서 한 걸음 더 나아가 극단적 소비자라고 하는 전형적이지 않은 소비자를 대상으로 하는 조사기법도 신제품 아이디어 도출을 위해 활용된다.

토의문제

1. 신제품 개발 시 전통적인 조사가 기여할 수 있는 부분과 질적 조사가 기여할 수 있는 부분에 대해 토의해보자.
2. 본 장에서 언급한 사례 이외에 감정이입 디자인을 활용하여 신제품 개발에 성공을 거둔 사례를 찾아보고, 감정이입 디자인의 유용성에 대해 토의해보자.
3. 만약 귀하가 스마트폰 신제품 개발 담당자라면, 해당 제품의 선도사용자를 탐색하기 위해 어떠한 과정을 거칠 것인지 생각해보자.

참/고/문/헌

김상훈 (2004), 『하이테크 마케팅』, 박영사.

김옥남 (2009), "고객 통찰력 확보를 위한 소비자조사 기법," 『LG Business Insight』, 2-19.

Avery, Jill and Michael Norton (2014), "Learning from Extreme Consumers," *Harvard Business School Technical Note*, Jan.

Leonard, Dorothy and Jeffrey F. Rayport (1997), "Spark Innovation through Empathic Design," *Harvard Business Review*, Nov-Dec, 102-113.

Mariampolski, Hy (2006), *Ethnography for Marketers: A Guide to Consumer Immersion*, Sage Publications, Inc.

Nussbaum, Bruce (2004), "The Power of Design," *BusinessWeek*, May 17.

von Hippel, Eric, Stefan Thomke, and Mary Sonnack (1999), "Creating Breakthroughs at 3M," *Harvard Business Review*, Sep-Oct, 47-57.

부록

적용사례

적용사례 1 A자동차 사례

자동차회사의 의뢰로 'ABC리서치'(가칭)에서 실시한 FGI 녹취록의 일부입니다. 녹취록 A는 진행자(moderator) 입장에서 기술한 것이고, 녹취록 B는 FGI에 참여한 사람들 간에 실제 오간 대화를 기술한 것입니다.

녹취록 A

오늘 초점집단면접(FGI)의 진행을 맡게 된 정성연 씨는 사람들이 이미 모여서 기다리고 있는 작은 회의실로 들어섰다. 회의실 안에는 30대 초반의 남자 3명과 30대 중반의 남자 2명, 그리고 20대 후반의 여성 1명과 30대 초반의 여성 1명이 기다리고 있었다. 이들은 자동차 딜러를 통해 소개받은 자동차 소유자들로 각각 다른 브랜드의 자동차를 소유하고 있다. 두세 사람들은 서로 인사를 나눈 듯 벌써 대화를 나누고 있었고, 나머지 사람들은 책을 보거나 휴대폰을 조작하고 있었는데 진행자가 들어서도 별로 개의치 않고 자신들이 하던 일을 하고 있었다. 성연 씨는 자신들이 해야 할 일에는 별로 큰 관심이 없는 듯 보이는 이들을 대상으로 앞으로 2시간 동안 고객 기업이 조사해달라고 한 내용을 제대로 끝낼 수 있을지 걱정이 되었다. 특히 남성과 여성이 섞인 집단이기 때문에 더 신경이 쓰였다. 애써 이런 걱정을 누르고, '지난 번 초점집단도 잘했으니 오늘도 잘할 수 있어'라고 스스로에게 다짐하며 말을 꺼냈다. "먼저 주말인데도 이렇게 소중한 시간 내주셔서 감사합니다. 제 이름은 정성연이고, 오늘 여러분들과 함께 자동차 구매에 있어 일련의 과정들과 관련 사항들에 대해서 약 2시간 동안 자유롭게 토의해보고자 합니다."

말을 꺼내자 각기 다른 일에 집중하던 사람들은 성연 씨에게 시선을 돌렸지만, 아직은 어색하고 무거운 분위기가 흐르고 있었고, 성연 씨에게 아직은 거리감을 두는 눈치였다. 성연 씨는 어색함을 줄이기 위해 자신을 소개했다. 자신의 회사, 가족과 사는 곳, 취미 등에 대해 웃으면서 이야기했다. 자신에 대해 열린 자세를 취하자 사람들은 가벼운 농담에 웃기도 하고, 가벼운 질문을 던지기도 했다. “왜 축구를 좋아하시나요?”, “왜 파스타를 싫어하시나요?”, “아이들은 어느 학교에 다니나요?” 등 정말로 궁금하지는 않더라도 그들 스스로도 어색함을 타파하기 위해 노력하는 모습이었다.

분위기가 조금씩 적극적으로 변하자 성연 씨는 본래의 주제로 돌아왔다. 지나치게 다른 주제에 초점이 맞추어지면 인터뷰 참여자들이 본래의 주제를 간과할 수 있기 때문이다. 성연 씨는 자신이 하는 일은 소비자들이 사용하는 제품이나 서비스에 대해서 어떻게 생각하고, 어떻게 사용하는지 알아내는 것이라고 설명했다. 새로운 제품이나 서비스에 대한 사람들의 생각, 니즈에 대한 자유로운 이야기를 듣고 싶다고 설명했다. 본인이 진행자이기는 하지만 제품이나 서비스에 대해 특별히 더 깊은 지식을 가지고 있지는 않다는 점을 강조했다. 이것은 진행자도 다른 참여자들과 별반 다르지 않다는 사실을 주지시킴으로써 참여자들이 격의 없이 대화에 참여하게끔 하고자 하는 의도였다. 또한 토의과정에서 참여자들이 합의점을 찾아내려고 애쓸 필요는 없다는 점을 강조했다. 군중들 사이에 쉽게 발생하는 ‘동조현상’을 피하기 위해서였다. 이 인터뷰의 과정은 다양한 의견들을 얻는 것이 목적이기 때문이다. 그 외에 세부적인 진행사항에 대해서 설명하면서 10분 정도의 시간이 흘렀다.

성연 씨는 참여자들을 짝을 지어주면서 서로 인사하고 가벼운 대화를 나누게 하였고, 특히 어떤 자동차를 소유하고 있는지 그리고 자동차라는 제품에 대해 가지고 있는 기본적인 생각과 기준들에 대해서 자유롭게 얘기하도록 했다. 그러자 집단 내에 역동적인 분위기가 돌기 시작했고, 서로 공통점을 찾으면서 즐거워했다. 그들은 서로 같은 음악을 듣거나, 좋아하는 야구팀이 같거나, 고향이 가깝기도 했다. 성연 씨는 7명이 서로 대화를 하는 것을 보면서 참여자들의 성격과 대화방식을 간단하게나마 파악할 기회를 가졌다. 특히 소극적이던 27세의 여성은 분위기를 이끌어갔고, 33세의 한 남성은 큰 목소리로 좌중의 시선을 끌면서 대화 주제를 선정하는 역할을 했고 반대 의견이 나올 때는 자신의 의견이 옳음을 상당히 공격적으로 피력하고 있었다.

어색함이 사라지고 분위기가 부드러워지자 성연 씨는 본론으로 들어갈 시점이라고 판단했다. 성연 씨는 지금까지의 대화를 통해 참여자들에 대해 알게 된 것을 간단히 말하면서 서로 간에 공통점뿐만 아니라 차이점도 있음을 강조했다. 이를 통해 반드시 같은 주장을 하고 하나의 합의된 의견을 표현할 필요가 없음을 주지시켰다.

가벼운 주제를 시작으로 본격적으로 FGI에 돌입했다. 성연 씨는 고객 기업이 소비자들이 자동차를 구매할 때 어떠한 요소를 중요시하고, 어떠한 브랜드와 디자인을 선호하는지 알고 싶다고 했던 것을 떠올리면서, 첫 번째 질문을 던졌다. "네, 그럼 첫 번째 질문을 드리겠습니다. 여러분이 자동차를 구매할 시점을 가정했을 때에, 어떠한 요소들이 자동차에 대한 생각, 구매에 영향을 미치게 될까요?" 그러자 참여자들은 쥐죽은 듯 조용해지고, 서로 눈치를 보기 시작했다. 성연 씨는 자신의 질문이 지나치게 피상적이고 어려웠다는 것을 느끼고 약간 수정했다. "네, 갑작스런 질문에 당황하신 것 같네요." 약간 미소를 띠면서, "자, 그럼 이렇게 하죠. 여러분이 자동차를 구매하실 때 가장 중요하게 생각하는 요인을 한두 개 말씀해 주세요." 그러자 대화를 역동적으로 이끌던 33세의 남자가 "당연히 가격 대비 성능이죠."라고 답했다. 이어서 그는 다른 이들에게 가격 대비 성능이 왜 중요한지 설명하고, 디자인, 제조업자, 서비스 등 다른 요소들은 그렇게 중요하지 않다고 말했다.

성연 씨는 이 33세의 남자의 행동을 보면서 다른 참여자들이 이 남자 때문에 본인의 의견을 수정하거나 억지로 동의를 할 수도 있다고 생각하여 자신이 개입하기로 했다. 성연 씨는 가격 대비 성능도 중요하지만 다른 사람들은 다른 요소를 중요시할 수도 있다고 설명하면서, 그 옆에 앉아 있는 참여자들에게 차례로 말할 수 있는 기회를 주었다. 성연 씨는 말할 사람을 손가락으로 지명하는 대신 참여자들의 이름을 부름으로써 좀 더 친근하게 진행하였다. 참여자들이 의견을 표현할 때는 가급적 눈을 마주치거나 고개를 끄덕이면서, 자신이 진지한 자세로 경청하고 있음을 보여주었다. 질문에 대해 각자의 의견을 말하고 나면 성연 씨는 전체적인 맥락에서 모두의 의견을 다시 한 번 정리해서 말해줌으로써 서로 간에 비슷한 의견과 다소 차이가 있는 의견들이 공존하고 있음을 알려주었다.

초반의 어색함을 깨고 인터뷰는 자연스럽게 진행되었다. 성연 씨는 자동차를 타는 것은 어떠한 의미를 갖는지 물었다. 역시나 33세의 적극적인 남성 참여자가 자동차는 일상의 스트레스를 날리는 기회라고 답했다. 32세의 여성은 자동차는 사회의 지위와 상징이라고 하고, 35세의 소극적이던 남성은 자동차는 자신의 즐거움이라고 표현하였다. 성연 씨는 일상의 스트레스, 지위와 상징, 즐거움 등의 다소 피상적인 답변을 들으면서 이러한 표현들이 어떤 의미를 가지고 있는지 궁금해졌다. 그러나 성연 씨는 흐름상 이런 것들을 물어보기에는 맞지 않다고 판단하여 볼펜으로 이러한 단어에 표시를 해놓고 인터뷰 후반부에 이러한 의미들에 대해서 심층적으로 질문하기로 하였다. 성연 씨는 나중에 이러한 심층 질문을 통해서 참여자들도 표현하지 못하거나 인식하지 못한 숨겨진 니즈를 파악할 수 있을 거라는 생각을 하였다.

한 시간 정도 시간이 흐르니 참여자들이 조금씩 인터뷰에 지쳐갔다. 가장 적극적이던 33세의 남성마저 하품을 하면서 피곤해 하고, 여성들은 다리를 꼬았다 풀었다 하면서 집중력을 잃은 듯 보였다. 성연 씨는 이러한 분위기를 다시 바로 잡기 위해 가벼운 농담을 하는 한편, 나중에 주어지는 보상에 대하여 잠깐 언급하였다. "네, 여러분 이제 인터뷰를 시작한 지 한 시간이 약간 넘었습니다. 상당히 많은 이야기들이 오가고 있고, 저도 몰랐던 많은 것들을 알 수 있는 시간인 것 같습니다. 장시간 앉아 계셔서 몸이 좀 뻐근하고 집 생각이 나실 수도 있을 것 같아요." 사람들이 미소를 머금는 것이 보였다. "이제 약 50분 정도 후에는 인터뷰가 끝나니 조금만 더 좋은 얘기를 부탁드립니다. 아, 제가 공지를 안 한 부분이 있는데요, 인터뷰를 마치시면 정문의 데스크에서 인터뷰에 대한 참가비를 지급합니다. 각각 10만 원 정도를 받으시게 될 거예요." 인센티브에 대해 얘기하자 지쳐 있던 참여자들이 기지개를 펴고 성연 씨의 말에 집중하는 기색을 보였다. 성연 씨는 다행이라고 생각하면서 다음 질문으로 넘어갔다.

성연 씨는 고객 기업이 새로 내놓을 자동차 디자인이 담긴 브로슈어를 배부하고, 2분 정도 브로슈어를 읽을 기회를 주었다. 이 자동차의 디자인과 콘셉트가 어떤 느낌인지, 어떻게 생각하는지 말해달라고 하였다. 그러자 사람들이 성연 씨를 흘끗 보더니 의아한 표정을 지었다. 순간 성연 씨는 참여자들이 성연 씨를 자동차회사에서 나온 영업직원으로 느끼지는 않았나 생각하게 되었다. 인터뷰 초반에 성연 씨는 자신은 자동차회사와는 거리가 멀고, 전문지식이나 의견을 가지고 있지 않다고 했었다. 그러나 새로운 자동차 디자인과 콘셉트가 담긴 브로슈어를 배부하고 이 콘셉트에 대해서 어떻게 생각하는지 물어보니 참여자들은 지나치게 의도적인 질문으로 느껴 약간의 거리를 두는 느낌이었다. 성연 씨는 오해를 살 수 있는 자신의 표현을 수정하였다. "네, 약간 어려운 질문이었나요? 저도 오늘 이 브로슈어를 처음 접하는데요, 저는 자동차에 대해서 별로 지식이 없어서 잘 모르겠더라고요. 여러분은 분명 더 좋은 의견과 생각을 가지고 있다고 믿어요. 그럼 김수지 님부터 이 차의 콘셉트와 디자인이 어떤지 표현해 주시겠어요?" 이런 표현을 통해서 자신의 권위를 낮추고, 객관적이고 열린 자세에 있음을 보여주고자 하였다. 그러자 참여자들은 의심했던 자세를 버리고 다시 토론에 집중하게 되었다.

어느덧 인터뷰 시간은 두 시간이 다 되어가고 있었다. 성연 씨는 참여자들에게 인터뷰가 끝나감을 알리면서 질문을 하였다. "여러분의 말씀을 통해 강민호 님처럼 향후 1년 내 차를 구매할 분도 계시고, 김한균 님처럼 향후 5년 내 차를 바꾸지 않을 분들도 계시다는 걸 알았습니다. 언제 차를 구매하시든지 향후 차량 구매를 하실 때에 어떤 차를 고려하시는지와 그 이유를, 혹시 차종을 고려하시지 않으셨다면 어떤 콘셉트의 차를 고려하시는지와 이유를 말씀해 주시기 바랍니다." 성연 씨는 항상 적극적이던 참여자가 아닌 다른 참여자들에게 먼저 발언권을 주었다. 가장 자동차에 대해서 흥미가 없고 지식도 부족한 이순협 씨가 잘못된 정보를 내놓았다. "저는 조만간 구매할 생각이구요, 현대의 쏘렌토를 구매하려고요. 조만간 아이가 태어나는데 이제 자식들만 세 명인데 차를 좀 큰 걸로 구매해야지 안 그러면 좁은 차에서 마누라나 자식들 고생할 것 같아서요." 성연 씨는 물론 쏘렌토가 현대차가 아니라 기아의 모델임을 알고 있지만 잘못된 점에 대해서 지적하지 않았다. 인터뷰 초반 자신이 참여자들에게 권위적으로 보이지 않기 위해 참여자들을 상대적으로 높이고, 자신은 자동차에 관해 지식이 부족하다고 한 것이 생각났기 때문이다. 자칫 여기서 잘못된 정보를 지적하였다면, 그들은 성연 씨가 선생이나 또는 권위를 가진 부담스러운 사람으로 느낄 것이기 때문이다. 33세의 남성이 쏘렌토는 현대가 아니라 기아차임을 지적하였다. 성연 씨는 자신의 판단이 옳았음을 다시 한 번 느꼈다.

마지막 질문을 끝으로 성연 씨는 추가로 발언할 기회를 참여자에게 주었지만 특별히 발언하고자 하는 사람이 없었기 때문에 참여자들에게 감사함을 전달하고 인터뷰를 마쳤다. 성연 씨는 이제 인터뷰를 통해 얻은 자료들과 발언들을 정리하여 고객 기업에게 보고할 계획이다.

녹취록 B

Moderator(진행자, 이하 M) : 먼저 주말인데도 오늘의 회의에 참석해 주신 여러분들께 대단히 감사드립니다. 제 소개를 먼저 드리겠습니다. 저는 ABC리서치의 직원으로 정성연이라고 합니다. 오늘 여러분을 모신 이유는 여러분과 함께 자동차, 차량 구매, 차량 사용, 자동차 용품 및 서비스와 관련해 무엇이 만족이고 무엇이 불만인지 얘기를 나눠보려고 합니다. 여러분이 몸소 체험한 경험을 직접 말씀해 주십시오. 발언에 정답은 없으며 있는 그대로 말씀해 주시면 됩니다. 저희 회의는 약 2시간 정도 진행될 예정입니다. 원만한 회의 진행을 위해 빈번한 외출은 자제해 주시고 핸드폰은 진동이나 전원을 꺼주시면 감사하겠습니다. 그럼 먼저 서로에 대해 알아보도록 하겠습니다. 각자 소개를 부탁드립니다. 여성분들께서 먼저 하시죠. 지 선생님 먼저요. 무슨 일에 종사하시는지, 집에 가족은 몇 분인지, 현재 차는 어떤 모델인지 말씀해 주시겠습니까?

1 : 저는 지정인이라고 합니다. 회계업무를 하고 있고 가족은 5명입니다.

M : 그렇게 많으세요?

1 : 부모님과 같이 살고 있습니다.

M : 부모님, 그리고 아이요?

1 : 네.

M : 아이는 몇 살입니까?

1 : 15개월 됐습니다.

M : 아직 많이 어리네요. 어떤 차를 타세요?

1 : 스파크를 탑니다.

M : 스파크 전에는 차가 있으셨습니까?

1 : 없었어요.

M : 이번이 첫 차시네요?

1 : 네.

M : 알겠습니다. 다음 분이요?

6 : 저는 강성민이라고 합니다. 패션업에 종사합니다.

M : 어떤 차를 타십니까?

6 : 아반떼를 탑니다.

M : 가족은 몇 명이나 되세요?

6 : 와이프와 아이, 어머니와 아버지가 계십니다.

M : 역시 다섯 식구시네요?

6 : 네.

M : 지금 차는 아반떼이고, 이 전에 차는 어떤 차였습니까?

6 : 있었습니다. 작은 봉고차요. 화물용이었죠.

M : 그러니까 업무용이었네요?

6 : 네.

⋮

M : 알겠습니다. 여러분 모두 이제 서로 아셨을 겁니다. 테이블의 다과는 자유롭게 드시면 됩니다. 그럼 지금부터 오늘의 주제에 대해 나눠보도록 하겠습니다. 먼저 자동차에 대해 얘기를 나눌 텐데요. 여러분에게 묻겠습니다. 자동차를 보유하는 것은 무엇을 대표합니까, 어떤 의미가 있습니까?

1 : 탈것입니다.

M : 또 있습니까?

1 : 밖으로 여행이요.

M : 좋습니다. 완 선생님?

2 : 지 선생님과 같습니다. 탈것이죠.

6 : 비슷합니다.

M : 정 선생님은요?

3 : 일, 생활, 편익, 더 편리함. 탈 것, 일을 하러 나갈 때 차가 있는 것이 없는 것보다 훨씬 더 편리하죠. 혼자 나갈 때도 훨씬 편하고요, 그러니까, 편한 거죠.

M : 좋습니다. 장 선생님은요?

4 : 아이가 편해서요. 아이 때문에 차를 샀습니다.

3 : 현재 많은 사람들이 아이 때문에 차를 사고 있습니다.

4 : 저는 차를 교통수단으로 생각해 본 적이 없어요. 저는 집에 살고 있고, 출근 역시 집안에서 해요.

M : 공무원이신데 살고 계신 곳이 직장인가요?

4 : 직장의 아파트입니다. 앞은 직장이고 뒤가 아파트예요. 그래서 저희는 차를 순수하게 아이를 위해서 샀습니다. 와이프가 임신을 했을 때부터 지금까지, 아이를 할머니 댁에서 외갓집으로, 외갓집에서 할머니 댁으로 이동시켰어요. 이것 말고는 저 스스로에게 편리함은 없었던 것 같습니다. 이 일이 아니면 저는 회사차를 사용합니다.

M : 알겠습니다. 공 선생님?

5 : 저는 차를 갖게 된 후 시야가 훨씬 넓어진 것 같아요. 차가 없을 때는 어디를 가려면 너무 불편했어요. 차가 있으니까 가고 싶으면 바로 갈 수 있죠. 언제든지 갈 수 있고, 언제든지 돌아올 수 있어요. 편리해요.

M : 편리하고, 시야가 넓어집니다. 좋습니다. 강 선생님?

6 : 주로 탈것이거나 여행을 하거나 합니다. 가장 중요한 것은 업무 발전에 필요하다는 거예요.

5 : 앞으로는 필수 도구입니다.

M : 자동차가 필수 도구라는 말씀이시죠?

5 : 네.

M : 저희는 자동차가 있습니다. 여러분의 차는 각자의 용도에 사용하고 계신데요, 여러분 차의 주요 용도는 무엇입니까? 주로 어디에 사용하시죠?

1 : 저는 주로 출퇴근용이고, 주말에 놀러 가거나, 쇼핑, 여행을 할 때도 쓰죠.

M : 주말에 여행을 많이 가세요?

1 : 주말에 청계산에 가요. 너무 멀지 않은 곳이죠. 과천 주변이요.

M : 과천 쪽의 청계산 말씀이시죠?

1 : 네.

M : 한 달에 대충 몇 번이나 놀러 가세요?

1 : 정해진 것은 없습니다. 시간이 있으면 가죠.

⋮

M : 다음은 차를 구매하실 때 여러 가지를 고려하시고 나서 지금의 차를 선택하셨을 텐데요, 당시 차를 구매하실 때 어떤 요인들을 고려하셨는지 말씀해 주시겠습니까?

5 : 먼저 배기량, 가정용, 경제적인 것들을 우선 고려했습니다.

6 : 저도 배기량을 고려했어요.

4 : 예산이요.

M : 자동차의 가격 말이죠?

4 : 네. 저는 얼마짜리 차를 살지 정했었어요.

M : 다른 이유도 있으십니까?

2 : 디자인, 가격 대비 성능이요.

M : 또 있으십니까?

6 : 주변 친구들의 영향이죠.

M : 친구들의 입소문이요?

6 : 네. 그리고 인터넷에서 순위를 찾아봤어요.

M : 인터넷의 순위도 찾아봐요?

6 : 네. 인터넷의 순위, 평가, 이 차가 어떤지요.

3 : 운전할 때의 즐거움이요.

M : 또 있습니까?

2 : AS요.

M : AS는 어떤 편리함을 말씀하십니까?

2 : 자동차를 사면 문제가 발생하지 않을 수 없어요. 정비도 해야 되고, 수리도 해야 되고, 수리비용도 상대적으로 저렴해야 하죠.

M : 주로 부품의 가격을 말하는 겁니까?

2 : 저는 종합적으로 고려하는 거예요.

M : 또 있습니까?

2 : 편리성이요, AS가 편리한지요.

M : 또 있습니까?

3 : 사양이요.

M : 또 있습니까?

3 : 그 정도예요.

4 : 비슷해요.

M : 좋습니다. 지금까지 열 가지 정도가 나왔는데요. 주로 고려하는 3가지 요소는 어떤 것들입니까?

모두 : 가격 대비 성능이요.

5 : AS요.

4 : 지금 기본적으로 AS는 모두 통과예요.

6 : 당연히 가격 대비 성능이 첫 번째고, 가격이 두 번째예요.

4 : 주로 가격이요. 사는 물건이 가치가 있는지요.

2 : 배기량, 배기량도 확실히 고려해야 되요.

3 : 디자인이요. 그리고 자신의 기호문제요. 디자인이죠.

M : 이렇게 말할 수 있을까요? 여기 계신 분들은 가격, 디자인, 가격 대비 성능입니까?

2 : 비슷한 것 같아요. 가격 대비 성능에 가격과 사양, 배기량, 연비 등 종합적 요소를 포함하는 겁니다.

M : 가격 대비 성능은 하나의 비교적 종합적인 요인이라면 먼저 가격 대비 성능을 제외하고, 다른 독립적 요인이 있을까요?

2 : 가격, 연비, 배기량, 사양이요.

M : 가격 대비 성능을 제외하면, 어떤 하나를 추가해야 할까요?

모두 : 앞에 3개요.

M : 알겠습니다. 이유를 말씀해 주세요. 왜 3개가 가장 먼저죠?

5 : 차를 사면 이것들을 먼저 고려해야 합니다.

6 : 모든 사람들이 벤츠, BMW를 좋아하지만 살 수가 없어요. 능력이 있어야 하고, 큰 일을 해야 하죠.

5 : 가격이요.

M : 얼마가 있느냐에 따라 얼마짜리 물건을 사느냐, 가격을 고려해야 한다는 거죠?

5 : 가격이 같다면 디자인과 배기량을 선택해야 해요.

M : 같은 상황이라면 자신의 기호를 봐야죠. 디자인이 어떤지, 배기량이 어떤지, 연비도 고려하나요?

5 : 네.

2 : 하지만 분명히 가격대를 고려해야 합니다. 가격대에서 디자인, 사양, 연비, 개인의 기호, 브랜드 인지도 등을 고려해야 합니다.

⋮

M : 시승이 구매를 결정하는 중요한 요인인가요?

3 : 결정을 내리는 중요한 원인이 되죠. 저는 시승을 안 하면 절대 안 사요.

2 : 직접 체험하지 않고 다른 사람의 말만 듣고는 안심할 수가 없어요.

4 : 어떤 인터넷 사이트에는 어떤 사람이 코너링을 할 때 어떤 게 좋다고 해서 저도 일부러 테스트를 해봤는데 결과적으로는 해보니까 맞더군요. 그래서 더 좋은 인상이 남았어요. 이런 경우 인상은 금방 더 높아져요. 만약 실제로 해봤는데 그렇지 않다면 허위과장일 경우가 있죠.

M : 알겠습니다. 오늘의 회의는 여기까지 하겠습니다. 대단히 감사합니다.

적용사례 2 B통신사 사례

본 사례는 '이동통신 및 컨버전스 서비스에 대한 소비자의 경험과 의미'를 현상학적 접근법을 기반으로 접근한 연구의 일부이다. 연구가 진행된 2006년은 휴대폰 단말기 및 서비스에서 부분적인 컨버전스(휴대폰 단말기에 음악, 게임, 카메라 기능 등이 내장)가 활발하던 시기로 완전한 컨버전스인 스마트폰이 등장하기 전 단계였다. 이 연구의 목적은 ① 소비자의 이동통신 서비스 이용 경험에 대한 분석을 통해 이동통신이 소비자에게 제공하는 의미나 가치를 파악하고, ② 소비자의 컨버전스 서비스 이용 경험에 대한 분석을 통해 컨버전스 서비스가 소비자에게 제공하는 의미나 가치를 파악하며, ③ 컨버전스 서비스와 소비자의 상호작용의 역동(dynamic)을 이해함으로써 소비자 라이프스타일과 니즈의 변화에 부합하는 컨버전스 서비스에 대한 시사점을 제공하는 것이었다. 이를 위해 "소비자의 경험과 사고의 구조적 측면을 분석하여 현상의 본질적인 의미를 파악하는 기법"인 현상학적 접근법(phenomenological approach)을 택하였고, 현상학에 기반한 FGI, 심층인터뷰, 콜라주 기법 등을 사용하였다.

1 연구방법

1.1 현상학적 접근법

Edmund Husserl(1859~1938)의 철학적 관점에서 비롯된 현상학적 연구는 Alfred Schutz(1899~1959) 등에 의해 사회학 분야에 도입되어 사회학적 현상학으로 발전하였다. 현상학적 연구는 참여자[1]의 관점에서 세상을 바라볼 수 있도록 해줄 뿐만 아니라, 그들이 오랜 시간에 걸쳐서 형성해 온 '의미를 만들어가는 방식(sense-making framework)'을 이해할 수 있도록 해준다. 여기서 '의미를

1) '참여자(participant)'라는 표현은 정성적 연구의 대상이 되는 사람을 의미

만들어가는 방식'에 따라 사건이나 경험에 대한 반응 양식은 달라지게 된다. 또한 현상학적 연구는 각 개인의 현실은 서로 다르며, 그들 각자의 세상과 그들의 생각, 관점을 이해함으로써만 그들의 행동도 이해할 수 있다고 본다.

현상학적 연구의 절차를 살펴보면 먼저, 개인들의 경험의 의미를 탐색하기 위한 질문을 만들고, 특정 경험이나 개념에 대한 인터뷰를 실시하고, 인터뷰를 통해 얻은 내용을 분석한다. 분석을 위해 녹취록을 정독하고, 인터뷰 대상자가 언급한 내용 중 경험과 관련된 중요한 진술들(significant statement)을 중심으로 구분한 다음, 구분된 각 진술들을 심리학적 또는 현상학적 개념들로 표현된 의미(meaning)의 단위들로 변형시킨다. 도출된 의미들을 군집화(clustering)함으로써 테마(theme)를 구성하고, 마지막으로 종합적인 기술문(exhaustive description)을 작성한다.

1.2 연구의 절차

FGI를 통해 인터뷰 지침서(protocol)을 확보한 후, 현상학에 기반한 심층인터뷰 및 콜라주 기법을 실시한다.

① FGI(Focused Group Interview) : 직장인 및 대학생 17명을 대상으로 4개 그룹으로 나누어 이동통신 서비스 및 컨버전스 서비스 이용 경험에 대한 구조화되지 않은(unstructured) FGI를 시행하였다. 4개의 집단 구성은 남자 대학생 4명, 여자 대학생 5명, 여자 직장인 4명, 조기수용자(early adopter) 4명(남자 3명, 여자 1명)이었다. 조사대상이 구현 초기 단계 혹은 구현 준비 중인 컨버전스 서비스라는 점을 고려하여, 이러한 서비스에 익숙하거나 관심이 많은 조기수용자 집단에 대한 의도적인 표본선정(purposive sampling)을 하였다. FGI를 통해 이동통신 서비스 및 컨버전스 서비스 경험에 대한 개괄적인 이해를 할 수 있었으며, 심층인터뷰를 위한 인터뷰 지침서도 확보할 수 있었다. FGI는 각 집단별로 약 90분간 진행하였고, 참여자들의 사전 동의하에 내용을 녹음하고 녹취록을 작성하였다.

② 심층인터뷰 : 직장인, 대학생 및 중고생 10명을 대상으로 FGI에서 얻은 인터뷰 지침서를 활용하여 1대1 심층인터뷰를 시행하였다. 인터뷰 참여자의 집

중력이 저하되지 않는 선에서 충분한 의사소통이 이루어지도록, 40분~1시간 가량 인터뷰를 진행하였고, 인터뷰 지침서를 참고하되, 참여자의 자연스런 진술을 유도하기 위해 노력하였다. 인터뷰 내용은 사전 동의하에 녹음한 후 녹취록을 작성하였다.

③ **콜라주 기법(Collage) :** 디지털 컨버전스에 관한 소비자의 내재된 감정을 알아보기 위하여 4명의 대학원 석사과정 학생 남/녀 각각 두 명을 선정하여 콜라주 기법을 실시하였다. 먼저, 콜라주 인터뷰를 실시하기 3일 전에 참여자들에게 텍스트보다는 비주얼 위주의 잡지 2권씩을 나누어 주고, 잡지의 그림을 보면서 디지털 컨버전스와 관련 있다고 생각하는, 혹은 연상작용이 강하게 느껴지는 그림을 10장 내외로 선택하여 오도록 요구했다. 3일 후, 참여자 한 명씩 한 장소에 차례로 들어와서 인터뷰 참여자와 함께 자신이 선택하여 가지고 온 그림의 의미와 그 이유에 대해 이야기를 나누었다.

1.3 자료 분석 방법

심층인터뷰의 자료와 콜라주 자료를 사용하여 분석하였다. 심층인터뷰 자료들은 진술된 내용의 정확한 의미 파악과 핵심구조 파악을 위해 완벽한 녹취록을 작성하였다. 연구자의 주관을 최대한 배제하기 위해 공동 연구자들이 각자 녹취록을 숙독하여 분석한 후, 개별 분석 결과를 취합하고, 상이한 의견에 대해서는 토론을 통해 의견을 수렴하였다.

녹취록에 대한 개별 분석 과정은 첫째, 이동통신 및 컨버전스 서비스에 대한 경험과 관련되는 중요한 진술(significant statement)을 뽑아내고, 비슷하거나 동일한 의미를 포함한 문장은 제거하였다. 둘째, 각각의 중요한 문장에서 의미(meaning)를 추출하였다. 이러한 의미들은 인터뷰 참여자의 기술내용에서 벗어나지 않도록 했으며, 이를 통해 다양한 맥락 속에 내재된 의미들을 도출하였다. 셋째, 도출된 의미를 군집화(clustering)함으로써 테마(theme)를 구성하였다. 여기서, 군집화된 테마(theme of clusters)들을 녹취록과 비교함으로써 타당성 여부를 검증하였다. 녹취록이 테마를 제대로 설명하고 있는지를 확인하고, 그 관계가 미약한 경우에는 재검토하는 과정을 거쳤다. 넷째, 이러한 과정을 통해 얻은 결과를 바탕으로 현상에 대한 종합적인 기술(exhaustive description)을 했다.

2 연구결과

2.1 FGI 결과 분석

(1) 여학생 집단

참석자	성별	나이	직업
A	여자	24	경영학 전공 대학원생
B	여자	23	사회복지학 전공 대학생
C	여자	22	경영학 전공 대학생
D	여자	22	경제학 전공 대학생
E	여자	22	경영학 전공 대학생

- June : 친근한 이름으로 인해 기대했던 편한 사용절차와 실제로 서비스 이용을 위한 번거로운 절차의 gap이 너무 커서 흥미를 잃음. June과 Nate의 차이점에 대한 혼동
- Nate Drive : ㉠ 안전상의 문제 – 작은 휴대폰 액정크기, 운전 중 화면을 보게 되어 사고 유발가능성
  ㉡ 비용상의 문제 – [내비게이션 초기투자비용 + 업그레이드 비용 < 네이트 사용료] ⇒ 네이트 드라이브 업그레이드 편의성과 큰 내비게이션 화면의 안전함을 연계하는 idea!
- 기술과 욕구의 push/pull dilemma : 소비자 욕구에 부합하는 서비스가 나오기보다는, 기술의 발전에 소비자가 따라간다고 인식
- 디지털 컨버전스 서비스에 익숙한 세대의 자금력 증대 → 서비스 수요 증가 : 이들 타깃의 욕구에 부합하는 콘텐츠 개발이 필수적(ex. 외국 드라마 등)
- 나에게 있어 이동통신의 의미 : 이통사 서비스 유용성(ex. TTL할인), 자아표현(ex. 컬러링, 카메라, MMS), 실생활과의 밀접함(ex. 교통카드, 일정관리, 연

락처, 약속, 사회와의 연결)

- **디지털 컨버전스 개념** : ㉠ 무관심, 개념이 애매모호 → 개념이 와닿는 광고 원함 ㉡ 기술과 서비스의 융합(ex. 휴대폰+카메라, 지상파+케이블) ㉢메인 기기 하나만 가지고 여러 기능 가능 → 상용화된다면 디지털에 무감각한 사람들의 수용도가 오히려 높을 것임 ㉣ 두 가지 기능을 합친 것(ex. 토스터+커피포트)
- **원하는 본연의 기능을 제대로 사용하지 못할 바에는 휴대의 편리성을 포기하겠다.** (ex. 휴대폰 용량제한 때문에 MP3, 카메라, 게임 사용시 휴대폰 속도 저하 → 용량 증대가 우선)
- **기대하는 컨버전스 서비스** : ㉠ home networking(ex. 외출 후 휴대폰으로 문 잠김 알림, 가스밸브 점검, 부재중 외부인 방문시 메시지 전송 → 특히 택배 서비스 보안 문제에 대한 해결방안 제시가 반가운 서비스가 될 듯) ㉡ 적외선통신 서비스에 대한 기술보완(ex. 동영상, 사진 전송시 오류, 명함도 칩으로 만들어서 휴대폰에 내장시켜 전송) ㉢ 휴대폰 신용거래의 보안문제 해결(신용카드는 P/W 입력방식, 체크카드 개념이라면 다소 안심될 듯) ㉣ 서비스 이용 절차의 편리성 ㉤ 휴대폰 태양열 충전(액세서리라도) ㉥ 원하는 정보를 휴대폰 문자로 보내주는 서비스(ex. 비올 확률 몇% 이상이면 문자 알림) ㉦ 휴대폰에서 가능한 여러 기능(ex. 공학용 계산기, 칼로리 계산, MS Office 혹은 pdf 파일 열어보기 또는 편집 기능, 바이오리듬, 생리주기, 맥박, 온도계, 마이크 연결하는 녹음기능) ◎ 모바일 활용도가 높은 관련 S/W 개발(ex. TV 프로그램 다운받아 보는 파일 형식)

(2) 남학생 집단

참석자	성별	나이	직업
A	남자	20	인문대 1학년
B	남자	19	인문대 1학년
C	남자	20	사회대 1학년
D	남자	21	음대 2학년

- 유료서비스 여부
- 휴대폰의 물리적 크기(너무 커서 넣기 힘들어서 DMB폰 안 사는 경우도 있다)
- 첫 휴대폰의 '불안함' : 경제적 고려(돈 많이 나오면 안 된다)/안 가져가면 불안함(전화번호 정보의 기억매체 부재/시계/공중전화/언제 연락이 올지 모름/휴대폰 중독에 대한 불안)
- 휴대폰의 의미 : 인간과 인간을 이어주는 연결의 고리, (타 통신수단에 비해) 스피드, 기억의 일부(메모장 기능의 적극적 활용)
- Nomad족 : (직접 언급되는 단어는 아니나, 엄마가 옆에 있건, 수업시간이건 친구를 바로 옆에 두고 대화할 수 있게 해줌)
- 이용 커뮤니케이션 수단 : 전화보다는 문자
- 한글 입력 수단의 문제 : User Interface의 구성에 관한 문제와 연관됨. 그러나 익숙해지면 그것도 문제가 되지는 않음. 화면이 작아서 눈이 아프다는 지적도 있음. 게임 등의 서비스를 이용하기엔 특히.
- 발신자 번호 표시 : 의외로 사람에게 상처를 줄 수도 있는 수단
- 이어폰 잭이 표준화되지 않아 불편하고, 그 때문에 오히려 핸드폰 MP3 기능 쓰지 않음.
- 아직 컨버전스 콘텐츠 서비스는 시험삼아, 장난삼아 접근하는 단계(게임, TV 등)
- 조잡스럽기만 한 서비스는 싫음.
- 컨버전스라는 개념어의 접촉 : 거의 없음. 언어영역시험에서 한 번 읽은 정도
- 컨버전스를 하려면 제대로 된 두 기능을 붙여야 한다.
- 무선인터넷 : 부가요금의 고려
- 컨버전스 자체에 대해서는 '없어도 지장을 받지는 않는다.'
- MMS 서비스 사용 경험은 주변의 얼리어답터 등장 수준
- 이메일 전송 서비스는 사용하지 않음.
- 게임 서비스의 인기(FGI 중에는 살짝 반영되었으나, 남자 대학생 그룹에선 큰 비중을 갖고 있는 것으로 보임)
- 컬러링 등의 서비스 : 그냥 하라니까 사용. 싫은 경우 명백히 그냥 벨소리만으로 사용
- 이모티콘 전송 등 서비스 : 조잡하고 불필요하다.
- 핸드폰을 사용한 대금결제 서비스 : 월 1,000원에서 5,000원 정도 구매 경험

- **전망이나 바람** : 동영상을 길게 촬영한다거나, 리모컨으로서의 기능 활용 등 제안, 폰카 화질 개선

(3) 직장여성 집단

참석자	성별	나이	직업
A	여자	27	IT회사 재직
B	여자	26	고등학교 영어교사
C	여자	23	통신장비 제조 외국계회사 재직
D	여자	27	기업 관련 스토리보드 작업 프리랜서

〈이동통신〉

- **접근성/연결성 vs. 우리를 감시/구속**
- **신기함 & 과시 & 우월감** : 처음 본 시티폰/핸드폰에 대한 신기함/부러움, 만져보고 싶은 느낌, 부의 상징, 우월감
- **불안함** : 분실/두고 옴.
- **필수품** : 내겐 콜라, 물

〈컨버전스 제품〉

- **관심 vs. 의심** : 디지털 기기들이 어떻게 서로 컨버전스되는가에 관심이 많다. 샴푸와 린스가 혼합된 제품이 많이 나오는데 기능이 의심스럽듯이, 핸드폰에서 사진을 찍고 그걸 프린트하고 하는 것들이 기능이 점점 좋아지는 건 좋지만, 성능에 대해 의심이 된다. 예를 들어 삼성 미니캣은 기능은 다양한데 정작 제대로 되는 건 하나도 없다.
- **불필요** : 큰 필요성 못 느낌.
- **복잡함** : 기능이 너무 많고 복잡해서 사용법을 잘 모르기 때문에, 최첨단 기술이라도 실생활에서 정작 어떻게 써야 할지 모르겠다.

〈컨버전스 서비스〉

- **복잡함** : 네이트온은 사용하기 복잡
- **비용** : 네이트온 비용 지나침.

- 불안 & 두려움 : 개인정보 노출, 보안
- 공유 & 과시 : 컬러링 사용 동기, 이미지에 맞는 곡 찾기
- 불필요 : 전화 통화라는 기본 서비스가 중요

(4) 조기수용자(early adopters) 집단

성명	성별	나이	직업
A	남	33	컴퓨터 프로그래머
B	남	28	모바일 소프트웨어 기획
C	여	30	C홈쇼핑 인터넷 마케팅팀
D	남	34	웹 프로그래머

〈이동통신〉

- 편리함 : 일상생활 중에 하고 싶은 일을 장소와 시간에 구애받지 않고 즉시 사용할 수 있어서 편리함.
- 불편 & 제약 : 일부 서비스는 해당 단말기에만 국한되어 사용가능하여 해당 기기 미소유자는 이용하기 어려움. 화면의 크기, 사용 인터페이스의 불편함 등으로 서비스 이용에 애로가 있음.
- 데이터 부족 : 유사한 가격으로 동일 기능을 구현하는 타 영역 제품에 비해 제공하는 정보량이 많지 않은 편
- 가격 부담 : 서비스 이용에 가격 부담 큰 편. 소비자가 만족할 만한 양질의 정보와 서비스를 제공해준다면 가격 부담 감수할 수 있음.

〈컨버전스 제품〉

- 융합 : 컨버전스란 하나의 기기에 여러 가지 기능을 담는다는 의미임.
- 편리함 : 각각 다른 기기를 통해서 해온 일을 하나의 기기에서 구현할 수 있어서 편리함.
- 생활화 : 디지털 컨버전스는 사람들이 의식할 수 없을 정도로 일상생활 속에 녹아 들어가야 함. 디지털 컨버전스는 실생활에서 필요한 서비스이어야 함.
- 커스터마이제이션 : 무조건 많은 기능을 넣는 것보다 소비자가 원하는 기능을 특화시켜 서비스를 구성하는 것도 필요함.

〈컨버전스 서비스〉

- **정보의 질** : 현재 대부분의 컨버전스 서비스는 소비자가 요금을 지불하고 사용할 만한 가치를 보유하지 못하고 있음.
- Fun : 컨버전스 서비스는 쓰기 편리해야 되지만 소비자에게 즐거움도 줄 수 있어야 함.
- Easy : 컨버전스 서비스는 소비자가 사용하기 쉬워야 함.
- UCC : 컨버전스 서비스는 사용자가 서비스의 생산자이자 소비자의 역할을 둘 다 할 수 있음. 이에 대한 소비자의 참여도가 높을수록 보다 활성화될 것임.
- **비용** : 소비자의 사용 특성을 고려하지 않은 무분별한 컨버전스 서비스는 비용 상승에 따른 소비자의 외면을 가져올 수 있음.
- **네트워크** : 컨버전스 서비스는 기능의 통합만이 아닌 기기간의 네트워크 연결을 통한 군집의 형성을 의미
- **新범죄** : 컨버전스 서비스는 개인정보를 쉽게 유출하여 범죄에 악용할 수 있는 환경도 제공해주기도 함.

(5) 키워드(keywords)

FGI를 통해 다음과 같은 키워드 및 심층인터뷰 프레임을 도출하였다.

긍정	부정
〈편리함〉 • 장소/시간 극복 • 다양한 용도(전화번호 저장, 사전, 스케줄, 카메라, 게임, TV, 음악, 교통카드…) • 할인	〈불편함〉 • 단말기 따라 기능 제한 • 화면/용량/기능 제한, 데이터 정보 부족 • UI, 호환성(이어폰 잭 등) • 학습비용, 과정 복잡
〈싸다〉 • 가치 있는 정보/기능	〈비싸다〉 • 불필요한 기능/비용 • 요금 과다
〈연결〉 • 전화/문자 • 기기간 연결 • Home N/W • 문화 공유(사진, 컬러링…)	〈두려움/불안〉 • 분실 • 보안 • 정보 유출 • 집에 두고 옴 • 타인보다 뒤쳐짐

긍정	부정
〈재미 등〉 • 즐거움 • 자아표현 • 과시/우월감	• 진화에 대한 압박 • 열등감

2.2 심층인터뷰 결과 분석

(1) 인터뷰 대상자 프로파일

참여자	성별	나이	직업
A	여자	24	대학원 석사과정 2학기 재학중
B	여자	24	대학교 4학년 휴학중
C	여자	14	중학교 1학년
D	남자	25	대학교 4학년 재학중
E	남자	24	대학교 4학년 휴학중
F	남자	19	고등학교 3학년
G	남자	33	웹프로그래머
H	남자	27	D화학 연구원
I	남자	17	고등학교 1년
J	여자	26	직장인 3년차

(2) 인터뷰 결과 분석

■ #A (24세 여성, 석사 1학년)

– 종합적인 기술 : A는 휴대폰 무선 인터넷의 UI에 대해 불편함을 느끼긴 하지만 인터넷과 비교할 수는 없는 것이라 생각한다. 그러나 UI의 불편함이 시간과 속도의 지연으로 연결되고 결국 요금과 관련한 불만을 초래한다. 새로운 모바일 컨버전스가 사회생활을 하는 데 있어 소속감을 주어 재미를 느끼고 있다. 교통카드 칩 인식에 대해서는 긍정적이나 신용카드 칩 인식에 대해서는 기술상 보안의 문제보다 분실의 위험을 더 크게 인식한다. 지하철에서 PMP로 시간을 보내는 것에 대해서는, 너무 그런데만 빠지면 여유도 없고 주변도 잘 돌아보지 않게 될 거 같다고

하여 지나치게 기계에 몰입하는 생활에 대해 반갑지 않은 시선을 가지고 있다. UCC의 짧은 동영상이 모바일 서비스로 융합되면 수요가 적지 않을 것이라 생각하고 본인도 무료라면 이용 의지를 가지고 있다. 컨버전스가 되면서 단순히 연락수단뿐 아니라 사람들이 즐거움까지 찾을 수 있는, 삶에 있어서 다른 사람들과 함께 생활하며 즐길 수 있는 기능까지 추가되었다고 생각한다. 하지만 합쳐졌을 때의 기능이 각각의 기능보다 떨어진다면 무의미하다고 생각하며, 컨버전스가 개인의 편의성을 위한 것인 만큼 소비자 각각의 욕구에 맞는 특화된 서비스를 제공받고자 하는 의지를 보인다.

■ #C (14세 여성, 중1)

– **종합적인 기술** : C는 휴대폰의 처음 용도는 연락 수단이었지만 현재는 MP3와 카메라 기능까지 있어서 편리하게 사용하고 있다고 말하며, 지루할 때에 친구들과 문자를 주고 받으면 재미를 느낀다. 이들 연령층(15세 전후)은 문자 서비스보다는 멀티메일 서비스, 특히 동영상을 친구들 간 공유하는 것을 하나의 오락으로 인식하고 있으며, 따라서 동영상 용량과 화질에 대한 욕구가 강하다. 또한 멀티메일 서비스의 UI가 복잡하여 이용상 불편함을 느낀다. PSP에서 EBS 강의를 다운받아 보는 것에 큰 매력을 느끼고 있는데, 핸드폰으로 보는 경우 작은 액정화면 때문에 화질상 문제가 있겠지만 이런 문제가 해결된다면 사용 의지를 보인다. 휴대폰 인터넷 사용에 관심은 있으나 사용방법을 몰라서 이용하지 않는데, 이용 절차에 대한 안내 콘텐츠가 있기를 기대한다. 휴대폰에 직불카드 칩을 내장시켜서 사용하는 것에 대해 긍정적인 태도를 가지고 있으며, 단지 과소비의 위험을 덜어주기 위해 한도를 정해놓는 등의 규제가 있기를 바란다. 화상전화에 대한 바람과 사용의지를 보인다. 핸드폰의 폴더형, 슬라이드형 다음으로 새로운 방식에 대한 기대를 가지고 있는데, 버튼을 누르면 핸드폰 모양이 바뀌는 식으로, 전화받을 때는 슬라이드형, MP3 들을 때는 크기가 좀 작고 간편해지는 등의 형태의 유연성에 대한 상상을 한다.

■ #D (25세 남성, 대학 4년)

– 종합적인 기술 : 대학교 4학년인 D는 디지털 제품의 구매에 관심이 많은 남성으로, 매일 아침 디지털 제품 관련 인터넷 사이트를 돌며 가격 검색을 할 만큼 관여도가 높다. 필요가 없거나, 필요한 제품은 중고로 재빨리 매매해버린다. 그에게 있어서 디지털 제품은 편리를 위한 제품인 동시에, 자기를 나타내는 제품이기도 하다. 그는 디지털 카메라로 찍은 자신이나 지인들의 사진을 자신이 갖고 있는 홈페이지에 올리고, 스스로를 보여주길 좋아한다. 그러나 너무 앞서가는 제품의 사용은 사용 시 민망함을 느끼게 한다고 한다. 그에게 이동통신 단말은 다른 이들과의 연결을 갖게 하며, 그 디자인과 기능 구성을 통해 자기를 나타낼 수 있는 존재인데, 당초에는 텔레파시와 같이 스스로의 일부를 구성하는 것인데, 몸 밖으로 나와 있는 것이라고 표현했다. 이동통신 컨버전스에 대해서는 그 사용 상황이 즉시적이고, 신속함, 휴대성(무게)을 요구할 경우, 개별 기능이 분리된 제품보다 우선적으로 사용하게 된다고 보았다. 그와 함께 모바일 인터넷의 UI가 불편하기 때문에 사용하지 않는다고 대답했다.

■ #F (19세 남성, 고3)

– 종합적인 기술 : 고등학교 3학년 학생으로, 수능을 마친 F는 고등학교 시절 이동통신을 잠시 끊었다가 외로움과 고립감, 그리고 손의 허전함을 느꼈다. 그와 동시에 부모님이 자신을 통제하는 수단이 되기도 한다고 보았다. 핸드폰을 통한 연결의 기능 이외에 모바일 게임이나 인터넷도 한 달 5,000원에서 10,000원 정도를 지출하였다. 한 달에 3,000통의 문자메시지를 보내기도 한 그는, 이동통신을 스스로의 몸에 붙어 있는 팬티라고 표현했다. 그는 PMP, MP3 플레이어 등도 갖고 있는데, PMP는 무게 때문에 독서실에서 사용하며, MP3 플레이어는 장시간 이동시, 휴대폰을 이용한 게임과 MP3 기능은 단거리 이동시 사용한다고 말했다. 컨버전스가 된 제품에 대해서는 발달이 덜 된 서비스가 장착된 폰을 사는 것보다 디자인이 좋은 핸드폰을 선택하겠다고 했으며, 좋은 핸드폰을 쓰는 것은 외제차를 타는 것과 같다고 했다. 또한 미성년자들로

서, 모네타 등의 서비스를 사용할 수 없어 아쉬워했다. 핸드폰 게임의 경우 단순해서 속도가 늦지 않아야 한다고 했는데, 오히려 핸드폰에 너무 무리한 사양의 게임을 서비스 할 경우 재미가 없어진다고 하였다. 사생활 노출에 대한 불안감은 가지고 있는데, 실질적으로 비밀번호 설정 등은 제품의 사용에 불편함을 더하기 때문에 사용하지 않았으며, 싸이월드와 같은 미니홈피 역시 관리의 부담 때문에 운영하지 않았다.

■ #G (33세 남성, 웹프로그래머)

– 종합적인 기술 : 업무과정이나 개인적인 필요에 의해서 친구찾기, 교통정보 등의 다양한 이동통신 서비스를 이용해보았으며, 이동통신 서비스 경험에 대하여 긍정적으로 기억하고 있다. 하지만 서비스 이용을 위한 무선 인터넷 접속료에 대하여 부담을 느끼고 있으며, 특히 무선 인터넷 접속부터 원하는 서비스를 검색, 이용하기까지 거쳐야 하는 과정이 너무 길고 많이 불편해하면서 메뉴 인터페이스를 단순하게 하는 것이 필요하다고 생각한다. 그리고 미래의 컨버전스는 이러한 단순화된 인터페이스와 사용자의 니즈(needs)나 사용 패턴을 미리 반영한 커스터마이징된 기능으로 무장된 단일의 디지털 디바이스를 통해 이루어질 것으로 예상하고 있다. 컨버전스 서비스는 政－反－合의 개념으로 서로 이질적인 서비스의 융합을 통해 새로운 형태의 서비스가 단일의 디바이스를 통해 이루어질 것이며 구현할 수 없는 기능은 연결된 다른 디바이스의 기능의 차용을 통해 제공될 것이라 예상하면서 지도 정보와 연계된 서비스를 예로 들었다.

– 진술, 의미, 테마

	진술(statement)	의미(meaning)	테마(theme)
이동통신 컨버전스	–고등학교 기숙사 생활을 하면서 처음 접했는데, 집에 연락하고 싶을 때 언제든 할 수 있어서 사용하기 시작했다. –맨 처음에는 다른 사람들과 언제든지 원하고 싶을 때 연락할 수 있다는 용도였다.	–떨어져 지내는 집과의 연락수단으로 처음 사용 시작했다. –사람들과 원하는 때에 언제든 가능한 연락수단이다.	Connection Device

	진술(statement)	의미(meaning)	테마(theme)
이동통신 컨버전스	-네이트온에서 문자 100개 무료 사용하는 것이 편리하다.	-온라인 문자서비스 무료제공이 좋다. -키보드로 쓰는 게 더 빨라 편리하다.	Online Service
	-이제 살아가면서 핸드폰 자체는 정말 없으면 안 될 거 같다. -사람들과 연락하며 살아야 하기 때문에 항상 필요하다. -휴대폰에 새로 추가되는 기능이 사회활동을 하는 데 도움을 많이 주는 것 같다.	-휴대폰이 일상생활에 있어서 없으면 안 된다. -사람들과의 연락수단이다. -휴대폰의 새로운 기능이 소속감을 준다.	Social Life
	-여러 기능들이 다 합쳐지는 거 자체는 쓰기 편하긴 한데 안 쓰는 기능이 합쳐져 있는 것은 안 좋다. 사람마다 원하는 기능이 다르니까.	-불필요한 기능이 있는 것은 원하지 않는다. -개인이 원하고 필요로 하는 기능만 합쳐져 있기를 바란다.	Individualization & Customization
	-컨버전스가 되면서 연락수단뿐 아니라 삶에 있어서 사람들과 함께 생활하면서 즐길 수 있는 기능까지 추가된 거 같다.	-컨버전스 기능으로 타인과 즐길 수 있게 되었다.	For Fun
	-다 합쳐졌을 때 기능이 각각 따로 떨어져 있을 때보다 기능이 떨어진다면 결국에는 기능이 더 좋은 걸 찾아서 다른 걸 또 구입하게 될 거 같다. -처음에는 신기해서 써볼 수는 있겠지만 기능이 떨어진다는 걸 안다면 금방 질릴 것이다.	-합쳐졌을 때의 기능이 각각의 기능보다 떨어진다면 무의미하다. -처음에는 호기심에 시도할지 몰라도 그런 기능이 소용없다는 것을 알게 되면 금방 싫증나게 될 것이다.	Functional Superiority
	-지하철에서 PMP 보는 것은 시간 때우기에는 좋을 거 같다. -하지만 너무 그런데만 빠지면 여유도 없을 거 같고 주변도 잘 안 돌아보게 되고 그런 건 나쁜 거 같다.	-PMP가 지하철 시간 때우기에 재미를 준다. -하지만 너무 그런데만 빠지면 여유도 없고 주변도 잘 돌아보지 않게 된다. -너무 기계에 몰입하는 생활은 반갑지 않다.	Negative
	-외부에 나와 있으면서 집안에 뭔가 잘못되어 있으면 밖에서도 확인할 수 있어서 편리하게 사용할 수 있을 거 같다.	-홈네트워크는 편리하다. -홈네트워크 시스템이 잘 구축된다면 사용할 것이다.	Convenience

	진술(statement)	의미(meaning)	테마(theme)
이동통신 컨버전스	–인터넷이랑 비교할 수는 없지만, 쓰면서 폴더를 너무 많이 들어가야 한다. –찾는 데도 시간이 오래 걸리고, 오래 걸릴수록 돈은 많이 부과된다.	–UI에 대해 불편함을 느끼긴 하지만 인터넷과 비교할 수는 없는 것이다. –UI의 불편함이 시간과 속도 지연으로 연결되고 결국 요금과 관련한 불만이 된다.	UI Convenience
	–운전하는 사람들은 휴대폰에 GPS 있으면 편리할 것이다. –교통카드 따로 사서 달고 다니는 것보다 휴대폰 안에 들어 있으면 더 편하겠다.	–GPS의 휴대폰 융합은 편리하다. –교통카드 칩 내장은 편리하다.	Convenience
	–초기에 벨소리를 다운받거나 화면그림 다운받는 데 그렇게 많이 비용이 안 들었던 거 같은데, 어느 순간부터 시간이 지날수록 비용이 너무 많이 들기 시작한 거 같다.	–요금체제에 대한 정확한 정보가 없다. –요금이 부담이 된다.	Price Information
	–핸드폰에 카드 기능까지 있으면 분실 위험이 더 클 것이다. –결제상 보안은 신용카드 결제하는 것과 마찬가지일 것이다.	–신용카드 칩 내장 시 분실의 위험이 더 크다. –결제상 보안은 신용카드 사용과 다르지 않다.	Security
	–MP3는 너무 쪼금 들어가면 안 쓸 거 같다. –여자들 같은 경우는 다이어트 관련된 칼로리 측정이라든지 그런 거 들어가면 좋을 거 같다. –나이 드신 분들한테는 당뇨 측정할 수 있으면 좋을 거 같다. –음성기술 같은, 말로 하면 걸리는 기능은 앞으로 잘되면 편리할 거 같다.	–MP3의 충분한 용량을 원한다. –칼로리 계산 기능이 여자들에게 좋은 반응을 얻을 것이다. –당뇨 측정 기능이 있다면 고연령층에게 좋을 것이다. –음성인식하는, 말로 걸리는 통화기술이 잘 된다면 편리할 것이고 사용 의향이 있다.	Expectation

2.3 콜라주 결과 분석

■ #D (여성)

"디지털 컨버전스가 사람들에게 어떤 의미가 있는지를 중심으로 생각했다."

→ **화려한 도시** : 디지털 컨버전스라는 말을 들었을 때 그 말의 느낌은 화려함이다.

→ LOUIS VUITTON **시계** : LOUIS VUITTON 같은 옛날 브랜드에서도 디

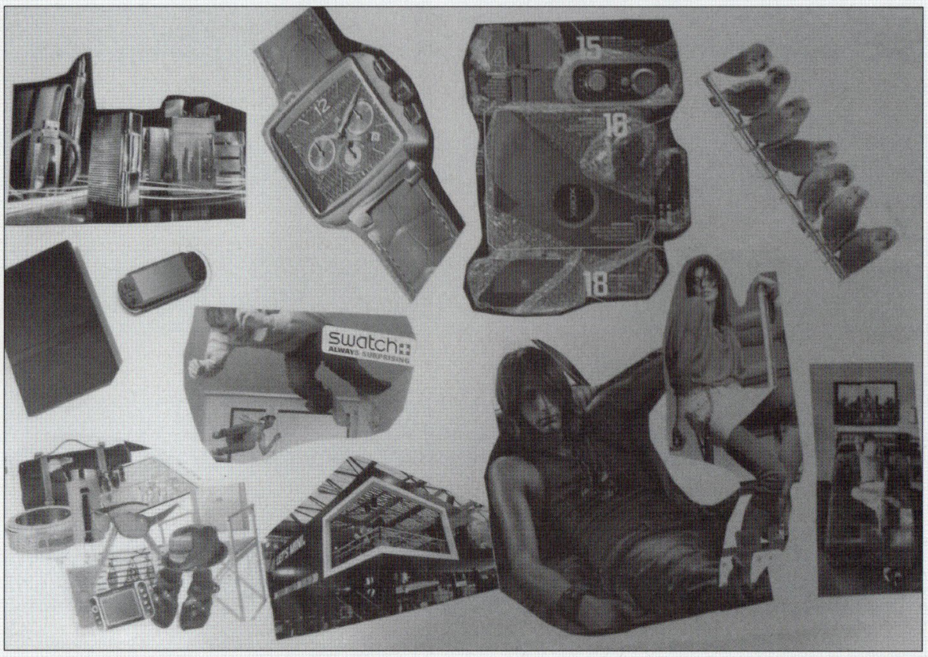

지털 개념으로, 시계 하나도 매우 복잡해지는 걸 보면 막상 이게 별로 멋있지 않다는 생각이 들면서 너무 기능을 많이 추가하고 있다는 생각이 든다. 첨단기술을 추구하는 기업뿐 아니라 우리가 생각하는 고전적인 기업들도 시대의 흐름을 좇으려 한다는 느낌이 든다.

→ **기기들의 뜯다 만듯한 포장지** : 이러한 기기들이 소비의 욕구를 일으키는 제품이기는 하나, 막상 구매한 후에는 포장도 뜯지 않은 채 방치되어 있을 수 있는 기기들이 많은 거 같다. 사용이 익숙하지 않을 수도 있고, 반드시 필요하지는 않은데 사고 싶게끔 겉모습이 포장되어 있는 경우가 많은 거 같다.

→ **앵무새** : 이 기능 저 기능 되니까 여러 가지 색깔들을 가지고 있다는 것을 어필한다.

→ **멋있어 보이는 모델** : 이런 모델들에게 아이팟 이어폰 하나쯤은 꽂아 두어야지 없으면 뭔가 빠진 거 같고 아쉬운 느낌이다. 이런 cool한 모델한테 그런 기기 하나쯤은 같이 갖추고 있어야 할 거 같다.

→ Sony PS2 : 휴대성이 중요한 거 같다. 거의 똑같은 기능인데 집에서 사용

하는 걸 사람들이 밖에서 사용하기를 원해서 이런 PS2가 나왔다. 컨버전스로 인해서 밖에서 영화도 보고 인터넷도 하는 것이 가능해져서 사람들이 그 점에 끌리는 거 같다.

→ **피크닉 아이템에 포함된 PMP** : 놀러 갈 때 실제로 사람들이 PMP 얘기를 많이 한다. 해외여행 3~4일 이상 갈 때 약간 연령층이 높은 사람들은 PMP 가지고 가서 보면서 쉬고 싶다는 얘기를 많이 한다. 또 고급 패션 아이템처럼도 사용된다.

→ **사람들이 떠다니는 그림** : 휴대에 제약이 없다는 면에서 자유라는 개념과도 연결시킬 수 있을 거 같다. 기존에 정해진 자리에 있던 TV나 컴퓨터 같은 기기들을 자유롭게 가지고 다닐 수 있다.

→ **차가 뒤집어져 있는 그림** : 역발상을 하면 더 좋을 거 같다. 기계를 만들 때 소비자가 생각지 못했던 거, 하지만 도움되고 즐거움을 느낄 만한 것을 만들면 좋겠다.

→ **침대에 혼자 누워 있는 사람** : 디지털 컨버전스 제품들이 많이 나오면서 한편으로는 사람들이 외로워질 수 있다는 생각을 했다. 혼자서도 즐길 수 있는 게 많아지다 보니까, 이렇게 혼자 떼어놔도 기계와 친구처럼 지낼 수 있어서 어쩌면 사람이 외로워지는 게 아닌가라는 생각이 든다.

3 결 론

3.1 연구결과의 요약

이상에서 살펴본 현상학적 접근법을 통한 FGI, 심층인터뷰, 그리고 콜라주 결과를 요약하면 다음과 같다.

(1) 이동통신

- 연결수단 : 이동통신의 의미는 언제/어디서나 가능한 필수적인 연결수단. 편리함과 구속. 이동통신 단말기를 두고 오거나, 잃어버린 경우 불안. 커뮤니케이션이 되지 않아 고립감, 외로움 등을 느낀다.

- **인간관계** : 카메라 기능, 멀티메일 서비스 등 잠재적으로 은연중에 인간관계에서 소속감
- Fun : 게임, 음악, 문자, 멀티메일 등 재미를 주는 요소. 오락도구
- **아이덴티티** : 아이덴티티를 나타내는 수단. 휴대폰의 외형적 디자인이 그 중요한 역할을 담당. 신제품 사용은 유행에 뒤처지지 않음 또는 앞서감의 느낌을 갖게 한다.
- **보안 & 불안** : 개인정보/분실 등에 대한 불안. 보안을 위한 비밀번호 사용은 불편
- **신기함 → 일상** : 처음 접했을 때의 신기함과 다양한 기능 시도. 익숙해지면 생활의 일부. 주로 연락수단으로 사용

(2) 컨버전스

- **편리함** : 휴대 편리. 복합기능의 시너지(핸드폰으로 사진/동영상 찍어서 바로 전송)
- 복잡함, 번거로움. 불필요한 기능(특화된 제품/서비스 필요)
- Fun : 게임, 음악, 문자, 멀티메일 등 재미를 주는 요소. 오락도구
- **가격 상승** : 가격 상승을 부추겨 불만 야기
- **기능 한계** : 용량/기능/화면크기 등 한계. E는 비빔밥과 다이버전스와의 관계 언급. 다이버전스가 되어 있는 제품들에 비해 성능이나 UI편리성 등이 떨어진다고 지적
- **진화** : 나의 진화를 촉진. 기술 발전에 따른 유용성을 느끼려면 뭔가 나도 계속 진화해야 함(다른 사람들이 하는 걸 보면 호기심, 지금으로선 불필요하지만, 새로운 욕구 유발) 제공

(3) 이동통신 컨버전스 서비스

- **신속성, 휴대성을 요구하는 사용의 맥락과 상황이 중시**

  "용도가 그게 높은 퀄리티를 이용하는 게 용도가 아니니까. 지하철 왔다갔다 하며 시간 때우기로 용도를 하는데, 굳이 높은 퀄리티가 필요한 게 아니라구요. 빨리 이용하고 그냥 잠깐 재미있으면 되지."

  "(버스 타고 내리고 하는 5분 정도의 짧은 시간에도) 네, 근데 그 시간에도

뭔가 좀 하고 싶은 그런 게 있어요."

- 불편함 : UI, 복잡함, 절차상 번거로움. "잘 모르니까 검색하다가 답답해서 다시 안 쓰게 되는…"
- 불필요한 기능 & 요금 : 불필요한 서비스 추가로 인한 가격 상승에 대한 불만 "동생이 얼마 전에 핸드폰을 샀어요. 스카이를 샀는데, 좋더라구요. 작고, 내비게이션이 되는데, 중학생인데 내비게이션이 필요없거든요. 근데 왜 기능이 꼭 딸려서 나와야 하나, 스카이는."
- 속도 & 요금 : 휴대 인터넷의 느린 속도와 복잡한 단계 → 비용
- Fun : 게임, 음악, 동영상 등 재미. 사람들과 함께 즐기기
- 보안, 사생활
- 기능 한계 : 용량/기능/화면크기 등 한계. 비빔밥과 다이버전스와의 관계 언급. 다이버전스가 되어 있는 제품들에 비해 성능이나 UI편리성 등이 떨어진다고 지적. (MP3 기능처럼 장시간 사용 맥락이 담긴 컨버전스 제품의 경우, 배터리 부족의 문제를 야기하여, MP3 플레이어를 구매하기까지 되었다. "제가 MP3 기능을 많이 쓰기 때문에, 하루에 세 시간씩 썼으니까요. 이렇게 쓰다 보니까 배터리가 항상 두 칸씩이란 말이죠. 통화 10분 하니까 딱 끊겨버리고. 그래서 결국 MP3 부분을 떼어내서 새로 MP3 플레이어를 그냥 사버린 경우가 된 거예요.")
- UCC : 과시욕, 인정받고자 하는 욕구, 자기만족 (그러나 UCC 정보는 품질이 떨어지고, 노력 대비 원하는 결과를 얻지 못한다)
- 일상 : 생활의 일부가 되고 익숙해지면, 더 이상 컨버전스로 느끼지 못할 것이다. 또한 분실 등 사용할 수 없는 상황은 큰 타격이 될 것이다.
  "이 기계가 … 이 핸드폰에 모든 기능이 밀집돼가지고 이것 하나만 가지고 다닌다면 … 그런데 이거 하나가 고장났다고 한다면, 아니면 배터리가 떨어졌다고 한다면 이제 X되는거죠."
  "불편을 넘어서 생활이 불가능해질 수도 있어요."
- 과시/앞서나감/뒤처지지 않음 : peer pressure의 압력으로 인해 사용자층은 확대될 것이다.
  "지금은 무선 인터넷이 비싸고 느리고 그래서 안 쓰기는 하지만 나중에 결국에는 다 쓰게 될 것 같애요."

3.2 연구결과의 활용

(1) 이동통신 컨버전스 서비스에 대한 마인드맵(Mind Map)

【그림】 이동통신 컨버전스 서비스에 대한 마인드맵

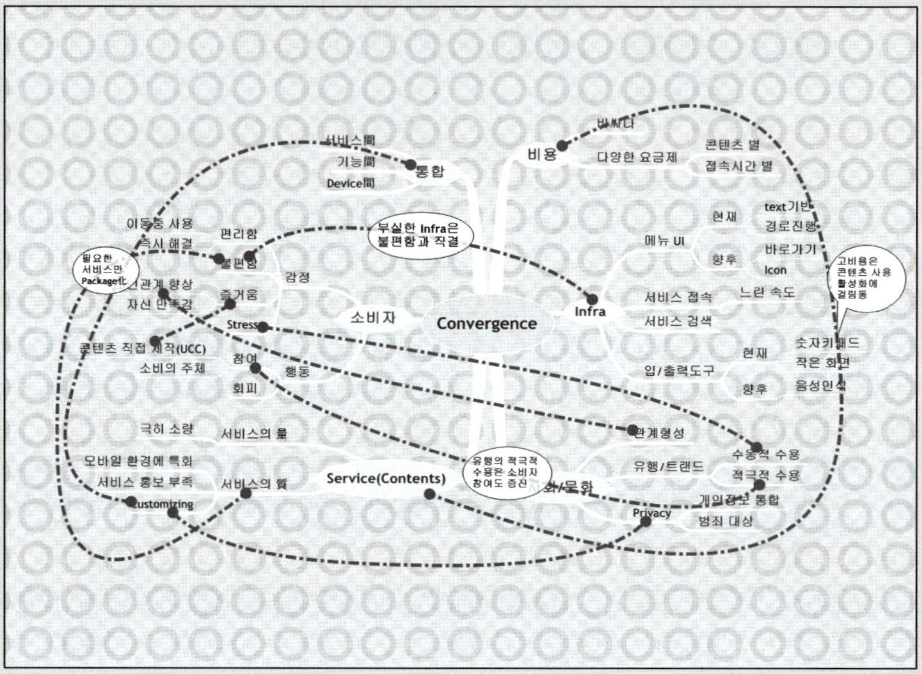

□ 비용

관계 항목 : Service(Contents)

A. 비용은 서비스 사용 활성화의 저해요소 : 소비자는 이동통신 무선 데이터 서비스에 대하여 '비싸다'라는 편견을 가지고 있으며 이는 서비스 이용 욕구나 접근 정도를 저해시킨다.

B. 다양한 요금제 개발 필요 : 콘텐츠 내용/접속시간 등을 고려하여 현재보다 다양한 수익원과 과금체계를 만들고, 이의 장점을 적극적으로 홍보해야 함. 이를 통해 고비용에 따른 소비자의 심리적 부담을 낮춰줌으로써 서비스 이용 욕구 활성화를 노린다.

□ Infra

관계 항목 : 불편함

A. 메뉴 UI

– 현재

a) text기반의 메뉴/서비스 명칭은 GUI기반 PC환경의 서비스에 길들여진 소비자에게 서비스 인식률이 떨어질 수밖에 없음.

b) 초기화면에서 최종 서비스까지 'A단계 → B단계 → C단계'와 같은 형식의 경로탐색 형식으로 구성되어 있어서 GUI기반의 PC환경의 서비스에 길들여진 소비자는 불편하고 답답함을 느낄 수밖에 없음.

– 향후

a) 해당 서비스와 직접 연결된 바로가기/단축키 도입을 통하여 서비스 이용 대기시간을 감소시켜 소비자의 심리적 불편함을 덜어야 할 것임.

b) 메뉴/서비스 명칭을 Icon化함으로써 소비자가 서비스 정보에 대하여 직관적으로 쉽게 받아들일 수 있게 할 것임.

B. 서비스 접속 : 무선 인터넷 서비스의 느린 속도는 초고속 인터넷 기반의 PC환경의 서비스에 익숙해진 소비자에게 불편함을 제공할 수 있음.

C. 서비스 검색 : 소비자는 어떤 서비스가 있는지조차 모르고 있음. 따라서 자신이 원하는 서비스를 쉽게 찾을 수 있는 서비스 검색 기능이 추가되어야 할 것임.

D. 입/출력도구

□ 사회/문화

□ Service (Contents)

□ 소비자

□ 통합

(2) Key Theme-Fun

이동통신 단말기를 통한 즐거움은 크게 두 가지로 나눌 수 있다. 하나는 게임, 음악, DMB처럼 혼자 즐기는 것이고, 다른 하나는 문자, MMS(사진, 동영상), UCC처럼 이동통신 서비스를 통해 함께 공유하는 것이다. 연령이 어릴수록 이동통신 단말기를 엔터테인먼트 도구로 인식하고 활용하고 있다. 특히 MMS를 이용한 사진/동영상의 공유가 문화로 자리매김하는 중이다.

"친구들이랑 문자를 보내고 그러면서 재미를 느껴요…"

"친구한테 저만 보기 아까운 걸 (MMS로) 친구한테 주니까 친구도 좋아하고 저도 기분도 좋고…"

"친구들을 만나면 가끔 오버하는 포즈도 찍으면서 그렇게 분위기를 재밌게 이끌어 가는 게 좋은 거 같애요. 확실히 핸드폰이 없었던 예전의 나날들과는 다르게 또 하나의 웃으면서 놀거리가 생긴 셈이죠. 친구들과 한 번씩 돌려보고 마음에 든다고 하면 멀티메일 같은 것 있잖아요. 그런 걸루 해서 보내주고 그러면 괜찮죠."

그러나 불편한 메뉴 UI, 전송속도, 화질이나 메모리 용량의 한계 등이 지적되고 있다. 뿐만 아니라, 'UCC가 UCC로 끝난다'는 문제가 있는데, UCC를 활성화시킬 수 있는 방안 및 공유 가능한 콘텐츠의 개발, 인터넷과의 연결성 증대 등이 요구된다.

"파일을 일일이 찾고 그래서 어쩔 때는 그 파일이 어디 있는지 몰라가지고 좀 헤맸던 적이 있는데, 그런거 쪼끔 불편해요."

"동영상은… 안 보내 봤는데 보내는 데 시간이 굉장히 오래 걸리지 않을까요?"

"동영상은 너무 시간이 짧고 화질이 별로 안 좋아가지고…"

"화질 나쁘고, 시간이 짧지만, 그냥 핸드폰에 있는 걸로 만족해요. 근데 동영상 기능을 짧은 사람들이 불편하면, 시간을 좀 늘려주는 그런게 있었으면 좋겠어요."

(3) Key Theme-Identity

(4) Key Theme-Privacy

(5) 콜라주 분석결과

- Attractiveness
- 즐거움
- 융합 : 신용카드의 다양한 혜택, 그림, 시계, Sony VAIO 기기, 남자의 겉옷 안주머니, 앵무새
  → 여러 기능을 한곳의 허브를 두어 모음으로써 편리를 추구한다는 것이 소비자가 가지고 있는 컨버전스의 기능적 측면에 있어서 기본적 전제가 되는 아이디어이다.
- Customization : 뇌 구조 그림, 어울리지 않는 옷차림의 남자 배우들 사진, 큰 가방, 사람 배에 삼겹살 그림, 기기들의 뜯다 만듯한 포장지
  → 공급자의 일방적인 고난이도 기술융합이 아닌, 소비자의 생활을 중심으로 소비자가 진정으로 원하고 필요로 하는 기술의 융합을 원한다. 의욕에 앞서 너무 많은 기능을 제시함으로써 오히려 사용이 불편해지고, 소비자 개인이 받아들일 수 있는 한계를 넘어서는 상황은 컨버전스의 유용성과 효용을 느끼기에 앞서 거부감을 먼저 느끼게 하여 역효과를 가져올 것이다.
- 기능의 전문성
- Winner takes all
- 네트워크
- 새로운 세계의 제시
- 휴대성
- 시/공 제약에서 벗어남
- 디지털 컨버전스의 새로운 방향 제시
- 기계화에 대한 불안함

찾아보기(Index)

[ㅇ]

집필진 소개

김재일
서울대학교 경영학과 졸업
서울대학교 대학원 경영학 석사
미국 California Berkeley대학 경영학 박사
미국 Wisconsin 주립대 교수
현재 : 서울대학교 경영대학 교수

김규배
서울대학교 경영학과 졸업
서울대학교 대학원 경영학 석사
서울과학종합대학원 경영학 박사
삼일PwC컨설팅 수석컨설턴트
현재 : 대전대학교 경영학과 부교수

김동태
성균관대학교 산업공학과 졸업
서강대학교 대학원 경영학 석사
서울대학교 대학원 경영학 박사
KT 마케팅연구소 책임연구원
현재 : 한국기술교육대학교 산업경영학부 부교수

김문섭
서울대학교 심리학과 졸업
서울대학교 대학원 경영학 석사, 박사
삼성전자 반도체총괄 기획팀
현재 : 강원대학교 경영회계학부 부교수

김용철
서울대학교 경영학과 졸업
서울대학교 대학원 경영학 석사, 박사
정보통신정책연구원 IT경영연구팀장
현재 : 가톨릭대학교 경영학부 부교수

김한구
서울대학교 경영학과 졸업
서울대학교 대학원 경영학 석박사 통합과정 박사
삼성경제연구소 산업전략2실 선임연구원
현재 : 경북대학교 경영학부 조교수

안성숙
한국외국어대학교 불어과 졸업
서울대학교 대학원 경영학 석사
서울대학교 대학원 경영학 박사
현재 : 서울대학교 경영연구소

최민경
숙명여자대학교 경영학부 졸업
서울대학교 대학원 경영학 석사, 박사
한국기술교육대학교 대우교수
현재 : 서울대학교 경영연구소

한웅희
서울대학교 경영학과 졸업
서울대학교 대학원 경영학 석사, 박사
서울대경영연구소
현재 : 명지대학교 경영학과 부교수

소비자 질적 조사방법

저 자 김재일 · 김규배 · 김동태 · 김문섭 · 김용철 · 김한구 · 안성숙 · 최민경 · 한웅희

발행자 한헌주

발행처 도서출판 **경문사**
서울특별시 서대문구 독립문로 21-9
전화 738-7035 FAX. 722-4678
E-mail : kmsp@korea.com
홈페이지 : http://www.kmsp.co.kr

등 록 1995년 11월 9일 제300-1995-138호

2018년 2월 23일 인쇄
2018년 3월 5일 발행

정가 28,000원

ISBN 978 89-420-0884-1 93320